yh 3509

Paris
1870

Schiller, Frederich von

Théatre

Tome 3

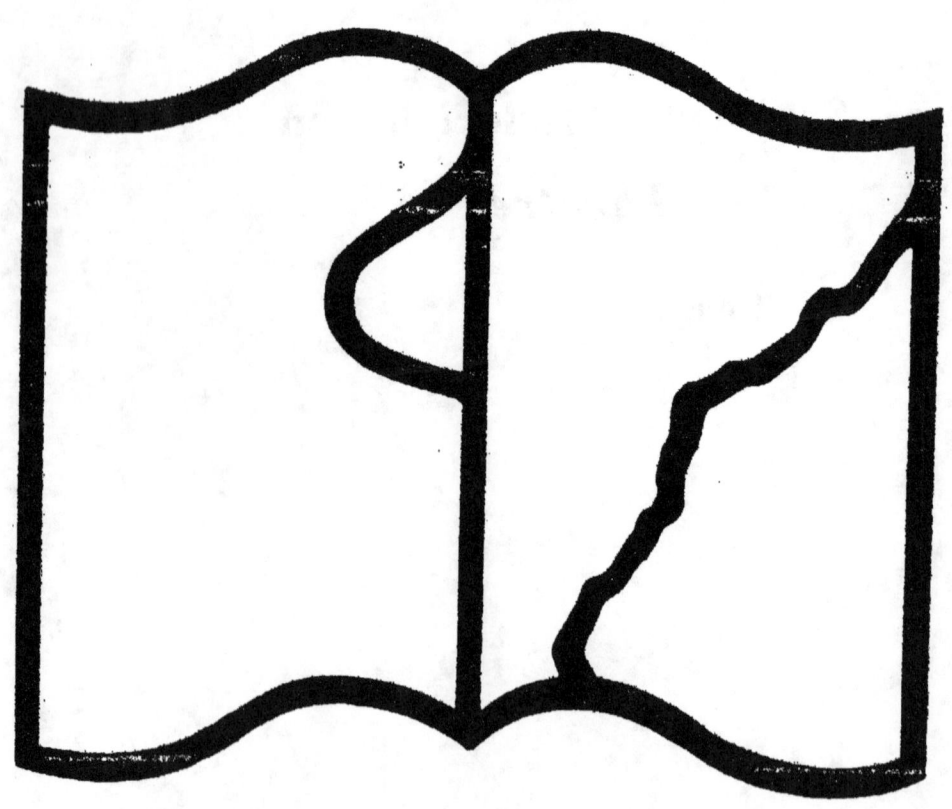

Symbole applicable
pour tout, ou partie
des documents microfilmés

Texte détérioré — reliure défectueuse

NF Z 43-120-11

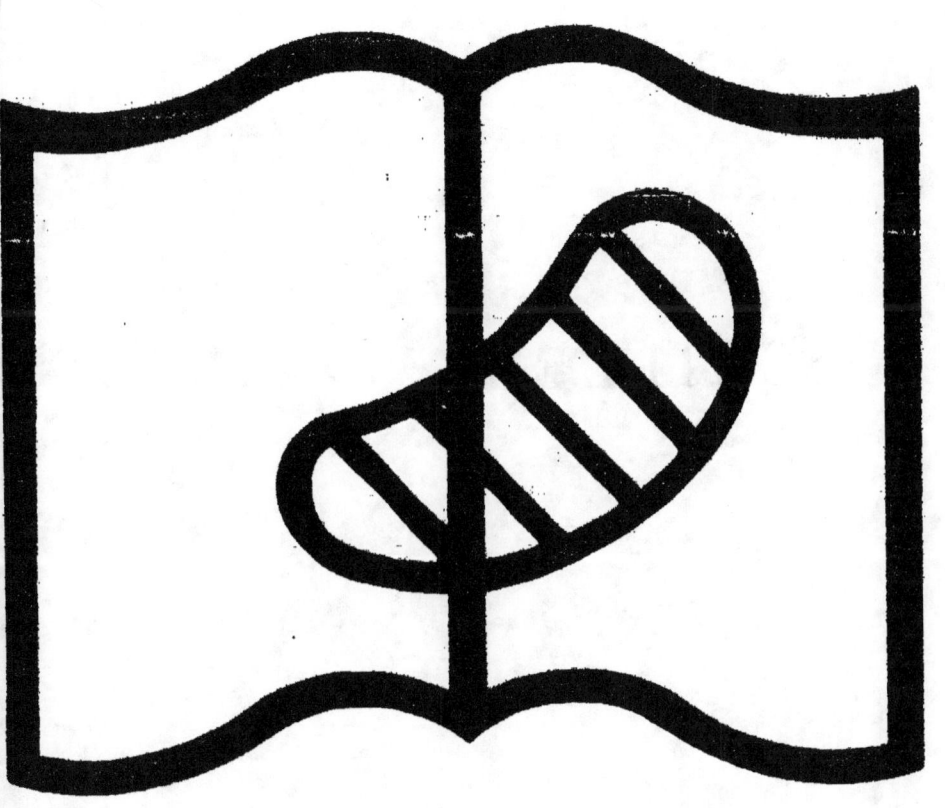

Symbole applicable
pour tout, ou partie
des documents microfilmés

Original illisible

NF Z 43-120-10

SCHILLER

Tous droits réservés.

STRASBOURG, IMPRIMERIE DE VEUVE BERGER-LEVRAULT

SCHILLER

(THÉATRE EN VERS)

TRADUIT EN VERS FRANÇAIS

PAR

THÉODORE BRAUN

PRÉSIDENT DU CONSISTOIRE SUPÉRIEUR ET DU DIRECTOIRE DE L'ÉGLISE
DE LA CONFESSION D'AUGSBOURG
MEMBRE DU CONSEIL IMPÉRIAL DE L'INSTRUCTION PUBLIQUE
ANCIEN CONSEILLER A LA COUR IMPÉRIALE DE COLMAR, ETC.

TOME III

LA PUCELLE D'ORLÉANS. LA FIANCÉE DE MESSINE.
GUILLAUME TELL.

PARIS

VEUVE BERGER-LEVRAULT & FILS, LIBRAIRES-ÉDITEURS

5, rue des Beaux-Arts

MÊME MAISON A STRASBOURG

1870

LA
PUCELLE D'ORLÉANS.

PERSONNAGES.

CHARLES VII, roi de France.
LA REINE ISABEAU, sa mère.
AGNÈS SOREL, sa maîtresse.
PHILIPPE-LE-BON, duc de Bourgogne.
LE COMTE DE DUNOIS, bâtard d'Orléans.
LA HIRE,
DU CHATEL, } capitaines de l'armée du roi.
L'ARCHEVÊQUE DE REIMS.
CHATILLON, chevalier bourguignon.
RAOUL, chevalier lorrain.
TALBOT, général des Anglais.
LIONEL,
FASTOLF, } capitaines anglais.
MONTGOMERY, chevalier, du pays de Galles.
DES MAGISTRATS de la ville d'Orléans.
UN HÉRAUT anglais.
THIBAUT D'ARC, riche paysan.
MARGUERITE,
LOUISE, } ses filles.
JEANNE,
ÉTIENNE,
CLAUDE-MARIE, } leurs prétendants.
RAYMOND,
BERTRAND, autre paysan.
UN CHEVALIER NOIR (apparition).
UN CHARBONNIER.
SA FEMME.
LEUR FILS.

Soldats, peuple, serviteurs de la maison du roi, évêques, religieux, maréchaux de France, magistrats, courtisans et autres personnages muets, faisant partie du cortége du sacre.

PROLOGUE.

LA PUCELLE D'ORLÉANS.

PROLOGUE.

Le théâtre représente un paysage ; sur le devant, à droite, une image de la Vierge, dans une chapelle ; à gauche, un grand chêne.

SCÈNE PREMIÈRE.

THIBAUT D'ARC, SES TROIS FILLES, LEURS TROIS PRÉTENDANTS.

THIBAUT.

Eh! oui, mes chers voisins, le mal est à l'excès :
Aujourd'hui, vous et moi, sommes encor Français ;
Nous sommes, vous et moi, libres encore et maîtres
Du sol que cultivaient les mains de nos ancêtres ;
Mais, demain, qui sur nous viendra régner ? Partout
De l'Anglais triomphant l'étendard est debout ;
Partout ses cavaliers vont ravageant nos plaines.
Ses armes dans Paris sont déjà souveraines ;
La couronne de France, amis, le croirait-on ?
De princes étrangers pare le rejeton !
L'héritier de nos rois, proscrit et sans retraite,
Ne sait, dans son royaume, où reposer sa tête !
Son plus proche parent, le premier de ses pairs,
Avec nos ennemis, veut lui donner des fers !

Sa marâtre conduit cette odieuse trame !
L'incendie est partout qui promène sa flamme,
Et bientôt sa fumée, en nuages épais,
Couvrira ces vallons qui reposaient en paix.
C'est pourquoi, profitant du moment qu'on nous laisse,
Je veux, — et devant Dieu j'en ai fait la promesse, —
A mes filles, voisins, assurer des appuis :
La femme, en temps de guerre, en a besoin; et puis,
Un amour partagé de bien des maux console.

(Au premier berger:)

Pour Marguerite, à toi, je te donne parole,
Étienne; tu voudrais au sien unir ton sort;
Nos champs sont contigus et vos cœurs sont d'accord :
D'être heureux, mes enfants, vous avez bonne chance.

(Au second berger:)

Claude-Marie, eh bien ! pourquoi donc ce silence ?
Ma Louise, pourquoi baisser ainsi les yeux ?
Irai-je de vos cœurs contrarier les vœux,
De peur de me donner un gendre sans fortune ?
Eh ! voisin, aujourd'hui la voit-on si commune ?
De garder ce qu'il a qui pourrait se vanter ?
Tout ce que l'ennemi ne peut pas emporter,
Nos fermes, nos maisons, la flamme le dévore...¹
D'un mari la poitrine abrite mieux encore,
Maintenant.

LOUISE.

O mon père !

---

(1)   Quæ nequeunt secum ferre aut abducere perdunt.
      Et cremat insontes hostica flamma casas.
                              (OVIDE, *Tristes*, livre III, élégie II.)

CLAUDE-MARIE.

O Louise!

LOUISE, *embrassant Jeanne:*

Ma sœur!

THIBAUT.

Je vous donne à chacune, en ce jour de bonheur,
Une ferme, un troupeau, trente journaux de terre.
Mes filles, le Seigneur a béni votre père ;
Qu'il daigne vous bénir à votre tour!

MARGUERITE, *embrassant Jeanne:*

Sur nous
Prends exemple, ma sœur, et reçois un époux ;
Que mon père bénisse un triple mariage.

THIBAUT.

Allez! Demain la noce, et que tout le village
Aux plaisirs de ce jour vienne s'associer!

(Les deux couples sortent bras dessus, bras dessous.)

SCÈNE II.

THIBAUT, RAYMOND, JEANNE.

THIBAUT.

Jeanne, voilà tes sœurs qui vont se marier.
Le bonheur qu'elles ont réjouit ma vieillesse ;
Mais toi, tu me remplis de regrets, de tristesse ;
Toi, ma plus jeune fille!

RAYMOND.

      Ah! de cette façon
Pourquoi lui parlez-vous?

THIBAUT.

       Vois ce brave garçon,
Qui n'a point son pareil dans tout notre village,
Cet excellent jeune homme : il t'aime sans partage;
De son amour secret je le sais tourmenté.
Pour la troisième fois le vin est récolté
Depuis qu'il te recherche, et sa persévérance
N'obtient, jusqu'à présent, que ton indifférence.
Aucun autre berger, pourtant, jusqu'à ce jour,
De toi n'eut un regard où perçât quelque amour...
En toi, le pur éclat de la jeunesse brille;
Ton printemps est venu : c'est la saison, ma fille,
Où le cœur à l'espoir peut tout entier s'ouvrir.
La fleur de ta beauté vient de s'épanouir;
Mais j'attends vainement une autre fleur encore :
Celle que dans ton cœur l'amour doit faire éclore,
Dont les fruits sont, plus tard, si doux. Ce que je vois
Me déplaît; la nature, ici, manque à ses lois.
Je n'aime pas un cœur qui reste froid, austère,
Quand vient l'âge d'aimer.

RAYMOND.

      Quittez ce ton sévère,
Thibaut; à votre fille il faut laisser le temps
De me donner son cœur. Cet amour que j'attends,
Fruit noble, précieux et de divine essence,
A besoin de mûrir lentement, en silence.

Jeanne au sommet des monts aime encore à rester ;
Elle s'y trouve libre et craint de les quitter
Pour venir sous le toit où des mortels s'abritent,
Où les soucis mesquins règnent et les agitent.
En silence, souvent, je l'admire, Thibaut,
Quand, du fond des vallons, je l'aperçois, bien haut,
Au milieu des brebis que guide sa houlette :
Qu'elle a de gravité ! de noblesse ! Elle jette,
Comme étrangère au monde, un regard sérieux
Aux humbles régions que dominent ses yeux.
A nos temps, ce me semble, elle n'appartient guère,
Et n'a point les pensers qu'a l'esprit du vulgaire.

THIBAUT.

C'est ce qui me déplaît. Elle fuit les douceurs
Qu'elle pourrait trouver à vivre avec ses sœurs ;
Sur nos sommets déserts elle va seule, errante ;
Abandonne sa couche avant que le coq chante,
Se rend à la forêt, — à ces moments d'effroi
Où l'homme aime à sentir des frères près de soi, —
Et se glisse, pareille à l'oiseau solitaire,
Au monde des Esprits ; échange avec mystère
Son colloque avec eux au vent du carrefour.
A cet endroit pourquoi se rendre chaque jour,
Et mener son troupeau dans les mêmes bruyères ?
Rêveuse, elle est souvent, — et des heures entières ! —
Sous l'arbre druidique, au feuillage maudit
Que quiconque est heureux avec soin s'interdit,
Car le lieu n'est pas sûr : sous cet antique chêne
Un Esprit malfaisant a choisi son domaine,
Depuis les temps obscurs où, dans ces mêmes lieux,

Les païens célébraient le culte de leurs dieux.
De cet arbre fatal les anciens du village
Font d'effrayants récits. De son épais feuillage,
A ce que l'on prétend, s'échappent quelquefois
De bien étranges sons, de merveilleuses voix.
Moi-même, un soir, passant à quelques pas du chêne,
Je vis assis sous l'arbre un spectre à forme humaine,
Une femme ; des plis de son long vêtement,
Comme pour m'appeler, sortit, bien lentement,
Une main desséchée ; et, loin de cette femme,
Je m'enfuis vite, à Dieu recommandant mon âme.

RAYMOND, montrant l'image placée dans la chapelle :

Jeanne s'arrête ici, parce que, dans ce lieu,
Cet emblème sacré répand la paix de Dieu ;
A nul penser d'enfer son âme n'est en proie.

THIBAUT.

Non, ce n'est pas en vain que, la nuit, Dieu m'envoie
D'affreuses visions. Déjà j'ai vu trois fois,
Dans Reims ma fille assise au trône de nos rois.
Sept étoiles formaient son brillant diadème ;
Sa main tenait un sceptre, et du signe suprême
S'échappaient trois lis blancs ; son père, ses deux sœurs,
Les princes, les barons, les prélats, les seigneurs,
Le roi même, le roi ! s'inclinaient devant Jeanne.
D'où viendrait tant de gloire à mon humble cabane ?
Tout cela me présage un grand abaissement ;
Dans ces rêves je vois un avertissement ;
J'y vois à quel orgueil se laisse aller ma fille.
Sans doute elle rougit de son humble famille,

Et, parce que le ciel lui donna la beauté,
Parce qu'en la créant Dieu sur elle a jeté
Des dons qui l'ont placée au-dessus des bergères
Qui de cette vallée habitent les chaumières,
Elle nourrit dans l'âme un orgueil criminel.
Mais, aux anges, l'orgueil a fait perdre le ciel,
Et, par l'orgueil, Satan de l'homme aussi s'empare.

RAYMOND.

En qui vit-on jamais une vertu plus rare
Et plus de modestie? Avec empressement,
Avec joie, elle sert ses sœurs à tout moment.
Elle est la mieux douée, et, malgré ce partage,
Comme une humble servante elle est dans le ménage.
C'est elle que l'on voit se livrer tous les jours,
Sans jamais murmurer, aux emplois les plus lourds.
Vos troupeaux, vos moissons, sous ses mains tout pros-
　　　　　　　　　　　　　　　　　　　　　pére.
Convenez qu'un bonheur bien extraordinaire,
Surnaturel, s'attache à ce qu'elle entreprend.

THIBAUT.

Oui; l'on ne conçoit pas un bonheur aussi grand,
Et c'est ce bonheur-là qui m'effraie et me pèse...
— Laissons ça. Je me tais. Il faut que je me taise :
Irai-je t'accuser, enfant que je chéris?
Je ne puis que prier pour toi ; de mes avis
T'éclairer; oui, c'est là le devoir qui me reste.
Mais, pour Dieu! garde-toi de cet arbre funeste!
Évite d'être seule et ne va pas chercher
Ces racines qu'il faut, à minuit, arracher!

Pas de breuvages! pas de signes sur le sable!
On provoque aisément les envoyés du Diable :
Sous des voiles légers, cachés autour de nous,
Ils écoutent, tout prêts à nous porter leurs coups.
Mets à n'être pas seule, oui, mets un soin extrême :
Satan, dans le désert, a tenté Dieu lui-même!

SCÈNE III.

LES PRÉCÉDENTS, BERTRAND, arrivant, un casque
dans la main.

RAYMOND.

Paix là-dessus! Bertrand de la ville revient.
Regardez! qu'est-ce donc que dans ses mains il tient?

BERTRAND.

Vous êtes étonnés? chacun de vous admire
Cet objet surprenant?

THIBAUT.

        C'est vrai. Veuillez nous dire
D'où ce casque, et pourquoi, dans ces paisibles lieux,
Vous venez apporter ce signe malheureux?
(Jeanne, qui n'a point pris part aux deux scènes précédentes et
s'est tenue à l'écart, devient attentive et s'approche.)

BERTRAND.

A peine si je sais moi-même, je vous jure,
Comment entre mes mains se trouve cette armure.
J'étais à Vaucouleurs, où j'avais acheté
Des outils; je m'y suis sur la place arrêté;

La foule s'y pressait en tumulte, alarmée
Des sinistres récits que faisaient de l'armée
Des fuyards, d'Orléans venus dans le moment.
La ville tout entière était en mouvement.
Je cherchais à percer la foule, et non sans peine,
Lorsqu'à moi se présente une bohémienne,
Ce casque dans les mains. Les yeux sur moi fixés :
« Mon ami, vous cherchez un casque, je le sais, »
Dit-elle, « celui-ci fera bien votre affaire ;
« Il n'est pas cher. » — « Allez l'offrir aux gens de guerre !
Qu'est-ce qu'un laboureur de ce casque ferait ? »
Répliquai-je. Elle insiste : « Eh ! qui donc répondrait
« Qu'il n'aura pas bientôt besoin de cette armure ?
« Aujourd'hui, sous un casque une tête est plus sûre,
« L'ami ! que sous un toit solidement construit. »
Je vais de rue en rue et la femme me suit ;
Elle, toujours d'offrir, et moi, de me défendre,
Bien tenté cependant, je l'avoûrai, de prendre,
En voyant ce beau casque et son brillant cimier,
Digne d'orner le chef de quelque chevalier.
Un moment je le tiens et je le considère,
— J'hésitais, l'aventure était si singulière ! —
Quand la femme, à mes yeux, dans la foule, soudain
Disparaît, et le casque est resté dans ma main.

JEANNE, *saisissant le casque avec empressement et curiosité :*

Donnez, donnez ce casque !

BERTRAND.

A quoi bon cette armure,
Jeanne ? D'une bergère est-ce bien la parure ?

JEANNE, lui arrachant le casque:

Il est à moi ce casque! il m'appartient!

THIBAUT.

                                    Voilà
Un caprice étonnant! Qu'a-t-elle?

RAYMOND.

                                Laissez-la!
Cet ornement guerrier lui sied, car, sur mon âme,
Jeanne a le cœur d'un homme et non pas d'une femme.
Rappelez-vous ce loup, terreur de nos hameaux,
Qui des bergers tremblants ravageait les troupeaux:
Jeanne osa contre lui ce que n'osait nul pâtre;
Fille au cœur de lion, Jeanne alla le combattre,
Seule, et, le terrassant, lui reprit un agneau
Que sa sanglante gueule enlevait du troupeau.
Voilà ce qu'elle a fait, la courageuse fille.
Allez! sur quelque front que ce beau casque brille,
Il n'en couvrira pas de plus digne!

THIBAUT, à Bertrand:

                           Bertrand!
Quels désastres nouveaux est-ce qu'on nous apprend?
Que disent ces fuyards?

BERTRAND.

                        Au roi Dieu soit en aide!
Aux malheurs du pays que Dieu porte remède!...
Deux batailles encore où nous sommes vaincus!
Jusqu'au cœur du pays les Anglais parvenus!
La France reculée aux rives de la Loire!

Enfin, pour préparer sa suprême victoire,
L'ennemi, d'Orléans assiégeant les remparts !...

THIBAUT.

Que Dieu sauve le roi !

BERTRAND.

Venu de toutes parts,
Le canon destructeur déjà les environne.
Comme en un jour d'été près des ruches bourdonne
Un innombrable essaim d'abeilles; comme aussi,
En nuages soudains dont l'air est obscurci,
Sur la terre, parfois, tombent les sauterelles
Dont la masse en tumulte au loin la couvre, — telles,
Des peuples contre nous conjurés, nous voyons
Dans les champs d'Orléans fondre les légions.
De langages divers, que l'on ne peut comprendre,
Le murmure confus au camp se fait entendre.
Philippe y réunit tout ce que ses États
— Et le nombre en est grand, — ont fourni de soldats.
Il a sous sa bannière amené pour ce siége
Tous ceux du Luxembourg, du Hainaut et de Liége,
Du pays de Namur et de l'heureux Brabant;
Les orgueilleux bourgeois de l'opulente Gand,
Aux habits de velours et de soie; il commande
Ceux que pour cette armée a levés la Zélande,
Aux riantes cités sortant du sein des eaux.
Les Hollandais, heureux de leurs riches troupeaux;
Ceux d'Utrecht, de la Frise, et ces races lointaines
Qui jusque vers le pôle étendent leurs domaines;
Tous au puissant vassal obéissent, et tous
Ont juré qu'Orléans tomberait sous leurs coups.

THIBAUT.

De nos divisions résultats déplorables !
Français contre Français tournent leurs mains coupables !

BERTRAND.

Et l'on a même vu l'orgueilleuse Isabeau,
La femme du feu roi, ce funeste cadeau
Qu'autrefois à la France envoya la Bavière,
A cheval et vêtue ainsi qu'une guerrière,
Parcourir tout le camp, parler aux ennemis,
Leur souffler sa fureur contre son propre fils !

THIBAUT.

Ah ! sur elle malheur ! Que Dieu, dans sa justice,
Pour cette Jésabel ait bientôt un supplice !

BERTRAND.

Salisbury préside aux travaux ; ce guerrier
Est habile à conduire un siége meurtrier.
On voit à ses côtés, tout prêts pour le carnage,
Lionel, dont le nom indique le courage ;
Talbot, qui sous ses coups fait, comme des épis,
Sans fatiguer son bras, tomber les ennemis.
Ils ont juré — voyez où leur audace monte ! —
De livrer sans pitié nos filles à la honte
Et d'immoler tout homme armé. De quatre tours
Qu'ils ont fait élever, on dit que, tous les jours,
Salisbury regarde avec un œil de rage
Cette ville qu'attend le meurtre, le pillage ;
Il plonge dans ses murs et peut même y compter
Les passants que la peur oblige à se hâter.
Des milliers de boulets y portent la ruine ;

Plus d'église debout, et Notre-Dame incline
Le sommet ébranlé de sa royale tour.
On a miné la ville. A chaque instant du jour
On craint que le volcan, se faisant un cratère,
Ne vomisse à la fois la flamme et le tonnerre.

(Jeanne écoute avec une attention soutenue et place le casque sur sa tête.)

THIBAUT.

Mais Xaintrailles, La Hire et ce fameux Bâtard,
Dans lequel la patrie avait un boulevard,
Où sont-ils ces héros pour que, sans résistance,
Ce torrent d'ennemis dans le pays s'avance?
Et le roi? voit-il donc, en se croisant les bras,
Détruire ses cités, envahir ses États?

BERTRAND.

Il tient cour à Chinon. Et puis, que peut-il faire?
Il n'a point de soldats pour soutenir la guerre.
A quoi bon des héros, des chefs pleins de valeur,
Quand tout ce qui les suit est glacé par la peur?
Cette peur, qu'on dirait par Dieu même inspirée,
Au cœur des plus vaillants, à la fin, est entrée.
En vain l'arrière-ban est convoqué partout.
Comme on voit des brebis, aux hurlements du loup,
Se joindre, se serrer, ainsi, dans sa panique,
Le Français, oublieux de notre gloire antique,
Va dans les châteaux-forts chercher sa sûreté.
Il n'est qu'un chevalier dont le nom soit cité,
Qui, chef d'un faible corps qu'il a levé naguères,
Auprès du roi se rend avec seize bannières.

JEANNE, vivement:

Son nom?

BERTRAND.

Baudricourt. — Mais, l'ennemi suit ses pas.
On croit qu'à sa poursuite il n'échappera pas :
Il a sur les talons deux petits corps d'armée.

JEANNE.

En ce moment il est...? J'en veux être informée...
Quelle distance?

BERTRAND.

A peine une marche d'ici.

THIBAUT, à Jeanne:

De quoi donc, mon enfant, vas-tu prendre souci?
A ces affaires-là tu ne peux rien comprendre.

BERTRAND.

En voyant l'ennemi, toujours plus fort, s'étendre,
Et sans secours du roi contre tant de malheurs,
D'une commune voix tous ceux de Vaucouleurs
Vont se rendre à Philippe. Ainsi l'on nous préserve
De la honte du joug étranger, l'on conserve
Cette terre, ce peuple, à la race des rois
Qui les ont gouvernés, et, peut-être, une fois
Leur couronne sur nous encor reviendra-t-elle,
Dès que Bourgogne et France oublîraient leur querelle.

JEANNE, avec enthousiasme:

Non, non, point de traité! point de soumission!
Elle va s'accomplir la sainte mission!

Oui, le libérateur se prépare aux batailles !
C'en est trop !... Orléans ! au pied de tes murailles,
Tes ennemis vont voir expirer leur bonheur !
Oui, la moisson est mûre, il faut un moissonneur !
Voici la jeune fille, et, dans ses mains puissantes,
La faux qui va couper ces tiges insolentes !
Leur gloire jusqu'au ciel avait osé monter...
La jeune fille vient pour l'en précipiter !
Ne fuyez pas ! chassez votre crainte, elle est vaine !
Car, avant que le seigle ait jauni dans la plaine,
Que la lune se lève avec son disque entier,
L'Anglais ne pourra plus abreuver son coursier
Aux beaux flots de la Loire !

BERTRAND.

Il faudrait un prodige.
Le temps en est passé.

JEANNE.

Vous en verrez, vous dis-je !
Une blanche colombe, à qui Dieu donnera
Le courage de l'aigle, incessamment viendra
Fondre sur le vautour dont l'aveugle furie
Déchire sans pitié le sein de la patrie.
Elle terrassera l'orgueilleux Bourguignon,
Ce traître à son pays, ce chevalier félon.
Elle triomphera, dans sa lutte terrible,
De ce Talbot, qui croit le ciel même accessible
Et pour s'en emparer semble avoir mille bras ;
De ce Salisbury, qui ne respecte pas
Les temples d'où vers Dieu s'élèvent nos prières ;

Et devant elle, enfin, tous ces fiers insulaires,
Ainsi que des brebis elle les chassera;
Car le Dieu des combats avec elle sera!
Il lui plaît de choisir sa faible créature;
De se glorifier dans une fille obscure;
Et le Seigneur le peut, car il est tout-puissant!

THIBAUT.

D'où viennent les transports qu'éprouve cette enfant?

BERTRAND.

De ce casque : il allume au cœur de votre fille
Une guerrière ardeur. Regardez! son œil brille.
Voyez quel feu soudain sur son visage luit!

JEANNE.

Ce royaume de France on le verrait détruit?
Ce pays de la gloire, et le plus beau, sans doute,
Qu'éclaire le soleil dans son immense route,
Ce paradis du monde et de Dieu tant aimé,
Sous le joug étranger pourrait être opprimé?...
Ici, du paganisme a péri la puissance;
Pour la première fois, le signe d'espérance,
La Croix du Rédempteur fut élevée ici;
Ici, de saint Louis sont les cendres aussi;
D'ici, Jérusalem a vu venir vers elle
Ceux qui l'ont arrachée aux mains de l'Infidèle!

BERTRAND, avec surprise:

Écoutez ces discours! Reçoit-elle d'en haut
Ces révélations? Allez! père Thibaut,
A des miracles Dieu réserve votre fille.

JEANNE.

Nous n'aurions plus de rois de l'antique famille
Qui nous appartenait? plus de ces souverains
Nés sur le même sol que cultivent nos mains?
Le roi qui ne meurt pas disparaîtrait du monde?
Lui, qui bénit la terre et qui la rend féconde,
Lui, pour qui la charrue est un objet sacré,
Lui, par qui nos troupeaux toujours ont prospéré,
Qui rend libres les serfs? Lui, dont les mains habiles
Font naître autour du trône et prospérer les villes?
Lui, le soutien du faible et l'effroi du méchant?
A l'envie étranger, car il est le plus grand?
Lui, l'homme en même temps et l'ange tutélaire
Qui détourne de nous la céleste colère?
Car les trônes des rois, d'or et de soie ornés,
Sont un refuge aussi pour les abandonnés;
Sur le trône est la force ainsi que la clémence;
Près du trône en tremblant le coupable s'avance;
Près du trône, le juste, en sa sécurité,
Joue avec les lions sans être épouvanté...
Le roi qui nous viendrait des rives étrangères
Aimerait-il jamais le sol où de ses pères
Ne sont pas déposés les sacrés ossements?
Enfant, a-t-il pris part à nos amusements?
Nos accents à son cœur se feraient-ils comprendre?
Pourrions-nous dans ce roi trouver un père tendre?

THIBAUT.

Que Dieu sauve la France et qu'il sauve le roi!
Paisibles laboureurs, nous ignorons l'emploi
Du glaive meurtrier, et nous ne savons guère

Comment le combattant mène un cheval de guerre.
Tranquilles et soumis attendons quel sera
Celui que la victoire au trône placera.
Le bonheur des combats c'est le ciel qui le donne :
Que sur sa tête, à Reims, l'un pose la couronne
Après avoir reçu l'huile sainte à genoux,
Et c'est lui, mes amis, qui régnera sur nous...
Retournons au travail; n'ayons pas d'autre affaire
Que les nôtres. Aux grands, aux princes de la terre,
Laissons, laissons le soin de se la partager.
Nous pouvons regarder ces malheurs sans danger.
Le sol que nous semons bravera les orages.
Qu'on foule nos moissons, qu'on brûle nos villages,
Avec lui, chaque été ramène les moissons,
Et nous aurons bientôt reconstruit nos maisons.

(Ils sortent tous, excepté Jeanne.)

SCÈNE IV.

JEANNE, seule :

Adieu, vous que j'aimais, montagnes, pâturages,
Vallons, dont je cherchais les tranquilles ombrages!
Jeanne, au milieu de vous, ne viendra plus errer!
Jeanne va pour toujours de vous se séparer!
Prés où je dirigeais une onde toujours pure,
Arbres que j'ai plantés, gardez votre parure!
Frais ruisseaux, vous aussi, grottes au fond des bois,
Et toi, de ce vallon charmante et douce voix,
Écho, par qui souvent ma chanson fut redite,
Pour ne plus revenir votre Jeanne vous quitte!

Témoins de mon bonheur, de mes jours les plus doux,
Hélas! c'est pour jamais que je renonce à vous.
Allez à l'aventure errer dans la bruyère,
Mes brebis! vous avez perdu votre bergère.
C'est un autre troupeau qu'il me faut protéger;
C'est dans des champs sanglants qu'est pour lui le danger.
Ainsi le veut l'Esprit de qui l'ordre m'éclaire,
Et je n'obéis point à des voix de la terre.

En volant aux combats, je n'obéis qu'à Dieu :
A Dieu, qui, sur Horeb, dans un buisson de feu,
Pour punir Pharaon vint susciter Moïse;
A Dieu, qui de David, pour une autre entreprise,
Arma le jeune bras; à Dieu qui, de tout temps,
Protégea les bergers par des faits éclatants;
A Dieu, qui vint me dire à travers ce feuillage :
« Sur la terre, de moi tu rendras témoignage :

« Va! revêts, jeune fille, une armure d'airain;
« Sous un corset de fer emprisonne ton sein;
« De tout penser d'amour préserve bien ton âme;
« Garde-toi de brûler d'une coupable flamme...
« Ton front des fleurs d'hymen jamais ne s'ornera,
« Un enfant sur ton sein jamais ne sourira;
« En échange, jamais, aux champs de la victoire,
« Femme n'aura trouvé plus éclatante gloire.

« Lorsque dans les combats faibliront les plus forts;
« Que la France sera près de périr, alors
« Je veux que dans ta main mon oriflamme brille.
« Alors, comme l'épi tombe sous la faucille,

« Fais tomber sous tes coups un insolent vainqueur;
« Renverse en son élan le char de son bonheur;
« Aux généreux Français porte leur délivrance,
« Et, dans Reims affranchi, sacre le roi de France ! »

Des promesses du ciel j'ai ce gage certain :
Ce casque ! Il vient de lui ! je dois à cet airain
Une force divine, et je sens dans mon âme
De l'archange de Dieu le courage de flamme !
Pareil à l'ouragan, au milieu des combats
Il m'entraîne !... Écoutez ces trompettes là-bas !
Leurs sons retentissants font vibrer mes entrailles,
Et le coursier hennit m'appelant aux batailles !

(Elle sort.)

FIN DU PROLOGUE.

ACTE PREMIER.

LA PUCELLE D'ORLÉANS.

ACTE PREMIER.

La cour du roi Charles à Chinon.

SCÈNE PREMIÈRE.

DUNOIS, DU CHATEL.

DUNOIS.

C'est trop en endurer! J'abandonne ce roi
Qui, parce qu'il le veut, tombe sans gloire. En moi
Je sens des mouvements de douleur et de rage,
Peu s'en faut que des pleurs ne brûlent mon visage
Quand je vois des bandits se frayer un chemin
Jusqu'au cœur de la France, et, le fer à la main,
Se partager entre eux cette France si belle;
Quand je vois nos cités, qui sont vieilles comme elle,
Capitulant partout, livrer à ces brigands
Des clés que de sa rouille a couvertes le temps!...
Pour vaincre noblement un seul instant nous reste,
Et nous le consumons dans un repos funeste!...
On me dit qu'Orléans a besoin de secours,
Et de la Normandie aussitôt, moi, j'accours :
Je crois trouver le roi prêt à tenir campagne,
Que l'armée est en marche et que, lui, l'accompagne,

Et je le trouve... ici! tout aux plaisirs livré!
Il est de troubadours, de jongleurs entouré;
Donnant et devinant des énigmes savantes;
Réjouissant Sorel par des fêtes galantes,
Comme si le royaume était en pleine paix!...
Le connétable part, et comme lui je fais :
A tout ce déshonneur où tombe la couronne,
Il est las d'assister. Quel roi! Je l'abandonne
A son mauvais destin!

DU CHATEL.

Voici le roi.

SCÈNE II.

LES PRÉCÉDENTS, LE ROI.

LE ROI.

       Messieurs,
Le connétable va chercher fortune ailleurs;
Il nous rend son épée et de nous se retire.
A la garde de Dieu! Lui parti, je respire :
Cet homme était bourru, maussade, impérieux.

DUNOIS.

Dans ces temps de malheurs un homme est précieux;
Sa perte de regrets peut bien être suivie.

LE ROI.

De me contrarier il faut avoir envie!
Quand il était ici, dis-moi si tu l'aimais?

DUNOIS.

Il était plein d'orgueil, chagrin, fâcheux; jamais

Ne prenait un parti; mais, — je lui rends justice,
Il se décide, il part dans un moment propice :
Quand la gloire pour lui n'est plus ici.

LE ROI.
                    Dunois,
Dans ta joyeuse humeur aujourd'hui je te vois.
Soit! je t'y laisserai... Du Châtel, ces trouvères,
Ces chanteurs renommés, que j'attendais naguères,
Que le vieux roi René[1] m'adresse, ils sont ici :
Fais qu'on les traite bien; à chacun d'eux, aussi,
Donne une chaîne d'or.
                (A Dunois:)
            Qu'est-ce qui te fait rire?

DUNOIS.
Ces chaînes d'or tombant de votre bouche.

DU CHATEL.
                    Sire,
Vous n'avez plus d'argent.

LE ROI.
                Qu'on s'en procure ailleurs!
Je ne souffrirai pas que de nobles chanteurs

---

1. René-le-Bon, comte de Provence, de la maison d'Anjou. Son père et son frère furent rois de Naples, et lui-même, après la mort de ce dernier, éleva des prétentions sur ce royaume, mais échoua dans son entreprise. Il chercha à rétablir l'ancienne poésie provençale et la *Cour d'amour*, et institua un *prince d'amour* comme juge suprême en matière de galanterie. C'est dans ce même esprit romanesque qu'il se fit berger, avec sa femme.
(*Note de la première édition allemande.*)

N'emportent de ma cour honneur ni récompense.
Le sceptre, ce bois sec, fleurit par leur science;
Ils savent enlacer au stérile joyau
Que l'on nomme couronne, un immortel rameau,
Et de vie, et de gloire, impérissable marque.
Le poëte se pose en égal du monarque;
Le poëte a son trône, un trône qu'il bâtit
Aux hautes régions où se plaît son esprit;
Il n'est point de limite à son paisible empire.
Il faut donc honorer l'homme qui tient la lyre,
Comme celui qui tient le sceptre : à son sommet,
Poëte ou roi, tous deux l'humanité les met.

DU CHATEL.

Tant qu'un expédient fut encore possible,
J'ai remis de vous faire un aveu bien pénible,
Sire; mais c'en est fait, et la nécessité
M'arrache cet aveu sur ma lèvre arrêté :
Vous songez à donner! mais, le jour qui va suivre
Ne vous fournira pas, peut-être, de quoi vivre.
Les sources qui vers vous faisaient arriver l'or,
Ne s'alimentent plus; aussi, votre trésor
Offre-t-il maintenant un vide qui m'effraie.
Vos soldats, qui n'ont pas encor reçu leur paie,
Menacent de partir. Je ne sais pas comment
Pourvoir votre maison, non pas royalement,
Il n'y faut point songer, mais du moins de manière
A ce que vous ayez le plus strict nécessaire.

LE ROI.

Avec mes revenus engagez les impôts!
Empruntez aux Lombards!

ACTE I. — SCÈNE II.

DU CHATEL.

     Les revenus royaux,
Les impôts, pour trois ans sont engagés d'avance.

DUNOIS.

Jusque-là les impôts, les revenus, la France,
Tout sera perdu, tout!

LE ROI.

     Nous avons, Du Châtel,
Des provinces...

DUNOIS.

    Que vous aurez tant que le ciel
Et le fer de Talbot voudront bien le permettre.
Que l'on prenne Orléans, et vous serez le maître
D'aller vous réunir à votre roi René,
Pour garder les moutons.

LE ROI.

     Ce prince infortuné
Sert constamment de but aux traits de ta satire.
Et pourtant il me fait, ce prince sans empire,
Un don royal.

DUNOIS.

    Pour Dieu, qu'il ne vous donne pas
Son royaume de Naple; il est d'un prix trop bas,
Si j'en crois ce qu'on dit, depuis que son vieux maître
Prend plaisir aux moutons jusqu'à les mener paître.

LE ROI.

C'est un doux passe-temps, c'est un aimable jeu,

Une fête, où son cœur se rassérène un peu :
D'une réalité bien dure, bien barbare,
Il perd le souvenir quand parfois il s'égare
Dans les rêves si purs de son monde idéal.
Mais un projet, chez lui, grand et vraiment royal,
C'est de ressusciter ces âges que j'admire,
Où des doux sentiments on subissait l'empire,
Où l'amour enflammait pour les plus grands exploits,
Le cœur des chevaliers ; où, soumis à ses lois,
Un tribunal formé des plus illustres dames,
Avec cette finesse apanage des femmes,
Jugeait tout point obscur devant elles porté.
Cet aimable vieillard à ces temps est resté,
Tels que par d'anciens chants nous les pouvons connaître,
Eh bien ! ce bon René veut les faire renaître ;
Au-dessus de la terre il en veut faire encor
Une cité céleste en des nuages d'or :
Par ses soins, une cour d'amour s'est établie,
Où brillera la fleur de la chevalerie ;
Où l'on verra le sceptre aux mains de la beauté ;
Où les purs sentiments croîtront en liberté.
J'y suis prince d'amour, René me le fait dire.

DUNOIS.

Au pouvoir de l'amour je n'insulte pas, sire :
Et le nom que je porte, et le jour que je vois,
Et ma fortune, tout, à l'amour je le dois.
Mais, si ce d'Orléans que je nomme mon père,
N'a jamais à ses vœux trouvé beauté sévère,
Son courage, non plus, ne lui fit pas trouver
De châteaux ennemis qu'il ne pût enlever.

Prince d'amour! Eh bien! montrez, forcez à dire
Que vous êtes vaillant parmi les vaillants, sire!
Dans ces livres anciens que j'ai lus autrefois,
L'amour ne s'alliait qu'aux plus fameux exploits,
Et, si je ne suis pas dans une erreur profonde,
Quand on avait l'honneur d'être à la Table-ronde,
On était un héros et non pas un berger.
Qui veut aimer, aussi doit savoir protéger,
Et, s'il ne le peut pas, il faut qu'il se résigne :
Des faveurs de l'amour on le déclare indigne.
Laissez la cour d'amour! la lutte est en ces lieux,
Combattez pour le trône où régnaient vos aïeux,
Pour vos possessions! Défendez, avec elles,
— Vous êtes chevalier, sire, — l'honneur des belles,
Et, lorsque dans les flots du sang des ennemis,
Vous aurez noblement retrouvé, reconquis
La couronne, attribut des rois de votre race,
Alors sur votre front il sera temps qu'on place
Les myrtes de l'amour; ils vous siéront alors!

LE ROI, à un page qui entre:

Qu'est-ce?

LE PAGE.

Des magistrats, sire, sont là-dehors,
Qui viennent d'Orléans et veulent audience.

LE ROI.

Introduis-les.
(Le page sort.)
Ils vont réclamer assistance;
Mais que puis-je pour eux? Quel secours leur donner
Quand moi-même je vois chacun m'abandonner?

SCÈNE III.

LES PRÉCÉDENTS. TROIS MAGISTRATS.

LE ROI.

Envoyés d'Orléans, de ma ville fidèle,
Soyez les bienvenus !... Dites-moi, que fait-elle ?
Son courage éprouvé ne s'affaiblit-il pas ?
Résiste-t-elle encore aux assiégeants ?

UN DES MAGISTRATS.
        Hélas !
Sa détresse est au comble; il n'est plus d'espérance :
De moment en moment sa ruine s'avance :
Les murs extérieurs, détruits, nous font défaut;
L'ennemi se rapproche à tout nouvel assaut,
Et plus de défenseurs pour la ville investie!
Ils ont à tous moments à faire une sortie;
Ils ne peuvent suffire à d'éternels combats;
Et sous leur toit combien qui ne rentreront pas!
Enfin, de ses horreurs la famine menace.
Aussi, le noble chef qui commande la place,
Le comte Rochepierre, en cette extrémité,
Selon l'ancien usage a conclu le traité
Des douze jours de trêve. Elle va tout suspendre;
Mais, ce délai passé, sire, il faudra se rendre,
Si devant Orléans on ne voit arriver
Un corps assez nombreux pour pouvoir la sauver.
    (Dunois fait un mouvement de colère.)

LE ROI.

C'est bien peu, douze jours.

ACTE I. — SCÈNE III.

LE MAGISTRAT.

Dans ce péril extrême,
Sous la protection de nos ennemis même,
Nous voici, demandant à Votre Majesté,
A votre royal cœur, pitié pour la cité.
Oh! du secours avant que le délai n'expire!
Ou, le douzième jour, elle se rendra, sire.

DUNOIS.

Et Xaintrailles consent à tant de déshonneur?

LE MAGISTRAT.

Ah! tant que ce héros a vécu, Monseigneur,
Personne parmi nous n'eût osé faire entendre
Un seul mot pour la paix, un seul mot pour se rendre.

DUNOIS.

Il est mort?

LE MAGISTRAT.

Sur nos murs, pour la cause du roi.

LE ROI.

Xaintrailles mort!... Hélas! ce seul homme, pour moi
Valait toute une armée.

(Un chevalier entre et dit quelques mots à voix basse à Dunois, qui s'emporte.)

DUNOIS.

Encor!

LE ROI.

Qu'est-ce donc?

DUNOIS.

> Sire,
> Vos soldats écossais, Douglas vous le fait dire,
> Sont en pleine révolte et veulent vous quitter,
> Si, dans ce jour encore, on ne leur fait compter
> L'arriéré de leur solde.

LE ROI, à Du Châtel:

> Eh bien! dis-moi, que faire?

DU CHATEL, haussant les épaules:

> Je ne sais nul moyen de vous tirer d'affaire.

LE ROI.

> Va promettre, engager tout ce que tu voudras;
> La moitié du royaume!

DU CHATEL.

> Ils ne me croiront pas :
> Ils se sont trop souvent laissé prendre à ce leurre.

LE ROI.

> De mon armée ils sont la troupe la meilleure;
> Qu'en ce moment surtout ils restent avec moi!

LE MAGISTRAT, pliant le genou:

> Secourez-nous! voyez notre détresse, ô roi!

LE ROI, avec désespoir:

> Suffit-il que le roi frappe du pied la terre
> Pour qu'une armée en sorte? Est-ce que je puis faire
> Que croissent dans ma main des épis?... O douleur!...
> Qu'on me mette en lambeaux! arrachez-moi le cœur!

Faites, faites qu'en or ma chair soit transformée!
Du sang, j'en ai pour vous, mais point d'or, point
d'armée!

(Il voit entrer Agnès Sorel et va au-devant d'elle, les bras ouverts.)

SCÈNE IV.

LES PRÉCÉDENTS, AGNÈS SOREL, une cassette dans les mains.

LE ROI.

Mon Agnès! mon amour! ma vie! Oh! n'est-ce pas,
Tu viens pour me sauver du désespoir? Tes bras
Sont pour Charle un refuge en ce moment funeste.
Non, rien n'est perdu, rien : Agnès encor me reste!

AGNÈS.

Mon bien-aimé!
(Promenant autour d'elle un regard inquiet :)
Dunois!... Est-il vrai...? Du Châtel!...

DU CHATEL.

Hélas! trop vrai!

AGNÈS.

C'est donc un danger bien réel?
Les troupes, faute d'or, n'ont point reçu leur paie?
Elles veulent partir?

DU CHATEL.

La nouvelle est bien vraie.

AGNÈS, le pressant de prendre la cassette :

Tenez, voici de l'or, des bijoux, des joyaux;

Fondez cette vaisselle, et vendez mes châteaux!
Empruntez! vous avez mes terres de Provence :
Qu'elles soient aux prêteurs gage de leur créance!
Tous mes biens, prenez-les! changez-les en argent!
Contentez les soldats! mais soyez diligent;
Le temps est précieux, il faut qu'on en profite.

(Elle le pousse, comme pour le faire sortir.)

LE ROI.

Dites-moi, ma fortune est-elle si réduite,
Dunois? vous, Du Châtel? quand je possède encor
Cette femme au grand cœur, cet ange, ce trésor?
Sa noblesse est égale à la mienne; je jure
Que le sang des Valois n'a pas source plus pure;
Digne du plus beau trône où monarque ait régné,
Elle put l'embellir, elle l'a dédaigné.
Elle veut seulement être ma bien-aimée;
Elle veut de ce nom partout être nommée.
Et quels sont les présents qu'elle ait de moi soufferts?
Un fruit rare, une fleur au milieu des hivers.
Elle qui me défend le moindre sacrifice,
Vient me les faire tous, veut que je les subisse,
Et sur mon seul bonheur, tout près de me manquer,
Ses richesses, ses biens, noblement les risquer!

DUNOIS.

C'est qu'elle perd l'esprit comme vous, cette femme :
Elle jette son bien dans la maison en flamme;
Danaïde, elle emplit le tonneau plein de trous;
Sans pouvoir vous sauver va se perdre avec vous...

AGNÈS.

Ah! ne le croyez pas, c'est lui qui déraisonne.

Il a dix fois pour vous hasardé sa personne,
Et s'irrite que moi je hasarde mon or!
Mais j'ai sacrifié pour vous bien plus encor;
Plus que n'est l'or, que n'est la pierre précieuse,
Et je consentirais à me voir seule heureuse!...
Viens! de vains ornements nous saurons nous passer!
Apprends de moi comment on peut y renoncer.
Change en soldats ta cour, ton or en fer, et donne
Ce qui te reste encor, pour sauver ta couronne!
Viens! tu me connaîtras: le besoin, le danger,
Avec toi, mon cher roi, je veux les partager!
Viens! montons le cheval de guerre! Faible femme,
Des rayons du soleil je braverai la flamme!
Notre toit, ce sera le ciel; notre oreiller,
La dure pierre! Alors le robuste guerrier
Fera voir pour ses maux bien moins d'impatience,
Quand il verra son roi, partageant sa souffrance,
Supporter la fatigue et les privations!

LE ROI, souriant :

C'est l'accomplissement de ces prédictions
Qu'une nonne, à Clermont, un jour me fit entendre :
D'une femme il fallait, m'a-t-elle dit, attendre
Sur tous mes ennemis victoire; ce serait
La même femme encor qui me replacerait
Au trône qu'occupaient mes aïeux. Sur mon âme,
Dans le camp ennemi je cherchais cette femme :
De ma mère, ai-je dit, le cœur s'apaisera...
Mais voici l'héroïne à qui Charles devra
D'entrer à Reims! Par elle il aura cette gloire ;
A ton amour, Agnès, je devrai la victoire!

AGNÈS.

A vos vaillants amis!

LE ROI.

Je puis compter encor
Sur ce que l'ennemi montre de désaccord :
Mon cousin de Bourgogne et ces lords d'Angleterre,
J'en ai des avis sûrs, ne s'entendent plus guère.
Au duc j'ai dépêché La Hire, pour savoir
Si ce pair irrité rentre dans le devoir,
Si ce vassal enfin veut bien me rendre hommage.
J'attends à tout moment réponse à ce message.

DU CHATEL, à la fenêtre :

La Hire dans la cour vient d'entrer au galop.

LE ROI.

Qu'il soit le bienvenu! Nous connaîtrons bientôt
S'il faut céder ou vaincre.

SCÈNE V.

LES PRÉCÉDENTS, LA HIRE.

LE ROI, allant au-devant de La Hire :

Espoir ou non, La Hire?
Sois bref; à quoi faut-il que je m'attende?

LA HIRE.

Sire,
A votre seule épée il faut vous confier.

LE ROI.

Le fier duc ne veut pas se réconcilier?...
Comment t'a-t-il reçu? j'ai hâte de l'apprendre.

LA HIRE.

Sire, avant toute chose, avant de rien entendre,
Il veut que Du Châtel lui soit livré, c'est lui
Qui tua Jean-sans-Peur, dit-il, c'est Tannegui.

LE ROI.

A ce traité honteux si je fais résistance?

LA HIRE.

La paix sera rompue avant qu'elle commence.

LE ROI.

As-tu suivi mon ordre? a-t-il appris de toi
Qu'en combat singulier je le provoque, moi,
Sur ce pont où son père a trouvé la mort?

LA HIRE.

       Sire,
En lui jetant le gant j'ai pris soin de lui dire
Que le roi voulait bien un moment oublier
La hauteur de son rang, et, simple chevalier,
Soutenir en champ clos ses droits qu'on lui dispute;
Le duc a répondu : « Pourquoi donc cette lutte?
« Pour défendre des biens qui déjà sont à moi?
« Si tel est cependant le bon plaisir du roi,
« Sous les murs d'Orléans demain je dois me rendre,
« Dites-lui que, là-bas, Philippe va l'attendre. »
Là-dessus, en riant, il m'a tourné le dos.

LE ROI.

Et dans mon Parlement point de voix, point d'échos,
Pour s'élever, répondre au nom de la justice?

LA HIRE.

Des fureurs des partis elle devient complice :
Ce Parlement en qui vous semblez espérer,
Par un de ses arrêts vient de vous déclarer
Déchu du trône, vous et toute votre race.

DUNOIS.

De bourgeois parvenus quelle orgueilleuse audace!

LE ROI.

As-tu sondé ma mère?

LA HIRE.

Elle?

LE ROI.

Oui ; qu'a-t-elle dit?
Comment est pour son fils disposé son esprit?
Parle !

LA HIRE, après un moment de réflexion:

Dans Saint-Denis je suis arrivé, sire,
Alors qu'on s'y livrait au plus joyeux délire,
Quand du couronnement la fête commençait.
Du peuple de Paris la foule s'y pressait.
Dans ses plus beaux habits elle était accourue,
Et des arcs triomphaux, dressés dans chaque rue,
Attendaient le monarque anglais. Partout des fleurs;
Le peuple remplissait les airs de ses clameurs,

Comme si, dans ce jour de honteuse mémoire,
La France eût remporté sa plus belle victoire.
Il se ruait autour du char du roi vainqueur.

AGNÈS.

Ils se montraient heureux de déchirer le cœur
D'un roi si doux, si bon, d'un père qui les aime !

LA HIRE.

Cet enfant, ce Henri de Lancastre, moi-même
Il m'a fallu le voir quand on l'avait assis
Au trône où s'asseyait autrefois saint Louis.
Tout près de leur neveu, pleins d'orgueilleuse audace,
Bedfort et Glocester, debout, avaient pris place,
Et Philippe, à genoux aux pieds du jeune roi,
Pour ses possessions, jurait hommage et foi.

LE ROI.

O bassesse !... Un parent ! Un pair de la couronne !

LA HIRE.

Sur les derniers degrés qui conduisaient au trône,
L'enfant avait eu peur, il avait chancelé.
Dans le peuple aussitôt ces mots ont circulé :
« Mauvais présage ! » Et puis, on s'était mis à rire.
Mais votre mère alors... J'ai honte de le dire...
Votre mère...

LE ROI.

Eh bien ? dis !

LA HIRE.

La reine s'avança,

Saisit résolûment l'enfant et le plaça
Au trône où son époux, où le roi, votre père,
L'avait jadis reçue.

LE ROI.

O ma mère! ma mère!

LA HIRE.

Même les Bourguignons, ces bandes que le sang
N'émeut point, on les vit de honte rougissant.
Votre mère, aussitôt, s'aperçut de sa faute.
Se tournant vers le peuple, alors, d'une voix haute :
Elle lui dit : « Français! au lieu d'un tronc pourri,
« Je place sur le trône un rameau sain, fleuri;
« Je vous sauve d'un roi né d'un père en démence;
« Français! j'ai mérité votre reconnaissance. »

(Le roi se cache le visage; Agnès court à lui et l'entoure de ses
bras; tous les assistants manifestent leur indignation et leur
horreur.)

DUNOIS.

La louve! la furie!

LE ROI, après une pause, aux magistrats :

Eh bien! on vous instruit
Du déplorable état où me voilà réduit.
Reprenez le chemin de ma ville fidèle,
Allez! reportez-y cette triste nouvelle :
Je dégage Orléans de sa fidélité.
Qu'elle assure aujourd'hui sa propre sûreté;
Qu'elle aille de Philippe implorer la clémence;
On l'appelle le Bon, il le sera, je pense.

DUNOIS.

Vous, sire! abandonner Orléans?

LE MAGISTRAT, se mettant à genoux:
A genoux,
Sire, je vous supplie : ayez pitié de nous!
Non, non, ne livrez pas votre ville fidèle
Au joug que les Anglais feraient peser sur elle!
C'est de votre couronne un joyau précieux;
Jamais aucune ville à ses rois, vos aïeux,
N'a plus fidèlement gardé la foi jurée.

DUNOIS.

La victoire de nous s'est-elle retirée?
Et le champ du combat sera-t-il déserté,
Avant qu'un coup d'épée encore soit porté
Pour sauver cette ville? Et voulez-vous donc, sire,
Par le mot imprudent que vous venez de dire,
Même avant que pour elle aucun sang soit versé,
Voir ce nom d'Orléans de la France effacé?

LE ROI.

C'est trop de sang en vain; il faut en être avare.
Je reconnais que Dieu contre moi se déclare :
Dans les combats, toujours, mes soldats sont vaincus.
Mon Parlement prononce et de moi ne veut plus.
Paris et tout mon peuple, il faut que je les voie
Accueillir mon rival avec des cris de joie!
Ceux en qui coule aussi le sang dont je suis né,
M'ont trahi, n'est-ce pas? et m'ont abandonné.
Que dis-je? sur son sein, elle-même, ma mère,
Nourrit le rejeton de la tige étrangère!

Au delà de la Loire il faut nous retirer.
Nous voyons pour l'Anglais le ciel se déclarer;
Eh bien! il faut plier sous sa toute-puissance.

AGNÈS.

Dieu nous garde de perdre ainsi toute espérance,
D'abandonner ainsi le royaume au vainqueur!
Ah! ces mots ne sont point sortis de votre cœur,
Car il est courageux... Ce qui brise ton âme,
C'est ta mère, ô mon roi, c'est sa conduite infâme.
Mais redeviens toi-même; oppose aux coups du sort
Ce que le cœur d'un homme a de noble et de fort!

LE ROI, absorbé dans de sombres réflexions:

N'est-il pas vrai qu'un sort funeste, impitoyable,
Domine les Valois, les poursuit, les accable?
Dieu rejette leur race et c'est avec raison:
Les crimes d'une mère ont sur cette maison,
Et depuis bien longtemps, déchaîné les furies.
Les sources de ses maux sont loin d'être taries :
Mon père, fou vingt ans; mes trois frères aînés,
Par la mort, avant moi, tous les trois moissonnés!...
Ah! c'est ta voix qui parle, ô céleste justice:
De Charles-Six tu veux que la maison périsse!

AGNÈS.

Qu'elle soit relevée et rajeunie en toi!
Il faut garder l'espoir, dans toi-même avoir foi.
Ah! ce n'est pas en vain que des destins prospères
Sauvent en toi le seul, le plus jeune des frères,
Et te donnent, à toi, ce trône inespéré.

Dans ton cœur plein d'amour le ciel a préparé
Le baume qu'il faudra verser sur la patrie,
Pour la guérir des coups des partis en furie.
La torche que leur main depuis longtemps brandit,
C'est toi qui l'éteindras, mon cœur me le prédit.
D'une profonde paix va jeter la semence,
Et fonder à nouveau le royaume de France!

LE ROI.

Non, ce n'est pas à moi qu'est réservé ce sort.
Ce temps d'orages veut un pilote plus fort.
J'aurais pu rendre heureux un peuple doux, fidèle;
Je ne puis le dompter et farouche et rebelle,
Ni m'ouvrir par le fer les cœurs, quand je les voi
Par leur haine fermés et s'éloignant de moi.

AGNÈS.

Ah! croyez que la foule est maintenant séduite
Par une illusion qui passera bien vite.
Vous le verrez sous peu se lever l'heureux jour
Où se réveillera l'indestructible amour
Que portent les Français à leur roi légitime :
De peuples ennemis aussitôt se ranime,
Et l'éternelle haine, et la rivalité;
Et l'orgueilleux vainqueur se voit précipité
Du faîte de sa gloire, et sous elle il expire…
Sur le champ de bataille il faut demeurer, sire!
Ce précieux terrain, défendez-le toujours,
Et la noble Orléans, comme vos propres jours!
Songez-y bien, la Loire, à son autre rivage,
Serait pour vous le Styx. Non, non, point de passage!

Ah! plutôt ordonnez que tout pont soit rompu,
Tout bateau submergé !

LE ROI.

     J'ai fait ce que j'ai pu.
N'ai-je pas proposé de combattre en personne,
Et d'aller en champ clos défendre ma couronne ?
N'a-t-on pas rejeté l'offre que je faisais ?
Je vois que je prodigue en vain le sang français ;
Mes villes tour à tour croulent dans la poussière.
Laisserai-je, semblable à la barbare mère,
Partager mon enfant ? Non, non, sauvons ses jours,
En renonçant à lui !

DUNOIS.

    Sire ! de tels discours
Sont-ils bien ceux d'un roi ? Quand on a la couronne,
Aussi facilement voit-on qu'on l'abandonne ?
Pour son opinion, sa haine et son amour,
Le dernier des sujets expose, chaque jour,
Et son bien, et son sang. Pour une âme virile,
Le parti devient tout quand la guerre civile
A levé son drapeau sanglant. Le laboureur
Au milieu du sillon interrompt son labeur ;
Les fuseaux commencés sont laissés par la femme ;
Tout s'arme, enfants, vieillards ; la ville est mise en
              flamme
Par ses habitants même ; aux champs, dans la moisson,
La main du paysan va porter le brandon :
Tout cela, dans l'espoir d'être utile ou de nuire,
D'assurer le succès que son âme désire.
De vains ménagements n'arrêtent point son bras ;

Il faut n'en point avoir et n'en attendre pas
Quand on défend l'honneur, ses dieux ou son idole.
Aussi, point de faiblesse et point de pitié folle!
C'est, dans le cœur d'un roi, sentiment déplacé.
Que la guerre ait sa fin, puisqu'elle a commencé,
Et puisqu'en l'allumant, si l'on fut téméraire,
Sire, vous n'avez pas ce reproche à vous faire!
Le peuple pour son roi doit se sacrifier;
C'est le sort, c'est la loi de l'univers entier.
Le Français la connaît et la trouve très-bonne;
Il n'en voudrait point d'autre. Ah! quand l'honneur
             ordonne,
Honte à la nation, qui, pour sauver le sien,
Hésiterait à tout sacrifier!

LE ROI, aux magistrats:

      Eh bien!
Vous avez entendu ce qu'à votre demande
Je disais tout à l'heure. Allez! Dieu vous défende!
Je ne peux rien de plus.

DUNOIS.

        Puisqu'il en est ainsi,
Que le Dieu des combats vous abandonne aussi,
Vous qui de vos aïeux abandonnez le trône!
Vous reculez? Dunois aussi vous abandonne.
Mais, lorsque vous serez enfin précipité,
Imputez votre chute à votre lâcheté,
Et non point à Bourgogne ou bien à l'Angleterre,
Parce qu'ils sont unis pour vous faire la guerre!
Les monarques français sont héros en naissant,

Sire, mais leur valeur n'est pas dans votre sang,
C'est une exception !
(Aux magistrats :)
Le roi vous abandonne !
Eh bien ! dans Orléans je me jette en personne !...
Oui, ville de mon père, oui, tu verras son fils
Venir s'ensevelir sous tes derniers débris !
(Il veut sortir, Agnès le retient.)

AGNÈS, au roi :

Ne souffrez point qu'il parte avec cette colère.
Sa bouche ose tenir un langage sévère,
Mais son cœur est garant de sa fidélité ;
Son cœur ! il a de l'or toute la pureté ;
Sire, n'en doutez pas, il est toujours le même ;
Son sang coula pour vous ; chaudement il vous aime...
Approchez-vous, Dunois ; avouez, à l'instant,
Qu'un généreux courroux vous porta trop avant...
Vous, sire, pardonnez à cet ami fidèle
Les trop rudes avis que lui dicta son zèle.
Oh ! venez ! prévenez de terribles malheurs.
Laissez-moi, laissez-moi réunir vos deux cœurs,
Avant que la colère à jamais les sépare.
(Dunois fixe les yeux sur le roi et semble attendre une réponse.)

LE ROI, à Du Châtel :

Nous passerons la Loire, allez ! qu'on se prépare,
Qu'on tienne les bateaux prêts à nous recevoir !

DUNOIS, avec vivacité à Agnès :

Adieu ! Je pars.
(Il se détourne brusquement et sort. Les magistrats le suivent.)

AGNÈS, joignant les mains avec désespoir:

O ciel! — S'il s'en va, plus d'espoir!
L'abandon est complet! Avec nous plus personne!
— La Hire! allez! courez! calmez-le!

(La Hire sort.)

SCÈNE VI.

LE ROI, AGNÈS, DU CHATEL.

LE ROI.

La couronne
Est-elle donc un bien si précieux, si cher?
Est-ce donc à ce point un sacrifice amer
Que de s'en séparer? Non, j'ai la certitude
Qu'une chose est encor plus amère et plus rude :
C'est d'être dominé par des esprits hautains,
Des vassaux arrogants, inflexibles et vains,
Par la grâce desquels il semble que l'on vive.
Voilà, pour un cœur noble, une douleur bien vive.
J'aime mieux succomber sous le sort rigoureux.

(A Du Châtel, qui hésite encore:)

Faites ce que j'ai dit!

DU CHATEL, se jetant aux pieds du roi:

O mon roi!

LE ROI.

Je le veux!
Plus d'observations!

DU CHATEL.

Écoutez-moi, de grâce!

Qu'entre vous et le duc, sire, la paix se fasse :
C'est votre seul moyen de salut, désormais.

LE ROI.

Quel conseil ! Votre sang scellerait cette paix.

DU CHATEL.

Ah ! que de cette paix ma tête soit le gage !
Pour vous je l'exposai souvent avec courage,
Et pour vous avec joie encore, s'il le faut,
Je saurai la porter jusque sur l'échafaud.
Calmez le duc, calmez ce terrible adversaire !
Abandonnez-moi, sire, à toute sa colère !
Que sa haine pour vous s'éteigne dans mon sang !

LE ROI, ému, le regarde pendant quelques instants en silence.

Est-ce vrai ? Le danger est-il donc si pressant
Que mes amis, que ceux qui connaissent mon âme,
En voulant me sauver, veuillent me rendre infâme ?
De ma chute, à présent, je vois la profondeur :
Il ne leur reste plus de foi dans mon honneur !

DU CHATEL.

Sire, réfléchissez...

LE ROI.

           Je ne veux rien entendre.
Craignez de m'irriter. Quand on devrait me prendre
Dix trônes, je voudrais, moi, les sacrifier,
Si du sang d'un ami je devais les payer...
Faites sur les bateaux porter mes équipages !

DU CHATEL.

Ce ne sera pas long.
(Il se relève et sort; Agnès pleure amèrement.)

SCÈNE VII.

LE ROI, AGNÈS.

LE ROI, lui prenant la main :

    Sur ton front des nuages,
Mon Agnès adorée! Il faut les en chasser :
Cette Loire que Charle est forcé de passer,
T'offre à son autre rive une autre France encore,
Une terre où des jours plus heureux vont éclore,
Un ciel dont rien jamais ne troublera l'azur,
Un air que la poitrine aspire toujours pur,
Des usages plus doux, des chants, de l'harmonie.
Là, fleurissent bien mieux et l'amour et la vie.

AGNÈS.

Oh! faut-il que je voie un si funeste jour?
Un roi se condamner à l'exil sans retour!
Un fils abandonner la maison de son père!
Fuir loin de son berceau!... Hélas! heureuse terre
Que nous allons quitter, nous ne te verrons plus!

SCÈNE VIII.

LE ROI, AGNÈS, LA HIRE.

AGNÈS, à La Hire :

Seul! Vous avez donc fait des efforts superflus?
Dunois ne revient pas?
(Elle le regarde plus attentivement.)

— Qu'avez-vous donc, La Hire ?
Est-ce un nouveau malheur qu'en vos yeux il faut lire ?

LA HIRE.

Non. Les temps de malheur pour nous sont écoulés ;
Le soleil reparaît.

AGNÈS.

Au nom du ciel, parlez !

LA HIRE, au roi :

Ces bourgeois d'Orléans, dites qu'on les rappelle.

LE ROI.

Pourquoi ? Qu'annonces-tu ?

LA HIRE.

Qu'ils viennent ! — Ma nouvelle
Est celle-ci : Le sort vient de changer pour vous ;
On a livré combat, la victoire est à nous.

AGNÈS.

La victoire ! Oh ! pour moi, parole harmonieuse,
Mot céleste !

LE ROI.

Tu crois quelque rumeur trompeuse,
La Hire ; la victoire ? Elle n'est plus pour moi !

LA HIRE.

A plus encor, bientôt, vous ajouterez foi.
Des miracles se font ; il faudra bien y croire.
L'archevêque, et Dunois qu'il ramène...

AGNÈS.

O victoire,

Belle, céleste fleur! tes fruits seront pour nous
La concorde et la paix!

SCÈNE IX.

LES PRÉCÉDENTS, L'ARCHEVÊQUE DE REIMS, DUNOIS,
DU CHATEL, RAOUL, revêtu de son armure.

L'ARCHEVÊQUE conduit Dunois au roi et joint leurs mains.

Princes, embrassez-vous!
Laissez vos différends, calmez votre colère;
Le ciel s'est déclaré, le ciel nous est prospère.

(Dunois embrasse le roi.)

LE ROI.

Faites cesser mon doute et mon étonnement.
D'où vient en ma faveur ce subit changement?
De ce ton solennel que voulez-vous me dire?

L'ARCHEVÊQUE, à Raoul, qu'il mène au roi :

Parlez!

RAOUL.

Nous conduisions seize bannières, sire;
— Des soldats de Lorraine; — au camp nous nous rendions,
Et sous le chevalier Baudricourt nous marchions.
Nous venions de gagner la hauteur qui couronne
Vermanton; nous allions descendre vers l'Yonne,
Quand sur l'immense plaine, en bataillons nombreux,
S'offre à nous l'ennemi. Nous reportons les yeux
Sur la route par nous à l'instant parcourue :
Un autre corps d'armée y frappe notre vue.

Nous étions entourés et nous estimions tous
La victoire ou la fuite impossible pour nous.
Aussi, les plus vaillants exprimaient leurs alarmes,
Et l'on ne parlait plus que de rendre les armes.
Nos chefs tiennent conseil, cherchant, pour nous sauver,
Un extrême parti, qu'ils ne peuvent trouver.
Mais voilà qu'à nos yeux, dans ce moment funeste,
Un prodige éclatant soudain se manifeste :
Sire, une jeune fille, un casque sur le front,
Du sein de la forêt s'élance et vers nous fond;
Des combats on dirait la déesse; elle est belle
Et porte cependant l'épouvante autour d'elle;
En longs anneaux son cou reçoit ses noirs cheveux;
Sublime en son aspect, il semble que des cieux
L'illumine un rayon, quand, d'une voix sonore,
Elle nous dit : « Français, que tardez-vous encore ?
« Aux ennemis ! Nos champs en fussent-ils couverts
« Comme de grains de sable une plage des mers,
« La sainte Vierge et Dieu vous prêteront main forte ! »
Elle dit, et des mains du guerrier qui le porte
Arrache l'étendard, le brandit vers les cieux,
Et marche à notre tête à pas audacieux.
De surprise muets en voyant la guerrière,
Involontairement nous suivons sa bannière,
Et sur les ennemis nous nous précipitons;
Dans un étonnement complet nous les jetons.
D'un regard effaré contemplant le miracle,
Au torrent qui s'approche ils ne font point d'obstacle.
Alors, comme si Dieu les terrifiait tous,
Ils nous tournent le dos, se sauvent devant nous,
Et, pour mieux fuir, loin d'eux rejetant leur armure,

ACTE I. — SCÈNE IX.

Tout au travers des champs courent à l'aventure.
C'est en vain que les chefs rappellent les soldats;
Ceux-ci, fous de terreur, ne les écoutent pas.
Sans oser seulement regarder en arrière,
L'ennemi fuit toujours. Bientôt, dans la rivière
Les hommes, les chevaux se précipitent tous,
Et, sans résister même, expirent sous nos coups.
C'est bien moins un combat qu'un horrible carnage;
Deux mille combattants tombent sur le rivage !
Ceux qu'engloutit le fleuve on n'a pu les compter,
Et nous, nous n'avons pas un homme à regretter.

LE ROI.

C'est bien prodigieux !

AGNÈS.

C'est une jeune fille
Qui l'a fait ce prodige ? Et quelle est sa famille ?
D'où vient-elle ?

RAOUL.

Au roi seul elle le confira :
Le ciel l'a suscitée et le ciel l'inspira ;
Il lui donna le don de prédire, dit-elle.
Même avant que se lève une lune nouvelle,
Elle promet de rendre Orléans à son roi.
A tout ce qu'elle dit le peuple ajoute foi;
Il a soif de combats... Vous allez la connaître :
Elle nous accompagne et bientôt va paraître.

(On entend le son des cloches et un cliquetis d'armes, qu'on frappe les unes contre les autres.)

Entendez ces rumeurs, ces cloches ! Tout ce bruit
Vous l'annonce; le peuple en l'acclamant la suit.

LE ROI, à Du Châtel :

Vous la ferez entrer ici.

(A l'archevêque :)

Que faut-il croire?
Par cette jeune fille obtenir la victoire,
Au moment où je n'ai d'espoir que dans le ciel?
Tout ce que l'on me dit paraît surnaturel.
Puis-je... croire au miracle, et qu'elle l'accomplisse?

LA FOULE, derrière le théâtre :

Gloire à la jeune fille ! à la libératrice !

LE ROI.

La voici !

(A Dunois :)

Mettez-vous à ma place un moment,
Dunois. Préparons-lui ce piége. Si, vraiment,
C'est Dieu qui l'inspira, c'est Dieu qui la suscite,
Elle doit découvrir le roi, sans qu'elle hésite.

(Dunois s'assied à la place du roi; le roi se met à sa droite et, à côté du roi, Agnès Sorel. L'archevêque et les autres personnages sont en face, de sorte que le milieu de la scène reste vide.)

SCÈNE X.

LES PRÉCÉDENTS, JEANNE, accompagnée des magistrats et d'un grand nombre de chevaliers, qui remplissent le fond du théâtre. Elle s'avance; sa démarche est noble ; elle regarde tout le cercle des assistants.

DUNOIS, après un moment de silence solennel :

Jeune fille, est-ce toi qui viens jusqu'en ce lieu
Pour...?

JEANNE l'interrompt et le regarde fixement et avec dignité.

Bâtard d'Orléans! c'est vouloir tenter Dieu.
Lève-toi! Cette place, elle n'est pas la tienne.
Vers un plus grand que toi ma mission m'amène.

(Elle s'avance d'un pas assuré vers le roi, plie un genou devant lui, se relève aussitôt et fait quelques pas en arrière. Tous les assistants manifestent leur surprise. Dunois quitte le siège, et un vide se fait autour du roi.)

LE ROI.

Comment peux-tu m'avoir reconnu? Tu me vois,
Cependant, aujourd'hui pour la première fois.

JEANNE.

Sire, je vous ai vu lorsque personne au monde
Ne vous voyait que Dieu.

(Elle s'approche du roi et lui parle mystérieusement.)

Quand la nuit fut profonde,
Quand le sommeil sur tous se fut appesanti,
De votre couche, hier, vous, vous êtes sorti.
A Dieu vous avez fait une ardente prière.
Ordonnez que d'ici l'on sorte, et, tout entière,
Je vous la redirai.

LE ROI.

Je n'ai nulle raison
De cacher aux humains ce qu'en cette oraison
A Dieu je confiai. Si tu peux la redire,
Je serai convaincu que c'est lui qui t'inspire.

JEANNE.

Vous avez adressé trois demandes à Dieu:
Voyez si je les sais, Dauphin! — En premier lieu,

Vous avez dit : « Seigneur ! s'il faut que cette guerre,
« Cette guerre fatale, ait pour cause première
« Des biens à la couronne injustement acquis,
« Des crimes ignorés, par mes aïeux commis,
« Qu'on n'ait point expiés encore ; à ta justice,
« Pour mon peuple, ô mon Dieu, je m'offre en sacrifice !
« Épuise ton courroux sur cette tête !... »

LE ROI, reculant effrayé :

           O ciel !
Quel es-tu, qui t'envoie, être surnaturel ?

(Tous les assistants manifestent leur surprise.)

JEANNE.

Et puis, après : « Si c'est la volonté suprême
« Que ma race, ô mon Dieu ! perde le diadème,
« Que je sois dépouillé de ces biens que les rois
« Dont je suis descendu possédaient autrefois,
« Ah ! laisse-moi, du moins, comme faveur dernière,
« Un cœur pur, un ami, mon Agnès !... »

(Le roi se cache le visage et pleure ; les autres personnages témoi-
gnent une extrême surprise. Après une pause, Jeanne reprend :)

           La prière
Que vous fîtes après, faut-il la répéter ?

LE ROI.

C'est assez ! je te crois ; je ne puis plus douter :
L'homme n'en sait pas tant ; Dieu lui-même en toi brille !

L'ARCHEVÊQUE.

Dis-nous quel est ton nom, sainte, étonnante fille !
Sur quelle heureuse terre as-tu reçu le jour ?
A quels parents bénis donnes-tu ton amour ?

JEANNE.

Jeanne est mon nom, seigneur; je suis une bergère.
J'habite Domremy qu'habite aussi mon père :
Dans l'évêché de Toul c'est un des bourgs du roi.
Je gardais les brebis; dans la maison, c'est moi
Qui seule avais ce soin, et depuis mon jeune âge.
— J'entendais raconter par les gens du village
Qu'un peuple était venu d'un pays étranger;
Qu'il avait traversé la mer pour nous ranger
Sous un joug bien pesant; que, pour comble d'audace,
Il prétendait, sur nous, mettre un roi de sa race,
Un roi qui n'aime pas le peuple; il avait pris
Notre plus grande ville, il avait pris Paris,
Disait-on; le royaume était en sa puissance!...
Alors, j'ai bien prié la Vierge pour la France;
Pour qu'elle nous sauvât la honte de ce joug;
Pour que du roi français elle laissât debout
Le trône menacé. Devant notre village,
De cette bonne Vierge est une antique image,
Des pieux pèlerins symbole vénéré;
Près de l'image on voit un chêne consacré,
Que rendirent fameux des miracles sans nombre.
Un penchant me portait à m'asseoir sous son ombre
En gardant mes brebis. Un agneau s'égarait :
J'allais dormir sous l'arbre, un songe me montrait
Où l'aller retrouver. Une fois, qu'en prière
Je passais sous cet arbre une nuit tout entière,
Cherchant à résister au sommeil, tout à coup,
Je vois la sainte Vierge à mes côtés, debout,
Portant bannière et glaive en ses mains, mais du reste,
Couverte comme moi d'un vêtement modeste :

«Me voici, lève-toi, Jeanne!» m'a-t-elle dit;
« Laisse là ton troupeau! viens! Dieu, qui te bénit,
« De soins plus importants veut te voir occupée.
« Tiens! prends cet étendard! ceins-toi de cette épée!
« Que de ce fer vengeur ton jeune bras armé
« Sauve d'un joug honteux mon peuple bien-aimé!
« Frappe ses ennemis et fais-les disparaître!
« Conduis aux murs de Reims l'héritier de ton maître,
« Et place sur son front la couronne des rois!»
Est-ce à moi de tenter de si nobles exploits?
Ai-je répondu; moi, fille obscure et paisible,
Des combats, jusqu'ici, j'ignore l'art terrible.
Elle réplique alors : « La vierge qui, toujours,
« Saura fermer son cœur aux terrestres amours,
« Peut sur terre accomplir une mission sainte.
« Exempte comme toi de toute impure atteinte,
« De Dieu je fus choisie en mon humilité,
« Et le divin Sauveur, c'est moi qui l'enfantai.
« Dans sa céleste gloire il a placé sa mère. »
Elle dit, et du doigt me toucha la paupière.
Quand je levai les yeux, je vis les cieux remplis
D'anges tenant en mains de blanches fleurs de lis;
Et les sons les plus doux venaient à mon oreille.
Pendant trois nuits de suite, au milieu de ma veille,
La Vierge est revenue et m'a dit : « Lève-toi,
« Jeanne! Le Dieu du ciel, qui te parle par moi,
« De soins plus importants veut te voir occupée.»
Et, la dernière fois, seigneur, je fus frappée
Du courroux qu'en parlant la Vierge me fit voir:
« Obéir, pour la femme est sur terre un devoir,»
Dit-elle en me grondant, « son lot est la souffrance;

ACTE I. — SCÈNE X.

« Ses labeurs font sa gloire, et, son obéissance,
« Sa résignation à ces terrestres maux,
« Là-haut la feront grande. » En achevant ces mots,
Elle laisse tomber son habit de bergère,
S'inonde des rayons d'une vive lumière,
Comme reine du ciel resplendit à mes yeux,
Et des nuages d'or, s'élevant vers les cieux,
L'emportent au séjour du bonheur ineffable.

(Tous les assistants sont émus; Agnès Sorel pleure et cache son visage dans le sein du roi.)

L'ARCHEVÊQUE, après un long silence :

On ne peut repousser une preuve semblable.
Quand Dieu lui-même ainsi vient se manifester,
Il serait impossible à l'homme de douter.
Elle a dit vrai; les faits en rendent témoignage.
Un miracle si grand de Dieu seul est l'ouvrage.

DUNOIS.

Je suis fort peu touché du miracle : ces yeux,
Ce front plein de candeur, me convainquent bien mieux.

LE ROI.

Et moi, par mes péchés, ne suis-je pas indigne
De recevoir du ciel cette faveur insigne?
Toi, qui lis dans les cœurs l'entière vérité,
Mon Dieu! tu vois du mien toute l'humilité.

JEANNE.

L'humilité des grands là-haut se change en gloire :
Vous vous abaissez, Dieu vous élève.

LE ROI.

      Moi ! croire
Que tu me rendras fort contre mes ennemis?

JEANNE.

Je veux mettre à vos pieds le royaume soumis.

LE ROI.

A se rendre Orléans ne sera pas forcée?

JEANNE.

Non; vous verrez plutôt la Loire repoussée
Jusqu'à sa source.

LE ROI.

    A Reims en vainqueur j'entrerai?

JEANNE.

A travers l'ennemi je vous y conduirai.
 (Tous les chevaliers agitent leurs lances et leurs boucliers et manifestent une ardeur guerrière.)

DUNOIS.

Qu'on nous donne pour chef cette fille divine,
Et, tous, aveuglément, nous suivrons l'héroïne!
Son regard inspiré devant nous brillera,
Et le bras de Dunois sur elle veillera!

LA HIRE.

Tout l'univers armé nous trouvera sans crainte,
Si nous sommes conduits par cette fille sainte;
Le Dieu de la victoire est avec elle. Allons!
Héroïne, au combat mène nos bataillons!
 (Les chevaliers font retentir leurs armes et s'avancent.)

LE ROI.

Oui, pour les commander Dieu même te désigne.
Leurs chefs t'obéiront. Voici le plus haut signe
Du pouvoir qu'un guerrier puisse obtenir de nous :
Le connétable a cru, dans un jour de courroux,
Devoir le renvoyer à son roi; cette épée
Dans de plus dignes mains ne peut être occupée.
Prophétesse de Dieu, des miennes reçois-la,
Et désormais...

JEANNE.

Dauphin, ce n'est point celle-là
Qui rendra pour mon roi la victoire certaine.
Laissons cet instrument de la puissance humaine...
J'en sais une autre : à moi cette arme et je vaincrai !
Comme l'a fait l'Esprit pour moi, je vous dirai
Où la faire chercher, comment la reconnaître.

LE ROI.

Parle!

JEANNE.

C'est à Fierbois, c'est là qu'elle doit être :
On voit au cimetière, autrefois consacré
A sainte Catherine, un caveau retiré;
Là, vous découvrirez des armes, amassées
En signes glorieux des victoires passées;
Là, l'épée à mes mains promise dort encor.
Vous la reconnaîtrez à trois fleurs de lis d'or
Empreintes sur sa lame. Apportez-la! C'est celle
Qui, pour vous, portera la victoire avec elle.

LE ROI, se tournant vers sa suite :

Envoyez à Fierbois et recommandez bien
Que de ce qu'elle dit on ne néglige rien !

JEANNE.

Et puis, qu'on me prépare une blanche bannière
A bordure de pourpre. Un globe de la terre
Au milieu sera peint, et, planant au-dessus,
La bienheureuse Vierge avec l'enfant Jésus :
Telle me l'a fait voir notre divine Mère.

LE ROI.

Jeanne, on va t'obéir.

JEANNE, à l'archevêque :

Bénissez-moi, mon père !
(Elle se met à genoux.)

L'ARCHEVÊQUE.

La bénédiction ! Vers nous Dieu t'envoya
Pour la répandre et non pour la recevoir. — Va !
Qu'avec toi soit son bras ! Mais nous, pour toi que faire ?
Nous, indignes pécheurs ?
(Elle se relève.)

UN PAGE, annonçant :

Un héraut d'Angleterre !

JEANNE.

Qu'il entre ! Dieu l'envoie avec intention.
(Le roi fait un signe au page, qui sort.)

SCÈNE XI.

LES PRÉCÉDENTS, LE HÉRAUT.

LE ROI.

Héraut, qu'annonces-tu? Dis-nous ta mission.

LE HÉRAUT.

Quel est ici celui qui porte la parole
Pour Charles de Valois, comte de Ponthieu?

DUNOIS.
       Drôle!
Misérable héraut! tu ne reconnais pas
Le monarque français même dans ses États?
Sans l'habit qui te couvre, une telle insolence
Pourrait...

LE HÉRAUT.
  Il n'est qu'un roi que connaisse la France,
Et c'est en notre camp qu'est aujourd'hui ce roi.

LE ROI.

Calmez-vous, mon cousin. — Héraut, explique-toi!

LE HÉRAUT.

Mon noble général vous mande qu'il déplore
Le sang qu'on a versé, qu'on doit verser encore.
Espérant prévenir d'inutiles combats,
Il retient au fourreau le fer de ses soldats.
Avant l'assaut, avant qu'Orléans ne soit prise,

Il vous offre un accord et veut que je vous dise
Ses propositions.

LE ROI.

Et que veut-il de nous?

JEANNE, s'avançant :

Sire, permettez-moi de répondre pour vous.

LE ROI.

Oui, j'y consens : décide ou la paix ou la guerre.

JEANNE, au héraut :

Au nom de qui dis-tu que tu viennes nous faire,
Héraut, l'offre d'entrer en accommodements?

LE HÉRAUT.

Au nom de notre chef, Salisbury.

JEANNE.

Tu mens!
On ne peut point parler au nom d'un mort.

LE HÉRAUT.

Mon maître
Est aussi bien portant qu'un homme puisse l'être.
Il a tout ce qu'il faut de force et de santé
Pour vous détruire tous.

JEANNE.

Oui, quand tu l'as quitté,
Il vivait; mais je vais t'apprendre une nouvelle :

Encore ce matin, du haut de la Tournelle,
A regarder la ville il était occupé,
Quand, parti des remparts, un boulet l'a frappé.
— Tu ris? tu n'admets point que je sois informée
D'un fait récent qui s'est passé dans votre armée?
Tout à l'heure à tes yeux du moins tu te fîras :
De ton lord, quand bientôt au camp tu rentreras,
Le funèbre convoi sera sur ton passage.
Maintenant, héraut, parle, achève ton message!

LE HÉRAUT.

S'il n'est point de secret qui ne te soit connu,
Tu dois savoir déjà pourquoi je suis venu.

JEANNE.

Laissons ta mission; connais la mienne! Annonce
A ceux de qui tu viens, quelle fut ma réponse :
Roi d'Angleterre, et vous, Bedford, Glocester, vous,
Qui pour lui gouvernez, écoutez-moi, vous tous!
Voici l'heure où du sang que vous fîtes répandre,
Au Souverain des cieux vous aurez compte à rendre!
Contre le droit divin, vous le savez, Anglais,
Vous prîtes nos cités; rendez-les, rendez-les!
La Pucelle est des cieux un instrument sur terre;
Elle vient vous offrir ou la paix ou la guerre :
Choisissez! Je vous dis, pour que vous le sachiez,
Que de ce beau royaume où, vainqueurs, vous marchiez,
Vous êtes repoussés par le fils de Marie;
Que le ciel a donné cette belle patrie
A Charles, le Dauphin, mon maître. Je vous dis
Qu'il fera, comme roi, son entrée à Paris,

Dans sa marche entouré de toute sa Noblesse!...
Maintenant, va! héraut; hâte-toi! le temps presse,
Car ton retour au camp ne s'achèvera pas
Que déjà la Pucelle à l'invincible bras,
Chassant vos bataillons comme un flot de poussière,
Sur les murs d'Orléans plantera sa bannière!

(Elle sort. — Grande agitation parmi les assistants. — La toile tombe.)

FIN DU PREMIER ACTE.

ACTE SECOND.

LA PUCELLE D'ORLÉANS.

ACTE SECOND.

Un paysage entouré de rochers.

SCÈNE PREMIÈRE.

TALBOT, LIONEL, PHILIPPE, FASTOLF, CHATILLON,
Soldats, porte-étendard.

TALBOT.

Arrêtons-nous ici : ces parois de rocher
Nous font un lieu propice à nous y retrancher;
Cherchons à rassembler dans leur sauvage enceinte
Nos soldats qu'a fait fuir une première crainte.
Choisissez bien la garde; occupez les hauteurs;
La nuit arrêtera les ennemis; d'ailleurs,
A moins que pour nous suivre ils n'aient trouvé des ailes,
Je ne crains pas ici de surprises nouvelles.
Mais ne négligeons rien; ne nous exposons plus :
Ils sont audacieux et nous sommes battus.

(Fastolf sort avec les soldats.)

LIONEL.

Nous, battus, général? Ah! trêve à ce langage!
Je ne pourrai jamais me faire à cette image.

Mon esprit n'admet pas encore qu'aujourd'hui
Le Français ait pu voir l'Anglais fuir devant lui...
Orléans! Orléans! tombeau de notre gloire!
Notre honneur a péri sur les bords de la Loire!
O défaite honteuse! ô ridicule affront!
Jamais, non, non, jamais nos enfants n'y croiront :
Les vainqueurs d'Azincourt chassés par une femme!
Les vainqueurs de Crécy, de Poitiers! C'est infâme!

PHILIPPE.

Voilà précisément de quoi nous consoler.
Ce n'est pas l'ennemi qui nous a fait trembler,
C'est le démon lui-même.

TALBOT.

                Appelez, je vous prie,
De ce nom de démon, notre propre folie.
Comment, duc, se peut-il que de telles erreurs,
Que cet épouvantail effraie aussi nos cœurs?
Allons donc! pour couvrir votre peu de courage,
D'un bien mauvais manteau vous voulez faire usage :
Vos troupes de la fuite ont donné le signal.

PHILIPPE.

Soyez juste : ce fut un effroi général.

TALBOT.

Non, seigneur; c'est chez vous qu'a commencé la fuite;
Nos soldats vous ont dû leur déroute subite.
Les vôtres sur nos rangs se sont précipités,
Y jetant la terreur, criant de tous côtés :
« Tout l'enfer se déchaîne et combat pour la France! »

ACTE II. — SCÈNE I.

LIONEL.

Vous nîriez vainement ce que milord avance :
Votre aile a fui d'abord.

PHILIPPE.

Cela peut s'expliquer :
L'ennemi, la première, est venu l'attaquer.

TALBOT.

Parce que la Pucelle était bien informée ;
Qu'elle savait le point où fléchirait l'armée,
Et qui s'y montrerait accessible à la peur.

PHILIPPE.

Est-ce que l'on entend m'imputer ce malheur?

LIONEL.

Si contre les Anglais seuls elle fût venue,
Par le ciel! Orléans ne serait pas perdue.

PHILIPPE.

Non, car si vous aviez été seuls, soyez sûrs
Que jamais d'Orléans vous n'eussiez vu les murs.
Qui donc, quand vous avez quitté votre Angleterre,
Quand vous vîntes toucher une terre étrangère,
Sur ces bords ennemis vous a tendu la main?
Dans la France, qui donc vous a fait un chemin?
Et votre roi Henri, par qui, dans Paris même,
S'est-il vu sur le front mettre le diadème?
Des Français est-ce lui qui s'est conquis les cœurs?
Ah! si ce bras puissant ne vous eût faits vainqueurs,
Par le ciel! croyez bien que jamais votre armée
N'aurait d'un toit français vu même la fumée!

LIONEL.

Si c'étaient les grands mots, duc, qui font le succès,
Vous auriez conquis seul la France et les Français.

PHILIPPE.

La porte d'Orléans doit très-fort vous déplaire;
Mais, contre un allié pourquoi cette colère?
Nous perdons Orléans, oui; mais, en vérité,
Ce résultat n'est dû qu'à votre avidité.
A se rendre à moi seul Orléans était prête,
Mais vous vouliez pour vous l'honneur de la conquête.

TALBOT.

Nous n'avions pas pour vous assiégé ses remparts.

PHILIPPE.

Comment donc ferez-vous, maintenant, si je pars?

LIONEL.

Aussi bien, croyez-moi, qu'Azincourt nous vit faire.
Là, du duc de Bourgogne et de la France entière
Nous eûmes bon marché.

PHILIPPE.

                Mais, — ne le niez pas, —
Vous avez recherché bien ardemment ce bras.
Le régent a payé bien cher mon alliance.

TALBOT.

Oui, nous en convenons, le prix en est immense,
Car, devant Orléans, duc, c'est de notre honneur
Que nous l'avons payée.

PHILIPPE.

Ah! pas plus loin, seigneur,
Sinon vous en auriez du repentir, peut-être.
Ai-je donc déserté le drapeau de mon maître,
Et du nom de parjure ai-je chargé mon front,
Pour que de l'étranger je souffre cet affront?
Que fais-je ici? pourquoi lutter contre la France?
Si de l'ingratitude on fait ma récompense,
Je retourne à mon roi légitime.

TALBOT.

Écoutez,
Duc, avec le Dauphin je sais que vous traitez;
Mais de la trahison nous saurons nous défendre.

PHILIPPE.

Par l'enfer! à ceci devais-je bien m'attendre?
— Châtillon! fais lever le camp à mes soldats!
Nous allons sur-le-champ regagner nos États!

(Châtillon sort.)

LIONEL.

Bon voyage! Pour moi, votre départ m'enchante :
L'Anglais n'a jamais vu sa gloire plus brillante
Que lorsque, combattant sans aucun allié,
Il s'est à son épée entièrement fié.
Maintenant, que pour soi chacun fasse la guerre!
Aussi bien, sang de France avec sang d'Angleterre
Ne sauraient se mêler avec sincérité.
L'adage qui le dit, ne dit que vérité.

SCÈNE II.

Les précédents, ISABEAU, accompagnée d'un page.

ISABEAU.

Qu'ai-je appris, généraux? Cessez cette querelle!
Quel astre malfaisant trouble votre cervelle?
Quand l'union peut seule assurer le succès,
Vous souffrez que la haine en vos cœurs trouve accès?
C'est vous qui préparez votre propre défaite?
De grâce, révoquez cet ordre de retraite,
Noble duc; croyez-moi, vous fûtes trop pressé.
Vous, Talbot, apaisez un ami courroucé...
Venez, vous, Lionel, m'aider à satisfaire
Ces esprits orgueilleux, à calmer leur colère!

LIONEL.

Non; dans leurs différends peu m'importe d'entrer.
On ne s'accorde point? il faut se séparer;
C'est mon avis.

ISABEAU.

        Comment? ces ruses infernales
Qui naguère au combat nous furent si fatales,
Auront-elles sur nous des effets si puissants
Qu'elles puissent aller jusqu'à troubler nos sens?
Parlez! qui de vous deux commença la querelle?

(A Talbot:)

Est-ce vous, noble lord, qui seriez infidèle
A l'intérêt si cher qui vous est confié,
Au point d'avoir blessé ce puissant allié?

Sans ce bras précieux que prétendez-vous faire?
N'a-t-il pas, dites-moi, dressé pour l'Angleterre
Ce trône où votre roi ne pouvait se placer?
S'il l'éleva, ce trône, il peut le renverser.
Ses soldats vous font forts, mais son nom davantage.
Quand toute l'Angleterre aurait, sur ce rivage,
Jeté ses habitants, ce n'est pas vous, jamais,
Qui, s'ils restent unis, vaincriez les Français;
La France par la France, et seulement par elle,
Pourra se voir vaincue.

TALBOT.

     Un allié fidèle,
Nous savons l'honorer; mais la prudence dit
Qu'on sache se garder de celui qui trahit.

PHILIPPE.

Celui qui veut manquer à la reconnaissance,
Aisément du menteur affiche l'impudence.

ISABEAU.

Pourriez-vous à ce point dépouiller la pudeur,
Et de votre maison compromettre l'honneur,
Noble duc, que jamais, jamais, votre main serre
La main de l'assassin qui tua votre père?
Vous jugeriez possible, en votre aveuglement,
Entre Charles et vous un raccommodement?
Mais, c'est vous qui l'avez conduit jusqu'à l'abîme!
Et quand elle y va choir, vous sauvez la victime?
Vous brisez follement votre œuvre, votre but?
Ici sont vos amis. N'espérez de salut
Qu'uni bien fortement aux Anglais.

PHILIPPE.

                            Avec Charle
Je suis loin de songer à la paix dont on parle.
Mais l'orgueil, le mépris des insolents Anglais,
Voilà ce que j'entends ne supporter jamais.

ISABEAU.

Venez ! — Duc, oubliez une trop prompte injure ;
Vous savez quel chagrin le général endure ;
Le malheur rend injuste. — Au lieu d'envenimer
Cette plaie à jamais, laissez-moi la fermer:
Venez, embrassez-vous !

TALBOT.

                      Duc, vous venez d'entendre.
Un noble cœur consent volontiers à se rendre
Quand parle la raison. Quel est, dans ce moment,
Votre dessein ? La reine a parlé sagement.
La main que je vous tends guérira, je l'espère,
Le mal qu'imprudemment ma langue a pu vous faire.

PHILIPPE.

Madame a fort bien dit, j'en conviens avec vous,
Et la nécessité fait taire mon courroux.

ISABEAU.

C'est très-bien ! Maintenant, que votre bouche scelle
D'un fraternel baiser l'alliance nouvelle,
Et qu'emporte le vent tout ce que l'on s'est dit.

(Le duc et Talbot s'embrassent.)

LIONEL, à part, regardant le groupe :

Comptez sur cette paix qu'un démon rétablit.

ISABEAU.

Généraux! une fois, la fortune contraire
Voulut que nous fussions vaincus dans cette guerre.
Mais si dans un combat l'on nous a vus faiblir,
Votre noble courage en peut-il s'amollir?
Désespérant du ciel, à ses maux sans remède,
Le Dauphin fait venir le démon à son aide,
Mais il se damne en vain! Contre un danger pressant,
A le sauver l'Enfer lui-même est impuissant.
L'ennemi suit les pas d'une fille inspirée?
A son bras la victoire est, dit-on, assurée?
Eh bien! moi, je ferai triompher vos soldats!
Je serai l'inspirée et leur guide aux combats!

LIONEL.

Retournez à Paris! C'est à nos bonnes lames
Que nous devrons de vaincre, et non pas à des femmes.

TALBOT.

Partez! depuis qu'ici vous êtes, tout va mal;
A nos armes le sort est devenu fatal.

PHILIPPE.

Partez! votre présence est d'un mauvais augure;
Le soldat contre vous s'indispose et murmure.

ISABEAU, les regardant tous trois avec étonnement:

Et vous, Bourgogne, aussi? Comment! vous vous mettez
Avec ces deux ingrats contre moi? vous!

PHILIPPE.
                        Partez!

Le soldat qui vous voit sent faiblir son courage :
Il croit que c'est pour vous qu'il combat.

ISABEAU.

Quel langage !
Je vous réconcilie à peine, et je vous voi,
Pour me récompenser, vous liguer contre moi ?

TALBOT.

Allez ! Dieu vous conduise ! et, vous loin, sur mon âme,
Nous n'aurons plus de diable à redouter, madame.

ISABEAU.

Je suis votre alliée, et ma fidélité,
Jusqu'à présent, je crois, n'a pas démérité.
Votre cause, seigneurs, n'est-elle pas la mienne ?

TALBOT.

Que comme elle pourra la vôtre se soutienne !
Nous en servons une autre, et nous faisons ici
Une guerre loyale et juste, Dieu merci !

PHILIPPE.

Je suis venu venger le meurtre de mon père ;
Le devoir filial m'ordonnait cette guerre,
Et l'a sanctifiée.

TALBOT.

Expliquons-nous enfin :
Ce que vous essayez pour perdre le Dauphin
Est réprouvé du ciel et des hommes.

ISABEAU.

Sa mère

Le maudit et maudit sa race tout entière :
Il osa m'outrager !

PHILIPPE.

Il n'a fait que venger
Son père, votre époux.

ISABEAU.

Il osa me juger !

LIONEL.

Irrévérence pure !

ISABEAU.

Et me bannir !

TALBOT.

Pour faire
Ce qu'exigeait de lui la clameur populaire.

ISABEAU.

Si jamais mon pardon venait à le couvrir,
Je veux être maudite ! Oui, plutôt que souffrir
Qu'il remonte jamais au trône de son père,
Je puis...

TALBOT.

Sacrifier votre honneur comme mère !

ISABEAU.

Ames faibles ! non, non ! vous ne savez pas, vous,
Ce que peut une mère outragée, en courroux.
J'aime qui m'aime aussi, mais je hais qui m'offense,
Et ma haine ne fait que croître en violence

Quand l'offense me vient du fils que j'enfantai ;
Et, puisque son audace et son impiété
Ont outragé le sein qui lui donna la vie,
Je désire à présent qu'elle lui soit ravie.
Mais vous, qui combattez mon fils, vous, que je vois
Prêts à le dépouiller, dites ! quels sont vos droits ?
Quel crime a-t-il commis dont vous puissiez vous plaindre ?
Quels devoirs envers vous le vîtes-vous enfreindre ?
Vous, c'est l'ambition, un esprit envieux
Qui contre le Dauphin vous excite tous deux.
Moi, je puis le haïr : il me doit l'existence !

TALBOT.

Bien ! il reconnaîtra sa mère à sa vengeance.

ISABEAU.

Hypocrites ! allez ! je vous méprise tous.
Vous vous trompez l'un l'autre, et le monde avec vous.
Vous, Anglais, vous voulez, en brigands que vous êtes,
Sur la terre de France étendre vos conquêtes,
Quand vos droits prétendus ne vous en donnent pas
L'espace qu'un cheval couvrirait de son pas.
Et, d'un autre côté, ce duc, qui trouve encore
Que du titre de Bon justement on l'honore,
Il vend à l'étranger, il vend aux ennemis
L'héritage sacré par ses aïeux transmis :
Sa patrie ! Et c'est bien ? c'est juste ? vous le dites ?
Quant à moi, je méprise et hais les hypocrites,
Et telle que je suis je me montre.

TALBOT.
                D'accord.

Vous avez soutenu d'un esprit ferme et fort
Votre renom.
ISABEAU.
Je suis comme toute autre femme :
J'ai du feu dans le sang, des passions dans l'âme.
Dans ce pays je vins comme reine, y voulant
Une réelle vie et non pas un semblant.
Fallait-il, tout à coup, au plaisir être morte
Parce qu'un sort cruel me livrait, jeune, forte,
Joyeuse, au bras d'un fou? Non, non, en vérité!
Beaucoup plus que mes jours j'aime ma liberté,
Et qui l'entraverait... Mais pourquoi cette lutte?
Avec vous sur mes droits faut-il que je dispute?
Votre sang est épais; point de plaisirs pour vous,
Et vous ne connaissez que l'aveugle courroux.
Et cet homme, ce duc, qu'une humeur incertaine
Toujours, du mal au bien, du bien au mal promène,
Pour la haine ou l'amour n'a pas le cœur entier!...
Je m'en vais à Melun...
(Montrant Lionel:)
Donnez-moi ce guerrier!
Ce jeune homme me plaît; il pourra me distraire...
Arrangez-vous! Adieu, Bourgogne et l'Angleterre!
(Elle fait signe à son page et veut sortir.)

LIONEL.
Comptez bien qu'à Melun nous vous adresserons
Les plus jolis Français de ceux que nous prendrons.

ISABEAU, revenant:
Anglais! de frapper fort vous êtes très-capables.
Le seul Français s'entend aux paroles aimables.
(Elle sort.)

SCÈNE III.

TALBOT, PHILIPPE, LIONEL.

TALBOT.

Quelle femme !

LIONEL.

A présent, recueillons les avis :
Faut-il nous résigner à nous voir poursuivis ?
Ou bien, par une attaque, et courageuse, et prompte,
Ferons-nous de ce jour disparaître la honte ?

PHILIPPE.

Nous sommes affaiblis ; nos soldats, dispersés,
D'un effroi trop récent encore sont glacés.

TALBOT.

Un moment de surprise, une folle panique,
De ce subit échec telle est la cause unique.
Dans des esprits tremblants le fantôme produit,
Examiné de près, sera bientôt détruit.
Aussi, mon avis est qu'au point du jour on aille
A l'autre bord du fleuve, et qu'on livre bataille.

PHILIPPE.

Examinez...

LIONEL.

Pardon, tout est examiné.
Regagnons le terrain par nous abandonné,
Ou bien nous nous couvrons d'une honte éternelle.

ACTE II. — SCÈNE III.

TALBOT.

Oui, c'est un parti pris : à l'aurore nouvelle,
Bataille! Pour chasser ce fantôme de peur,
Qui trouble nos soldats et leur ôte tout cœur,
Combattons corps à corps le démon qui se montre
Sous ces traits de pucelle, et si je le rencontre,
Si devant mon épée un instant je le vois,
Je veux qu'il nous ait nui pour la dernière fois.
S'il ne se fait pas voir, -- et soyez sûrs d'avance
Que d'un combat réel il voudra fuir la chance, —
Alors le charme cesse et le démon a tort.

LIONEL.

Qu'il en soit donc ainsi! Confiez-moi, milord,
Cette affaire où le sang ne doit pas se répandre,
Car ce démon je crois pouvoir vivant le prendre.
Dans mes bras je l'enlève aux yeux de son amant,
De Dunois le bâtard, et, la portant au camp,
Aux plaisirs du soldat je livre la Pucelle!

PHILIPPE.

Ne promettez pas trop.

TALBOT.

    Si je m'empare d'elle,
C'est d'une autre façon que je veux l'embrasser!...
Allons un peu dormir; il est bon de laisser
A nos corps fatigués quelques heures encore,
Et nous repartirons au lever de l'aurore.
       (Ils sortent.)

SCÈNE IV.

JEANNE, avec sa bannière, son casque, sa cuirasse et, du reste, vêtue en femme. DUNOIS, LA HIRE. Des chevaliers et des soldats se montrent au-dessus des rochers, les franchissent en silence et arrivent peu après sur la scène.

JEANNE, aux chevaliers qui l'entourent, et pendant que la troupe continue à marcher :

Nous sommes dans leur camp! Vainement, désormais,
La nuit, qui nous couvrit de ses voiles épais,
Prêterait à nos pas son ombre et son silence.
Des Français annoncez la terrible présence,
Par votre cri de guerre. Allez! criez partout :
Dieu et la Vierge[1] !

TOUS, criant au milieu d'un violent bruit d'armes :

Dieu et la Vierge!

(Les tambours battent, les trompettes sonnent.)

LA SENTINELLE, derrière la scène :

Debout!

L'ennemi! L'ennemi!

JEANNE.

La torche à chaque tente!
Que partout le feu gagne et double l'épouvante,
Et que les ennemis, surpris de tous côtés,
Ne puissent échapper à la mort!

(Les soldats se précipitent. Jeanne veut les suivre.)

1. Hiatus obligé.

ACTE II. — SCÈNE IV.

DUNOIS, l'arrêtant:

     Arrêtez,
Jeanne! Votre devoir ne veut pas davantage.
Jusqu'au camp ennemi nous frayant un passage,
Vous avez en nos mains livré ses défenseurs.
Maintenant, du combat évitez les horreurs;
Le sang va décider; à nous d'agir.

LA HIRE.

     Sans doute!
Jeanne, de la victoire indiquez-nous la route;
La bannière à la main, marchez, guidez nos pas,
Mais du fer meurtrier n'armez point votre bras!
N'allez point des combats tenter le dieu perfide :
Il n'épargne personne en sa course homicide.

JEANNE.

Qui donc ose me dire : Arrête! Quelle voix
A l'Esprit qui me guide ose dicter des lois?
Il faut bien que la flèche aille où l'archer l'envoie;
Où l'on voit le danger, il faut que l'on me voie.
Ce n'est pas aujourd'hui que je dois succomber;
Ici n'est pas le lieu qui me verra tomber.
Sur le front de mon roi je mettrai la couronne.
Je ferai jusqu'au bout ce que mon Dieu m'ordonne;
Je n'ai point d'ennemis à craindre jusque-là :
Mes jours sont protégés, croyez-le.

    (Elle sort.)

LA HIRE.

    Suivons-la!
Faisons-lui de nos corps un rempart!

    (Ils sortent.)

SCÈNE V.

Des soldats anglais, fuyant sur le théâtre, puis, TALBOT.

PREMIER SOLDAT.

La Pucelle
Dans le camp!

DEUXIÈME SOLDAT.

Impossible! Eh! comment serait-elle
Jusqu'ici parvenue?

TROISIÈME SOLDAT.

En traversant les airs.
Ne sais-tu pas qu'elle a pour elle les enfers?

QUATRIÈME et CINQUIÈME SOLDATS.

Fuyez! Nous sommes morts!
(Ils sortent.)

TALBOT.

Ma voix est impuissante
A retenir ces gens, tous frappés d'épouvante.
Ils n'obéissent plus; un vertige subit
Au brave comme au lâche a fait perdre l'esprit.
On dirait, en voyant fuir tous ces misérables,
Que l'enfer a sur eux déchaîné tous ses diables.
Je n'ai pas un soldat pour me prêter secours
Contre un flot d'ennemis qui, grossissant toujours,
En torrent vers le camp roule et s'y précipite.
Resté-je donc le seul qu'aucun trouble n'agite?
Chacun de cette fièvre éprouve-t-il l'accès?
Victorieux vingt fois de ces faibles Français,

Nous fuyons devant eux!... Cette femme invincible,
Quelle est-elle? Comment, divinité terrible,
Lorsque nous triomphions, a-t-elle, en un matin,
Des combats, contre nous, fait tourner le destin,
Et comment de chevreuils une timide armée,
En lions, tout à coup, l'a-t-elle transformée?
La comédienne joue à l'héroïne; et nous,
Vrais héros, son aspect nous ferait trembler tous?
Une femme éclipser ma gloire!

UN SOLDAT, se précipitant sur le théâtre:

La Pucelle!
Fuyez, mon général! fuyez, fuyez! c'est elle!

TALBOT, le tuant:

Fuis toi-même en enfer! Quiconque parlera
Ou de fuite, ou de peur, par ce fer périra.

(Il sort.)

SCÈNE VI.

Le théâtre s'ouvre; on aperçoit le camp des Anglais, livré aux flammes. Les tambours battent; on voit les fuyards et ceux qui les poursuivent. Un instant après, paraît MONTGOMERY.

MONTGOMERY, seul:

Où fuirai-je? Partout l'ennemi se présente.
Pour nous, de tous côtés, est la mort menaçante.
Ici, plein de courroux et l'épée à la main,
Un chef qui de la fuite a fermé le chemin
Et nous pousse à la mort; et, là-bas, cette femme,
Ravageant tout, ainsi que ravage la flamme.

Plus d'espérance, hélas! Mes yeux ont beau chercher :
Ni buisson, ni caverne où pouvoir me cacher!
Malheureux! égaré par la folle espérance
D'une gloire facile à recueillir en France,
Pourquoi passer la mer? Voilà qu'un sort cruel
Me jette maintenant dans ce combat mortel!
Oh! que ne suis-je encor bien loin, dans ma patrie,
Où coule la Saverne à la rive fleurie!
Sous le toit paternel où ma mère m'attend,
Comme au jour du départ encor me regrettant!
Où de ma fiancée aussi l'amour m'appelle!

(Jeanne se montre dans l'éloignement.)

Oh! malheur! Qu'ai-je vu? La guerrière! C'est elle
Qui du milieu des feux et terrible apparaît,
De même que du sein des enfers sortirait
Un spectre de la nuit. Où fuir? Son œil de flamme
Me trouble, me fascine, et, jusqu'au fond de l'âme,
Quoique éloigné, me jette un invincible effroi.
Sous le charme puissant qu'elle exerce sur moi,
Je suis comme entouré d'une chaîne invisible,
Qui toujours se resserre... Oui, fuir m'est impossible,
Et je me sens contraint à ce terrible effort
Qu'il me faut contempler cette image de mort.

(Jeanne fait quelques pas vers lui et s'arrête de nouveau.)

Elle s'approche. Eh bien! je ne veux pas attendre
Que, par elle attaqué, je doive me défendre;
Je vais lui demander, tombant à ses genoux,
De me laisser le jour que je trouve si doux.
Elle est femme; mes pleurs la toucheront peut-être.

(Au moment où il veut aller à sa rencontre, elle s'avance vers lui rapidement.)

SCÈNE VII.

JEANNE, MONTGOMERY.

JEANNE.

Tu vas mourir! le sang de qui tu reçus l'être
Est anglais.

MONTGOMERY, tombant à ses genoux.

Arrêtez! grâce! grâce! Voyez
Un homme sans défense et qui tombe à vos pieds!
J'ai jeté loin de moi mon bouclier, mes armes.
Oh! ne me tuez pas! Oh! non. Voyez mes larmes!
Prenez pitié de moi, laissez-moi vivre encor!
Pour racheter mes jours je vous offre de l'or.
Mon père est riche, il a des champs, des métairies
Au beau pays de Galle, où des rives fleuries
Reçoivent la Saverne au flot pur, argenté.
Mon père voit soumis à son autorité
Des villages nombreux, et, pour la délivrance
D'un fils chéri, captif sur la terre de France,
Il prodiguera l'or.

JEANNE.

Insensé! tu mourras!
Le sort te livre au bras de la Pucelle; au bras
Dont l'étreinte est mortelle et dont nulle puissance
Ne peut te délivrer. Perds donc toute espérance.
Il vaudrait mieux pour toi te sentir au pouvoir
Du crocodile; mieux pour toi vaudrait te voir
Sous la griffe du tigre, ou sous la dent sanglante

De la lionne, alors que ta main imprudente
Lui prendrait ses petits; peut-être que pour toi
Tu trouverais pitié; mais me rencontrer, moi,
C'est la mort! J'obéis au pacte qui m'oblige :
Le monde des Esprits ainsi de moi l'exige;
Je ne puis violer leurs ordres rigoureux;
Il faut que par le fer je mette à mort tous ceux
Que le Dieu des combats devant moi fait paraître
Pour servir ses desseins, que nul ne peut connaître.

MONTGOMERY.

Vos discours sont cruels, mais vos regards sont doux;
On a moins peur, alors qu'on s'approche de vous;
Mon cœur est attiré vers votre aimable image.
Votre sexe a reçu la douceur en partage;
Eh bien! cette douceur, je l'appelle sur moi :
Oh! prenez en pitié ma jeunesse!

JEANNE.

     Pourquoi
Invoquer la pitié de la femme? Semblable
Aux Esprits, qui n'ont pas de forme saisissable,
Et ne connaissent point les liens d'ici-bas,
Que m'importe mon sexe, à moi? je n'en ai pas,
Et ce n'est pas un cœur que couvre cette armure.

MONTGOMERY.

C'est au nom de l'amour qu'enfin je vous conjure;
C'est au nom de l'amour, sainte et puissante voix,
Dont il n'est pas de cœur qui ne suive les lois.
Hélas! bien loin d'ici j'ai laissé mon amante,
De grâce, de beauté, de jeunesse brillante...

Comme vous. En pleurant elle attend mon retour.
Ah! si vous espérez vous-même aimer un jour,
Si par l'amour vous-même espérez être heureuse,
N'allez pas séparer, non, soyez généreuse,
Deux cœurs que de l'amour unissent les saints nœuds!

JEANNE.

Tu n'invoques ici que de terrestres dieux;
Que des dieux étrangers et pour moi sans puissance,
Dont nul pour moi n'est saint, ni digne qu'on l'encense.
L'amour, au nom duquel tu penses m'émouvoir,
J'ignore ses liens, j'ignore son pouvoir,
Et toujours à son joug il me verra rebelle...
Songe à me disputer tes jours, la mort t'appelle.

MONTGOMERY.

Pitié pour mes parents, du moins, que, loin d'ici,
J'ai laissés dans les pleurs! Vous en avez aussi;
Votre absence les livre à des peines cruelles,
Sans doute?

JEANNE.

   A ma mémoire, imprudent, tu rappelles
Combien, dans ce royaume, on compte, grâce à vous,
De mères sans enfants, d'épouses sans époux,
D'orphelins! Qu'à leur tour vos épouses, vos mères
Sentent le désespoir et les larmes amères!
Qu'elles jugent ainsi de ce qu'ont enduré
Les femmes de la France.

MONTGOMERY.

     Oh! sans être pleuré,
Qu'il est dur de mourir sur la terre étrangère!

JEANNE.

Eh! qui donc vous a fait la chercher cette terre,
Pour venir ravager nos champs, pour nous chasser
De notre cher foyer domestique, et lancer
Le brandon de la guerre en nos paisibles villes?
Votre orgueil vous montrait des succès bien faciles :
Votre joug infamant serait bientôt porté
Par ces fils de la France et de la liberté,
Et vous attacheriez la France à votre empire
Comme on voit la chaloupe attachée au navire!...
Insensés! l'Écusson de France est défendu :
Au trône de Dieu même il brille suspendu.
Ce royaume sera maintenu sans partage.
Plutôt que d'en ôter seulement un village,
Vous pourriez arracher l'étoile au firmament...
De la vengeance, enfin, est venu le moment.
Vous fûtes criminels en touchant cette terre;
Et cette mer que, comme une sainte barrière,
L'Éternel entre vous et nous voulut placer,
Vous ne pourrez, Anglais, vivants la repasser!

MONTGOMERY, quittant la main de Jeanne, dont il s'était précédemment emparé:

La mort! — Je sens déjà son étreinte cruelle!

JEANNE.

Oui, la mort! Pourquoi donc trembles-tu devant elle?
N'est-elle pas le sort commun? Regarde-moi!
Regarde! L'ennemi qui se présente à toi
N'est qu'une jeune fille, une simple bergère.
A manier l'épée elle ne s'entend guère;

ACTE II. — SCÈNE VII.

Mon bras à la houlette est plus accoutumé.
Mais, ravie à mes champs, à mon toit bien-aimé,
Aux baisers de mon père et de mes sœurs que j'aime,
Je suis ici. J'y suis, par la voix de Dieu même
A m'y rendre poussée, et non par mon désir;
J'y suis pour vos tourments et non pour mon plaisir :
J'y suis pour que, d'abord, fantôme d'épouvante,
Je frappe l'ennemi que la mort me présente,
Pour moissonner pour elle, et puis, moi-même, un jour,
Devenir sa victime. A l'heure du retour
Je ne puis pas songer, à l'heure fortunée
Où sous mon humble toit je serais ramenée.
Je donnerai la mort à beaucoup d'entre vous;
Bien des femmes par moi resteront sans époux.
Et puis, pour moi viendra l'heure du sacrifice;
Alors il faudra bien que mon sort s'accomplisse.
— Subis le tien aussi! Ton fer contre le mien!
La vie est un trésor qu'il faut défendre.

MONTGOMERY, se levant:

Eh bien!
Si tu te vois soumise à l'humaine nature,
Si l'épée à ton cœur peut faire une blessure,
T'envoyer en enfer peut-être est réservé
A mon bras, et par moi l'Anglais sera sauvé.
Entre les mains de Dieu je mets ma destinée :
Tes Esprits infernaux, invoque-les, damnée!
Défends-toi!

(Il reprend son bouclier et son épée et fond sur Jeanne. On entend dans le lointain une musique guerrière. Après un court combat, Montgomery tombe.)

SCÈNE VIII.

JEANNE, seule:

Ton destin, ne l'impute qu'à toi.
(Elle s'éloigne de lui et s'arrête pensive.)
Meurs ! — O Vierge du ciel ! tu mets ta force en moi !
Ce faible bras, c'est toi qui le rends redoutable.
Ce cœur, c'est toi qui fais qu'il soit inexorable.
Devant un ennemi que je dois immoler,
Mon cœur s'émeut d'abord, je sens ma main trembler
Comme si d'un lieu saint je profanais l'enceinte;
L'aspect seul de l'acier me pénètre de crainte;
Mais dès qu'il faut agir la force me revient :
Si ma main tremble encor, le glaive qu'elle tient,
Toujours sûr de ses coups, de soi-même s'agite :
On dirait que ce glaive est un Esprit.

SCÈNE IX.

JEANNE. UN CHEVALIER. la visière baissée.

LE CHEVALIER.

Maudite,
Ton heure est arrivée ! En vain, pendant longtemps,
J'ai cru te découvrir parmi les combattants,
Fantôme destructeur ! L'enfer, qui t'a vomie,
Va te voir revenir.

JEANNE.

Par ton mauvais génie
Poussé devant mes pas, qui donc es-tu? Cet air

Annonce un prince en toi; tu n'es point d'outre-mer.
Aux couleurs de Bourgogne on voit ton origine,
Chevalier: mon épée à leur aspect s'incline.

LE CHEVALIER.

Non, maudite de Dieu! tu ne mérites pas
Que de ma noble main te vienne le trépas.
Le bourreau pour ta tête! et ma royale épée
D'un sang comme le tien ne sera pas trempée!

JEANNE.

C'est donc vous-même, duc, que je rencontre ici?

LE CHEVALIER, levant la visière:

Oui, malheureuse, tremble et n'attends pas merci!
Satan ne t'offrira qu'une impuissante égide.
Si ton bras fut vainqueur, c'est d'un troupeau timide;
Tu rencontres un homme enfin.

SCÈNE X.

LES PRÉCÉDENTS, DUNOIS, LA HIRE.

DUNOIS.

     Retournez-vous!
Contre des hommes, duc, dirigez donc vos coups,
Et non contre une femme. Épargnez sa faiblesse!

LA HIRE.

Nous ferons un rempart à notre prophétesse!
De La Hire il faudra que vous perciez le cœur,
Avant de parvenir...

PHILIPPE.

     Allons donc! Je n'ai peur
Ni de cette Circé, ni de vous qu'elle change
D'une façon honteuse et tout à fait étrange.
Ah! rougissez, Dunois; La Hire, rougissez
De vous être à ce point tous les deux abaissés
Que de Satan lui-même et de ses artifices,
Vous, héros éprouvés, vous vous fassiez complices!
Qu'une fille d'enfer vous ait pour écuyers!
Venez! je vous défie ensemble, chevaliers!
Qui se donne au démon dans le ciel plus n'espère.

   (Ils se préparent à combattre; Jeanne s'avance entre eux.)

JEANNE.

Arrêtez!

PHILIPPE.

   Trembles-tu pour ton amant, sorcière?
Qu'il périsse sur l'heure à tes yeux!

    (Il se précipite sur Dunois.

JEANNE.

        Arrêtez!
Séparez-les, La Hire, et tous trois, écoutez!
La terre de ce sang ne sera pas trempée.
La querelle n'est point à vider par l'épée;
Je sais qu'un autre arrêt aux astres est écrit.
La paix, dis-je! Écoutez et respectez l'Esprit
Qui m'inspire et qui veut par moi se faire entendre.

DUNOIS.

Pourquoi donc arrêter mon bras? pourquoi suspendre
Le jugement de sang au glaive réservé?

Laissez, laissez agir ce fer déjà levé!
Que je venge la France, et la réconcilie!

JEANNE.

(Elle se place au milieu des deux adversaires et met entre eux un large espace.) (A Dunois:)

Prince, de ce côté!

(A La Hire:)
Restez là, je vous prie :
Je veux parler au duc.

(Au duc, quand le calme est rétabli:)
Quel est votre dessein,
Et de quel ennemi menacez-vous le sein?
Ce prince est, comme vous, un enfant de la France.
A ce brave, de même, elle a donné naissance;
Vous êtes, vous et lui, frères d'armes. Je suis,
A mon tour, un enfant de ce même pays.
Nous tous, que vous voulez détruire, nous, vos frères,
Nous vous aimons, bien loin de vous être contraires.
Nous vous tendons les bras; vous voyez nos genoux
Prêts, pour vous rendre hommage, à plier devant vous.
Nous n'avons pas pour vous de pointe à notre épée;
Pour vous c'est de respect que notre âme est frappée
A contempler vos traits, qui reflètent pour nous
L'image de ce roi que nous chérissons tous,
Et nous les vénérons même en qui les promène
Sous un casque ennemi.

PHILIPPE.

Penses-tu donc, sirène,
Avec ces beaux discours et ce ton doucereux,
Amener ta victime au piége où tu la veux?

Tu ne troubleras point ma raison par tes ruses.
Mon oreille se ferme aux mots dont tu l'amuses,
Et ma bonne cuirasse est là pour émousser
Les traits que tes regards se plaisent à lancer.
— Finissons-en, Dunois, et reprenons nos rôles :
Il me faut un combat et non point des paroles.

DUNOIS.

Les paroles d'abord et puis les actions.
Bourgogne craindrait-il les explications ?
Lâche qui les refuse alors qu'on les propose ;
Il montre qu'il soutient une mauvaise cause.

JEANNE.

Ce n'est pas le malheur qui nous amène à vous ;
Nous n'avons pas besoin d'embrasser vos genoux.
Voyez votre destin et sachez le comprendre :
Voilà de vos Anglais le camp réduit en cendre ;
Vos morts couvrent la plaine, et, de tous les côtés,
Le clairon des Français retentit : écoutez !
C'est que le ciel prononce ; à nous est la victoire.
Eh bien ! que notre ami partage notre gloire !
Que des jeunes lauriers par nos mains moissonnés
Je voie aussi son front s'ombrager ! — Oh ! venez,
Venez, noble transfuge, où ma voix vous appelle !
Venez voir au bon droit la victoire fidèle !
C'est moi, qu'à le servir Dieu lui-même appela,
Qui vous tends comme sœur cette main, prenez-la !
Je prétends vous sauver ; à nous, à la justice
Vous conquérir. Le ciel à la France est propice ;
Les anges du Seigneur, ses anges, — comme moi
Vous ne pouvez les voir, — combattent pour le roi.

Ce sont des fleurs de lis qui forment leur parure.
Comme cette bannière, oui! notre cause est pure,
Son emblème le dit : c'est la Vierge des cieux!

PHILIPPE.

On est comme enlacé des mots fallacieux
Dont use le mensonge. Elle, dans son langage,
Semble avoir cependant la candeur du jeune âge,
Et les Esprits mauvais, lui prêtant leurs discours,
Imitent à merveille un parler sans détours.
— Aux armes! Désormais je ne veux rien entendre.
A ces paroles-là je me laisserais prendre :
Mes oreilles n'ont point la vigueur de mon bras.

JEANNE.

Je suis magicienne, à vos yeux, n'est-ce pas?
Les ruses de l'enfer me seraient familières?
Mais, rétablir la paix, éteindre les colères,
Est-ce une œuvre d'enfer? Un accord fraternel
Est-il jamais sorti de l'abîme éternel?
Qu'est-ce qui serait saint, pur, juste, je vous prie,
Si ce n'est de s'armer pour sauver la patrie?
Tout dans cet univers est-il bouleversé
Au point que le bon droit du ciel soit délaissé,
Et que les démons seuls désormais le soutiennent?
Si mes raisonnements sont justes, d'où me viennent,
Si ce n'est pas d'en haut, les choses que je dis?
Et, pour me séparer de mes chères brebis,
Qui donc serait venu jusqu'en mon pâturage?
Sous qui donc aurait pu faire l'apprentissage
Des plus grands intérêts du royaume et du roi
Une simple bergère, enfant encore, moi?

Je n'ai jamais connu les princes de la terre ;
A l'art de bien parler ma bouche est étrangère,
Et pourtant, maintenant qu'il faut vous émouvoir,
Aux secrets les plus hauts il m'est donné de voir ;
Des royaumes, des rois, je lis les destinées,
Devant mes yeux d'enfant clairement amenées,
Et ma voix, de la foudre a la puissance.

PHILIPPE, vivement ému, la regarde avec un profond étonnement.

         Eh quoi !
Quel changement soudain se manifeste en moi ?
Est-ce un dieu qui pénètre et qui change mon âme ?
— Non, elle ne peut pas me tromper, cette femme.
Si je suis aveuglé par un charme puissant,
Ce charme vient du ciel, oh ! oui, mon cœur le sent ;
Il me dit que c'est Dieu qui parle par sa bouche.

      JEANNE.

O joie ! il est ému ! ma prière le touche !
Le nuage amassé sur son front furieux,
S'évanouit en pleurs dont se mouillent ses yeux !
Un doux éclat de paix rayonne entre ces larmes !
Je ne me trompe pas ! — Allons ! jetez les armes !
L'un sur l'autre pressez vos cœurs, embrassez-vous !
Il pleure !... il va se rendre !... Enfin, il est à nous !

 (Elle laisse tomber son épée et sa bannière, se précipite sur lui les bras ouverts et l'embrasse avec une vivacité passionnée. La Hire et Dunois laissent, à leur tour, tomber leurs épées et courent aussi embrasser le duc.)

     FIN DU SECOND ACTE.

ACTE TROISIÈME.

LA PUCELLE D'ORLÉANS.

ACTE TROISIÈME.

Le camp du roi, à Châlons-sur-Marne.

SCÈNE PREMIÈRE.

DUNOIS, LA HIRE.

DUNOIS.

Nous avions l'un pour l'autre une amitié de frères,
Nous marchions aux combats sous les mêmes bannières,
Nous servions même cause, et, le malheur, la mort,
Nous les bravions ensemble. A tous les coups du sort,
Nos nœuds ont résisté. Ne souffrons point, La Hire,
Que l'amour d'une femme aujourd'hui les déchire.

LA HIRE.

Prince, permettez-moi...

DUNOIS.

Vous l'aimez, je le sais,
Et je sais quel projet aussi vous nourrissez :
Vous allez demander au roi qu'il vous la donne ;
Pour arriver au but cette voie est la bonne ;
Le roi ne pourra point vous refuser ce prix
De vos nobles exploits. Pourtant, je vous le dis,
Avant qu'en d'autres bras...

LA HIRE.

Vous m'entendrez, j'espère.

DUNOIS.

Ah ! ce n'est pas des yeux le plaisir éphémère
Qui vers elle m'attire, oh ! non : aucun amour
N'avait troublé mon cœur insoumis, jusqu'au jour
Où mes regards ont vu l'étonnante héroïne
Que Dieu fit apparaître, en sa bonté divine,
Et pour sauver la France, et pour s'unir à moi.
Alors c'est saintement que j'engageai ma foi ;
Je jurai d'épouser notre libératrice.
Il convient qu'au héros l'héroïne s'unisse.
Mon cœur ardent aspire à trouver pour appui
Un cœur qui le comprenne et soit fort comme lui.

LA HIRE.

Prince, ce n'est pas moi qu'on verrait téméraire
Au point de comparer le peu que j'ai pu faire
Et vos brillants exploits ; il faut se retirer
Du moment où Dunois en lice veut entrer.
Mais, de s'unir à vous, de cet honneur insigne,
Une simple bergère est-elle vraiment digne ?
Non, non, le sang des rois dont vous êtes sorti
S'indignerait d'un nœud aussi mal assorti.

DUNOIS.

Elle est l'enfant de Dieu, de la sainte nature,
Comme moi ; mon égale en naissance. Si pure,
D'un prince elle pourrait déshonorer la main ?
La sœur des anges ? elle, admise à leur hymen ?
Elle, qui porte au front l'auréole divine

Dont l'éclat obscurcit la lumière mesquine
Des couronnes du monde ? elle, enfin, dont l'esprit,
Planant sur notre globe, y voit tout si petit ?
Oh non, non ! Entassez les trônes de la terre,
Jusqu'aux astres montez, et vous ne pourrez faire
Qu'on touche seulement aux hautes régions
D'où cet ange apparaît nous versant ses rayons!

LA HIRE.

Le roi décidera.

DUNOIS.

Non ; mais elle : la France
Par elle se voit libre ; il est juste, je pense,
Que de donner son cœur Jeanne soit libre aussi.

LA HIRE.

Voici le roi.

SCÈNE II.

LES PRÉCÉDENTS. LE ROI, AGNÈS, DU CHATEL.
L'ARCHEVÊQUE, CHATILLON.

LE ROI, à Chatillon :

Vraiment ! il va venir ici ?
Pour son roi, dites-vous, il veut me reconnaître ?
Il veut me rendre hommage ?

CHATILLON.

Oui, sire, et c'est mon maître
Qui désigna Châlons, la royale cité,
Pour s'y jeter aux pieds de Votre Majesté.

En vous c'est son seigneur, son roi que je salue.
Il suit mes pas et va s'offrir à votre vue.

AGNÈS.

Il vient ! Oh ! le beau jour, qui va nous ramener,
Et la joie, et la paix ! Où l'on va pardonner !

CHATILLON.

Deux cents chevaliers, sire, accompagnent mon maître.
Il veut se prosterner à vos pieds, mais, peut-être,
— Il l'espère du moins, — vous l'en empêcherez,
Et c'est comme un cousin que vous l'embrasserez ?

LE ROI.

Ah ! je veux le presser sur mon cœur !

CHATILLON.

                                  Il désire
Que dans cette entrevue il ne soit rien dit, sire,
De vos divisions.

LE ROI.

                Qu'en un profond oubli
Le passé, désormais, demeure enseveli !
Nous ne voulons voir rien qu'un avenir prospère.

CHATILLON.

A ceux qui de Bourgogne ont suivi la bannière,
Un pardon général.

LE ROI.

                    C'est doubler mes États.

CHATILLON.

Et Votre Majesté ne refusera pas

D'accorder cette paix à la reine Isabelle,
Si son désir était de l'obtenir ?

LE ROI.

C'est elle
Qui s'arma contre moi ; dès qu'elle le voudra,
La guerre commencée entre nous finira.

CHATILLON.

Au duc, pour garantir l'effet de ce langage,
Que douze chevaliers soient donnés en otage.

LE ROI.

Ma parole est sacrée.

CHATILLON.

Et pour bien assurer,
Pour sceller l'union que vous allez jurer,
L'archevêque entre vous partagera l'hostie.

LE ROI.

Que ma part au salut vous soit la garantie
De mon cœur : il tiendra, soyez-en bien certain,
Tout ce que vous promet ce serrement de main.
Le duc demande-t-il encor quelque assurance ?

CHATILLON, jetant un regard sur Du Châtel.

Sire, je vois ici quelqu'un dont la présence
Troublerait la douceur de votre embrassement.
(Du Châtel se retire en silence.)

LE ROI.

Eh bien ! va ! Du Châtel, attendre le moment

Où sans blesser le duc tu pourras reparaître.

(Il le suit d'abord des yeux, puis, court à lui et l'embrasse.)

Noble ami ! pour donner le repos à ton maître,
Tu voulais faire plus !

(Du Châtel sort.)

CHATILLON.

Dans l'acte que voilà,
Tout le reste est prévu.

LE ROI, à l'archevêque :

Vous réglerez cela.
Nous consentons à tout : d'un ami la conquête,
Pour nous, à trop haut prix ne saurait être faite...
Avec cent chevaliers allez le recevoir,
Dunois ; que nos soldats aux frères qu'ils vont voir
Fassent fête, et pour eux de rameaux se couronnent ;
Que la ville se pare et que les cloches sonnent,
Pour dire que Bourgogne et France ont reconstruit
Leur antique alliance.

(Un écuyer entre. On entend des trompettes.)

Entendez-vous ce bruit ?
Qu'annoncent ces clairons ?

L'ÉCUYER.

Le duc fait son entrée.

(Il sort.)

DUNOIS, sortant avec La Hire et Châtillon :

Courons le recevoir !

ACTE III. — SCÈNE II.

LE ROI, à Agnès:

              Mon Agnès adorée,
Tu pleures?... Au moment de le revoir ici,
Je sens ma force prête à me quitter aussi.
Hélas ! combien de morts ont dû couvrir la terre
Avant que nous pussions nous revoir sans colère !
Mais la tempête gronde et le calme la suit;
Le jour succède même à la plus sombre nuit,
Et c'est de même encor, lorsque l'heure en arrive,
Que l'on cueille le fruit, la fleur la plus tardive.

L'ARCHEVÊQUE, à la fenêtre:

Quelle foule! Le duc a peine à la percer.
De cheval on l'enlève... ils cherchent à baiser
Jusqu'à ses éperons !

LE ROI.

              C'est un bon peuple; il aime
Sur l'heure et chaudement, mais s'irrite de même.
Qu'ils ont vite oublié que leurs pères, leurs fils
Par cette même main leur ont été ravis !
Dans cet heureux moment tout un passé se noie.
Contiens-toi, mon Agnès, cache ta grande joie,
Tu blesserais le duc : prenons soin d'éviter
De le faire rougir, ou bien de l'attrister.

SCÈNE III.

LE ROI, AGNÈS, L'ARCHEVÊQUE, PHILIPPE, DUNOIS.
LA HIRE, CHATILLON et deux autres chevaliers de la suite
du duc. Ce dernier s'arrête un instant à l'entrée; le roi s'avance
vers lui; aussitôt, le duc s'approche et, au moment où il veut
mettre un genou en terre, le roi le reçoit dans ses bras.

LE ROI.

Je suis pris en défaut, cousin : avec ma suite,
J'allais vous recevoir; mais vos chevaux vont vite.

PHILIPPE.

Je marchais au devoir.
(Il baise Agnès au front.)
                    Vous ne m'en voudrez pas,
Cousine? j'ai ce droit comme seigneur d'Arras,
Et de toute beauté je veux obéissance
A la coutume.

LE ROI.

          On dit que votre résidence
De la galanterie est le parfait séjour;
Que les arts, la beauté brillent à votre cour.

PHILIPPE.

Nous sommes des marchands, et tout ce que la terre
Produit de précieux sur son immense sphère,
Nous l'avons, sire. Bruge, en son marché fameux,
Étale ces trésors, en réjouit les yeux;
Cependant, rien n'est beau comme nos femmes.

AGNÈS.
                                                        Belles,
Je veux vous l'accorder, mais sont-elles fidèles ?
A la fidélité je donnerais le pas.
En vos marchés je crois qu'on ne la trouve pas.

LE ROI.
On dit, — on vous a fait cette méchante affaire, —
Qu'aux plus grandes vertus, duc, vous ne croyez guère.

PHILIPPE.
Cette hérésie aurait son châtiment en soi...
Vous eûtes un bonheur que je n'ai pas eu, moi,
Sire; le cœur n'a pas tardé de vous apprendre
Ce qu'un sort agité bien tard m'a fait comprendre.
(Il aperçoit l'archevêque et lui tend la main.)
Saint homme, sur ma tête étendez votre main!
On ne vous trouve pas ailleurs qu'au bon chemin;
Qui veut vous rencontrer, lui-même y soit fidèle!

L'ARCHEVÊQUE.
Qu'à lui, dès qu'il voudra, le Seigneur me rappelle!
Mon cœur est plein de joie et content je mourrai :
Mes yeux ont vu ce jour!

PHILIPPE, à Agnès:
                        Ma cousine, est-il vrai?
Contre moi vous avez, en armes meurtrières,
Fait changer vos joyaux, vos précieuses pierres?
Avez-vous eu, vraiment, cette guerrière ardeur,
Et ma perte si fort vous tenait-elle au cœur?
Mais voilà qu'entre nous la paix est descendue;

On retrouve à présent toute chose perdue :
Les voici vos joyaux ; ils furent destinés
A nourrir contre moi la guerre ; eh bien ! tenez !
Comme signe de paix je vous en fais hommage.

(Il prend des mains d'un des chevaliers de sa suite une cassette et la présente ouverte à Agnès qui regarde le roi avec surprise.)

LE ROI.

Accepte ! Il est pour moi doublement cher ce gage
De l'amour, de la paix qui nous attacheront.

PHILIPPE, plaçant une rose de brillants dans les cheveux d'Agnès :

Pourquoi ne puis-je pas changer, pour ce beau front,
Le bijou que j'y place, en couronne de France !
Je vous la donnerais, si j'en avais puissance,
Avec la même joie.

(Il lui prend la main ; puis, d'un air significatif :)

    Agnès, comptez sur moi
S'il vous fallait jamais un ami sûr.

(Agnès, toute en pleurs, se met à l'écart. Le roi est en proie à une vive émotion. Tous les assistants regardent les deux princes avec attendrissement. Le duc, après avoir promené ses regards sur l'assemblée, se jette dans les bras du roi.)

    Mon roi !

(Au même instant, les trois chevaliers bourguignons se précipitent vers Dunois, La Hire et l'archevêque et les embrassent. Les deux princes demeurent quelque temps dans les bras l'un de l'autre.)

J'ai donc pu vous haïr ! vous renier !

LE ROI.

    Silence !
Ne dites rien de plus.

PHILIPPE.

    J'ai pu, dans ma démence,

Attacher la couronne au front de cet Anglais!
J'ai pu lui rendre hommage! Et c'est moi qui voulais
Vous jeter dans l'abîme!

LE ROI.

      Oubliez tout, de grâce!
Dans un pareil moment tout le passé s'efface.
Il faut y voir l'effet de quelque sort fatal,
De quelque astre mauvais.

PHILIPPE, prenant la main du roi.

       A réparer le mal
Je mettrai tous mes soins, croyez-le. — Je le jure:
Je veux de votre cœur fermer chaque blessure!
Votre royaume entier sous vos lois rentrera,
Et pas un seul hameau, sire, n'y manquera!

LE ROI.

Il n'est plus d'ennemi qui me cause d'alarmes,
Duc: nous sommes unis!

PHILIPPE.

      Quand je portais les armes
Contre vous, croyez-vous que ce fût sans remords?
Si vous pouviez savoir...!

(Regardant Agnès.)

      Ah! pourquoi donc, alors,
Ne pas confier, sire, à votre Agnès, si belle,
Le soin de ramener votre parent rebelle?
J'aurais accordé tout en la voyant pleurer...
 C'est en vain que l'Enfer voudrait nous séparer,

Maintenant que mon cœur a battu sur le vôtre :
Voici, voici ma place et je n'en veux plus d'autre;
J'abjure mes erreurs dans cet embrassement.

    L'ARCHEVÊQUE, s'avançant entre eux :

Princes, restez unis! En cet heureux moment,
Comme un phénix qui sort plus jeune de sa cendre,
La France aussi renaît, voit pour elle s'étendre
Un avenir riant, et, libre de ses fers,
Trouve enfin un remède aux maux qu'elle a soufferts.
Ses villages détruits et ses villes fumantes,
De leurs cendres aussi sortiront plus brillantes;
De fleurs, de nouveaux fruits ses champs se couvriront...
Mais tous ceux qui sont morts, est-ce qu'ils reviendront?
Où sont-ils ces martyrs de vos cruelles guerres?
Vous avez fait verser bien des larmes amères;
Les maux qui les causaient pourra-t-on les guérir?
La génération nouvelle va fleurir;
Celle-ci, le malheur en aura fait sa proie.
Le bonheur des enfants ne fera pas qu'on voie
Les pères rappelés de l'éternelle nuit.
Princes, de vos discords, voilà, voilà le fruit!
Que de cette leçon votre âme soit frappée.
Avant de la tirer, tremblez devant l'épée
En songeant au pouvoir qu'elle a reçu du ciel!
Pour déchaîner la guerre il suffit d'un mortel,
Alors qu'il est puissant; mais, le dieu de la guerre
N'est pas comme un faucon qui referme sa serre
Et, docile, s'abat sur la main du chasseur
Dès qu'on l'a rappelé : ce dieu, dans sa fureur,
Reste sourd à la voix qui veut lui dire : Arrête!

Vous ne trouveriez plus la main du Seigneur prête,
Pour nous sauver encore, à descendre sur nous.

PHILIPPE.

Ah! sire, vous avez un ange auprès de vous;
Je ne l'aperçois point, d'où vient donc son absence?

LE ROI.

Où donc est-elle, Jeanne? et pourquoi sa présence
Nous fait-elle défaut dans cet heureux moment,
Au milieu du bonheur dont elle est l'instrument?

L'ARCHEVÊQUE.

L'oisiveté des cours, sire, est une contrainte
Qui semble bien pesante à cette fille sainte.
Quand le ciel au grand jour ne l'oblige à marcher,
Loin des yeux du vulgaire elle aime à se cacher,
Et, quand il ne faut pas qu'au bonheur de la France
Elle donne son temps, l'héroïne, en silence,
Je n'en saurais douter, s'entretient avec Dieu;
Sa bénédiction l'accompagne en tout lieu.

SCÈNE IV.

LES PRÉCÉDENTS, JEANNE. Elle est armée, mais sans casque
et porte une couronne de fleurs dans les cheveux.

LE ROI.

Ainsi qu'une prêtresse et comme elle parée,
Pour que notre union soit par toi consacrée.
Te voici, Jeanne; elle est ton ouvrage.

PHILIPPE.

          Aux combats
Que Jeanne était terrible en semant le trépas !
Quelle suave paix maintenant brille en elle !...
— A ce que j'ai promis me trouvez-vous fidèle ?
Êtes-vous satisfaite et suis-je amnistié ?

JEANNE.

A votre plus grand bien vous avez travaillé :
Vous êtes entouré d'une auréole pure,
Quand tout à l'heure encor votre sombre figure,
Sur le ciel radieux qui se formait pour nous,
Comme un astre sanglant nous épouvantait tous.
    (Elle regarde autour d'elle.)
Tout un cercle de preux maintenant m'environne,
Sur le front de chacun quand le bonheur rayonne,
Un homme, un seul encor, se tenant à l'écart,
Triste, à tant de bonheur n'ose point prendre part.

PHILIPPE.

Eh ! qui donc de sa faute a si fort conscience
Qu'il n'ose pas encor croire à notre clémence ?

JEANNE.

Dites qu'il peut venir ! Dites-le ! S'il vous plaît !
Votre retour à nous, duc, faites-le complet !
Le pardon n'est point vrai, si longtemps qu'est laissée
Dans le cœur qui l'accorde une arrière-pensée.
Une goutte de haine, et vous empoisonnez
Cette coupe d'oubli qu'aujourd'hui vous tenez.
Il n'est, dans ce beau jour, de si sanglante offense
Qui doive de Bourgogne arrêter la clémence.

ACTE III. — SCÈNE IV.

PHILIPPE.

Ah! je vous ai comprise.

JEANNE.

Ainsi, vous pardonnez?
Vous y consentez, duc? Oui!... Du Châtel! venez!

(Elle ouvre la porte à Du Châtel, qu'elle fait entrer et qui s'arrête dans l'éloignement.)

Avec ses ennemis il se réconcilie;
Le duc en voyait un en vous, mais il oublie.

(Du Châtel s'approche de quelques pas et cherche à lire dans les regards du duc.)

PHILIPPE.

Que me faites-vous faire et que demandez-vous!

JEANNE.

Un seigneur généreux ouvre sa porte à tous;
Son hospitalité ne repousse personne;
Oui, voilà ce qu'il fait quand il a l'âme bonne.
Il doit de sa faveur couvrir également
Qui l'aime et qui le hait; comme le firmament
Environne le monde. A la nature entière,
Les rayons du soleil dispensent la lumière,
Et le ciel la rosée. Oui, les bienfaits de Dieu
Vont sans restriction à chacun, en tout lieu;
C'est ainsi qu'au grand jour vient toute bonne chose;
Le mal seul est dans l'ombre.

PHILIPPE.

Oh! comme elle dispose
De mon cœur à son gré! Ce cœur est, dans sa main,
Comme une cire molle, et je résiste en vain...

— Du Châtel! je pardonne, embrassons-nous!... Mon
père!
Chère ombre! daigne voir sans courroux que je serre
La main du meurtrier sous qui tu succombas!
Et vous, dieux de la mort, ne me punissez pas
De ce qu'à mes serments je me montre infidèle!
Là-bas où vous régnez, dans la nuit éternelle,
Aucun cœur ne bat plus, et, pour l'éternité,
Tout y subit la loi de l'immobilité.
Il n'en est pas de même où le soleil rayonne :
Ici, l'homme a la vie, et tout l'impressionne;
L'empire du moment est sur lui tout-puissant.

LE ROI, à Jeanne:

Oh! Jeanne, qu'envers toi je suis reconnaissant!
Que voilà noblement tes promesses remplies,
Mon sort vite changé! Tu me réconcilies
Mes bons amis entre eux; tu fais, de tous côtés,
Tomber mes ennemis; de mes nobles cités,
En chassant l'étranger tu finis l'esclavage,
Et toi seule as tout fait; c'est bien là ton ouvrage.
Dis! pour tant de faveurs que veux-tu?

JEANNE.

Sois toujours
Humain dans le bonheur, comme on te vit aux jours
Où sur toi le malheur épuisait sa colère.
Ne va pas oublier, quand le ciel t'est prospère,
Ce que vaut un ami lorsqu'on en a besoin.
Des temps te l'ont appris qui ne sont pas bien loin.
Que les derniers du peuple en toi trouvent justice

Et faveur : souviens-toi que ta libératrice,
Celle que Dieu pour toi fit arriver ici,
N'était qu'une bergère ; elle est du peuple aussi...
— La France sous tes lois tout entière se place ;
Tu commences de rois une brillante race ;
Ceux auxquels, après toi, le trône est accordé,
Surpassent en splendeur ceux qui t'ont précédé ;
Cette tige fleurit tant qu'elle est attentive
A nourrir chez son peuple une affection vive ;
Mais son orgueil la perd, et, sous les humbles toits
D'où ta libératrice est sortie autrefois,
On prépare en secret les coups épouvantables
Qui doivent abîmer tes descendants coupables.

PHILIPPE.

Toi qu'inspire le ciel et qu'il daigne bénir,
— Puisqu'il te fut donné de voir dans l'avenir, —
Dis-moi si ma maison, si grande à son aurore,
En puissance, en grandeur, pourra gagner encore.

JEANNE.

Duc de Bourgogne ! alors que ton siége ducal
Est au niveau du trône et s'en pose l'égal,
Tu veux monter encore et ton orgueil aspire
A pouvoir jusqu'aux cieux élever ton empire ;
Mais une main d'en haut borne ton horizon.
Ne crains pas cependant que meure ta maison ;
Elle refleurira dans une illustre fille :
De son sein va sortir une grande famille
De rois, qui régneront sur des peuples nombreux.
Deux trônes à la fois sont préparés pour eux ;

De deux mondes leur sceptre à la fois sera maître,
Et du monde que Dieu nous permit de connaître,
Et du monde qu'il cache en de lointaines eaux,
Que jamais ne fendit la quille des vaisseaux.

LE ROI.

Si l'Esprit jusque-là peut t'avoir éclairée,
Oh! dis-nous, l'alliance entre nous deux jurée
Sur tous nos descendants s'étendra-t-elle encor?

JEANNE, après un moment de silence :

Rois, souverains du monde, évitez tout discord!
Dans son antre laissez le démon de la guerre!
Une fois réveillé, bien longue est sa colère :
Une race de fer à sa voix est debout;
L'incendie allumé se propage partout...
— Ne me demandez pas d'en dire davantage.
Jouissez du présent, il est votre partage,
Mais l'avenir, souffrez que je le taise.

AGNÈS.

                  Et moi,
Sainte fille, mon cœur est sans secrets pour toi;
Tu sais si la grandeur est le but où j'aspire :
Est-ce que tu n'auras rien d'heureux à me dire?

JEANNE.

Non; l'Esprit dont je suis tous les commandements,
Se borne à m'indiquer les grands événements;
Seul, de votre avenir, votre cœur est le maître.

DUNOIS.

Noble fille, à Dieu chère, enfin fais-nous connaître

Quel sort il te réserve; il t'aura destiné
Le bonheur le plus grand que la terre ait donné?
Il doit récompenser ta piété profonde?

JEANNE.

Le bonheur est là-haut, près du maître du monde.

LE ROI.

C'est à ton roi, ma fille, à faire ton bonheur;
Oui, je veux qu'à ton nom s'attache la splendeur,
Que la France t'honore et qu'elle te proclame,
Maintenant et toujours, la plus heureuse femme.
Je veux même, à l'instant, m'acquitter envers toi.
Approche! viens plier un genou devant moi...

(Il tire son épée et en touche Jeanne.)

Relève-toi! ton roi t'a donné la noblesse.
Jeanne! l'obscurité de ta naissance cesse;
Tes aïeux au tombeau, je te les anoblis;
Tes armes porteront les blanches fleurs de lis.
Il ne sera personne au royaume de France
Dont ta naissance, à toi, n'égale la naissance;
Au royaume de France un seul sang, c'est le mien,
Pourra se dire encor plus noble que le tien.
Que de toute ma cour le nom le plus illustre
A recevoir ta main sente augmenter son lustre.
Te choisir un époux me regarde.

DUNOIS, s'avançant:

Mon cœur
L'avait déjà choisie avant tant de splendeur.
Ni ses vaillants exploits, ni mon amour pour elle,
Ne peuvent s'être accrus de sa gloire nouvelle;

Et maintenant, ici, devant mon souverain,
Devant vous, saint prélat, je demande sa main,
Si pourtant je lui semble, en la voulant pour femme,
Mériter en effet l'honneur que je réclame.

LE ROI.

O jeune fille, à qui l'on ne peut résister!
Il ne m'est plus possible, à présent, de douter,
Quand tu fais succéder le miracle au miracle,
Que tout ce que tu veux s'accomplit sans obstacle.
Tu l'as dompté ce cœur qu'on vit jusqu'à ce jour
Braver, dans son orgueil, le pouvoir de l'amour.

LA HIRE, s'avançant:

Parmi les dons nombreux qui rendent Jeanne belle,
Sire, la modestie avant tous brille en elle.
Quoique digne, en effet, des plus illustres vœux,
Jeanne ne forme point ce rêve ambitieux;
Elle se garde bien d'une si haute ivresse.
D'un loyal chevalier la fidèle tendresse,
Et dans un rang modeste un tranquille bonheur,
Avec ma main, voilà ce que j'offre à son cœur.

LE ROI.

Et toi, La Hire, aussi? Deux rivaux admirables!
Deux rivaux, de renom, de courage semblables!...

(A Jeanne :)

— Quand de mes ennemis tu m'as rendu les cœurs,
Et la paix à la France après tous ses malheurs,
C'est toi qui viens offrir, à toi-même infidèle,
A mes meilleurs amis un sujet de querelle?...
— Sa main à tous les deux ne peut appartenir.

ACTE III. — SCÈNE IV.

Ce prix vous méritez tous deux de l'obtenir...
Tu vas prononcer, Jeanne; il faut que ton cœur dise...

AGNÈS, s'avançant:

La noble jeune fille à bon droit est surprise.
Son front s'est coloré d'une chaste rougeur.
Qu'on lui donne le temps d'interroger son cœur,
De trouver une amie à qui son âme s'ouvre,
Et de briser enfin le sceau qui la recouvre.
Voici l'heure où je puis lui montrer mon amour :
Qu'elle voie une sœur en moi! Voici le jour
Où je dois présenter à cette âme si fière
Un cœur sûr où pouvoir s'épancher tout entière.
Des intérêts de femme à discuter ici
L'examen appartient à nous femmes; aussi,
Laissez-nous réfléchir, et nous viendrons vous dire
Ce que nous résoudrons.

LE ROI, voulant s'éloigner:

Eh bien! soit!

JEANNE.

Non, non, sire!
L'embarras que produit la timide pudeur
N'a pas fait à mon front monter cette rougeur,
Et sans honte, aussi bien qu'à cette noble dame,
Je puis vous découvrir tout ce que j'ai dans l'âme :
Deux nobles chevaliers m'honorent de leur choix;
Mais je n'ai point quitté les troupeaux et les bois,
Pour les vaines grandeurs que peut donner la terre;
Je n'ai pas revêtu cet habit de guerrière,

Pour placer sur mon front la couronne d'hymen.
C'est à d'autres travaux qu'on appela ma main,
Et, pour les accomplir, il faut la vierge pure.
C'est pour le Tout-Puissant que j'ai pris cette armure ;
Il me fit sa guerrière, il dirige mes coups,
Et jamais un mortel ne sera mon époux.

L'ARCHEVÊQUE.

La femme sur la terre à l'homme fut donnée,
Pour l'aimer, pour avoir commune destinée.
Au vœu de la nature alors qu'elle se rend,
Elle n'a devant Dieu qu'un mérite plus grand.
Achève d'accomplir ce que t'a dit de faire
Ce Dieu qui t'appela dans les champs de la guerre,
Et reviens, déposant le glaive des combats,
Au sexe que pour eux un moment tu quittas.
Ton sexe n'est point né pour la guerre terrible.

JEANNE.

Mon père, il me serait à présent impossible
De dire ce qu'encor l'Esprit m'ordonnera ;
Quand il en sera temps, sa voix me parlera,
Et je m'y soumettrai. Maintenant, il m'ordonne
De pousser jusqu'au bout mon œuvre. La couronne
N'est point placée encor sur le front du Dauphin ;
L'huile sainte n'a pas mouillé sa tête ; enfin,
Il n'est pas encor roi.

LE ROI.

          Je suis près de me rendre
Dans ma ville de Reims.

ACTE III. — SCÈNE IV.

JEANNE.

          Partons sans plus attendre !
L'ennemi, dont partout vous êtes entouré,
S'apprête à vous fermer la route ; je saurai
Jusqu'à Reims, cependant, malgré lui vous conduire.

DUNOIS.

Mais que la mission que Dieu vous donne expire,
Que Reims nous ait reçus en vainqueurs, dites-moi,
Sainte fille, qu'alors vous recevrez ma foi.

JEANNE.

De ce combat de mort, de cette guerre affreuse
Si le Seigneur me fait sortir victorieuse,
C'est que j'aurai fini mon œuvre, et de la cour
L'humble fille des champs devra fuir le séjour.

LE ROI, lui prenant la main:

Jeanne, dans ce moment c'est l'Esprit qui t'éclaire.
Dieu seul remplit ton cœur, et l'amour doit s'y taire.
Il parlera plus tard, Jeanne, je te le dis,
Car le glaive au fourreau bientôt sera remis.
La victoire et la paix marchent de compagnie ;
La joie aux cœurs revient ; dans l'âme épanouie,
De tendres sentiments s'éveillent ; tu verras
Qu'à leur appel si doux toi-même répondras.
Le désir dans tes yeux amènera des larmes
Dont tu n'as pas encor pu connaître les charmes ;
Ce cœur, tout occupé maintenant par le ciel,
Va s'ouvrir avec joie à l'amour d'un mortel.
Des milliers d'hommes sont heureux par ton courage ;
Il faut, pour couronner dignement ton ouvrage,
Faire un heureux de plus, Jeanne, en donnant ton cœur !

JEANNE.

Méprises-tu déjà la céleste faveur,
Dauphin, que, pour briser l'instrument qu'elle emploie,
Cette vierge au cœur pur que le Seigneur t'envoie,
Tu veuilles me forcer, en tes projets mondains,
A descendre au niveau des vulgaires humains?
O trop aveugles cœurs ! gens dont la foi chancelle !
Dieu fait briller sur vous sa lumière éternelle,
Il vous découvre à tous ses prodiges fameux,
Et je ne suis toujours qu'une femme à vos yeux !
Depuis quand de l'acier la femme s'arme-t-elle?
Aux hommes, aux combats voit-on qu'elle se mêle?
Malheur, malheur à moi, si, quand du Dieu vengeur
Ma main porte l'épée, en même temps, mon cœur
S'arrêtait à nourrir un amour de la terre !
Il vaudrait mieux jamais n'avoir vu la lumière.
Ne m'en parlez donc plus, je l'exige de vous.
Craignez l'Esprit ! craignez d'allumer son courroux!
C'est assez que je sois d'hommes environnée ;
Par leurs regards je souffre à me voir profanée.

LE ROI.

Nous voudrions en vain l'émouvoir ; finissons !

JEANNE.

Que du clairon de guerre on entende les sons !
Cette trêve me pèse et m'est insupportable.
Dieu me pousse à sortir de ce repos coupable,
Me montre le chemin qu'il a pour moi tracé,
Et me dit d'accomplir ce que j'ai commencé.

SCÈNE V.

Les précédents, UN CHEVALIER, entrant précipitamment.

LE ROI.

Qu'est-ce donc, chevalier?

LE CHEVALIER.

La Marne est traversée,
Et l'armée ennemie, en bataille placée,
Se prépare à l'attaque.

JEANNE, avec enthousiasme:

Aux combats! aux combats!...
Mon âme est libre enfin!... Armez-vous!... Des soldats
Je cours, en attendant, disposer les cohortes!

(Elle sort à la hâte.)

LE ROI.

La Hire, suivez-la!... Jusqu'à Reims, à ses portes,
Pour conquérir mon trône il nous faut donc lutter!

DUNOIS.

L'ennemi, croyez-moi, n'est pas à redouter:
C'est le dernier effort d'une impuissante rage,
Ce n'est qu'un désespoir simulant le courage.

LE ROI.

Je ne vous prescris rien, duc, mais voici l'instant
De me faire oublier que...

PHILIPPE.

Vous serez content.

LE ROI.

Je veux vous précéder au chemin de la gloire,
Et sous les murs de Reims tenir de la victoire
La couronne qu'on doit sur mon front y placer!...
Ton chevalier te dit adieu ; viens l'embrasser,
Chère Agnès !

AGNÈS, l'embrassant:

Vous voyez, mes yeux n'ont point de larmes.
Mon cœur sur votre sort ne conçoit pas d'alarmes.
Dans la bonté du ciel je mets mon ferme espoir :
Après tant de faveurs il ne peut pas vouloir
Nous plonger dans le deuil. Mon cœur me fait connaître
Que le ciel va donner la couronne à mon maître,
Et que dans Reims conquis j'embrasserai mon roi.

(Les trompettes sonnent et, pendant que le décor change, arrivent par degrés à donner des sons qui annoncent une forte mêlée. Aussi longtemps que le théâtre reste vide, l'orchestre joue, derrière la scène, accompagné par des instruments de guerre.)

SCÈNE VI.

La campagne. Le lieu est entouré d'arbres. Pendant que la musique joue, on voit dans l'éloignement des soldats passer avec précipitation.

TALBOT, appuyé sur FASTOLF, et accompagné de soldats: peu après, LIONEL.

TALBOT.

Sous ces arbres, ici, soldats, déposez-moi...
Retournez maintenant où le combat se donne :
Talbot, pour expirer, n'a besoin de personne.

ACTE III. — SCÈNE VI.

FASTOLF.

Malheureux jour!
(Lionel entre.)
C'est vous ? Dans quel moment fatal
Venez-vous, Lionel! c'est notre général,
Mortellement blessé, regardez !

LIONEL.

Impossible !
Nous préserve le ciel d'un malheur si terrible !...
Ce n'est pas le moment du repos, noble lord !
Levez-vous, il le faut, résistez à la mort !
Qu'à votre volonté la nature se rende !
Talbot ne mourra point si Talbot le commande !

TALBOT.

Non, le jour est venu qui doit, dans ce pays,
Renverser notre trône, encore mal assis.
J'ai tenté vainement cette dernière lutte ;
Elle seule pouvait empêcher notre chute.
Frappé d'un trait mortel, mes moments sont comptés.
Reims est perdu pour nous, sauvez Paris ! partez !

LIONEL.

C'est trop tard : au Dauphin Paris vient de se rendre.
Un courrier, tout à l'heure, est venu nous l'apprendre.

TALBOT, arrachant l'appareil qui couvre sa blessure :

Alors, que tout mon sang s'écoule ! je suis las
Du soleil que je vois.

LIONEL.

Je porte ailleurs mes pas.

Nos dangers sont trop grands pour qu'ici je m'arrête.
Fastolf, au général trouvez une retraite.
Nous ne pouvons garder ce poste bien longtemps.
On voit de tous côtés s'enfuir nos combattants ;
Cette fille s'avance ainsi qu'une furie ;
Rien ne peut résister à ses coups.

TALBOT.

      O folie !
Tu l'emportes, et moi je meurs ! — En vérité,
Des dieux ne vaincraient pas tant de stupidité !
O suprême raison ! de Dieu fille brillante !
O toi, de l'univers fondatrice prudente !
Qui dans l'immensité diriges de ta main,
De tant d'astres divers l'incalculable essaim !
Qu'es-tu donc s'il est vrai qu'une absurde folie,
La superstition, en esclave te lie
A son char ? Que tes cris ne puissent l'arrêter ?
Que tu doives, enfin, te voir précipiter,
Avec la furieuse, au milieu des abîmes
Ouverts aux insensés qu'elle fait ses victimes ?
Maudit soit le mortel qui sagement nourrit
Les projets nobles, grands, qu'enfanta son esprit,
Et, pour atteindre au but, leur consacre sa vie !
L'univers appartient au roi de la folie.

LIONEL.

Milord, vous n'avez plus que de bien courts instants :
Il faut songer à Dieu !

TALBOT.

     Nous, vaillants combattants,
Nous aurions pour vainqueurs de vaillants adversaires,

Qu'on dirait : Ce sont là des chances ordinaires;
Le sort est inconstant. Mais, de braves guerriers
Succomber par l'effet d'artifices grossiers!...
De sérieux travaux ma vie était remplie,
Devait-elle finir par une comédie!

LIONEL, lui prenant la main:

Adieu, milord, adieu; le combat terminé,
Et si Dieu me maintient le jour qu'il m'a donné,
Je viendrai vous payer le tribut de mes larmes.
Pour le moment il faut que je retourne aux armes;
Le destin des combats m'appelle, il est tout prêt,
Sur le champ de bataille, à rendre son arrêt.
Nous nous retrouverons, mais dans une autre vie.
Pardon, milord : l'ancienne amitié qui nous lie
Avait droit d'obtenir de moins brusques adieux.

(Il sort.)

TALBOT.

Tout va finir pour moi, la mort ferme mes yeux,
Et dans quelques instants je vais rendre à la terre,
Je vais rendre au soleil, éternelle lumière,
Les atomes divers qui s'étaient réunis
Dans ce corps, au plaisir, à la peine soumis;
Et ce puissant Talbot, de qui la renommée
Dans l'univers entier se voyait proclamée,
Ne sera plus qu'un peu de poussière! Voilà
Comment l'homme finit. Il en arrive là
Pour ne rien recueillir du combat de la vie,
Que l'aspect du néant dont la mort est suivie,
Et le mépris profond de tout ce qu'à ses yeux
On faisait noble, grand et digne de nos vœux.

SCÈNE VII.

TALBOT, FASTOLF, LE ROI, PHILIPPE, DUNOIS,
DU CHATEL, des soldats.

PHILIPPE.

Le fort est pris d'assaut!

DUNOIS.

A nous victoire pleine !

LE ROI, apercevant Talbot:

Voyez donc qui, là-bas, meurt avec tant de peine.
Cette armure m'annonce un guerrier de haut rang.
Allez le secourir.

(Des soldats de la suite du roi vont à Talbot.)

FASTOLF.

Respectez ce mourant!
Vous étiez tous, alors qu'il voyait la lumière,
Moins prompts à l'approcher! Arrière, tous! Arrière!

PHILIPPE.

Que vois-je? lord Talbot! et dans son sang baigné!
(Il s'approche de Talbot, qui le regarde fixement et meurt.)

FASTOLF.

Bourgogne! vous, surtout, tenez-vous éloigné!
Gardez que du héros la présence du traître
N'empoisonne la mort : il peut vous reconnaître !

DUNOIS.

O terrible guerrier! Indomptable Talbot!

ACTE III. — SCÈNE VII.

Un petit coin de terre est tout ce qu'il te faut,
Quand, naguère, la France avec son vaste empire,
A ton ambition ne pouvait pas suffire !...
— Sire, c'est d'aujourd'hui que vos amis pourront
Vous saluer du nom de roi : sur votre front,
La couronne de France était mal affermie
Durant le temps qu'une âme à ce corps donnait vie.

LE ROI, après avoir considéré le corps en silence:

Oui, Talbot est vaincu, mais ce n'est point par nous,
Et c'est de bien plus haut que sont venus les coups.
Sur la terre de France à présent il succombe,
Ainsi que le héros sur son bouclier tombe,
Sans vouloir, en mourant même, l'abandonner.
Emportez-le, soldats !

(Des soldats prennent le corps de Talbot et l'emportent.)

                    Que Dieu daigne donner
Pleine paix à sa cendre !... Au sein de cette France
Qui l'a vu succomber avec tant de vaillance,
Ses restes trouveront un glorieux repos.
Qu'un monument s'élève, et digne du héros !
Nul ennemi plus loin ne porta la conquête,
Et, sur sa tombe inscrit, le lieu de sa défaite
Dira suffisamment la gloire de son nom.

FASTOLF, remettant son épée au roi:

Mon seigneur, me voilà votre prisonnier.

LE ROI, la lui rendant:

                             Non;
Malgré ses cruautés la guerre sait comprendre,
Honorer des devoirs pieux; allez les rendre.

Reprenez votre épée, et, libre, vous pourrez
Déposer au tombeau le chef que vous pleurez...
— Maintenant, Du Châtel, partez! courez, bien vite,
Retrouver mon Agnès que trop de crainte agite.
Inquiète de nous, dissipez ses terreurs;
Dites que nous vivons, que nous sommes vainqueurs,
Puis, à Reims en triomphe amenez-la!

(Du Châtel sort.)

SCÈNE VIII.

LES PRÉCÉDENTS, LA HIRE.

DUNOIS.

La Hire,
Où Jeanne est-elle donc? pouvez-vous nous le dire?

LA HIRE.

Je viens le demander; voici quelques instants,
Qu'elle était près de vous parmi les combattants.

DUNOIS.

Quand au secours du roi vite j'ai dû me rendre,
J'ai cru que vous étiez resté pour la défendre.

PHILIPPE.

Tout à l'heure, au milieu des rangs des ennemis,
De sa bannière encor j'ai vu flotter les plis.

DUNOIS.

Où la trouver? Malheur à nous!... Mon cœur se livre
A des pressentiments... Courons! qu'on la délivre!
Elle a trop écouté sa téméraire ardeur.

Emportée au milieu des combattants, j'ai peur
Que, luttant sans secours, seule dans la mêlée
Contre tant d'ennemis, sous le nombre accablée,
Jeanne, dans ce moment, peut-être...

LE ROI.
        Hâtez-vous!
Sauvez-la!

LA HIRE.
Je vous suis; venez, prince!

PHILIPPE.
        Allons tous!
(Ils sortent.)

SCÈNE IX.

Une autre partie déserte du champ de bataille. Dans le lointain les tours de Reims, éclairées par le soleil.

UN CHEVALIER, à l'armure toute noire et la visière baissée. JEANNE le poursuit jusque sur le devant du théâtre, où il s'arrête et l'attend.

JEANNE.
Fourbe! je vois ta ruse : en simulant la fuite,
Loin du champ de bataille, ici, tu m'as conduite;
Tu sauves de la mort, qui les attendait tous,
Les Anglais que le sort désignait à mes coups;
Mais c'est toi maintenant qui vas cesser de vivre.

LE CHEVALIER NOIR.
Avec tant de chaleur pourquoi donc me poursuivre?
Pourquoi me provoquer? Mon destin ne veut pas
Que je puisse de toi recevoir le trépas.

JEANNE.

Je sens que je te hais d'une haine mortelle,
Comme je hais la nuit, qu'en toi tout me rappelle.
Je veux t'ôter le jour; j'ai, de t'anéantir,
Le désir le plus vif qu'on puisse ressentir.
Qui donc es-tu? Voyons! relève ta visière!
Tout à l'heure, au combat, si, devant ma bannière,
Je n'avais vu tomber l'intrépide Talbot,
C'est lui que je verrais en toi.

LE CHEVALIER NOIR.

      L'Esprit d'en haut
Aux plus profonds secrets ne te fait donc plus lire?

JEANNE.

Jusques au fond du cœur j'entends sa voix me dire
Que c'est pour mon malheur que je t'ai rencontré.

LE CHEVALIER NOIR.

Tu touches, Jeanne d'Arc, au but tant désiré:
Jusqu'aux portes de Reims t'amène la victoire.
Eh bien! trouve que c'est assez de cette gloire.
Si le bonheur se plut à t'obéir en tout,
Ne le fatigue pas en allant jusqu'au bout.
N'attends pas qu'irrité, le premier il te quitte.
D'être fidèle à l'homme il se lasse bien vite,
Et nul jusqu'à la fin ne peut sur lui compter.

JEANNE.

Au milieu du chemin tu prétends m'arrêter?
L'œuvre que je poursuis, tu veux que je la laisse?
Non! je l'achèverai, j'en ai fait la promesse.

LE CHEVALIER NOIR.

A ton bras redoutable on ne résiste pas.
La victoire est toujours pour toi, dans les combats,
Mais fuis-les désormais : l'avis est salutaire.

JEANNE.

Avant d'avoir dompté l'orgueilleuse Angleterre,
Je ne quitterai pas ce glaive.

LE CHEVALIER NOIR.
     Écoute-moi :
Tu vois les tours de Reims se dresser devant toi.
Ton but est là; c'est là que tous tes vœux s'arrêtent.
Sous ce dôme où les feux du soleil se reflètent,
Triomphante, tu veux voir ton roi couronné,
Pour suivre, prétends-tu, l'ordre qui t'est donné ;
Mais, n'entre pas à Reims, non, retourne en arrière !
Crois ce que je te dis : l'avis est salutaire.

JEANNE.

En toi qui dois-je voir, être fourbe, trompeur,
Qui veux rendre mon âme accessible à la peur ?
L'oracle mensonger que ta bouche prononce,
Tu l'oses faire entendre ?

(Le chevalier noir veut partir; elle lui barre le chemin.)

     Arrête ! Une réponse,
Ou tu meurs !

(Elle veut lui porter un coup.)

LE CHEVALIER NOIR *la touche de la main; elle reste immobile.*

  Aux mortels va porter le trépas !
Je te brave.

(Nuit, éclairs, tonnerre. Le chevalier noir disparaît.)

JEANNE, d'abord interdite, puis se remettant bientôt :

A la terre il n'appartenait pas !
C'est une forme vaine, un des Esprits rebelles
Que l'Enfer, du milieu des flammes éternelles,
Envoya jusqu'à moi pour ébranler mon cœur.
Mais qui pourrais-je craindre alors que du Seigneur,
Dans ma main qu'il arma, je vois briller le glaive?
Je vaincrai ! Jusqu'au bout que mon œuvre s'achève !
Tout l'Enfer contre moi se fût-il déclaré,
Mon courage me reste et je triompherai !

(Elle veut sortir.)

SCÈNE X.

JEANNE, LIONEL.

LIONEL.

Défends tes jours, maudite ! Il faut que tout à l'heure,
A cette place, il faut que l'un de nous deux meure.
Ta main a moissonné mes plus braves soldats.
Et le noble Talbot lui-même, entre mes bras,
A rendu sa grande âme ; et moi je viens, damnée,
Ou le venger, ou bien subir sa destinée.
Connais l'homme d'abord qui t'accorde l'honneur
De combattre avec lui, qu'il tombe ou soit vainqueur :
Cet homme est Lionel; c'est lui qui te défie,
De tous les chefs anglais le seul qui reste en vie,
Et dont personne encor n'a su vaincre le bras.

(Il l'attaque. Après un moment de combat, Jeanne lui fait tomber l'épée des mains.)

Fatal destin !

(Il lutte avec elle.)

JEANNE.

(Elle saisit par derrière le cimier du casque de Lionel et le lui arrache avec force; sa figure reste à découvert. En même temps, elle lève sur lui l'épée.)

Subis le sort que tu cherchas !
C'est la Vierge des cieux qui par ma main t'immole.

(En ce moment, elle le regarde, se trouble à son aspect, demeure immobile, puis, laisse lentement retomber le bras.)

LIONEL.

Pourquoi donc hésiter, après cette parole ?
Pourquoi soudainement de mon sein détourner
Le coup que par ta main la mort m'allait donner ?
Achève maintenant ! Prends-moi, prends-moi la vie,
Puisque par toi déjà la gloire m'est ravie !
Je suis à ta merci, point de grâce !

(Elle lui fait de la main signe de s'éloigner.)

Moi, fuir ?
Moi, te devoir la vie ? Oh ! non, plutôt mourir !

JEANNE, détournant la tête:

J'oublierai que tes jours étaient en ma puissance.

LIONEL.

Non, frappe ! je te hais et je hais ta clémence.
Immole un ennemi qui te hait, je te dis,
Et qui voulait ta mort.

JEANNE.

Je l'attends, frappe !... et fuis !

LIONEL.

Quel langage !

JEANNE, se cachant le visage:
Sur moi malheur!

LIONEL, s'approchant d'elle:
Dans la mêlée,
Cette foule d'Anglais par tes mains immolée
Te trouva sans pitié; pourquoi m'épargner, moi?

JEANNE lève sur lui l'épée par un mouvement rapide, mais en le regardant, elle la laisse retomber de nouveau.
Sainte Vierge des cieux!

LIONEL.
Tu l'invoques? Pourquoi?
Crois-tu qu'elle, ou le ciel, à ton sort s'intéresse?

JEANNE, dans la plus vive anxiété:
Oh! qu'ai-je fait! Manquer à ma sainte promesse!
(Elle se tord les mains avec désespoir.)

LIONEL la considère avec intérêt et se rapproche d'elle.
Je te plains, pauvre fille, et me sens attendrir.
Seul de tous ta clémence a daigné me couvrir.
Mon cœur laisse pour toi s'évanouir sa haine;
Il me faut maintenant prendre part à ta peine.
Qui donc es-tu? dis-moi; d'où viens-tu?

JEANNE.
Va-t'en! — Pars!

LIONEL.
Ton âge, ta beauté me touchent. Tes regards
Ont jeté dans mon cœur un trouble involontaire.
Je voudrais te sauver; comment puis-je le faire?

Viens! Romps ton pacte affreux! Hâte-toi de jeter
Ces armes!

JEANNE.

Ce n'est plus à moi de les porter!

LIONEL.

Jette-les, jette-les! Vite, et suis-moi!

JEANNE, avec terreur:

Te suivre!

LIONEL.

Oui! je puis te sauver. Viens! et je te délivre.
Je ne sais quel tourment tu me fais éprouver:
Je sens l'impérieux besoin de te sauver.

(Il s'empare de son bras.)

JEANNE.

Ce sont eux! C'est Dunois qui me cherche! il s'avance!
S'ils te trouvaient ici!...

LIONEL.

Je prendrai ta défense.

JEANNE.

Je mourrai si tu dois être immolé par eux!

LIONEL.

Jeanne! m'aimerais-tu?

JEANNE.

Sainte Vierge des cieux!

LIONEL.

Pourrai-je te revoir ? De toi, quelque message...?

JEANNE.

Jamais !

LIONEL.

Revoyons-nous ! J'en emporte pour gage
Ton épée !
(Il lui arrache son épée.)

JEANNE.

Insensé ! Quoi ! de ce fer sacré...?

LIONEL.

On me contraint de fuir, mais je te reverrai.
(Il sort.)

SCÈNE XI.

JEANNE, DUNOIS, LA HIRE.

LA HIRE.

Elle vit ! la voilà !

DUNOIS.

Jeanne, sois rassurée !
De courageux amis tu te vois entourée.

LA HIRE.

N'est-ce point Lionel que je vois fuir, là-bas ?

DUNOIS.

Il importe fort peu ; ne le poursuivez pas !...
La bonne cause, enfin, Jeanne, est victorieuse :

Reims s'est ouvert pour nous, et la foule joyeuse
Au-devant de son roi se presse en ce moment.

LA HIRE.

Qu'a donc Jeanne? On la voit pâlir subitement,
Chanceler!
(Jeanne est près de s'évanouir.)

DUNOIS.

Elle aura reçu quelque blessure...
Arrachez, — hâtez-vous! — arrachez son armure!...
C'est au bras, et la plaie est facile à guérir.

LA HIRE.

Du sang!

JEANNE.

Ah! qu'il s'écoule, et laissez-moi mourir!
(Elle reste évanouie dans les bras de La Hire.)

FIN DU TROISIÈME ACTE.

ACTE QUATRIÈME.

LA PUCELLE D'ORLÉANS.

ACTE QUATRIÈME.

Une salle ornée pour une fête.

Des colonnes entourées de guirlandes; derrière la scène, on entend des flûtes et des hautbois.

SCÈNE PREMIÈRE.

JEANNE, seule:

Le glaive se repose ; on fait trêve aux batailles ;
Voici des jours de fête après des funérailles :
Le peuple, dans la rue, éclate en joyeux chants ;
L'église et son autel sont tout resplendissants ;
Des guirlandes, des arcs de fleurs et de feuillage
Se dressent : du cortège on attend le passage.
Les vastes murs de Reims ne peuvent contenir
La foule qu'à torrents ce grand jour voit venir.

Partout, la même ivresse et la même pensée ;
Partout, au fond des cœurs la haine est effacée ;
Ils se confondent tous dans le commun bonheur.
Le beau nom de Français est un nouvel honneur ;
On sent doubler en soi le juste orgueil qu'il donne.
Un jeune éclat s'attache à l'antique couronne,
Et la France sauvée a salué son roi.

Et moi, qui suis l'auteur de ces merveilles, moi,
Je n'y prends nul plaisir. Mon cœur n'est plus le même :
Il s'égare ; il fuit, loin de cette ivresse extrême,
Vers le camp des Anglais. De mes regards errants
C'est de nos ennemis que je cherche les rangs.
Ma faute et les remords auxquels je suis en proie
Veulent que je m'arrache à toute cette joie.

 Quoi ! d'un mortel l'image chère,
 Dans mon cœur, pur jusqu'à ce jour ?
 Plein d'une céleste lumière,
 Ce cœur bat d'un terrestre amour ?
 Moi, de Dieu guerrière inspirée,
 Moi, qui délivrai mon pays,
 D'amour je me sens enivrée,
 Et pour l'un de ses ennemis ?
 Et sans que la honte m'accable,
 A la face du ciel je dis
 Que je ressens ce feu coupable ?

(La musique placée derrière la scène fait entendre une douce mélodie.)

 Oh ! malheur à moi ! Quels accents !
 C'est pour m'égarer davantage,
 Que leurs sons viennent à mes sens,
 Rappeler sa voix, son image !

 Pourquoi ne me rendez-vous pas
 Le bruit des lances, les combats,
 Toutes les horreurs du carnage ?
 J'y retrouverais mon courage.

 De leur dangereuse douceur,
 Comme ces chants troublent mon cœur !

Ils changent sa force en faiblesse,
En langueur, en pleurs de tristesse !

(Après une pause, et plus vivement :)

Devais-je l'immoler, et le pouvais-je bien,
Après que son regard eut rencontré le mien ?
Plutôt j'eusse en mon sein plongé le fer qui tue !
Est-ce un péché d'avoir senti mon âme émue ?
De ma pitié faut-il me punir ? — La pitié !
Son cri, ne l'ai-je pas bien souvent oublié ?
Pour ce jeune Gallois, surtout, dont la prière,
Pauvre enfant ! vainement m'a demandé merci.
Va ! cœur astucieux ! tu mens à la lumière :
Ce n'est pas la pitié, non ! non ! qui t'a saisi.

Et que sur lui ma vue, hélas ! se soit portée !
Qu'à voir ses nobles traits je me sois arrêtée !
Dieu ne voulait en moi qu'un aveugle instrument ;
Il fallait accomplir son ordre aveuglément.
Ce regard, malheureuse ! a commencé ton crime.
Tu voulus ce regard : Dieu t'a, de ce moment,
Retiré son égide, et l'Esprit de l'abîme,
Jetant sur toi ses rets, a saisi sa victime.

(La musique recommence, Jeanne tombe dans une paisible tristesse.)

Contre le glaive des combats,
O toi, ma houlette si chère,
Pourquoi donc la pauvre bergère
Un jour t'échangea-t-elle, hélas ?
Pourquoi ces bruits dans le saint chêne ?
Pourquoi, des cieux céleste Reine,

Dont l'ordre trois fois m'appela,
Être vers Jeanne descendue?
Ta couronne est pour moi perdue,
Marie; à mon front reprends-la!

J'ai vu déjà les cieux ouverts,
Et les Bienheureux me sourire;
Mais sur terre au bonheur j'aspire,
Et non plus aux cieux, que je perds.
Fallait-il donc à ma faiblesse
Ordonner qu'à toute tendresse
Mon cœur demeurât étranger?
O loi rigoureuse, inflexible!
Ce cœur que Dieu créa sensible,
Était-ce à moi de le changer?

Quand tu veux te manifester,
Désigne à ton obéissance,
Mon Dieu, ces âmes d'innocence,
Que tu fais aux cieux habiter.
Dans tes phalanges immortelles,
Choisis des instruments fidèles
Dont le cœur ne s'émeuve pas.
Pour tes desseins devais-tu prendre
La jeune fille, au cœur trop tendre,
Dont les troupeaux suivaient les pas?

Eh! que m'importe que les rois,
Divisés, se fassent la guerre?
J'étais pure, simple bergère,
Menant mes brebis dans les bois;
Et, de ma retraite profonde,

Tu m'appelas aux bruits du monde,
Auprès des grands, dans les combats.
Ai-je voulu ma destinée ?
Tu le sais, j'y fus condamnée.
O mon Dieu, ne m'en punis pas !

SCÈNE II.

JEANNE, AGNÈS SOREL.

AGNÈS entre, vivement émue, et, dès qu'elle aperçoit Jeanne, court à elle et l'embrasse, puis, tout à coup, réfléchissant, la quitte et tombe à genoux devant elle.

Ce n'est pas dans tes bras, non, c'est à tes genoux
Qu'Agnès doit se jeter.

JEANNE, voulant la relever:

Madame, levez-vous !
Pouvez-vous oublier qui je suis, qui vous êtes ?

AGNÈS.

Non, non, il ne faut pas, Jeanne, que tu l'arrêtes
Le transport où pour toi s'abandonne mon cœur !
Si je tombe à tes pieds, vois-tu, c'est de bonheur !
J'épanche devant Dieu ce cœur trop plein encore :
Ce Dieu qu'on ne voit pas, c'est lui qu'en toi j'adore.
C'est toi qui, par le ciel, ange à mon roi donné,
L'as conduit jusqu'à Reims et qui l'as couronné.
Ce que je n'avais point espéré, même en rêve,
Grâce à toi, chère Jeanne, en ce moment s'achève.
Bientôt tout sera prêt pour le couronnement ;
Charle en habits royaux en attend le moment.
Tous les pairs, réunis aux grands de la couronne,

Portent les attributs du pouvoir qu'elle donne.
Le peuple vers l'église en foule s'est porté.
Les cloches font leur bruit; des chants de tout côté!...
Je crois que j'en mourrai, car je suis trop heureuse!

> (Jeanne la relève avec douceur. Agnès s'arrête un moment et fixe sur elle son regard.)

Et cependant, toujours tu restes sérieuse ;
Tu donnes le bonheur, mais sans le partager ;
A notre joie à tous ton cœur reste étranger ;
Celle qu'il entrevoit, le ciel seul la procure:
La terre n'en a pas pour ton âme si pure.

> (Jeanne lui prend vivement la main, puis, la laisse aussitôt retomber.)

O Jeanne, que n'as-tu le cœur que doit avoir
Une femme ! le cœur qui se laisse émouvoir !
La guerre cesse enfin ; dépose cette armure !
Sois femme, puisqu'ainsi l'a voulu la nature !
Mon cœur tendre aura peur et vers toi n'ira pas,
Si tu veux ressembler à l'austère Pallas.

JEANNE.

Qu'exigez-vous de moi !

AGNÈS.

Désarme-toi de grâce !
L'amour, qui voit ce cœur caché sous la cuirasse,
N'ose s'en approcher. Oh ! sois femme à ton tour,
Jeanne, et pour ton bonheur, tu connaîtras l'amour.

JEANNE.

Moi! que je me désarme ? Et que ce soit sur l'heure?
Non! c'est dans la bataille, et c'est pour que je meure,

C'est plus tard que je veux me découvrir le sein !
Que n'est-il protégé par sept couches d'airain,
Qui puissent me défendre, et de ce trouble extrême
Que vos fêtes en moi font naître, et de moi-même !

AGNÈS.

Le comte de Dunois t'aime ; ce noble cœur,
Qu'absorbaient jusqu'ici l'héroïsme et l'honneur,
Il t'aime maintenant, et d'une amour sacrée.
D'un héros il est doux de se voir adorée...
Et plus doux de l'aimer !
(Jeanne se détourne avec un mouvement d'horreur.)
                Est-ce que tu le hais ?
Tu peux ne pas l'aimer, mais le haïr, jamais !
Celui qui vous enlève un être qu'on adore,
Celui-là seulement on le hait, on l'abhorre.
Mais, ton cœur est tranquille. Ah ! s'il aimait, ce cœur...!

JEANNE.

Plaignez-moi, déplorez mon sort !

AGNÈS.
                        A ton bonheur
Que pourrait-il manquer ? ta promesse sacrée
Est accomplie en tout : la France est délivrée ;
Pour se voir couronner, aux murs de Reims, ton roi,
Ton roi victorieux, est entré, grâce à toi ;
La gloire qui s'attache à ton nom est immense ;
Un peuple, heureux par toi, te bénit et t'encense ;
L'éloge qu'il t'adresse est partout répété :
C'est toi qui de la fête es la divinité,

Et le roi, bien qu'il soit paré du diadème,
Le roi ne jette point plus d'éclat que toi-même.

JEANNE.

Que la terre pour moi n'ouvre-t-elle son sein !

AGNÈS.

Quelles paroles, Jeanne, et quel trouble soudain !
Eh ! qui donc oserait, dans ce beau jour de fête,
Lever les yeux au ciel, si tu baisses la tête ?
C'est à moi de rougir aujourd'hui, c'est à moi,
Si petite voulant me comparer à toi ;
Qui n'ai pas ton courage et si loin suis restée
Des sublimes hauteurs où je te vois montée.
Car, faut-il tout entier que je t'ouvre mon cœur ?
L'honneur de la patrie et toute la splendeur
Que le trône reçoit de sa nouvelle gloire,
Et l'ivresse du peuple, et ses chants de victoire,
Ne préoccupent point ce faible cœur ; sur lui
Un mortel règne, un seul, qui l'absorbe aujourd'hui.
Nul penser ne pourrait y trouver place encore :
Celui que l'on bénit, celui que l'on adore,
Pour qui des chants d'amour éclatent dans les airs,
Pour qui tous les chemins de fleurs se sont couverts,
Il est à moi ! Je l'aime !

JEANNE.

                Oh ! vous êtes heureuse !
Comprenez bien du sort la faveur précieuse !
Vous aimez, mais celui que chacun peut aimer.
Sans crainte votre cœur s'ouvre, il ose exprimer
L'ivresse qu'il éprouve et, cette même ivresse,
Aux regards de chacun faire qu'elle paraisse.

La fête du royaume entier, dans ce beau jour,
Cette fête est pour vous celle de votre amour.
Tout ce peuple accouru vous en rend témoignage ;
Il sanctifie en vous cet amour qu'il partage :
A vous leurs chants, à vous leurs couronnes de fleurs,
Car vous aimez celui qui ravit tous les cœurs,
Le soleil qui nous charme, et votre joie est celle
Qu'il a faite aujourd'hui la joie universelle.
Ce bonheur qui chez tous éclate si complet,
De votre amour heureux est le puissant reflet.

AGNÈS, se jetant à son cou :

O bonheur ! je me vois comprise tout entière !
Non, non, Jeanne, à l'amour tu n'es pas étrangère !
Oui, je t'ai méconnue ! Oui, ce que je ressens,
Tu mets à l'exprimer d'énergiques accents !
Mon cœur n'a plus de crainte, et, plein de confiance,
Vers le tien, vers celui d'une amie, il s'élance !

JEANNE, s'arrachant vivement de ses bras :

Non, laissez-moi ! De moi gardez-vous d'approcher,
Et ne vous souillez pas en voulant me toucher !
Soyez heureuse ! Moi, je vais cacher au monde
Mon malheur, et ma honte, et ma terreur profonde.

AGNÈS.

Je ne te comprends pas, Jeanne, tu me fais peur.
Non, je n'ai pas encor su comprendre ton cœur.
Toujours mystérieuse est pour moi ta nature.
Eh ! qui devinerait de quoi ton âme pure,
De quoi ton cœur si doux, si plein de sainteté,
Aussi profondément peut être épouvanté ?

JEANNE.

C'est vous qu'il faut nommer pure et sainte, madame;
C'est vous. Si vous pouviez lire au fond de mon âme,
Ah! vous repousseriez avec horreur en moi,
Une femme ennemie, et parjure à sa foi!

SCÈNE III.

Les précédents, DUNOIS, DU CHATEL, LA HIRE,
portant la bannière de Jeanne.

DUNOIS.

Jeanne, nous vous cherchons: le roi vers vous m'envoie;
Tout est prêt pour la fête; il veut qu'on vous y voie,
Votre sainte bannière en main, comme aux combats,
Et que vous la portiez partout devant ses pas,
Marchant de pair avec les grands de la couronne,
A la première place auprès de sa personne.
Le roi dit hautement, le roi veut qu'aujourd'hui
Le monde tout entier le redise avec lui :
La gloire de ce jour vous revient tout entière.

LA HIRE.

Noble fille, tenez, voici votre bannière;
Les grands sont prêts, le peuple attend, plus de retard!

JEANNE.

Moi, marcher devant lui! porter cet étendard!

DUNOIS.

A qui donc siérait-il? De ce glorieux signe,
De ce signe sacré quelle main serait digne?

Au milieu des combats vous la faisiez flotter ;
Comme votre parure, à vous de la porter,
Au chemin du joyeux triomphe !
(La Hire lui présente la bannière ; elle s'en éloigne avec effroi.)

JEANNE.

Arrière ! Arrière !

LA HIRE.

Pourquoi cette terreur à voir votre bannière ?
(Il la déploie.)
C'est celle qu'agitaient vos bras victorieux :
Voyez l'image, ici, de la Reine des cieux
Qui plane sur le monde... A son ordre fidèle
Vous l'y fîtes placer...

JEANNE, la regardant avec terreur.

Oui, c'est elle ! c'est elle !
Elle m'apparut bien telle que je la voi...
Quels terribles regards elle jette sur moi !
Voyez ce front plissé ! voyez quelle colère
Elle laisse percer sous sa sombre paupière !

AGNÈS.

Ciel ! quel égarement !... Reviens de cet effroi :
Ce n'est rien de réel ; non ; tu n'as devant toi
Qu'une terrestre image, et la Vierge, invisible,
Est au milieu des chœurs du ciel.

JEANNE.

Vierge terrible !
Est-ce pour me punir que tu parais ici ?
Eh bien ! écrase-moi ! frappe ! point de merci !

Punis-moi ! prends en mains ta foudre redoutable !
Lance-la, lance-la sur ma tête coupable !
J'ai violé ma foi, profané ton saint nom !

DUNOIS.

O malheur ! Quels discours ! Que se passe-t-il donc ?

LA HIRE, stupéfait, à Du Châtel:

Pouvez-vous concevoir cet étrange délire ?

DU CHATEL.

Je vois ce que je vois, et, s'il faut vous le dire,
Ce que depuis longtemps je suis à craindre.

DUNOIS.

Quoi ?

DU CHATEL.

Je n'ose m'expliquer. Plût au ciel que le roi
Eût terminé la fête et reçu la couronne !

LA HIRE.

Comment donc ! la frayeur que cet étendard donne,
Aussi vous gagne-t-elle ? Aux Anglais laissez-la !
Aux Anglais de trembler devant ce drapeau-là !
Terrible aux ennemis, il est la sûre égide
Des fidèles Français qui le prennent pour guide.

JEANNE.

Oui, vous avez raison : il est leur protecteur;
Chez nos seuls ennemis il répand la terreur.

(On entend la marche du couronnement.)

ACTE IV. — SCÈNE IV.

DUNOIS.

Prenez-le donc ! prenez ! le cortége s'avance :
Ne perdons pas de temps.
<small>(On la contraint à prendre la bannière ; elle la reçoit après une forte résistance et sort. Tous la suivent.)</small>

SCÈNE IV.

<small>Une place devant la cathédrale. Des spectateurs remplissent le fond de la scène.</small>

BERTRAND, CLAUDE-MARIE, ÉTIENNE,
<small>qui sortent de la foule.</small>

<small>(La marche du couronnement continue à se faire entendre dans le lointain.)</small>

BERTRAND.

La musique commence !
Écoutez !... Le cortége approche et va passer !...
Pour que nous voyions bien, où faut-il nous placer ?
Dites ! Monterons-nous sur cette plate-forme ?
Ou vaut-il mieux rester où la foule se forme ?
De la fête il ne faut rien perdre.

ÉTIENNE.

Bien malin
Qui voudrait circuler à présent : tout est plein
De voitures, de gens, de chevaux. Je conseille
De nous ranger ici ; nous verrons à merveille.

CLAUDE-MARIE.

A voir ce flot de peuple incessamment grossi,
Je crois que la moitié de la France est ici,
Et tel est le torrent qui jusqu'à Reims entraîne,
Qu'il est venu nous prendre au fond de la Lorraine.

BERTRAND.

Lorsque pour le pays se lève un jour si grand,
Qui pourrait dans son coin rester indifférent?
Que de peine et de sang pour placer la couronne
Au légitime front à qui ce jour la donne!
Veut-on que notre roi, celui qui l'est vraiment,
Celui que nous allons sacrer dans un moment,
Ne soit pas escorté d'aussi bonne manière
Que l'autre, à Saint-Denis sacré par l'Angleterre?
Mal pensant est celui qui demeure chez soi,
Et ne vient pas ici crier : Vive le roi !

SCÈNE V.

LES PRÉCÉDENTS, MARGUERITE, LOUISE, qui s'approchent d'eux.

LOUISE.

Nous allons donc la voir, notre sœur, Marguerite!
De quelle émotion, grand Dieu, mon cœur palpite!

MARGUERITE.

La voir dans son éclat, dans toute sa grandeur,
Et nous dire : C'est là Jeanne! c'est notre sœur!

LOUISE.

Je me refuse à croire, avant de l'avoir vue,
Que Jeanne, notre sœur que nous avions perdue,
Soit bien cette guerrière aux exploits de géants,
Que j'entends appeler Pucelle d'Orléans!

(Le cortége approche toujours davantage.)

MARGUERITE.

Ah! tu doutes? Tu vas en croire l'évidence.

BERTRAND.

Faites attention! Le cortége s'avance.

SCÈNE VI.

DES JOUEURS DE FLUTE ET DE HAUTBOIS ouvrent la marche; puis, viennent DES ENFANTS vêtus de blanc et portant des rameaux à la main. DEUX HÉRAUTS marchent derrière eux et précèdent une troupe de HALLEBARDIERS, que suivent DES MAGISTRATS en robe. Ensuite, DEUX MARÉCHAUX portant leur bâton; LE DUC DE BOURGOGNE, portant l'épée, DUNOIS, le sceptre, d'autres GRANDS, la couronne, le globe, la main de justice; d'autres, des offrandes. Derrière eux, DES CHEVALIERS, revêtus des habits de leur ordre. DES ENFANTS DE CHOEUR, avec l'encensoir; DEUX ÉVÊQUES, avec la sainte-ampoule; L'ARCHEVÊQUE DE REIMS, portant le crucifix. — JEANNE paraît avec sa bannière; elle a la tête baissée, sa démarche est mal assurée. En la voyant passer, ses sœurs manifestent leur surprise et leur joie. — Derrière elle, vient LE ROI, sous un dais porté par QUATRE BARONS et suivi des gens de sa maison. DES SOLDATS ferment la marche. La musique cesse quand le cortége est entré dans l'église.

SCÈNE VII.

LOUISE, MARGUERITE, CLAUDE-MARIE, ÉTIENNE, BERTRAND.

MARGUERITE.

As-tu vu notre sœur?

CLAUDE-MARIE.

C'était elle, dis-moi,

Qui, la bannière en main, marchait devant le roi,
Et dont, couverte d'or, étincelait l'armure?

MARGUERITE.

C'était Jeanne, c'était notre sœur, je t'assure.

LOUISE.

Hélas! elle n'a point reconnu ses deux sœurs!
Elle n'a point senti l'approche de nos cœurs!
Elle était toute pâle et regardait la terre,
Et d'un pas chancelant marchait sous sa bannière.
En la voyant, mon cœur de chagrin s'est serré.

MARGUERITE.

Dans toute sa splendeur, enfin, je l'admirai,
Cette sœur! Qui jamais, même en rêve, eût pu croire
Qu'un jour nous la verrions si brillante de gloire?
Qui donc l'eût deviné lorsque, sur nos coteaux,
Elle était occupée à paître les troupeaux?

LOUISE.

Ce songe qui disait qu'un jour, nous, ses aînées,
Devant elle, dans Reims, nous serions prosternées,
Ce songe de mon père, est accompli. Voici
L'église qu'en ce songe il avait vue aussi.
Tout s'est réalisé. — Cette nuit de présages
Lui fit, en même temps, voir de tristes images :
Quand j'ai vu tant d'éclat entourer Jeanne, en moi
J'ai senti tout à coup je ne sais quel effroi.

BERTRAND.

Nous perdons notre temps à causer dans la rue;

Entrons donc à l'église et donnons-nous la vue
De la cérémonie.

MARGUERITE.

Oui, Bertrand a raison ;
Peut-être y verrons-nous encor Jeanne.

LOUISE.

A quoi bon ?
Nous l'avons vue ; il faut retourner au village.

MARGUERITE.

Sans même lui parler après ce long voyage ?
Sans adieux ?

LOUISE.

Ce n'est plus notre sœur d'autrefois ;
Sa place est au milieu des princes et des rois.
Eh ! qui sommes-nous donc pour que nous osions croire
Avoir droit de marcher de pair avec sa gloire ?
Sous le toit paternel, déjà, souvenez-vous,
Jeanne s'était montrée étrangère pour nous.

MARGUERITE.

O ma sœur, que dis-tu ? Peux-tu croire, Louise,
Que de nous Jeanne ait honte et qu'elle nous méprise ?

BERTRAND.

Voyez ! le roi lui-même a-t-il honte de nous ?
Ses sujets, tout à l'heure, il les saluait tous.
Dans sa bonne amitié donnant à chacun place,
Il s'adressait à ceux de la plus humble classe.
Jeanne aura beau monter si haut qu'elle voudra,
Plus haut qu'elle pourtant le roi se maintiendra.

(Les trompettes et les cymbales retentissent dans l'église.)

CLAUDE-MARIE.

A l'église! Entrons tous!
<small>(Ils se précipitent vers le fond du théâtre et s'y perdent dans la foule.)</small>

SCÈNE VIII.

THIBAUT, vêtu de noir, RAYMOND, qui le suit et veut le retenir.

RAYMOND.

Demeurez en arrière,
Thibaut; dans cette foule, hélas! qu'iriez-vous faire?
Vous ne voyez ici que visages joyeux;
Votre grande douleur blesse en ce jour heureux;
Fuyons!

THIBAUT.

O mon enfant! Ma fille infortunée!...
Toi, Raymond, l'as-tu vue et bien examinée?

RAYMOND.

Oh! de grâce, fuyez, ne vous arrêtez plus!

THIBAUT.

As-tu bien remarqué ses pas irrésolus,
Ce visage défait, cette pâleur affreuse?
Ah! c'est qu'elle comprend son sort, la malheureuse!
Mais, je puis la sauver!
<small>(Il veut sortir.)</small>

RAYMOND.

Que voulez-vous tenter?

THIBAUT.

Moi? Dans son vain bonheur je prétends l'arrêter,

Et de rude façon, au Dieu qu'elle renie,
Je veux la ramener.

RAYMOND.

Songez-y, je vous prie :
Creuserez-vous l'abîme où votre enfant...?

THIBAUT.

Alors
Que j'aurai sauvé l'âme, eh bien! meure le corps!

(Jeanne sort précipitamment de l'église, sans sa bannière; le peuple se presse sur ses pas, se prosterne devant elle et baise ses vêtements. — Elle est retenue par la foule au fond du théâtre.)

C'est elle! la voici! hors de la cathédrale
Elle se précipite... Oh! mon Dieu, qu'elle est pâle!
On voit que ses remords la chassent du saint lieu,
Et qu'elle sent déjà la justice de Dieu.

RAYMOND.

Adieu! N'exigez pas plus longtemps ma présence.
Ici je suis venu le cœur plein d'espérance,
Et c'est plein de douleur qu'à présent je m'en vais ;
J'ai revu votre fille, et je sens qu'à jamais
Je la perds.

(Il sort d'un côté. Thibaut de l'autre.)

SCÈNE IX.

JEANNE, puis, MARGUERITE et LOUISE. Peuple.

JEANNE, qui s'est arrachée de la foule, arrive sur le devant de la scène :

C'en est trop! De l'église ils me chassent,
Ces fantômes hideux qui devant moi se placent,
Cet orgue! je ne puis plus longtemps l'écouter :

Il me semble la foudre au moment d'éclater.
Le lieu saint s'ébranlait, et j'ai cru que ses voûtes
Sur ma tête coupable allaient s'écrouler toutes.
J'ai besoin de revoir l'immensité du ciel.
Je n'ai plus ma bannière, elle est là, sur l'autel;
Elle n'appartient plus à cette main maudite...
N'ai-je pas vu mes sœurs? Louise? Marguerite?
Il m'a semblé les voir, comme en rêve, passer.
Hélas! oui, c'est un rêve, il a dû s'effacer!
Elles sont loin de moi, comme l'est mon enfance,
Comme l'est le bonheur de mes jours d'innocence!

MARGUERITE, s'avançant.

C'est bien elle! C'est Jeanne!

LOUISE, se précipitant vers Jeanne :

O ma sœur!

JEANNE.

         Ce n'est pas
Un vain songe!... c'est vous! Je vous presse en mes bras!
Marguerite! c'est toi? C'est aussi toi, Louise?
Cette félicité, mon Dieu! m'est donc permise,
Qu'isolée au milieu de la foule, mes sœurs,
Je puisse sur mon cœur sentir battre vos cœurs!

MARGUERITE.

Tu nous connais encor! C'est toujours toi, si bonne!

JEANNE.

Et votre amour pour moi vous amène? Il pardonne
A la sœur qui jadis, sans même un mot d'adieu,
Froidement, vous quitta?

ACTE IV. — SCÈNE IX.

LOUISE.
    C'est qu'aux desseins de Dieu
Tu devais obéir : c'est Dieu qui t'a conduite.

MARGUERITE.
La gloire de ton nom dans l'univers redite,
Ce nom, de bouche en bouche et toujours répété,
Jusqu'en notre hameau devait être apporté.
Il nous a fait sortir de notre humble retraite,
Pour être aussi témoins de cette grande fête,
Pour venir t'admirer dans toute ta grandeur...
Et nous ne sommes pas seules ici, ma sœur.

JEANNE, vivement.
Mon père est avec vous? Il a fait ce voyage?
Où donc se cache-t-il?

MARGUERITE.
    Le père est au village.

JEANNE.
Pourquoi? m'exclurait-il de son affection?
Vous ne m'apportez pas sa bénédiction?

LOUISE.
Il ne sait même pas que nous sommes venues.

JEANNE.
Il ignore?... Pourquoi?... Mais vous êtes émues !...
Ce silence... ces yeux vers la terre baissés...
Mon père, que fait-il?

MARGUERITE.
    Depuis le jour...

LOUISE, lui faisant des signes :

Marguerite.   Assez !

MARGUERITE.

Où de nous tu t'éloignas, le père
Nourrit au fond du cœur une tristesse amère.

JEANNE.

Une tristesse amère ?

LOUISE.

Oh ! va ! console-toi !
Il s'effraie aisément, tu le sais comme moi.
Lorsque nous lui dirons que sa fille est heureuse,
Il reviendra bientôt à son humeur joyeuse.

MARGUERITE.

C'est que tu l'es, heureuse ! Il faut que tu le sois,
Jeanne, dans les honneurs, la gloire où je te vois.

JEANNE.

Oui, mes sœurs, je le suis, de vous revoir, d'entendre
Vos voix, ces sons que j'aime et qui viennent me rendre
Aux souvenirs des champs et du toit paternel !
Je goûtais le bonheur qu'on doit goûter au ciel,
Lorsque, parmi nos monts, j'allais, simple bergère,
Conduire chaque jour le troupeau de mon père.
Suis-je morte à jamais à ce bonheur si grand ?

(Elle se cache le visage dans le sein de Louise. Claude-Marie,
Étienne et Bertrand se montrent dans le fond du théâtre et s'y
arrêtent timidement.)

MARGUERITE.

Venez, Claude-Marie, Étienne, et vous, Bertrand !

Jeanne n'a point d'orgueil ; c'est toujours le langage,
La bonté, la douceur qu'elle avait au village.

(Ils s'approchent de Jeanne et veulent lui donner la main ; elle les regarde fixement et manifeste une profonde surprise.)

JEANNE.

Dites ! où donc étais-je ?... Est-ce que j'ai rêvé ?
Et, ce rêve si long, l'ai-je enfin achevé ?
Est-ce que j'ai quitté le fond de la Lorraine,
Pour venir jusqu'ici ?... N'est-ce pas, sous le chêne
Je me suis endormie, et voilà que pour moi
Arrive le réveil ? Et tous je vous revoi,
Vous que je connais bien, vous, personnes aimées ?...
Oui, j'ai rêvé de rois, de batailles, d'armées...
Ce n'étaient, je le sens, que des illusions...
C'est que, sous l'arbre, on a d'ardentes visions...
Pourquoi donc auriez-vous entrepris ce voyage ?
Pourquoi serais-je à Reims ?... J'ai quitté le village ?...
Jamais ! Dites que c'est un souvenir trompeur !
Oh ! dites-le-moi bien ! réjouissez mon cœur !

LOUISE.

Nous sommes bien à Reims, chère Jeanne, et nos guerres,
Tes actions d'éclat, ne sont point des chimères.
Rappelle tes esprits ; regarde autour de toi,
Et ton armure d'or, touche-la !

(Jeanne promène la main sur sa poitrine, réfléchit et paraît effrayée.)

BERTRAND.
                C'est de moi
Que vous tenez ce casque.

CLAUDE-MARIE.

On peut fort bien comprendre
Que vous croyiez rêver : on vous vit entreprendre,
Vous avez accompli des faits si merveilleux,
Qu'en songe on ne voit rien de plus prodigieux.

JEANNE, vivement:

Fuyons ! je vous suivrai ; je veux revoir mon père !
Je retourne au village !

LOUISE.

Oui, viens !

JEANNE.

On exagère
Ce que j'ai de mérite ; on m'élève trop haut...
Vous m'avez vue enfant, vous m'aimez, vous ; il faut
Qu'on me chérisse ainsi, mais non pas qu'on m'adore.

MARGUERITE.

A ta gloire, aux honneurs qu'on te réserve encore,
Tu renonces ?

JEANNE.

Je veux bien loin les rejeter
Ces ornements maudits que l'on me fait porter !
Ils ont entre nos cœurs mis comme une barrière.
Je veux redevenir une simple bergère.
C'est moi qui désormais, mes sœurs, vous servirai
Comme une humble servante, et je m'imposerai
Ce que la pénitence a de rigueurs extrêmes,
Pour m'être ainsi placée au-dessus de vous-mêmes.

(On entend les trompettes.)

SCÈNE X.

Les précédents, LE ROI, sortant de l'église et revêtu des ornements royaux, AGNÈS SOREL, L'ARCHEVÊQUE, LE DUC DE BOURGOGNE, DUNOIS, LA HIRE, DU CHATEL, chevaliers, courtisans, peuple.

LE PEUPLE, à diverses reprises, pendant que le roi s'avance :
Vive le roi! le roi Charles Sept!
(Les trompettes sonnent, et, à un signe du roi, les hérauts lèvent leur bâton pour commander le silence.)

LE ROI.
    Oh! merci,
Bon peuple, de l'amour que l'on m'exprime ainsi!
La couronne que Dieu sur notre tête a mise,
Par de bien longs combats dut nous être conquise;
Le noble sang français l'arrose; mais la paix
Va de son olivier l'entourer désormais.
A quiconque soutint mes droits : Reconnaissance!
A ceux qui contre moi combattirent : Clémence!
Que notre premier mot soit celui de pardon :
Dieu nous donna le sien.

LE PEUPLE.
    Vive Charles-le-Bon!

LE ROI.
C'est toujours de Dieu seul, c'est du Maître suprême,
Qu'en France on vit les rois tenir leur diadème;
Mais Dieu plus clairement nous fait voir aujourd'hui
Que le nôtre nous vient réellement de lui.

(Se tournant vers Jeanne :)

Celle qu'il envoya, celle dont la main place
Votre roi légitime au trône de sa race,
Qui du joug étranger vous a délivrés tous,
La voici ! Que son nom soit vénéré de nous,
Comme celui du saint qui protége la France !
Qu'à la gloire de Jeanne, à sa rare vaillance,
On élève un autel qui les consacre !

LE PEUPLE.

Honneur,
Honneur à la Pucelle ! elle est notre sauveur !

(Les trompettes sonnent.)

LE ROI, à Jeanne:

Si vraiment Dieu t'a fait naître parmi les hommes,
Si tu n'es que mortelle, ainsi que nous le sommes,
Pour faire ton bonheur, dis-nous ce qu'il te faut.
Si je me trompe, et si ta patrie est là-haut,
Si tu n'as revêtu cette humaine figure
Que pour nous dérober ta céleste nature,
Oh ! déchire le voile et parais à nos yeux
Dans toute la splendeur dont tu brilles aux cieux,
Pour que nous t'adorions le front dans la poussière.

(Silence général: tous les regards sont tournés vers Jeanne.)

JEANNE s'écrie tout à coup:

Ciel ! mon père !

SCÈNE XI.

LES PRÉCÉDENTS. THIBAUT, qui sort de la foule et se pose en face de Jeanne.

PLUSIEURS VOIX.
Son père!

THIBAUT.
     Oui, son malheureux père,
Qui lui donna le jour, et paraît en ce lieu
Parce qu'ainsi le veut la justice de Dieu,
Pour accuser sa fille.

PHILIPPE.
     Ah! quelle est cette affaire?

DU CHATEL.
Il va nous révéler quelque effrayant mystère.

THIBAUT, s'adressant au roi:
Par le pouvoir du ciel tu te crois délivré,
O prince qu'on abuse, et toi, peuple égaré?
Aux ruses du démon vous devez tout.

    (Tous reculent effrayés.)

DUNOIS.
     Cet homme,
Est-il fou?

THIBAUT.
    Certes non; c'est vous qu'ainsi je nomme,
Et ce peuple, et ce sage archevêque, vous tous,

Qui croyez que le ciel se manifeste à nous
Dans cette misérable. Eh bien! devant son père,
Nous verrons si la fourbe en effet persévère
Dans ce rôle hardi, qui sut tromper le roi
Et le peuple français tout entier... Réponds-moi!
Par le Père, le Fils, l'Esprit saint, je t'adjure;
Réponds-moi! Peux-tu bien te dire sainte et pure?

(Silence général; tous les yeux sont fixés sur Jeanne, qui reste immobile.)

AGNÈS.

O ciel! elle se tait!

THIBAUT.

    La voix doit lui manquer
Devant le triple nom que je viens d'invoquer.
Ce nom, même l'Enfer ne l'entend pas sans crainte.
Elle, du Tout-Puissant envoyée? elle, sainte?
Oh! non, non! C'est sous l'arbre, en un endroit maudit,
Qu'une telle pensée est née en son esprit;
Sous l'arbre, où des démons la troupe se rassemble,
Depuis les temps anciens, pour y fêter ensemble
Leur horrible sabbat. C'est là, je le sais, moi,
Qu'elle a vendu son âme à l'Enfer; et pourquoi?
Pour obtenir par lui cette gloire éphémère
Dont on la voit briller : la gloire de la terre!
Découvrez-lui le bras, et chacun à l'instant
Y trouvera le signe imprimé par Satan.

PHILIPPE.

C'est horrible, et pourtant se peut-il qu'on refuse
De le croire, quand c'est sa fille qu'il accuse?

DUNOIS.

Ne croyez pas ce fou qu'aveugle la fureur,
Et qui dans son enfant cherche son déshonneur.

AGNÈS, à Jeanne:

Oh! parle! romps enfin ce malheureux silence!
Nous te croyons; en toi nous avons confiance;
Un seul mot de ta bouche, un seul nous suffira.
Cette accusation terrible, détruis-la!
Parle! dis seulement, dis : Je suis innocente,
Et nous te croirons tous.

(Jeanne est toujours immobile; Agnès s'éloigne d'elle avec effroi.)

LA HIRE.

Elle est toute tremblante.
La surprise et l'effroi l'empêchent de parler.
Mais l'innocence même est réduite à trembler,
Quand l'accusation a cette violence.

(Il s'approche de Jeanne.)

Jeanne, remettez-vous; Dieu donne à l'innocence,
Contre la calomnie, un langage vainqueur :
Le regard qui foudroie un calomniateur.
Levez les yeux, montrez votre noble colère,
Confondez, punissez quiconque est téméraire
Au point d'oser ternir votre sainte vertu.

*(Jeanne persiste dans son immobilité; La Hire s'éloigne épouvanté.
Le mouvement général augmente.)*

DUNOIS.

Peuple! pourquoi rester de la sorte abattu?
Et vous princes! pourquoi cette étrange épouvante?
Sur l'honneur de mon nom je dis Jeanne innocente;

Je suis son chevalier, voici mon gant ! Qui donc
Osera soutenir qu'elle est coupable ?

(Violent coup de tonnerre. Terreur générale.)

THIBAUT.

          Au nom
Du Dieu dont on entend que le tonnerre gronde,
Dis : Je suis innocente, et l'ennemi du monde
N'occupe pas mon cœur. Fais-moi voir que je mens !

(Le tonnerre redouble. Le peuple fuit de tous côtés.)

PHILIPPE.

Que Dieu veille sur nous ! Quels avertissements !

DU CHATEL, au roi :

Venez, venez, mon roi ! Hors d'ici !

L'ARCHEVÊQUE, à Jeanne :

          Ton silence
Est-il celui du crime, ou bien de l'innocence ?
Je viens au nom de Dieu t'adjurer : réponds-moi !
Si la voix du tonnerre a témoigné pour toi,
Fais le voir en touchant cette croix, et proclame
Ainsi ton innocence !

(Jeanne ne fait aucun mouvement. Nouveaux et violents coups de tonnerre. Le roi, Agnès, l'archevêque, le duc, La Hire et Du Châtel se retirent.)

SCÈNE XII.

DUNOIS, JEANNE.

DUNOIS.

Oui, tu seras ma femme !
Du jour où je te vis pour la première fois,
En toi, Jeanne, j'ai cru. Tout comme alors j'y crois,
Plus qu'à ces signes, plus qu'à ces coups de tonnerre.
Ton silence est l'effet d'une noble colère :
Pure comme tu l'es, on te voit mépriser
Les soupçons odieux qu'on fait sur toi peser.
Tu fais bien ; mais, en moi place ta confiance !
Je n'ai jamais douté, moi, de ton innocence.
Ne me dis pas un mot, mais donne-moi la main :
Ce me sera le gage et le signe certain
Que dans le défenseur qu'ici je te propose,
Tu places ton espoir comme en ta bonne cause.

(Il lui tend la main ; elle s'éloigne de lui avec un mouvement convulsif. Il demeure stupéfait.)

SCÈNE XIII.

LES PRÉCÉDENTS, DU CHATEL, puis, RAYMOND.

DU CHATEL, revenant :

Jeanne d'Arc, le roi veut, dans sa grande bonté,
Que vous puissiez quitter ces murs en liberté.
Ils sont pour vous ouverts ; partez sans nulle crainte ;
Il éloigne de vous toute fâcheuse atteinte...

— Venez, comte Dunois : à rester en ce lieu
Votre honneur peut souffrir. — Quel dénoûment, grand
                                              Dieu !

(Il s'éloigne. Dunois revient de sa stupéfaction, jette encore un regard sur Jeanne et sort. Jeanne demeure un moment seule sur la scène. Enfin, Raymond paraît, s'arrête un instant dans l'éloignement et la considère avec douleur et en silence, puis, il s'approche d'elle et lui prend la main.)

RAYMOND.

Profitez du moment; voyez, la rue est vide.
Donnez-moi votre main. Je serai votre guide.

(En l'apercevant, Jeanne donne enfin un signe de sentiment, le regarde fixement et lève les yeux au ciel, puis, elle saisit vivement la main de Raymond et sort avec lui.)

FIN DU QUATRIÈME ACTE.

ACTE CINQUIÈME.

LA PUCELLE D'ORLÉANS.

ACTE CINQUIÈME.

Une forêt sauvage.

Dans le fond, des huttes de charbonniers. Le ciel est obscur. On entend de forts coups de tonnerre, accompagnés d'éclairs et, par intervalles, le bruit de l'artillerie.

SCÈNE PREMIÈRE.

UN CHARBONNIER, SA FEMME.

LE CHARBONNIER.

L'épouvantable orage! Il semble que les cieux
Veuillent tomber sur nous en des torrents de feux.
Bien qu'au milieu du jour, déjà la nuit est telle
Qu'aisément chaque étoile au ciel se verrait-elle.
La tempête mugit comme si dans les airs
On avait déchaîné le peuple des enfers.
On sent trembler le sol. Ces arbres, vers la terre,
Inclinent, en craquant, leur tête séculaire.
Cette guerre, pourtant, qui se livre là-haut,
Cet effroyable bruit, devant lequel il faut
Que la bête sauvage, elle-même interdite,
S'adoucisse, et, tremblante, en son antre s'abrite,
Pour l'homme n'aura pas ce salutaire effet,

Qu'enfin la paix succède aux guerres qu'il se fait.
A travers la tempête et les vents en furie,
Nous entendons encor tonner l'artillerie.
Les deux corps ennemis sont si près, cette fois,
Que pour les séparer ils n'ont plus que ce bois,
Et que l'on peut prévoir, de minute en minute,
Que sanglante et terrible éclatera leur lutte.

LA FEMME DU CHARBONNIER.

Ah! que Dieu nous protége! On avait annoncé
Que l'ennemi, partout, était battu, chassé;
D'où vient donc qu'il se montre encore, et nous harcèle?

LE CHARBONNIER.

Parce qu'il n'a plus peur du roi; que la Pucelle
N'est plus qu'une sorcière, — à Reims on le vit bien, —
Et que nous n'avons plus le Diable pour soutien.
Depuis ce temps, pour nous, tout va comme en arrière.

LA FEMME DU CHARBONNIER.

Entends-tu? Qui vient là?

SCÈNE II.

LES PRÉCÉDENTS, RAYMOND, JEANNE.

RAYMOND.

      Je vois une chaumière;
Venez! contre l'orage il faut vous abriter.
Vous ne pouvez ainsi plus longtemps exister:
Voilà, depuis trois jours qu'errante en votre fuite,
Vous évitez toujours les lieux que l'homme habite,

ACTE V. — SCÈNE II.

Et que vous avez eu pour unique aliment
La racine sauvage.

(L'orage s'apaise; le ciel redevient serein.)

Entrez donc hardiment;
Ce sont des charbonniers, de bonnes gens, j'espère.

LE CHARBONNIER.

Je vois que le repos vous est bien nécessaire.
Sous ce modeste toit tout est à vous : entrez !

LA FEMME DU CHARBONNIER.

Pourquoi donc, jeune fille, est-ce que vous couvrez
Votre corps d'une armure? Il est vrai que nous sommes
Dans des temps malheureux, où ce n'est pas aux hommes
Seulement à s'armer. Sous la cuirasse, ainsi,
Dans le camp des Anglais la reine-mère aussi
Se montre, assure-t-on; de même, une bergère
Pour le roi s'est battue en habits de guerrière.

LE CHARBONNIER.

A tout ce bavardage au lieu de t'arrêter,
Donne-lui quelque chose à la réconforter.

(La femme du charbonnier entre dans la hutte.)

RAYMOND, à Jeanne:

Voyez, l'humanité n'est point partout méchante;
Même en un lieu sauvage elle est compatissante.
Courage ! la tempête est passée, et, pour nous,
Ce beau soleil couchant a des rayons bien doux.

LE CHARBONNIER.

Sans doute, puisqu'ainsi vous voyagez armée,
C'est que de notre roi vous rejoignez l'armée?

Mais, prenez garde à vous! les Anglais sont tout près,
Et leurs nombreux soldats parcourent ces forêts.

RAYMOND.

Comment les éviter?

LE CHARBONNIER.

Restez dans cet asile
Jusqu'à ce que mon fils revienne de la ville;
Il vous fera passer par de secrets sentiers
Où vous ne craindrez rien: ils nous sont familiers.

RAYMOND, à Jeanne:

Il faut abandonner ce casque, cette armure;
Ils ne vous offrent plus de défense assez sûre,
Vous feraient reconnaître...

(Jeanne secoue la tête.)

LE CHARBONNIER.

Elle a bien des soucis,
La pauvre demoiselle! On vient, chut!

SCÈNE III.

LES PRÉCÉDENTS. LA FEMME DU CHARBONNIER, sortant de la hutte avec un gobelet. LE FILS DU CHARBONNIER.

LA FEMME DU CHARBONNIER.

C'est mon fils;
Nous l'attendions.

(A Jeanne:)

Tenez, ma noble demoiselle,
Buvez! — Grand bien vous fasse!

LE CHARBONNIER, à son fils:

    Anet! quelle nouvelle?

LE FILS DU CHARBONNIER, qui a considéré Jeanne pendant qu'elle porte le gobelet à ses lèvres, la reconnaît et le lui arrache:

Mère! qu'avez-vous fait, et qui secourez-vous?
D'Orléans la sorcière!

    LE CHARBONNIER et SA FEMME.

    O Dieu, veillez sur nous!
    (Ils se signent et s'enfuient.)

SCÈNE IV.

RAYMOND, JEANNE.

JEANNE, d'un ton calme et doux:

La malédiction partout à moi s'attache,
Tu le vois; devant moi chacun fuit et se cache.
Ne songe qu'à toi-même et quitte-moi, Raymond.

    RAYMOND.

Moi, vous abandonner? à présent? Eh! qui donc
Auriez-vous, après moi, pour compagnon sur terre?

    JEANNE.

Je ne suis pas sans guide, et ces coups de tonnerre
M'en sont un sûr garant: le sort me fait marcher.
Je trouverai mon but sans même le chercher;
Sois sans crainte sur moi.

    RAYMOND.

    Que prétendez-vous faire?

Où voulez-vous aller? Ici, de l'Angleterre
Les barbares soldats: ils ont fait le serment
De se venger de vous, et bien cruellement;
Là-bas, une autre armée, aussi votre ennemie :
Les Français, qui vous ont repoussée et bannie?

JEANNE.

Ils ne me feront rien que ce que Dieu voudra.

RAYMOND.

A votre nourriture, enfin, qui pourvoira?
Qui vous préservera de la bête sauvage,
Et d'hommes qui le sont encore davantage?
Quand vous serez malade, en proie au dur besoin,
Qui donc, si je m'en vais, qui de vous prendra soin?

JEANNE.

Je sais, par mes brebis, les racines, les plantes,
Qui peuvent guérir l'homme, ou qui sont malfaisantes.
Des astres dans leur cours, des nuages errants,
La marche n'a pour moi rien de secret. J'entends
Où la source inconnue elle-même murmure.
L'homme a besoin de peu, Raymond, et la nature
Le pourvoit richement.

RAYMOND, lui prenant la main.

En vous-même rentrez,
Voulez-vous? N'est-ce pas, vous y consentirez?
Réconciliez-vous avec Dieu. Que, soumise,
Jeanne, vous reveniez à notre sainte Église!

JEANNE.

Tu m'accuses aussi de l'horrible péché?

RAYMOND.

Vous vous taisiez : j'ai cru voir un aveu caché...

JEANNE.

Toi, qui veux partager ma misère profonde,
Toi, qui seul m'es fidèle et qui, lorsque le monde
Me repousse, à mon sort viens t'attacher ainsi,
J'ai renié mon Dieu? tu le crois donc aussi?
A l'Enfer, tu le crois, j'appartiens tout entière?
(Raymond garde le silence.)
Ah! c'est bien dur!

RAYMOND, étonné:
Vraiment! vous n'êtes pas sorcière?

JEANNE.

Moi!

RAYMOND.

Dans tous vos exploits c'était bien, en effet,
Dieu qui vous assistait, et les saints?

JEANNE.
Qui l'eût fait?

RAYMOND.

Et vous ne l'avez pas aussitôt repoussée
Cette accusation contre vous prononcée!
Vous parlez maintenant, Jeanne, et, devant le roi,
Quand il fallait parler, pas un seul mot! Pourquoi?

JEANNE.

En silence, Raymond, je devais me soumettre
A l'arrêt que sur moi prononçait Dieu, mon maître.

RAYMOND.

N'osiez-vous pas répondre à votre père, ou bien,
De vous justifier n'aviez-vous nul moyen ?

JEANNE.

Le coup venait de Dieu, me venant de mon père,
Et l'épreuve pour moi ne sera que légère.

RAYMOND.

Le ciel de votre faute a semblé témoigner.

JEANNE.

Le ciel parlait; aussi, j'ai dû me résigner.

RAYMOND.

Il suffisait d'un mot; vous n'étiez plus coupable;
Et vous laissez au monde une erreur déplorable !

JEANNE.

Mon sort ne voulait pas qu'il en fût autrement.

RAYMOND.

Tant de honte par vous soufferte injustement,
Sans même murmurer ! Jeanne, je vous admire;
Je me sens confondu plus que je ne puis dire;
C'est tout un changement qui s'opère dans moi.
Oh ! c'est avec bonheur qu'à présent je vous croi !
Je souffrais à penser que vous fussiez coupable;
Je n'imaginais point qu'un mortel fût capable
De pouvoir, comme vous, se taire et supporter
Cette accusation qu'on osait vous jeter.

JEANNE.

Si je ne m'étais pas aveuglément pliée
Aux volontés de Dieu dont je suis l'envoyée,
Aurais-je mérité l'honneur que j'en reçois?
Je ne suis pas déchue autant que tu le crois.
Je souffre le besoin, mais, tout ce qui m'arrive
N'est pas pour mon malheur : bannie et fugitive,
Du moins j'ai pu gagner à mon isolement
De connaître mon cœur mieux que précédemment.
C'était dans la grandeur qui devança ma chute
Qu'en mon sein je sentais une pénible lutte :
J'étais bien malheureuse, alors qu'on me croyait
Toute au bonheur du sort que chacun m'enviait.
Mais, de ma guérison enfin me voilà sûre;
Et dans cette tempête, où toute la nature
A pu craindre de voir crouler ses fondements,
J'ai trouvé mon salut : l'orage, en même temps,
Nous a purifiés, et moi-même, et le monde.
Ce que je sens en moi, c'est une paix profonde.
Advienne que pourra, mon cœur, je le promets,
Est à toute faiblesse étranger désormais.

RAYMOND.

Courons, Jeanne, courons faire aux yeux de la France,
Aux yeux du monde entier, briller votre innocence!

JEANNE.

Dieu qui permit l'erreur, aussi la détruira.
C'est quand il sera mûr que le fruit tombera;
Ainsi le veut le sort. Il viendra, j'en suis sûre,
Le jour où l'on dira Jeanne innocente et pure,

Et ceux qui m'ont jugée et maudite verront
Quelle était leur erreur, et sur moi pleureront.

RAYMOND.

Et moi, jusqu'à ce jour il faudra donc me taire ?

JEANNE, le prenant doucement par la main:

Les choses n'ont pour toi que leur cours ordinaire ;
Le terrestre bandeau couvre encore tes yeux.
Au contraire, les miens ont porté dans les cieux,
Sur ce qui ne meurt pas. — Sans que Dieu le permette,
Un seul cheveu peut-il tomber de notre tête ?
Regarde à l'horizon le soleil descendu :
Aussi vrai que demain il nous sera rendu,
Que sa clarté pour nous reviendra tout entière,
La vérité fera resplendir sa lumière.

SCÈNE V.

LES PRÉCÉDENTS. ISABEAU, accompagnée de SOLDATS,
paraît dans le fond du théâtre.

ISABEAU, encore derrière la scène:

C'est le chemin du camp anglais.

RAYMOND.

Malheur à nous !

Les ennemis !

(Les soldats s'avancent, aperçoivent Jeanne et reculent effrayés.)

ISABEAU.

Eh bien ! Pourquoi reculez-vous ?

ACTE V. — SCÈNE V.

LES SOLDATS.

Dieu nous prenne en pitié !

ISABEAU.

Voyez-vous des fantômes ?
Êtes-vous des soldats ?... Vous n'êtes pas des hommes!
Comment, drôles...?

(Elle s'avance au milieu des soldats et recule en apercevant la Pucelle.)

Que vois-je ? Ah !

(Elle se remet promptement, et allant à Jeanne :)

Rends-toi ! Te voilà
Ma prisonnière !

JEANNE.

Eh ! oui.

(Raymond s'enfuit, en donnant des signes de désespoir.)

ISABEAU, aux soldats:

Soldats ! enchaînez-la !

(Les soldats s'approchent timidement de Jeanne, qui tend les bras
et se laisse enchaîner.)

C'est là cette puissante et terrible guerrière
Qui jetait la terreur dans votre armée entière,
Comme en de vils troupeaux ? Et contre le danger,
Elle-même, à son tour, ne peut se protéger ?
Sans doute elle ne sait accomplir des miracles
Que pour ceux dont la foi croit à tout sans obstacles,
Et dès qu'un vrai courage à ses yeux se fait voir,
Redevient femme et perd son prétendu pouvoir ?

(A Jeanne :)

Pourquoi donc des Français as-tu quitté l'armée ?
Dunois, ton chevalier, — on t'en disait aimée, —
Qu'est-il donc devenu ?

JEANNE.
Je suis bannie.

ISABEAU, reculant étonnée:
Ah!... Quoi?
Bannie? Et le Dauphin a pu te bannir? Toi?

JEANNE.
Ne m'interrogez pas! Disposez de ma vie :
Je suis entre vos mains.

ISABEAU.
Le Dauphin t'a bannie!
Est-ce donc pour l'avoir à l'abîme arraché,
Et pour avoir, dans Reims, sur son front attaché,
En le proclamant roi, la couronne de France?
Voilà donc les effets de sa reconnaissance!
Il t'a bannie! Eh bien! je le reconnais là.
C'est digne de mon fils. — Au camp emmenez-la!
Montrez à nos soldats ce fantôme terrible,
Qui les faisait trembler, qu'ils croyaient invincible!
Elle, magicienne? Allez! tout son pouvoir
Est dans la lâcheté que vous avez fait voir,
Dans vos vaines terreurs. Ce n'est rien qu'une folle
Qui, lorsque pour son roi, la dupe, elle s'immole,
S'en voit par lui payée ainsi que paie un roi.
Allez! à Lionel conduisez-la! c'est moi
Qui lui livre, enchaîné, le bonheur de la France!
— Je vous suis.

JEANNE.
Lionel? Avant qu'en sa puissance
Vous me fassiez tomber, oh! tuez-moi!

ISABEAU.
                    Soldats!
Obéissez! allez!
            (Elle sort.)

SCÈNE VI.

JEANNE, DES SOLDATS.

JEANNE, aux soldats:
                Anglais! ne souffrez pas
Que, vivante, à vos mains aucun ordre m'enlève.
L'heure de la vengeance est là : tirez le glaive,
Plongez-le dans mon sein, et, morte sous vos coups,
Aux pieds de votre chef traînez-moi! Songez tous
Que de ma main sont morts vos meilleurs capitaines;
Que je fus sans pitié pour vous; que, dans nos plaines,
J'ai versé par torrents le sang anglais! songez
Que, de tous ces héros par ma main égorgés,
Nul n'aura la douceur de revoir sa patrie!
Rendez votre vengeance égale à ma furie!
Me voilà : tuez-moi! vous ne trouveriez pas,
Plus tard, tant de faiblesse en moi.

LE CHEF DES SOLDATS.
                    Faites, soldats,
Ce qu'ordonne la reine!

JEANNE.
                Est-ce que ma misère
N'a pas encore atteint sa limite dernière?
Qu'ils sont rudes les coups auxquels tu me soumets,

Vierge terrible! Parle! est-ce que, désormais,
De ta miséricorde il faut me voir proscrite?
Plus de signes de Dieu! d'ange qui me visite!
Les miracles pour moi ne s'accomplissent plus,
Et Dieu me tient fermé le séjour des élus.

(Elle suit les soldats.)

SCÈNE VII.

Le camp français.

DUNOIS, entre L'ARCHEVÊQUE et DU CHATEL.

L'ARCHEVÊQUE.

Calmez le noir chagrin où votre âme se livre;
Votre roi vous attend, prince; daignez nous suivre.
L'ennemi de nouveau se montre menaçant,
Et vous ne pouvez pas, dans ce danger pressant,
Alors que notre espoir sur votre bras repose,
Vous montrer infidèle à la commune cause.

DUNOIS.

Et pourquoi l'ennemi menace-t-il? pourquoi
Relève-t-il la tête aujourd'hui, dites-moi?
La France triomphait, la guerre était finie;
Nous devions tout à Jeanne, et vous l'avez bannie!
Tâchez de vaincre seuls ceux qu'elle avait vaincus;
Moi, j'abandonne un camp où je ne la vois plus!

DU CHATEL.

Prince, décidez mieux que ce mot ne l'annonce.
Ne nous renvoyez pas avec cette réponse.

ACTE V. — SCÈNE VII.

DUNOIS.

Silence, Du Châtel! C'en est fait entre nous :
Je vous hais. Le premier, qui d'elle a douté? vous!

L'ARCHEVÊQUE.

Dans ce funeste jour où tout parlait contre elle,
Qui n'a douté? l'erreur était universelle.
Nous étions effrayés, plongés dans la stupeur.
C'est un coup imprévu qui nous frappait au cœur.
Pour tout examiner, était-il bien possible
D'être maître de soi dans ce moment terrible?
Mais la réflexion a retrouvé son cours :
Voilà Jeanne à nos yeux ce qu'elle y fut toujours.
Nous voyons sa vertu sans rien qui la ternisse.
La peur d'avoir commis une grande injustice
Nous atterre. Le roi déplore amèrement
D'avoir suivi trop tôt un premier mouvement;
Le duc s'accuse; on voit La Hire inconsolable,
Et chaque cœur gémit sous le deuil qui l'accable.

DUNOIS.

L'accuser d'imposture! elle, dont il faudrait
Que la Vérité même empruntât chaque trait,
Si parmi les mortels elle voulait paraître
Sous un visible corps! Sur terre si, peut-être,
La pureté de cœur et la fidélité,
Si l'innocence, enfin, ont jamais habité,
C'est dans ses yeux si purs, sur ses lèvres, vous dis-je!

L'ARCHEVÊQUE.

Que le ciel se déclare en faisant un prodige!
Nous daigne sa bonté révéler ce secret

Que jamais des mortels l'œil ne pénétrerait !
Mais, quel que soit le sens dans lequel il s'exprime,
Nous n'en aurons pas moins à répondre d'un crime:
Ou bien, avec l'Enfer nous avons combattu,
Ou nous avons, en Jeanne, exilé la vertu
Et la sainteté même, et du ciel la vengeance,
Atteignant justement la malheureuse France,
De l'un ou l'autre crime est prête à la punir.

SCÈNE VIII.

LES PRÉCÉDENTS. UN GENTILHOMME, puis, RAYMOND.

LE GENTILHOMME.

Prince, un jeune berger veut vous entretenir.
Sa demande est pressante. Il a vu la Pucelle ;
Il vient de la quitter, dit-il.

DUNOIS.

Il l'a vue? Elle?
Il vient de la quitter? Vite, amène-le-moi !

(Le gentilhomme introduit Raymond. Dunois se précipite au-devant de lui.)

La Pucelle? Où l'as-tu laissée? Explique-toi !

RAYMOND.

Dieu vous tienne en santé, prince ! je vous salue...
Il me protége aussi, puisqu'il offre à ma vue,
Ici, ce saint prélat, père des malheureux,
Et de tout opprimé protecteur généreux.

DUNOIS.

Où l'as-tu laissée?... Où?

L'ARCHEVÊQUE.

Parle, mon fils !

RAYMOND.

Mon père,
La Pucelle n'est point une noire sorcière !
Par le ciel et les saints je puis vous le jurer.
Le peuple est dans l'erreur ; on a su l'égarer.
Jeanne fut par Dieu même envoyée et bénie ;
Elle était innocente et vous l'avez bannie.

DUNOIS.

Où donc est-elle ?

RAYMOND.

Alors qu'elle dut se cacher,
Je voulus, dans sa fuite, à ses pas m'attacher.
Je fus son compagnon. Par des routes certaines
Nous avons pu gagner les forêts des Ardennes.
C'est là qu'elle me fit lire au fond de son cœur.
Je renonce à ma part du paradis, seigneur,
Et je veux à l'instant mourir dans les tortures,
Si son âme n'est pas exempte de souillures !

DUNOIS.

Du soleil dans les cieux elle a la pureté !..
Où donc est-elle, enfin ?

RAYMOND.

Si Dieu dans sa bonté
A changé votre cœur, délivrez la guerrière :
Dans le camp des Anglais, Jeanne est leur prisonnière.

DUNOIS.

Leur prisonnière ?

L'ARCHEVÊQUE.

Hélas !

RAYMOND.

Nous étions à chercher
Dans ces bois un asile où pouvoir nous cacher,
Quand Jeanne, tout à coup, fut prise par la reine
Et livrée aux Anglais. — Ah! d'une mort certaine,
De supplices affreux sauvez, sauvez-la, vous
Qu'elle a sauvés d'abord !

DUNOIS.

Aux armes! courons tous!
Que le tambour rappelle et qu'on sonne l'alarme !
Tout le monde sur pied! Que le royaume s'arme !
Notre honneur est en jeu, la couronne en danger,
Celle qui nous protége aux mains de l'étranger.
Votre sang, votre vie, exposez tout pour elle!
Avant la fin du jour délivrons la Pucelle !

(Ils sortent.)

SCÈNE IX.

Une tour. Dans le haut, une ouverture.

JEANNE, LIONEL, puis, FASTOLF et ISABEAU.

FASTOLF, entrant précipitamment, à Lionel:

La fureur des soldats ne connaît plus de frein :
Ils demandent la mort de la Pucelle. En vain
Vous leur résisteriez. Que justice soit faite !

Ordonnez qu'on la tue et qu'on jette sa tête
Du haut de cette tour. A notre armée il faut
Ce sang pour l'apaiser.

ISABEAU, entrant, à Lionel:

     Ils montent à l'assaut !
Satisfaites l'armée ! Avez-vous donc envie
Qu'à renverser la tour elle aille en sa furie ?
Voulez-vous sous ces murs tous périr aujourd'hui?
Vous ne sauverez pas Jeanne : Livrez-la-lui !

LIONEL.

Qu'ils montent à l'assaut ! que leur rage les guide !
Ce fort peut résister longtemps, il est solide.
Devant ces furieux plutôt que de faiblir,
Je veux, sous ses débris, vivant m'ensevelir !...
— Jeanne, réponds ! ton sort d'un seul mot va dépendre:
Contre tout l'univers je saurai te défendre,
Si tu veux être à moi.

ISABEAU.

    Quoi, Lionel?

LIONEL.

       Les tiens
T'ont chassée : envers eux quitte de tous liens,
Ne considère plus ton ingrate patrie !
Ces lâches qui disaient t'aimer, ils t'ont trahie !
Ils n'ont pas en champ clos soutenu ton honneur !
Contre mon peuple, moi, comme contre le leur,
Je te protégerai ! Tu m'as laissé, naguère,
Entrevoir que ma vie à ton cœur était chère !

Alors ton ennemi, je luttais contre toi ;
Maintenant tu n'as plus qu'un seul ami, c'est moi !

JEANNE.

Ennemi des Français, juste objet de leur haine,
Peut-il naître entre nous n'importe quelle chaîne ?
Mon cœur ne peut t'aimer ; si j'ai touché le tien,
Fais-toi bénir, Anglais, de ton peuple et du mien :
Emmène tes soldats, rends-nous nos forteresses,
Et ce que vous avez volé de nos richesses !
A tous vos prisonniers donne la liberté !
Garantis-nous ta foi dans ce pieux traité,
Et je t'offre la paix au nom du roi mon maître.

ISABEAU.

Prétends-tu dans les fers dicter des lois, peut-être ?

JEANNE.

Accepte à temps la paix ! on te l'imposera.
Vos fers ? jamais en France on ne les portera !
Jamais ! craignez plutôt, craignez que cette France,
Pour votre armée, Anglais, n'ouvre une tombe immense !
Vous avez vu mourir vos plus fameux guerriers ;
Songez à regagner sûrement vos foyers !
Votre honneur est perdu comme votre puissance.

ISABEAU.

Pouvez-vous supporter une telle arrogance ?

SCÈNE X.

LES PRÉCÉDENTS, UN CAPITAINE, entrant précipitamment.

LE CAPITAINE.

Dites qu'on se prépare au combat! Hâtez-vous,
Général! les Français s'avancent contre nous,
Leurs bannières au vent. Dans la vallée entière
Leurs armes font jaillir comme un flot de lumière.

JEANNE, inspirée :

Les Français! les Français! Allons! prends ton essor,
Orgueilleuse Angleterre! il faut combattre encor!

FASTOLF.

Modère cette joie, elle est momentanée,
Car tu ne verras point finir cette journée.

JEANNE.

France! à toi la victoire! à moi la mort! Tes preux
N'ont plus besoin que Jeanne arme son bras pour eux!

LIONEL.

Je me moque bien, moi, de tous ces cœurs de femmes,
Qu'en plus de vingt combats, nous, Anglais, nous chas-
         sâmes,
Jusqu'au jour où, sur nous levant son fer vainqueur,
Cette héroïne vint pour leur donner du cœur!
J'eus toujours un mépris profond pour cette race!
J'exceptais cette femme et c'est elle qu'on chasse!...
— Venez, Fastolf! allons renouveler pour eux
De Crécy, de Poitiers les jours malencontreux!

Vous, reine, en cette tour demeurez avec elle ;
Jusqu'au combat fini surveillez la Pucelle ;
Cinquante chevaliers sauront vous protéger.

FASTOLF.
Quoi ! contre l'ennemi prêts à nous engager,
Nous laissons le champ libre à cette forcenée ?

JEANNE.
Vous avez donc bien peur d'une femme enchaînée ?

LIONEL.
Jeanne ! pour t'échapper tu ne tenteras rien ?
Promets-le !

JEANNE.
    Mon seul vœu c'est d'être libre.

ISABEAU.
                    Ah ! Bien !
Mettez-lui triples fers ; mes jours répondent d'elle :
Elle ne sortira pas d'ici, la donzelle !

(On lui charge de lourdes chaînes le corps et les bras.)

LIONEL, à Jeanne :
Jeanne, tu l'as voulu ; c'est toi qui nous contrains.
Mais, écoute, ton sort est encor dans tes mains :
Renonce à ton pays et prends notre bannière ;
Sois Anglaise, à l'instant tu n'es plus prisonnière,
Et tous ces furieux qui veulent ton trépas,
Soumis, vont t'obéir.

FASTOLF, avec impatience :
           Ne partirons-nous pas ?
Allons, mon général !

JEANNE, à Lionel:
　　　Ne fais plus rien entendre!
Les voilà, les Français: avise à te défendre!
　　(Les trompettes sonnent. Lionel sort précipitamment.)

　　　　FASTOLF.
Reine, vous savez bien quel est votre devoir.
Si le sort nous trahit, si vous deviez nous voir
Faiblissant...

　　　ISABEAU, tirant un poignard:
　　　Qu'en partant rien ne vous inquiète:
Elle ne vivra point pour voir notre défaite.

　　　　FASTOLF, à Jeanne:
Tu sais ce qui t'attend. Fais maintenant des vœux
Pour que dans ce combat tes Français soient heureux!
　　　　　(Il sort.)

SCÈNE XI.

ISABEAU, JEANNE, SOLDATS.

　　　　JEANNE.
Oui, je forme ces vœux! Eh! qui me ferait taire?
— Écoutez! des Français c'est la marche de guerre!
Comme elle retentit vaillamment dans mon cœur,
Et, d'avance, me dit quel sera le vainqueur!
Mort, mort à l'Angleterre et victoire à la France!
Sus! mes braves! allez! redoublez de vaillance!
La Pucelle est tout près, mais elle ne peut pas,
Comme elle le faisait, devant vous, aux combats,

Marcher bannière en main : la voilà prisonnière ;
Mais son âme, elle est libre et suit vos chants de guerre.

ISABEAU, à un soldat:

Monte à la plate-forme et dis ce que tu vois.
(Le soldat monte.)

JEANNE.

Courage, mes Français! C'est la dernière fois!
Encore une victoire, et toute cette horde
Disparaît pour toujours!

ISABEAU, au soldat placé sur la plate-forme:
Que vois-tu?

LE SOLDAT.

L'on s'aborde...
Monté sur un cheval africain, un guerrier
Qui d'une peau de tigre est couvert, le premier,
Suivi de ses soldats, fond sur nous avec rage.

JEANNE.

C'est le comte Dunois! Brave Dunois, courage!
La victoire te suit!

LE SOLDAT.

Le duc s'est avancé
Pour attaquer le pont...

ISABEAU.

Que son cœur soit percé
De dix lances, le traître!

ACTE V. — SCÈNE XI.

LE SOLDAT.

On lui fait résistance...
C'est lord Fastolf. Il tient la victoire en balance.
On a mis pied à terre, et, sur leurs frères morts,
Anglais et Bourguignons combattent corps à corps.

ISABEAU.

Le Dauphin est-il là? Distingues-tu, peut-être,
Les insignes royaux?

LE SOLDAT.

Je ne puis reconnaître :
La poussière à mes yeux dérobe tout.

JEANNE.

Pourquoi
Ne vois-tu par les miens, ou ne suis-je avec toi?
Nul objet ne saurait échapper à ma vue :
Je compte les oiseaux qui traversent la nue;
Je connais le faucon qui plane dans les cieux.

LE SOLDAT.

Près du fossé se livre un combat furieux.
Il semble que ce soient des combattants d'élite.

ISABEAU.

Notre bannière flotte?

LE SOLDAT.

Oui, dans l'air on l'agite.

JEANNE.

Que ces murs, à travers leurs fentes seulement,

Ne me laissent-ils voir la bataille un moment !
Je la dirigerais des yeux !

LE SOLDAT.

O malheur ! Reine,
On cerne notre chef ; il résiste avec peine !

ISABEAU, levant le poignard sur Jeanne :

Eh bien ! meurs, malheureuse !

LE SOLDAT, vite :

Il est sauvé ! sauvé !
Le brave lord Fastolf, par derrière arrivé,
Au plus épais des rangs français se précipite.

ISABEAU, abaissant le poignard, à Jeanne :

Ton bon ange a parlé.

LE SOLDAT.

Victoire ! ils sont en fuite !

ISABEAU.

Qui donc ?

LE SOLDAT.

Les Bourguignons, pressés de toutes parts ;
Les Français !... Le terrain se couvre de fuyards.

JEANNE.

Me fais-tu, jusque-là, mon Dieu ! porter ma peine ?

LE SOLDAT.

Là-bas, c'est un guerrier blessé que l'on emmène ;
On s'empresse vers lui. C'est un prince, je crois.

ISABEAU.

Anglais, ou bien Français?

LE SOLDAT.

C'est le comte Dunois.

On lui défait son casque.

JEANNE, saisissant ses chaînes avec un effort convulsif:

Et je suis enchaînée!

LE SOLDAT.

Quel est l'autre guerrier à robe bleue, ornée
D'une bordure d'or?

JEANNE, vivement:

. C'est mon maître, le roi!

LE SOLDAT.

Son cheval s'épouvante... Il se cabre.. Je voi
Qu'il tombe... Le guerrier se relève avec peine...

Pendant ces mots, Jeanne est livrée à une violente agitation.

Voilà nos gens vers lui courant à perdre haleine...
Ils viennent de l'atteindre... Il est cerné par eux.

JEANNE.

Oh! n'est-il donc pour nous plus un seul ange aux cieux?

ISABEAU, ironiquement:

Eh bien! sauve-le donc! Le moment est propice,
Pour toi qui fais métier d'être libératrice.

JEANNE, *se jetant à genoux et priant d'une voix forte et avec ferveur :*

Dans ce pressant danger, Seigneur, écoute-moi¹ !
Mon âme en vœux ardents s'élève jusqu'à toi :
Exauce-les ! Tu peux, dans ta toute-puissance,
Du câble d'un vaisseau donner la consistance
Au fil de l'araignée, et tu peux, aujourd'hui,
Ordonner que mes fers soient faibles comme lui !
Un seul mot ! plus de fers ! pour moi plus d'esclavage !
Un seul mot ! et ces murs vont m'ouvrir un passage !
Tu secourus Samson, aveugle et dans les fers,
Souffrant des Philistins les sarcasmes amers.
Ton serviteur avait la foi que tu nous donnes,
Lorsque, de sa prison embrassant les colonnes
Et retrouvant sa force en un dernier effort,
Sur ses fiers ennemis il fit tomber la mort...

LE SOLDAT.

Victoire !

ISABEAU.

Qu'est-ce donc ?

LE SOLDAT.

　　　　　　　Voilà le roi de France
Prisonnier !

JEANNE, *se levant :*

En mon Dieu je mets mon espérance !

(*Elle saisit avec force ses chaînes des deux mains et les brise, se précipite sur le soldat le plus rapproché d'elle, lui arrache son épée et s'élance dehors. Tous la regardent avec stupéfaction.*)

1. Seigneur ! qui vois ici les périls que je cours.
En ce pressant besoin redouble ton secours !
(CORNEILLE, *Polyeucte*, acte IV, scène 3.)

SCÈNE XII.

LES PRÉCÉDENTS, moins Jeanne.

ISABEAU, après un long silence:

Qu'arrive-t-il? Mes sens seraient-ils abusés?
Elle a pu fuir? Ses fers, elle les a brisés?
J'ai vu; sinon, j'aurais traité le fait de fable,
Quand l'univers entier me l'eût dit véritable.

LE SOLDAT, sur la plate-forme:

Comment! A-t-elle donc des ailes? N'est-ce pas
L'ouragan qui l'emporte?

ISABEAU.

Est-ce qu'elle est en-bas?

LE SOLDAT.

Au plus fort du combat elle est déjà lancée...
Plus prompte que ne l'est le regard, la pensée,
Elle est tantôt ici, tantôt là... Je la vois
Paraître en même temps dans différents endroits.
Elle perce nos rangs. Tout cède devant elle.
Le Français se rallie à la voix qui l'appelle.
— Oh! malheur! Qu'ai-je vu? Nos soldats ont jeté
Leurs armes, leurs drapeaux, pour fuir en liberté!

ISABEAU.

Comment! quand la victoire était pour nous certaine,
Voilà qu'aux ennemis ce démon la ramène?

LE SOLDAT.

Elle parvient au roi, l'arrache avec effort

Du milieu du combat. — Voilà lord Fastolf mort,
Et notre chef est pris !

ISABEAU.

Assez ! Tu peux descendre.

LE SOLDAT.

Fuyez ! reine, fuyez ! Ils viennent vous surprendre.
Je vois vers cette tour s'avancer des soldats.
(Il descend.)

ISABEAU, tirant son épée :

Lâches ! combattez donc !

SCÈNE XIII.

LES PRÉCÉDENTS. LA HIRE, SOLDATS FRANÇAIS.

(A leur entrée, les soldats de la reine déposent les armes.)

LA HIRE, s'approchant d'elle avec respect :

Ne nous résistez pas,
Reine ; dans votre espoir vous vous verriez trompée :
Déjà vos chevaliers ont rendu leur épée.
Disposez de La Hire, et dites dans quel lieu
Vous voulez qu'il vous mène.

ISABEAU.

Il m'importe fort peu,
Pourvu que du Dauphin j'évite la présence.
(Elle lui remet son épée et le suit avec les soldats.)

SCÈNE XIV.

Le champ de bataille.

Des troupes, bannières déployées, remplissent le fond du théâtre. LE ROI et LE DUC DE BOURGOGNE les précèdent, portant dans leurs bras JEANNE, mortellement blessée et qui ne donne aucun signe de vie. Ils arrivent lentement sur le devant de la scène. AGNÈS SOREL entre précipitamment.

AGNÈS, *se jetant dans les bras du roi:*

Vous êtes libre enfin! Vous vivez pour la France!
Pour moi! Je vous possède encor!

LE ROI.
      Hélas! je vis
Et j'ai ma liberté, mais voyez à quel prix!
(Il montre Jeanne.)

AGNÈS.

Jeanne! Ciel! Elle meurt!

PHILIPPE.
     Oui, sa vie est éteinte!
Contemplez cette fin d'un ange, d'une sainte!
Elle ne souffre plus : sur ce visage mort
Est la sérénité du jeune enfant qui dort.
De la céleste paix son beau front s'illumine.
Le souffle ne vient plus soulever sa poitrine,
Mais un reste de vie anime encor sa main.

LE ROI.

Elle dort pour ne pas se réveiller demain.
Ses yeux ne verront plus les choses de la terre.

Elle plane là-haut, pur esprit de lumière,
Sans voir notre douleur et notre repentir.

AGNÈS.

Elle rouvre les yeux ! Elle vit !

PHILIPPE, étonné :

Quoi ! sortir
De la tombe ? La mort fait donc ce qu'elle exige ?
La voilà qui se lève ! Elle est debout !

JEANNE, se levant tout à fait et regardant autour d'elle :

Où suis-je ?

PHILIPPE.

Au milieu des Français, de ceux qui sont à toi !

LE ROI.

Aux bras de tes amis ! Dans les bras de ton roi !

JEANNE, après l'avoir regardé fixement pendant longtemps :

Je ne suis pas sorcière, oh ! non, je vous le jure.

LE ROI.

Comme l'ange du ciel nous te déclarons pure !
La nuit couvrit nos yeux, mais ils sont dessillés.

JEANNE, regardant autour d'elle, et avec un sourire serein :

Suis-je bien avec vous sans que vous me chassiez ?
Je ne suis plus maudite, et de nouveau l'on m'aime ?
J'en suis sûre à présent. Je reviens à moi-même :
Voici mon roi. Je vois flotter autour de moi
Les bannières de France... Et la mienne ? Pourquoi
Ne l'aperçois-je point ? Donnez-la-moi, la mienne !

Sans elle, le Seigneur défend qu'à lui je vienne;
Il me l'a confiée et je la lui rendrai;
Il le faut; à ses pieds je la déposerai.
Je l'ai toujours portée en fidèle guerrière,
J'oserai la montrer.

LE ROI, détournant le visage:
Donnez-lui sa bannière!

(On la lui donne. Elle se tient debout, la tenant à la main. Le ciel brille d'une vive lumière.)

JEANNE.

Voyez-vous l'arc-en-ciel? Voyez-vous bien encor
Les cieux en ce moment ouvrir leurs portes d'or?
C'est là qu'elle se tient dans sa gloire immortelle.
Elle brille au milieu des anges. Avec elle
Est son Fils, qu'elle tient sur son cœur. Voyez-vous
Ses bras qu'elle me tend? son sourire si doux?
Regardez!... Mais soudain qu'éprouvé-je d'étrange?
Ma pesante cuirasse en des ailes se change...
Des nuages légers m'enlèvent vers les cieux...
Adieu!... La terre fuit... Elle échappe à mes yeux...
Adieu! C'est là... là-haut... Une sphère nouvelle...
La douleur est d'un jour, la joie est éternelle!

(Elle tombe morte sur sa bannière, qui vient d'échapper de sa main. Les assistants restent longtemps plongés dans une muette émotion. Sur un signe du roi, toutes les bannières s'abaissent doucement et couvrent tout à fait le corps de Jeanne.)

FIN DE JEANNE D'ARC.

LA
FIANCÉE DE MESSINE.

PERSONNAGES.

ISABELLE, princesse de Messine.
DON MANUEL, ⎫
DON CÉSAR,   ⎬ ses fils.
BÉATRICE.
DIÉGO.
DEUX MESSAGERS.
CHŒUR, formé de la suite des deux frères.
LES ANCIENS DE MESSINE, personnages muets.

ACTE PREMIER.

LA FIANCÉE DE MESSINE.[1]

ACTE PREMIER.

Une vaste salle à colonnes. — De chaque côté, une entrée. — Au fond, une grande porte à deux battants, qui conduit à une chapelle.

SCÈNE PREMIÈRE.

ISABELLE, en grand deuil; les ANCIENS DE MESSINE, rangés autour d'elle.

ISABELLE.

Si, laissant ma retraite et son profond silence,
J'ai des chefs de Messine appelé la présence,
Si je viens découvrir mon visage à vos yeux,
Ce n'est pas de moi-même. Un soin impérieux
M'y condamne: la veuve à laquelle la vie

---

[1]. Schiller n'avait partagé la *Fiancée de Messine* en actes et en scènes que momentanément et à l'époque où il l'a fait représenter. Elle a été écrite et toujours imprimée sans cette division.

J'ai cru pouvoir la rétablir pour venir en aide à l'attention du lecteur, mais sans rien retrancher de la pièce, qui avait été abrégée pour la représentation.

Pour la représentation encore, Schiller avait donné des noms aux chevaliers chargés de dire les diverses parties du chœur.

Bien que ces appellations aient été maintenues entre parenthèses dans toutes les éditions du grand poète, je les ai supprimées comme étant au moins inutiles.

D'un époux, son soleil et sa gloire, est ravie,
En des murs retirés doit cacher à tout œil,
Et sa sombre tristesse, et ses voiles de deuil.
Au jour que je fuyais une voix me rappelle.
Elle est toute-puissante, inflexible : c'est celle
Du devoir que me fait le moment où je suis.
— De son disque complet deux fois l'astre des nuits
Ne nous a pas encore éclairés depuis l'heure
Où j'ai conduit l'époux, le prince que je pleure,
A son dernier asile. En maître souverain
Il vous a gouvernés, et sa puissante main,
Contre un monde ennemi, qui de partout vous presse,
A su vous protéger. — Il est mort ; mais il laisse
Son esprit parmi nous ; il anime deux fils,
Un couple de héros, l'orgueil de ce pays.
Vous avez vu grandir leur jeunesse joyeuse.
Une cause qui reste encor mystérieuse
Faisait, sous ces dehors, grandir, en même temps,
Une fatale haine entre mes deux enfants.
Dans le cœur de chacun la funeste semence
A détruit les doux nœuds qu'avait formés l'enfance,
Et d'année en année elle a mûri pour eux,
Elle a produit enfin des fruits bien malheureux.
Nulle union, jamais, qui réjouît leur mère.
Ce sein les a nourris tous deux ; j'ai su leur faire
Même part de tendresse et de soins ; je les voi
Me prouver à l'envi l'amour qu'ils ont pour moi.
Dans cette affection ils s'accordent ; hors d'elle,
Il n'est plus rien entre eux que leur haine mortelle.
— Tant qu'a régné leur père, en maître redouté
Il en a contenu l'impétuosité,

Et, sous un joug de fer, sa justice, — terrible
Pour tous deux, — a courbé leur esprit inflexible :
C'est sans armes, toujours, qu'ils devaient s'approcher,
Et sous le même toit défense de coucher.
L'ordre qu'avait dicté sa sévère prudence,
De leurs fougueux instincts contint la violence ;
Mais au cœur de mes fils il laissa subsister
La haine que chacun y sentait fermenter :
L'homme fort ne va pas boucher la faible source,
Lui qui peut arrêter le torrent dans sa course.
— Le dénoûment prévu, fatal, ne tarda pas :
Une fois mon époux au tombeau, quand son bras
Ne les maîtrisa plus, du profond de leur âme
Leur haine s'échappa, comme éclate la flamme
D'un feu que l'on aurait comprimé. J'ai dans vous
Des témoins de ces faits ; vous les connaissez tous :
Messine, par leur lutte, en deux camps partagée ;
Dans ses droits les plus saints la nature outragée ;
La discorde partout agitant son flambeau
Et soufflant sa fureur ; plus un glaive au fourreau ;
Chaque bras est armé pour la guerre civile ;
En un champ de bataille on change cette ville ;
Et même il a fallu qu'ici le sang coulât !
— Vous avez vu briser les liens de l'État ;
Mais mon cœur s'est aussi brisé dans ma poitrine.
Vous n'avez ressenti que les maux de Messine ;
Mais de ceux de la mère avez-vous eu souci ?
Vous m'êtes, durement, venus dire ceci :
« Nous devons à vos fils, à leur funeste haine,
« Que la guerre civile en ces murs se déchaîne,
« Quand de méchants voisins nous sommes entourés,

« Et quand nous ne pouvons contre eux être assurés
« Que fortement unis. Eh bien! à vous, leur mère,
« A savoir l'arrêter la fratricide guerre !
« Que nous fait de vos fils cette rivalité,
« A nous qui ne voulons que la tranquillité.
« Faudra-t-il que l'État et le peuple périssent
« Parce qu'en furieux nos maîtres se haïssent?
« Messine saura bien se gouverner sans eux,
« Et nous nous donnerons un prince désireux
« Du bonheur de l'État, du nôtre, et qui le fasse. »
— Et vous n'avez pas craint de me le dire en face,
Hommes durs, sans pitié! Dans ce cruel moment,
De vous, de votre ville occupés seulement,
Tout le poids dont pesait la publique misère,
Vous l'avez rejeté sur le cœur de la mère,
D'angoisses, de chagrins déjà si torturé !
Alors, je veux atteindre un but désespéré :
Je me jette, ce cœur saignant de sa blessure,
Entre ces furieux; je presse, je conjure,
Pour qu'ils fassent la paix. Rien ne peut m'arrêter ;
Active, infatigable, et sans me rebuter,
Je vais de l'un à l'autre, et mes larmes obtiennent
Qu'à Messine, au château paternel, ils reviennent,
Et sans inimitié s'y rencontrent tous deux;
Ce que, depuis sa mort, on n'avait pas vu d'eux.
— La voici, la journée entre nous convenue.
D'heure en heure j'attends l'avis de leur venue.
Vous donc, à recevoir vos maîtres soyez prêts,
Et leur rendez hommage en fidèles sujets.
Ne songez qu'à remplir votre devoir; le reste
Nous regarde, eux et moi. De leur lutte funeste

Ce pays a souffert, comme ils ont souffert, eux,
Dont les divisions le rendaient malheureux.
Mais, réconciliés, unis, sûrs de s'entendre,
Ils seront assez forts pour désormais défendre,
Vous, contre tout un monde, et leurs droits... contre
vous !

(Les Anciens se retirent en silence, la main sur la poitrine. Isabelle fait un signe à un vieux serviteur, qui s'arrête et reste sur la scène.)

SCÈNE II.

ISABELLE, DIÉGO.

ISABELLE.

Diégo !

DIÉGO.

Ma souveraine !

ISABELLE.

O cœur noble entre tous,
Serviteur dévoué, viens ! approche ! A ma peine
Tu pris part; aux douleurs dont mon âme était pleine;
Eh bien ! partage aussi tout mon bonheur; celui
Qu'enfin la mère heureuse au ciel doit aujourd'hui !
Le secret triste et doux, — sacré ! — que tu tiens d'elle,
A la clarté des cieux il faut qu'il se révèle.
J'ai trop longtemps souffert d'avoir, à tous moments,
De la nature en moi dompté les mouvements
Sous une volonté plus forte que la mienne.
La nature ! elle n'a plus rien qui la retienne !
Sa voix est libre enfin, et le jour s'est levé
Où mon cœur au bonheur complet est arrivé !

Déserte si longtemps, c'est cette maison même
Qui pour moi va bientôt réunir ceux que j'aime !
— Va donc, mon vieux Diégo, retourne à ce couvent
Que tu connais si bien, où tu fus si souvent,
Et qui d'un cher trésor est le dépositaire.
C'est toi qui l'entouras d'un si profond mystère,
Fidèle serviteur ! C'est toi qui l'as sauvé,
Et pour des temps meilleurs qui me l'as réservé !
Triste service, hélas ! Mission douloureuse !
Quand tu t'en acquittas, j'étais bien malheureuse !
Maintenant que tu vois mon bonheur, cours, joyeux,
Chercher, et me ramène un bien si précieux !

(On entend des trompettes dans le lointain.)

Oh ! va ! va ! hâte-toi ! Qu'à tes pieds l'allégresse
Rende l'agilité du temps de ta jeunesse !
La trompette guerrière a des sons triomphants :
Ces fanfares, Diégo, m'annoncent mes enfants !

(Diégo sort. De deux côtés opposés la musique se fait entendre, se rapprochant toujours davantage.)

SCÈNE III.

ISABELLE.

Messine n'offre plus qu'un mouvement immense ;
Un bruit confus de voix comme un torrent s'avance.
Ce sont eux ! Ah ! je sens mon cœur près d'éclater
Sous les émotions qui viennent l'agiter !
L'approche de mes fils lui donne force et joie !
— Mes enfants ! mes enfants ! — Qu'ensemble je les voie !

(Elle sort précipitamment.)

SCÈNE IV.

LE CHŒUR.

Il se compose de deux demi-chœurs, qui entrent à la fois, l'un par le fond, l'autre par l'avant-scène. Ils font le tour du théâtre et se placent sur deux rangs, chacun du côté d'où il est arrivé. L'un est formé de vieux chevaliers, l'autre de jeunes. Ils se distinguent par des couleurs et des insignes différents. Quand ils sont rangés en face l'un de l'autre, la musique se tait et les deux coryphées parlent tour à tour.

LE CORYPHÉE DU PREMIER DEMI-CHŒUR.
(Celui des chevaliers qui forment la suite de don Manuel.)

Salut à vous, riches portiques !
Salut, ô salles magnifiques,
De mon maître royal berceau !...
Qu'enfin se repose l'épée,
Et, pour rester inoccupée,
Qu'elle rentre dans son fourreau !

Que par la hideuse Euménide
Qui souffle la guerre homicide,
Le front de serpents hérissé,
A l'impuissance condamnée,
Devant vos portes enchaînée,
Ce seuil ne soit jamais passé !

Car ce seuil est inviolable :
A sa garde un dieu redoutable,
Un dieu de l'Enfer, est commis.
Le dieu, qui la garde à toute heure,
Cette hospitalière demeure,
C'est le Serment, fils d'Erinnys.

LE CORYPHÉE DU SECOND DEMI-CHŒUR.

(Celui des chevaliers qui forment la suite de don César.)

Dans mon sein mon cœur s'irrite;
De fureur il bat.
Mon poing se crispe et s'agite:
Il veut le combat.
Mon ennemi qui s'arrête
En face de moi!
C'est Méduse, c'est sa tête
Que dans lui je vois!
Mon sang bouillonne et j'ai peine
A me posséder.
D'un salut, malgré ma haine,
Dois-je l'aborder?
A la rage qui m'entraîne
Vaut-il mieux céder?...
D'Erinnys la vigilance
Protége ce lieu;
Je redoute sa vengeance;
Je redoute la puissance
De la paix de Dieu.

LE CORYPHÉE DU PREMIER DEMI-CHŒUR, à ses compagnons:

Plus de calme sied à notre âge;
En parlant je le garderai.
C'est moi qui serai le plus sage;
Le premier je les saluerai.

(Au second demi-chœur:)

Soyez les bienvenus, vous qui venez, en frères,
Honorer avec nous, dans un esprit de paix,

ACTE I. — SCÈNE IV.

Les divinités tutélaires,
Protectrices de ce palais.

Nos maîtres vont venir, et puisque, l'un et l'autre,
Ils ne se parleront que d'un ton fraternel,
Que leur langage soit le nôtre :
Parlons-nous de sang-froid, sans fiel.

Car la parole aussi peut être salutaire.
Mais qu'il faille au combat encor nous rencontrer,
Le sang pourra rougir la terre,
Et le courage se montrer.

TOUT LE CHŒUR.

Le sang pourra rougir la terre,
Et le courage se montrer.

UN SECOND CHEVALIER DU PREMIER DEMI-CHŒUR.

Ce n'est pas vous à qui s'adresse notre haine;
Notre ennemi, ce n'est pas vous.
Les mêmes murs nous ont vus naître tous.
Eux, sont les étrangers dont nous portons la chaîne.
Dans deux camps opposés elle pèse sur nous.
Mais quand les princes sont en guerre,
Donner la mort, la recevoir,
Pour qui marche sous leur bannière,
C'est la loi, c'est là le devoir.

LE CORYPHÉE DU SECOND DEMI-CHŒUR.

Aux princes de savoir d'où leurs haines ardentes,
Et pourquoi leurs luttes sanglantes !
Les motifs qu'ils en ont ne nous importent pas.

Mais nous combattons leurs combats,
Et c'est manquer d'honneur et de courage
Que de ne pas défendre un maître qu'on outrage.

TOUT LE CHŒUR.

Oui, nous combattons leurs combats,
Et c'est manquer d'honneur et de courage
Que de ne pas défendre un maître qu'on outrage.

LE SECOND CHEVALIER DU PREMIER DEMI-CHŒUR.

A mes réflexions livré, quand je passais
   A travers nos plaines riantes,
Dans les sentiers bordés de moissons ondoyantes,
   Écoutez ce que je pensais :
Sans chercher la raison de ces luttes sanglantes,
Nous sommes au combat, jusqu'à présent, allés ;
L'ardeur de notre sang nous a tous aveuglés.

Elles sont à nous ces moissons dorées,
Ces branches d'ormeau, de vigne entourées,
Qui laissent vers nous pendre un fruit vermeil :
Ce sont les enfants de notre soleil !

Ne pourrions-nous pas, désormais tranquilles,
Et filant des jours heureux et faciles,
L'esprit égayé, le cœur satisfait,
Jouir de ces biens que le ciel nous fait ?

Pour ces souverains de race étrangère,
Nous, en furieux, nous faire la guerre ?
Être dans deux camps sans être ennemis ?
Ils n'ont aucun droit sur notre pays !

Une nef, un jour, d'une mer lointaine
Que le couchant dore, ici les amène,
Et nous leur donnons dans cette cité,
— Nos pères, s'entend, — l'hospitalité.

Et qui voyons-nous tenir notre terre
Soumise à son joug ? la race étrangère !

UN TROISIÈME CHEVALIER DU PREMIER DEMI-CHŒUR.

C'est vrai, bien fortunée est cette terre-ci,
Que le soleil, dans sa course éthérée,
Avec amour a toujours éclairée ;
C'est à nous d'en jouir gaîment, sans nul souci.
Mais peut-elle être ou fermée, ou murée ?
Des flots de la mer entourée,
Avec nous tous elle est livrée
A ces hardis forbans qui croisent sur ses bords.
C'est à nous seuls que de cette contrée
L'abondance appartient, car pour nous Dieu la créé.
Mais on en connaît les trésors :
De l'étranger par eux l'épée est attirée.
Nous subissons chez nous le joug de l'étranger.
Notre propre pays ne peut nous protéger !

Les dominateurs de la terre
Ne viennent pas des lieux que féconde Cérès,
Où le paisible Pan protége les guérets ;
C'est des pays où la montagne enserre,
Où l'on arrache de ses flancs
Le fer qu'on forge pour la guerre,
Que surgissent les conquérants.

LE CORYPHÉE DU PREMIER DEMI-CHŒUR.

Des biens de sa vie éphémère,
Entre l'homme inégalement
La répartition s'opère ;
Mais la nature est juste, elle, éternellement :
Elle nous donne, à nous, sa sève, l'abondance,
Sa constante fécondité ;
A ces gens-là, la volonté,
Et l'énergie, et la puissance
Qui brisent toute résistance.
De leur terrible force armés,
Rien que leur audace ne tente
Au moindre des désirs que leur cœur a formés.
Du bruit qu'ils font la terre s'épouvante...
Mais, de l'autre côté des hauteurs, est la pente,
Du gouffre la bouche béante,
Et la chute retentissante.
Aussi, me dis-je heureux de mon humilité,
Et dans ma faiblesse abrité.
Ces torrents qu'ont grossis, au milieu des orages,
Les cataractes des nuages
Et les grains de grêle entassés,
Sombres, comme en fureur, et d'eux-mêmes chassés,
Tombent, rompent les ponts et les digues puissantes,
Et tonnent, en roulant leurs vagues mugissantes.
Rien ne peut résister à l'invincible flot.
Mais ils ne sont l'effet que du moment ; bientôt,
De leur passage redoutable
La trace diminue et se perd dans le sable ;
Et le sol qu'ils ont dévasté
Dit seul tout ce qu'ils ont été.

Ainsi le conquérant étranger vient et passe.
Nous lui sommes soumis, mais nous tenons la place.

SCÈNE V.

La porte du fond s'ouvre; Isabelle paraît entre ses deux fils.

ISABELLE, DON MANUEL, DON CÉSAR, TOUT LE CHŒUR.

TOUT LE CHŒUR.

Que gloire, honneur soient le partage
De celle qui vient à nos yeux
Briller en soleil radieux!
A genoux je lui rends hommage!

LE CORYPHÉE DU PREMIER DEMI-CHŒUR.

Lorsque, dans la nuit,
Le ciel étincelle,
Que la lune luit,
Sa lumière est belle
Au milieu de celle,
— Et plus douce qu'elle, —
Des astres brillants.
Telle d'une mère
Est la majesté,
L'aimable beauté,
Quand, à son côté,
Marche, ardente et fière,
La beauté guerrière
De deux fils vaillants.
Son image est comme

Un divin tableau ;
La terre pour l'homme
N'a rien d'aussi beau.

Aux sommets de la vie une mère s'élève ;
En elle la beauté se résume et s'achève :
La mère et ses enfants ! c'est la réunion
Qui d'un monde accompli dit la perfection.

Et notre Église sainte, elle n'a pas mis, elle
Sur le céleste trône une beauté plus belle ;
Et l'art, lui né du ciel, il fait, pour son pinceau,
D'une mère et son fils, le suprême tableau.

LE CORYPHÉE DU SECOND DEMI-CHŒUR.

Heureuse, de son sein elle voit que s'élève
    Un arbre aux rameaux florissants,
    Un tronc à l'éternelle sève,
  Aux rejetons sans cesse renaissants.
    C'est qu'elle est mère d'une race
Qui tant que le soleil durera va durer,
    Et fixera le temps qui passe,
En le marquant du nom qu'elle doit illustrer.

UN AUTRE CHEVALIER DU SECOND DEMI-CHŒUR.

Un peuple passe,
Un nom s'efface,
Et, tour à tour,
S'éteint, un jour,
Famille, race.
Le sombre oubli

Étend ses ailes :
Tout est sous elles
Enseveli.
Mais, à part, brille
Un front royal;
Son feu scintille
Toujours égal.
Vienne l'aurore,
Elle colore
Le front princier,
Comme elle dore
Le pic altier.

ISABELLE, s'avançant entre ses fils:

Reine auguste des cieux, jette un regard sur terre,
Viens-y poser ta main sur le cœur d'une mère,
Afin que, son orgueil, tu le fasses plier!
Cette mère, elle peut aujourd'hui s'oublier;
Oui, sa joie aisément irait jusqu'au délire,
Dans l'éclat de ses fils alors qu'elle se mire.
Depuis qu'ils me sont nés, c'est la première fois
Que je sens mon bonheur entier; que je le vois.
A mon amour j'ai fait jusqu'ici violence :
Il fallait pour moitié le réduire au silence,
Quand, mère de mes fils, en embrassant l'un d'eux,
Je devais oublier toujours qu'ils étaient deux.
Ah! je n'ai jamais eu qu'une amour maternelle,
Et sans cesse mes fils ont été deux pour elle!

(A ses deux fils:)

— Dites-moi maintenant si mon cœur, sans trembler,
A ses transports, enfin, peut se laisser aller.

(A don Manuel:)

Si je presse la main tendrement à ton frère,
Est-ce un coup de poignard que te donne ta mère?

(A don César:)

Et toi, si de sa vue ici je me repais,
Diras-tu que ce soit un vol que je te fais?...
Ah! je tremble : l'amour que sur vous je promène,
Peut-être ne fera qu'attiser votre haine !

(Après les avoir interrogés des yeux:)

A quoi dois-je m'attendre? Otez-moi mon souci,
Mes fils! Quels sentiments apportez-vous ici?
Est-ce la haine encor? Votre haine mortelle?
En rendrez-vous témoin la maison paternelle?
Et la guerre, arrêtée un moment par le frein
Dont, grinçant, frémissante, elle ronge l'airain,
Au seuil de ce palais, attend-elle, la guerre,
Que vous ne soyez plus sous l'œil de votre mère,
Pour donner à sa rage un plus ardent essor?

LE CORYPHÉE DU SECOND DEMI-CHŒUR.

Ou guerre, ou paix! — La chance est incertaine encor:
Dans le sombre avenir le Destin la prépare.
Nous saurons son arrêt avant qu'on se sépare,
Et sommes prêts, ici, pour la guerre ou la paix.

ISABELLE, promenant ses regards sur tout le cercle:

Et tout cet appareil! Ces terribles aspects!
Pourquoi ces gens armés? Qu'est-ce que l'on projette?
Est-ce, dans ce palais, un combat qui s'apprête?
Ces étrangers, en foule à quoi bon accourir,
Quand le cœur d'une mère à des fils va s'ouvrir?

Quoi ! jusque sur ce cœur en êtes-vous à craindre
Que ruse ou trahison parvienne à vous atteindre,
Que de vous protéger vous prenez tant souci ?
Ces fougueux partisans qui vous suivent ici,
Ministres empressés de toutes vos colères,
Ne sont pas vos amis ; ils ne sont pas sincères ;
Votre intérêt n'est pas ce qui peut les guider.
Comment les verrait-on avec vous s'accorder,
Avec vous dont la race a conquis ce rivage,
Qui les a dépouillés de leur propre héritage,
Et, s'implantant ici, sur cette nation
A, depuis, fait peser sa domination ?
Croyez-moi, pour chacun, se gouverner soi-même,
D'après ses propres lois, c'est là le bien suprême.
On souffre impatient le joug de l'étranger.
Votre force et la crainte ont pu les y ranger,
Mais ils résisteraient volontiers à leur maître.
Ces gens faux et sans cœur, sachez mieux les connaître :
De vos maux naît leur joie ; elle venge pour eux
La douleur de vous voir dans vos grandeurs, heureux.
De leurs dominateurs renverser la puissance,
Voilà quelle est en eux l'éternelle espérance ;
Leurs discours en sont pleins, elle inspire leurs chants,
Qui vont de père en fils jusqu'aux petits-enfants,
Et des longs soirs d'hiver abrègent la durée.
— Oui, la terre à la haine, aux cœurs faux est livrée,
Mes fils ! regardez-y : chacun n'aime que soi.
Aux fragiles liens on ne peut avoir foi,
Et fragiles sont ceux du bonheur éphémère.
Un caprice défait ce qu'un autre a pu faire.
Dans la nature seule est la sincérité,

Et lorsque nous voyons que tout est ballotté
Au gré de cette mer qu'on appelle la vie,
Sur une ancre éternelle elle seule s'appuie.
Nous tenons un ami de l'inclination;
L'intérêt à nos pas attache un compagnon;
Mais du sang dont il sort heureux qui tient un frère!
C'est un don que jamais le bonheur ne peut faire.
C'est avec lui, pour lui, qu'est créé cet ami :
On est deux désormais, on se sent affermi
Contre un monde où domine, et trahison, et guerre.

LE CORYPHÉE DU PREMIER DEMI-CHŒUR.

Gloire, honneur à la souveraine
Dont la royale majesté,
Toujours clairvoyante et sereine,
Juge si bien l'humanité!
Mais nous, sur la vie orageuse,
Aveuglés, sans réflexion,
Nous subissons l'impulsion
Qui nous pousse tumultueuse.

ISABELLE, à don César:

Toi, qui contre ton frère osas tirer l'épée,
Vois-tu dans cette foule autour de nous groupée
Un plus noble visage?

(A don Manuel :;

     Et toi? qui donc, parmi
Ceux qu'il te plaît ici nommer du nom d'ami,
Voudrait avec ton frère entrer en parallèle?
De votre âge, tous deux, vous offrez le modèle;

Nul ne ressemble à l'autre ou ne lui doit céder.
Osez donc au visage, enfin, vous regarder!
O délire envieux! Funeste jalousie!
Son amitié, sois sûr que tu l'aurais choisie
Entre mille; un ami comme lui, pour ton cœur
Eût été l'être à part, du Ciel une faveur;
Et parce qu'il te fut donné par la nature,
Qu'elle te l'a donné dès le berceau, — parjure
Aux saintes lois du sang, plein d'orgueil, dédaigneux,
Tu le foules aux pieds ce don si précieux,
Pour te donner à qui vaut bien moins que ton frère?
Ils te sont, tous ces gens que ton cœur lui préfère,
Ennemis, étrangers!

DON MANUEL.

Ma mère, écoutez-moi!

DON CÉSAR.

Veuillez m'entendre aussi!

ISABELLE.

Des paroles? En quoi
Pourraient-elles servir à finir cette lutte?
Désormais il n'est plus possible qu'on dispute
Sur le tien et le mien, ni qu'on distingue encor
Ce que fut la vengeance et ce que fut le tort.
Qui voudrait, sous la lave aujourd'hui refroidie,
Chercher le lit de soufre où coulait l'incendie?
Tout vient du feu fatal de la terre sorti;
Le bon sol est resté sous ses flots englouti,

Et c'est sur des débris que partout le pied pose.
— Je veux à votre cœur dire une seule chose :
Le mal qu'un homme à l'autre a causé sciemment
Ne peut se pardonner, s'oublier aisément :
L'homme tient à sa haine, il la veut, l'éternise.
La résolution qu'il a mûrement prise,
Le temps, si long qu'il soit, ne la changera pas.
Mais, dites-vous à quand remontent vos débats :
On les vit commencer dès votre premier âge,
Quand de votre raison vous n'aviez pas l'usage.
Leur seule ancienneté devrait vous désarmer.
Ce qui l'un contre l'autre a pu vous enflammer,
Vous ne le savez pas ; plus rien ne vous rappelle
Quels furent les motifs de la triste querelle
Qui vous fit ennemis ; et, quand vous les sauriez,
Ils sont si puérils que vous en rougiriez.
Et cependant, jusqu'à la plus récente offense,
Tout est le résultat de ces luttes d'enfance.
Par un enchaînement bien funeste, en effet,
Tout le mal, le soupçon, la vengeance l'ont fait,
Et la guerre qu'enfants vous aviez engagée,
Hommes, vous voudriez qu'elle fût prolongée ?

(Leur prenant la main à tous deux :)

Venez ! Rapprochez-vous ! Dites que du passé
Entre vous, mes chers fils, le compte est effacé !
Vos torts, ils sont égaux. Ayez donc l'âme grande !
Que sur ceux de chacun votre pardon descende,
Fussent-ils de ces torts qu'on ne peut supporter.
Accorder son pardon, n'est-ce pas remporter
Un triomphe divin ? Rejetez au silence
Du tombeau paternel cette haine d'enfance !

D'une nouvelle vie inaugurez le jour,
Et qu'elle ne soit plus qu'oubli, concorde, amour!

(Elle recule d'un pas, comme pour les laisser se rapprocher l'un de l'autre. Ils restent tous deux les yeux fixés vers la terre et sans se regarder.)

LE CORYPHÉE DU PREMIER DEMI-CHŒUR.

Écoutez-les, de votre mère,
Écoutez les sages avis !
Ce n'est point parole légère
Qu'elle fait entendre à ses fils.

Mais, qu'entre vous la paix se scelle,
Que se prolonge la querelle,
Selon qu'il vous plaira le mieux,
A vous, nos maîtres, la puissance,
A nous, sujets, l'obéissance :
Tout sera justice à nos yeux.

ISABELLE, avec une douleur comprimée, et après avoir vainement attendu une manifestation des deux frères :

Pour vous persuader je n'ai plus que vous dire.
Les mots me font défaut et ma prière expire.
Dans la tombe est celui qui, longtemps, refoula
Votre haine en vos cœurs, et votre mère est là,
Impuissante entre vous. — Eh bien! mes fils, courage!
Nul frein qui vous arrête! Achevez votre ouvrage!
Au démon qui vous pousse, en fous, en furieux,
Cédez, et profanez le foyer et ses Dieux!
Qu'on voie, en ce palais qui vous donna naissance,
Au double fratricide aller votre vengeance!
Sous les yeux maternels venez vous égorger!
De vos mains! A quoi bon celles d'un étranger?

Sus! sus! avec fureur que l'un sur l'autre coure!
Qu'il saisisse son frère et de ses bras l'entoure!
Faites comme avant vous fit le couple thébain!
Allez! embrassez-vous d'une étreinte d'airain!
Triomphez tous les deux! Chacun au cœur d'un frère
Enfoncez le poignard! C'est un échange à faire!
Qu'elle-même la mort ne puisse pas guérir
La haine qu'on vous voit l'un pour l'autre nourrir!
Que de votre bûcher la flamme ne s'élance
Qu'en colonne rivale et montant à distance,
Et que l'on puisse voir, dans cet emblème affreux,
Ce que fut votre mort, votre vie à tous deux!

(Elle sort. Les deux frères restent éloignés l'un de l'autre, comme auparavant.)

SCÈNE VI.

DON MANUEL, DON CÉSAR, TOUT LE CHŒUR.

LE CORYPHÉE DU PREMIER DEMI-CHŒUR.

Elle n'eut recours qu'au langage
Pour essayer de les toucher;
Pourtant je sens que mon courage
Se brise en mon cœur de rocher.
Ma main du sang d'un frère est pure,
En face du ciel j'en jure...
Au dénoûment de tout ceci
Songez bien, frères! Songez-y!

DON CÉSAR, sans regarder don Manuel:

Ta naissance plus loin que la mienne remonte:
Parle! A mon frère aîné je puis céder sans honte.

DON MANUEL, *de même*:

Une bonne parole, et je te répondrai ;
De mon cadet l'exemple, et je l'imiterai.

DON CÉSAR.

Non pas que je me veuille, en cédant, reconnaître
Plus coupable que toi, ni plus faible, peut-être.

DON MANUEL.

Le cœur en don César n'a jamais fait défaut ;
Qui te connaît le sait. Il parlerait plus haut
S'il était le plus faible.

DON CÉSAR.

    Estimes-tu ton frère

A ce point ?

DON MANUEL.

   Pourrions-nous, tous deux l'âme si fière,
Toi t'abaisser, moi feindre ?

DON CÉSAR.

     A se voir dédaigné
Jamais mon noble cœur ne se fût résigné.
Toi, du moins, et malgré l'ardeur de notre guerre,
Toujours avec honneur tu parlas de ton frère.

DON MANUEL.

Tu ne veux pas ma mort ; mainte preuve en fait foi :
Quand, pour m'assassiner, osa s'offrir à toi
Un moine, sur-le-champ tu l'as puni le traître.

DON CÉSAR, *se rapprochant un peu:*

Que de maux prévenus si j'avais pu connaître
Ta justice plus tôt !

DON MANUEL.

Et moi ton noble cœur !
Que j'eusse à notre mère épargné de douleur !

DON CÉSAR.

On te disait plus fier.

DON MANUEL.

C'est ainsi qu'on s'empare
De l'oreille des grands...

DON CÉSAR, *avec vivacité:*

Ainsi qu'on les égare :
C'est de nos serviteurs que nos maux sont venus.

DON MANUEL.

Dans notre haine eux seuls nous ont entretenus.

DON CÉSAR.

En nous, par leurs propos, excitant la colère.

DON MANUEL.

Interprétant à mal quoi que nous pussions faire.

DON CÉSAR.

Ils irritaient la plaie au lieu de la guérir.

DON MANUEL.

Ils attisaient le feu qu'ils auraient pu couvrir.

DON CÉSAR.

C'est nous que l'on trompait, que l'on jouait, mon frère !

DON MANUEL.

Aveugles instruments d'une haine étrangère !

DON CÉSAR.

Tout le reste, dès lors, n'est plus que trahison.

DON MANUEL.

Notre mère le dit ; sois sûr qu'elle a raison.

DON CÉSAR.

Je veux donc la presser, cette main fraternelle.
(Il lui tend la main.)

DON MANUEL, la saisissant avec transport :

Nulle dans l'univers ne m'est plus proche qu'elle !
(Ils se tiennent par la main et se regardent pendant quelque temps
en silence.)

DON CÉSAR.

A te considérer je demeure surpris :
De notre mère en toi je vois les traits chéris.

DON MANUEL.

Et les tiens à mon cœur rappellent une image
Qui m'étonne et m'émeut plus encor.

DON CÉSAR.

                              Ce langage
Et cet accueil si doux me viennent-ils de toi ?
A moi, ton jeune frère ?

DON MANUEL.

       Et puis-je bien voir, moi,
Dans ce jeune homme au cœur affectueux, le frère
Qui m'avait voué haine et me faisait la guerre ?

   (Nouveau silence; ils s'oublient à se contempler l'un l'autre.)

DON CÉSAR.

Tu voulais ces chevaux arabes qu'a laissés
Notre père en mourant, et que j'ai refusés
Aux chevaliers venus de ta part pour les prendre...

DON MANUEL.

Tu tiens à les garder, je cesse d'y prétendre.

DON CÉSAR.

Non, non, tu les auras ! Prends, de grâce, avec eux,
Le char de notre père.

DON MANUEL.

      Eh bien, soit ! si tu veux
Dans ta part son château sur la mer, cette terre
Que nous nous disputions avec tant de colère.

DON CÉSAR.

Je ne l'accepte pas ; mais je serais heureux
De nous voir l'habiter en frères tous les deux.

DON MANUEL.

J'y consens ! De nos biens à quoi bon le partage,
Quand nos cœurs sont unis ?

DON CÉSAR.

      Et pourquoi davantage

Vivre ainsi séparés, quand nous serions, chacun,
Plus riche étant unis?

DON MANUEL.

Nous ne faisons plus qu'un!

(Il se jette dans les bras de don César.)

LE CORYPHÉE DU PREMIER DEMI-CHŒUR, au second demi-chœur:

Pourquoi, quand nos princes s'embrassent,
Rester en deux camps ennemis?
Comme eux que leurs serviteurs fassent!
J'offre la paix, soyons unis!
Faut-il que notre haine dure?
S'ils sont frères par la nature,
Nous tous ne sommes-nous pas fils,
Citoyens du même pays?

(Les deux demi-chœurs s'embrassent.)

SCÈNE VII.

DON MANUEL, DON CÉSAR, TOUT LE CHŒUR.
UN MESSAGER.

LE CORYPHÉE DU SECOND DEMI-CHŒUR, à don César:

Seigneur, voici qu'à vous revient le messager
Que d'un mandat secret il vous plut de charger.
Il doit être porteur d'une heureuse nouvelle,
Si j'en crois son regard : de joie il étincelle.

LE MESSAGER.

O jour heureux! heureux pour moi, pour le pays!
De Messine voilà que les maux sont finis!
Nos princes, les deux fils de mon maître, ils reviennent

A la paix! Quel tableau! Je vois qu'ils s'entretiennent
En se donnant la main! Eux que j'avais laissés,
Dans leur dernier combat, luttant en insensés!

DON CÉSAR.

L'amour, comme un phénix qu'a rajeuni la flamme,
Du feu de notre haine est sorti dans notre âme.

LE MESSAGER.

A ce premier bonheur j'en ajoute un nouveau,
Et, comme signe heureux, tel qu'un jeune rameau,
Voilà que reverdit mon bâton de voyage.

DON CÉSAR, le tirant à l'écart :

Parle, quel résultat a-t-il eu, ton message?

LE MESSAGER.

Le même jour pour vous va réunir, seigneur,
Tout ce qui peut vous être un sujet de bonheur:
Celle qu'à votre amour vous croyiez enlevée,
Celle que nous cherchions, la voilà retrouvée,
Près d'ici.

DON CÉSAR.

Tu l'as vue? Ah! parle vite! Elle est...?

LE MESSAGER.

Dans Messine; elle-même aux regards s'y celait.

DON MANUEL, au premier demi-chœur :

Dans ses yeux quel éclat! Sa face se colore.
De tant d'émotion, le motif, je l'ignore;
Mais c'est signe de joie, et mon cœur fraternel
La partage.

ACTE I. — SCÈNE VII.

DON CÉSAR, au messager:

Allons! viens! — Adieu, don Manuel!
Bientôt, chez notre mère! — Au revoir! — Je m'absente,
Forcé de m'occuper d'une affaire importante.

(Il veut sortir.)

DON MANUEL.

Va vite, et sois heureux!

DON CÉSAR se ravisant:

A contempler tes traits,
Mon bonheur est plus grand que je ne le dirais.
J'ai le pressentiment que nous aurons, mon frère,
De deux amis de cœur l'affection sincère.
Sous un nouveau soleil nous verrons ranimé
Cet amour en tous deux si longtemps comprimé.
Va! je regagnerai ce qu'en perdit ma vie.

DON MANUEL.

Tout dit que de beaux fruits la fleur sera suivie.

DON CÉSAR.

Et quand si brusquement je m'arrache à tes bras,
C'est un tort envers toi; je ne le cache pas.
Bien que je rompe ainsi cette douce entrevue,
Crois que je n'en ai pas moins que toi l'âme émue.

DON MANUEL, visiblement distrait:

Que selon le moment chaque chose ait son tour:
D'aujourd'hui notre vie appartient à l'amour.

DON CÉSAR.

Si tu savais pourquoi je sors!

DON MANUEL.

     Il faut, mon frère,
Ton cœur, me le laisser, ton secret, me le taire.

    DON CÉSAR.

Nul autre, désormais, ne nous séparera.
Bientôt ce dernier voile entre nous tombera.

   (Se tournant vers ses chevaliers:)

Et sachez bien, vous tous, que mon bien-aimé frère
Et moi, nous terminons entre nous toute guerre.
Comme mon ennemi mortel je traiterai,
Et de même qu'on hait l'enfer, je haïrai
Quiconque chercherait, quand de notre querelle
Est éteinte la flamme, à souffler l'étincelle
Qui la rallumerait. Désormais, renoncez
A me plaire, à vous voir par moi récompensés
Parce que vous m'auriez dit du mal de mon frère,
Empressés à vouloir que la parole amère,
Le trait, de quelque bouche imprudemment sorti,
Et relevé par vous au lieu d'être amorti,
Parvienne jusqu'à moi. La rapide parole
Que lance la colère, au même instant s'envole
Et ne prend pas racine en celui qui la dit :
Le soupçon la recueille, elle germe, grandit;
Elle s'étend, pareille à la plante grimpante,
Et par mille rameaux autour du cœur serpente,
Et les meilleurs, ainsi, se laissent entraîner
A des erreurs dont rien ne peut les ramener.

  (Il embrasse de nouveau son frère et sort, accompagné du second demi-chœur.)

SCÈNE VIII.

DON MANUEL, LE PREMIER DEMI-CHŒUR.

LE CORYPHÉE.

Je reste stupéfait à vous voir, ô mon maître !
Et j'ai dans ce moment peine à vous reconnaître.
Quand votre frère vient à vous le cœur ouvert,
Que du plus doux langage avec vous il se sert,
Vos paroles pour lui semblent comme pesées,
Et vous demeurez là, perdu dans vos pensées,
Comme un homme qui rêve, ou comme si le corps
Ici se trouvait seul, et votre âme au dehors.
On vous soupçonnerait, à cette contenance,
De n'avoir que froideur, orgueil, indifférence.
Mais je ne vous crois pas insensible : vos yeux
Disent suffisamment que vous êtes heureux,
Et votre lèvre laisse errer un doux sourire.

DON MANUEL.

Mon Dieu ! comment répondre, et que puis-je vous dire ?
Que mon frère ait trouvé des mots, je le comprend :
Un sentiment nouveau l'a saisi, le surprend ;
Il sent que dans son sein meurt une vieille haine.
Jusqu'au ravissement ce changement l'entraîne.
Moi, quand ici je vins, ils étaient bien passés
Mes sentiments haineux. A peine si je sais
D'où venaient nos fureurs. Au-dessus de la terre
Je plane, dans la joie, inondé de lumière,
Et tout ce que la vie à mes regards offrait

De nuages, de plis, s'efface et disparaît.
Ces salles, ces parvis arrêtent ma pensée
Sur ce qu'éprouvera bientôt ma fiancée
De joyeuse surprise et de saisissement,
En franchissant ce seuil au bras de son amant!
Quand elle l'entendra lui dire qu'il l'amène
Pour s'y voir désormais princesse et souveraine!
— C'est l'amant seul qu'elle aime en moi, jusqu'à ce
                                    jour,
Donnant à l'étranger sans nom tout son amour.
Rien encor jusqu'ici d'où son esprit devine
En moi don Manuel, le prince de Messine;
Rien encor d'où prévoir que sur son front si beau
Elle verra par lui mettre un royal bandeau.
Qu'il est doux de donner à la femme adorée
Le bonheur et l'éclat, la gloire inespérée!
Je m'en suis réservé longtemps la volupté.
Son plus bel ornement, sans doute, est sa beauté;
Mais la beauté peut voir augmenter sa parure
De la splendeur du rang : dans l'or de sa monture
Ne brillent que plus vifs les feux du diamant.

LE CORYPHÉE.

Votre bouche, seigneur, pour nous, dans ce moment,
Enfin brise le sceau de votre long silence.
Pressentant un secret d'une étrange importance,
Je vous suivais partout d'un regard curieux,
Sans pourtant qu'à ce point je fusse audacieux
D'oser vous demander de quelle grave affaire
Avec un si grand soin vous nous faisiez mystère.
La chasse, ce plaisir dont vous étiez épris,

ACTE I. — SCÈNE VIII.

Les agiles coursiers se disputant un prix,
Et le vol du faucon s'abattant sur sa proie,
Ne peuvent plus en vous exciter quelque joie.
Sitôt qu'à l'horizon le soleil disparaît,
Loin de vos compagnons vous allez en secret,
Sans qu'il nous soit permis, à nous qui, guerre ou chasse,
Partagions vos dangers, de suivre votre trace.
Avec ce soin jaloux pourquoi jusqu'à ce jour
Nous celer ce bonheur que vous donnait l'amour?
Qui donc à l'homme fort peut imposer la feinte?
De votre noble cœur n'approche pas la crainte.

DON MANUEL.

Le bonheur est ailé; le fixer est pour nous
Difficile. Il le faut tenir sous les verrous.
Son gardien, le silence, empêche qu'il ne sorte.
Si l'indiscrétion, trop prompte, ouvre la porte,
Il s'envole. Je puis parler et je le veux,
Maintenant que je touche au but de tous mes vœux,
Et qu'aux premiers rayons de la prochaine aurore
Elle m'appartiendra la femme que j'adore.
Nul démon envieux n'aura plus un pouvoir
Contraire à mes désirs. Désormais, pour la voir,
Je n'aurai plus dans l'ombre à me glisser près d'elle.
Ces fruits d'or que l'amour donne, qu'il renouvelle,
Il ne me faudra plus les dérober; saisir
Au passage un instant de fugitif plaisir.
Tout lendemain aura la beauté de sa veille,
Et nos jours n'auront plus leur lumière pareille
A celle de l'éclair, qui brille et disparaît

Dévoré par la nuit. Plus de bonheur secret!
Il coulera, le mien, comme un ruisseau tranquille,
Ou comme au sablier le grain de sable file.

LE CORYPHÉE.

Celle qui sait vous faire un semblable bonheur,
Et si mystérieux, quelle est-elle, seigneur?
Nommez-la! Permettez que notre âme ravie,
Pour fêter ce bonheur, bien fait pour qu'on l'envie,
Dans cette fiancée honore dignement
Celle de notre prince. Où, seigneur, et comment
L'avez-vous découverte? où dérobée au monde?
Quel était donc ce lieu de retraite profonde?
Nos chasses dans cette île, à tous vos chevaliers
En ont fait parcourir jusqu'aux moindres sentiers;
Pourtant rien qui jamais y trahît le mystère
De la félicité que vous vouliez nous taire;
Si bien que nous avions à peu près arrêté
Qu'elle s'enveloppait d'un nuage enchanté.

DON MANUEL.

Je le dissiperai : sur ce bonheur va luire
Le jour que jusqu'ici je n'osais y produire :
Eh bien! voici cinq mois de cela; ce pays
Au pouvoir de mon père était encor soumis;
Sous sa puissante main il avait su sans cesse
Comprimer de ses fils l'indocile jeunesse.
Occupé seulement de chasses, de combats,
Hors ces rudes plaisirs je n'en connaissais pas...
Tout un jour, en montagne, avait duré la chasse :

Part une biche blanche; emporté sur sa trace,
Bien au loin, de vous tous je m'étais séparé.
A travers les détours du vallon, le fourré,
Les ravins, les halliers où nul chemin ne guide,
Je voyais devant moi fuir l'animal timide,
Toujours se maintenant hors d'atteinte du trait.
Aux portes d'un jardin enfin il disparaît.
Aussitôt je descends de cheval, je m'élance,
Je le poursuis; déjà je brandissais ma lance...
Soudain s'offre une nonne à mes yeux; je le vois
A ses pieds, tout tremblant. De la main, de la voix
Elle le caressait. Je reste, à cette vue,
De surprise immobile et la main étendue,
Prêt à frapper. La nonne, alors, lève les yeux,
M'implore du regard, et nous voilà tous deux,
En face l'un de l'autre et muets. — Cette scène,
Combien elle a duré, je m'en souviens à peine.
Aucune idée en moi du temps qui se passait;
Jusqu'au fond de mon cœur ce regard s'enfonçait;
Un changement subit s'opérait dans mon âme.
  Ce que je dis alors, de l'angélique femme
Quelle fut la réponse, aujourd'hui, je voudrais
En faire le récit, que je ne le pourrais :
Tout ce premier moment est dans ma souvenance
Comme le clair-obscur de mes rêves d'enfance.
Quand je revins à moi, son cœur, je m'en souvien,
Son cœur, je le sentis battre contre le mien.
Puis, j'entendis les sons d'une cloche argentine,
— L'heure de la prière au couvent, j'imagine, —
Et, comme disparaît l'esprit aérien,
Glissa ma vision, et je ne vis plus rien.

LE CORYPHÉE.

Seigneur, votre récit me pénètre de crainte :
Vos désirs, c'est le vol fait à Dieu; c'est l'atteinte
A l'épouse du ciel, car le serment juré
D'être fidèle au cloître est terrible et sacré!

DON MANUEL.

La seule route à suivre, enfin, m'était tracée.
Sur ses désirs ardents mon âme était fixée.
Ma vie avait son but, et, tel que le croyant,
Tel que le pèlerin se tourne à l'Orient,
Où brille le soleil de la sainte promesse,
Tel vers un point du ciel, depuis, tourné sans cesse,
J'ai mis dans son éclat mon espoir, mon désir.
Nul jour ne s'est levé, depuis, sans réunir
Deux fortunés amants. C'était dans le silence
Que nos deux cœurs avaient formé leur alliance,
Et sur nous le ciel seul, pour qui rien n'est secret,
Était de leur bonheur le confident discret.
Point d'intermédiaire! A quoi bon ses services?
Oh! quelles heures d'or! quels jours pleins de délices!
— Mon bonheur n'était pas un larcin fait à Dieu :
Elle était libre encor, n'avait point fait de vœu,
Celle qui pour toujours me donnait sa tendresse.

LE CORYPHÉE.

Le cloître était l'asile offert à sa jeunesse,
Et non pas le tombeau pour un cœur retiré
Du monde à tout jamais?

ACTE I. — SCÈNE VIII.

DON MANUEL.

           Comme un dépôt sacré
Ce couvent l'a reçue enfant, mais pour la rendre.

LE CORYPHÉE.

Et quels sont les aïeux dont elle dit descendre ?
Toujours un noble cœur de noble souche sort.

DON MANUEL.

Elle a grandi sans rien connaître de son sort ;
Ignorant son pays et, de même, sa race.

LE CORYPHÉE.

Et pour les découvrir pas la plus faible trace ?

DON MANUEL.

De ce qui la concerne un homme est au courant,
Un seul : d'après son dire, elle est d'illustre rang.

LE CORYPHÉE.

Cet homme, quel est-il ? Veuillez ne rien me taire,
Si de moi vous voulez un conseil salutaire.

DON MANUEL.

C'est un vieux serviteur ; parfois il arrivait.
De messager entre elle et sa mère il servait.

LE CORYPHÉE.

Mais par lui vous pouviez apprendre quelque chose :
Un vieillard s'intimide et facilement cause.

DON MANUEL.

Je n'ai jamais sur elle osé l'interroger :
Pour mon secret bonheur j'y voyais du danger.

LE CORYPHÉE.

Et dans leurs entretiens, que disait-il ?

DON MANUEL.

        D'année
En année, il donnait l'espoir d'une journée
Où tout s'éclaircirait.

LE CORYPHÉE.

     Et, jamais, ce moment,
Ne l'a-t-il annoncé plus positivement ?

DON MANUEL.

« Elle verra bientôt son sort changer de face. »
Depuis assez longtemps telle était sa menace.

LE CORYPHÉE.

Menace, dites-vous ? Avez-vous donc souci
Du jour où son destin pourrait être éclairci ?

DON MANUEL.

Du moindre changement l'homme heureux s'inquiète :
Fortune à l'apogée à décliner s'apprête.

LE CORYPHÉE.

Ce jour que vous craignez comme un funeste jour,
Pourrait bien être un signe heureux pour votre amour.

DON MANUEL.

Il peut le ruiner; aussi, c'est par prudence
Que, sans perdre de temps, sur lui j'ai pris l'avance.

LE CORYPHÉE.

Vous m'effrayez, seigneur! J'ai le pressentiment
Que vous avez agi trop précipitamment.

DON MANUEL.

Depuis quelque temps l'homme avait laissé surprendre
Des indices certains d'où je pouvais comprendre
Que pour la jeune fille incessamment viendrait
Le jour qui dans les bras des siens la remettrait.
Hier, il fut explicite : « A demain la journée »
— C'est aujourd'hui — « qui va fixer sa destinée! »
Il ne me restait plus à perdre un seul moment;
Je fis, j'exécutai mon plan très-promptement :
A son couvent je l'ai cette nuit arrachée,
Et je l'ai dans Messine amenée et cachée.

LE CORYPHÉE.

Audacieux larcin! Quelle témérité!
Souffrez que je vous parle avec sévérité,
Seigneur : c'est là le droit de la sage vieillesse,
Quand s'oublie à ce point la fougueuse jeunesse.

DON MANUEL.

Elle est dans un jardin, sûr asile, où des pas,
Des regards indiscrets ne pénétreront pas :

Près du couvent des Sœurs de la Miséricorde.
Je viens vite jurer ici que la concorde
Régnera désormais entre mon frère et moi.
Seule je l'ai laissée et dans un grand effroi.
Elle est loin de s'attendre à ce qu'environnée
D'une pompe royale, elle soit amenée
Aux yeux de tout Messine, et pour venir s'asseoir
Au trône glorieux où vous allez la voir;
Car je ne compte plus paraître en sa présence
Que dans l'éclat du rang, dans ma magnificence,
Et solennellement de vous tous entouré.
Pourrais-je consentir, quand je lui donnerai
Dans ma mère une mère, à ce qu'en fugitive
Qui n'a point de pays, ma fiancée arrive?
Non! non! dans le palais de mes pères, je veux
Qu'elle entre en souveraine, avec pompe!

LE CORYPHÉE.

                                  Vos vœux
Seront remplis, seigneur: un signe, et notre zèle...

DON MANUEL.

Je m'arrache à ses bras, mais pour m'occuper d'elle;
Vous allez sur-le-champ me suivre en ce bazar
Où viennent d'Orient ces merveilles de l'art,
Ces bijoux, ces tissus qu'aux yeux le Maure étale.
Pour ses pieds délicats, vous prendrez la sandale
Qui les pare et protége, et, pour son vêtement,
Cette étoffe dont l'Inde a le secret charmant;
De si pure blancheur qu'aux sources de lumière
La neige de l'Etna ne l'a pas plus entière;

Qu'elle entoure, semblable aux vapeurs du matin,
Les gracieux contours de son corps enfantin.
Que la pourpre aux fils d'or, en ceinture pudique,
Sous son sein virginal arrête sa tunique.
Pour son manteau, la soie, et vous la choisirez
De pourpre aussi, qui brille en des reflets moirés.
Ajoutez-y l'agrafe en or, qui le retienne
Au-dessus de l'épaule. Et, — qu'il vous en souvienne ! —
Les bracelets ! Prenez le plus riche travail !
A ses beaux bras je veux les perles, le corail,
Présents miraculeux que nous fait en sa grâce
La déesse des mers. Qu'à ses boucles s'enlace
Un riche diadème; il faut qu'il offre aux yeux
Ce que le lapidaire a de plus précieux,
Qu'aux feux dont le rubis étincelant scintille
S'y mélange l'éclat dont l'émeraude brille.
Du haut de sa coiffure un voile descendra
Qui, comme un lumineux nuage, entourera
Son corps resplendissant, sa personne adorable.
Enfin, pour compléter cet ensemble admirable,
Le myrte virginal couronnera son front !

LE CORYPHÉE.

Comme vous l'ordonnez vos chevaliers feront,
Seigneur, et promptement : de toute cette emplette
Chaque chose au bazar est achevée et prête.

DON MANUEL.

Mon plus beau palefroi, qu'on l'amène, pareil,
Dans sa pure blancheur, aux chevaux du soleil !

Qu'il ait housse de pourpre aux riches broderies,
La bride et le harnais semés de pierreries :
Il doit porter ma reine ! — Et vous, aux sons joyeux
Des fanfares, formez un cortége pompeux,
Digne d'elle, et qu'au seuil de mon palais il mène
Celle en qui vous allez voir votre souveraine.
Deux de vous avec moi pour les soins de ce jour !
Les autres ici même attendront mon retour :
— Sur tout ce que je viens de vous dire, silence !
Vos lèvres de parler auront bientôt licence.

(Il sort, accompagné de deux des chevaliers.)

SCÈNE IX.

LE PREMIER DEMI-CHŒUR.

LE CORYPHÉE.

Qu'allons-nous faire si la paix
Entre nos princes se décide ?
Des longues heures, désormais,
Comment remplirons-nous le vide ?
Comment du temps tromper l'ennui,
Si nous ne trouvons avec lui
Que l'inaction insipide ?
N'est-il pas vrai qu'au cœur humain
Il faut la crainte, l'espérance
Et le souci du lendemain
Pour qu'il supporte l'existence
Et l'uniformité des jours ?
C'est une immobile surface

Que la vie offre dans son cours :
Pour la rider il faut toujours
Qu'un souffle rafraîchissant passe.

UN AUTRE CHEVALIER.

La paix est belle ;
On dirait d'elle
Un jeune pâtre assis au bord d'un clair ruisseau ;
Autour de lui, joyeux troupeau,
Ses brebis broutent la prairie,
Par le soleil éclairée et fleurie.
Sa flûte rend des sons mélodieux,
Et la montagne en écho les renvoie ;
Ou bien, quand, vers le soir, aux cieux,
L'astre à son coucher ne déploie
Que ses dernières gerbes d'or,
Le murmure de l'onde et le berce et l'endort.
Mais la guerre, la souveraine
De toute destinée humaine,
A bien son charme, en vérité.
Tranquille vie est importune :
J'aime un sort toujours agité ;
J'aime à me sentir ballotté
Sur les vagues de la fortune.

La paix, pour l'homme, est la langueur.
L'oisif repos, dès qu'il y tombe,
N'est autre chose que la tombe
Pour son courage et sa vigueur.
La loi, du seul faible est l'amie,

A tout niveler elle irait ;
Volontiers elle nous ferait
Une terre tout aplanie.
La guerre, au contraire, permet
Que la force puisse paraître :
A quelle hauteur elle met!
Le lâche même s'enflamme et
Sent en lui le courage naître.

UN TROISIÈME.

Les temples de l'Amour ne sont-ils pas ouverts?
N'est-ce pas la beauté qu'adore l'univers?
C'est là que sont la crainte et l'espérance ;
Là, pour qui plaît aux yeux, là qu'est la royauté!
Au gré du seul amour chacun est agité,
Et, de même, la vie à son gré se nuance :
Sur ce qu'elle a de sombre il jette la clarté.
De l'amour l'aimable déesse,
De l'écume des mers la fille enchanteresse,
Trompe nos heureux ans par une douce ivresse ;
Elle jette au milieu de la vulgarité,
De la triste réalité,
Toutes les riantes images
Des rêves d'or où l'homme est par elle porté,
Et dont elle fait ses mirages.

LE CORYPHÉE.

Au vert printemps laissons les fleurs,
Et brille la beauté de ses jeunes couleurs!
Les couronnes, qu'on se les tresse,

Et qu'aux boucles de ses cheveux
On les mêle dans la jeunesse !
C'est à de plus sévères dieux
Qu'en la maturité de l'âge
L'homme doit porter son hommage.

LE SECOND CHEVALIER.

De la déité chasseresse,
Diane, l'austère déesse,
Suivons la trace, dans les bois,
Dans les forêts à l'ombre épaisse !
Faisons, des abruptes parois
Que le sauvage rocher dresse,
Sous nos traits tomber le chamois !
La chasse est de la guerre une image fidèle ;
Si le dieu des combats est toujours sérieux,
La chasse, sa fiancée, elle,
N'a jamais que le cœur joyeux :
 Chacun à l'aurore
 Est prêt à partir ;
 La trompe sonore
 Vient de retentir ;
 Elle nous appelle :
 « Allez, nous dit-elle,
 Allez, tous, gaîment,
 Courir la vallée,
 Humide, perlée,
 De vapeurs fumant !
 A l'ardente chasse !
 Allez ! franchissez

Roc, pic et crevasse,
Et rafraîchissez,
A travers l'espace
Où l'air en flots passe,
Vos membres lassés ! »

LE TROISIÈME.

Ou vers la déesse azurée
Qui ne connaît point le repos,
Nous sentons-nous l'âme attirée ?
Nous confîrons-nous à ses flots ?
Elle montre, pour nous séduire,
Son miroir transparent, uni;
En souriant, de son Empire
Elle nous ouvre l'infini.
Faut-il sur la vague mouvante
Nous bâtir le château flottant,
La maison légère et riante ?
De la quille de son vaisseau
Celui qui laboure de l'eau
La plaine verte et transparente,
A la Fortune pour amante,
Devient son époux bien-aimé;
C'est du monde entier qu'est formé
Désormais son vaste domaine;
Sa moisson est toujours certaine,
Et sans même qu'il ait semé.
La mer est le théâtre où l'homme
Porte avec espoir son regard;
La mer est aussi le royaume

Fait au capricieux hasard,
C'est là qu'on passe de richesse,
En un moment, à pauvreté;
Là que le plus pauvre se dresse,
Au rang des rois soudain porté.
Rapides comme l'air qui joue
Sur l'aiguille signal des vents,
Sur mer les destins sont mouvants;
La Fortune tourne sa roue;
Tout sur la vague est indécis,
Là, nul domaine bien assis.

UN QUATRIÈME CHEVALIER.

Ce n'est pas seulement dans l'Empire où se brise
  Le flot contre le flot heurté,
Dans l'Empire des mers par la vague agité,
C'est sur la Terre aussi, quelque solidité
  Qu'offre son éternelle assise,
  Que le bonheur, dans sa marche indécise,
  Ne veut jamais être arrêté.
  — J'ai de la paix de tout à l'heure
  Un pénible saisissement;
Je ne saurais m'y fier franchement
  Et n'irai pas imprudemment
  Sur la lave asseoir ma demeure.
De haine trop avant leur cœur est dévoré,
D'outrages trop cruels chacun d'eux ulcéré,
  Pour que jamais ils se pardonnent.
Que nous soyons au bout ne m'est pas démontré.
Aux noirs pressentiments que mes rêves me donnent,

De terreur je suis pénétré.
Sur ce que je prévois je fais bien de me taire;
Mais je n'aime pas ce mystère,
Cet hymen qui n'est pas consacré; cet amour
Qui prend la route oblique et qui se cache au jour;
Ce rapt audacieux fait dans un monastère :
Qui marche au bien, la route droite suit.
De mauvaise semence on n'a que mauvais fruit.

LE TROISIÈME.

La femme du feu prince ainsi fut amenée
En un lit criminel. Nous le savons bien, tous :
Au père elle était destinée,
Et ce chef de la race, enflammé de courroux,
Sur les deux coupables époux
A répandu, pour sa vengeance,
Des malédictions la terrible semence.
Elle cache, cette maison,
De noirs forfaits et des horreurs sans nom.

LE CORYPHÉE.

Mauvais début, sans doute, et qui présage
Que la fin ne vaudra pas mieux.
Aucun crime amené par une aveugle rage
Ne reste impuni sous les cieux.
Ce n'est point jeu capricieux
Du hasard, de la destinée
Si, dans leur fureur acharnée,
Veulent s'anéantir ces frères furieux :

Maudit fut le sein de leur mère ;
Il devait enfanter et la haine et la guerre.
— Mais je veux ne rien ajouter.
Pour leurs desseins les dieux de la vengeance
N'agissent que dans le silence...
Des maux qui sont près d'éclater,
Pour déplorer la violence,
Attendons qu'elle en vienne à se manifester.

(Le demi-chœur se retire.)

FIN DU PREMIER ACTE.

ACTE SECOND.

LA FIANCÉE DE MESSINE.

ACTE SECOND.

Un jardin qui a vue sur la mer.

SCÈNE PREMIÈRE.

BÉATRICE.

Elle sort d'un pavillon, va et vient avec inquiétude et, tout à coup, s'arrête à écouter.

Ce n'est pas lui : c'est, à travers la branche,
Le vent qui joue, et son bruissement.
Vers l'horizon déjà le soleil penche;
L'heure se traîne et passe lentement.
La peur me prend; même à ce grand silence,
Je sens mon cœur d'épouvante saisi.
Rien ne me dit sa prochaine présence,
A mon angoisse il m'abandonne ici.

Tout près, j'entends, comme une eau mugissante,
Le bruit du peuple en Messine agité;
Au loin, la mer murmure bondissante,
Brisant son flot, au rivage jeté.
Tout m'est terreur. — Que suis-je, environnée
De ces grandeurs? Comme au milieu des airs

Vole la feuille au vent abandonnée,
Dans l'infini je sens que je me perds.

Pourquoi l'avoir quitté le saint asile
Où je vivais, sans regrets, sans désirs?
Calme comme est une source tranquille,
Mon cœur pourtant n'était pas sans plaisirs.
Et sur tes flots tu m'entraînes, ô vie!
Monde! en tes bras puissants tu me retiens.
Sur un serment, frivole garantie,
Mon faible cœur rompt ses premiers liens!

  Ma raison s'était égarée :
  M'oublier à cette action!
  Une enivrante illusion
  De moi s'était-elle emparée?

J'ai déchiré mon voile virginal;
J'ai forcé l'huis de ma cellule sainte!
Étais-je donc sous un charme infernal?
  De mon couvent j'ai fui l'enceinte,
Et, coupable, ai suivi l'homme, l'audacieux,
Qui venait m'enlever à l'asile pieux!...

Oh! viens, mon bien-aimé! Pourquoi ta longue absence?
D'une lutte cruelle accours me délivrer!
Le repentir me ronge et la douleur commence :
  A mon cœur il faut ta présence,
  Ton amour pour le rassurer!

  A qui m'aimait seul de la terre,
  Était-ce donc un tort de m'attacher?

Dans la vie on m'avait jetée en étrangère.
Le sort était venu bien vite m'arracher
A l'amour maternel... — Je dois de ce mystère
　Ne pas vouloir percer l'obscurité. —
　C'est une fois que je la vis, ma mère ;
　De son image il ne m'est rien resté.

　Un lieu tranquille en paix me voyait croître ;
　Mais, dans l'ardeur de la vie, au milieu
　D'ombres ! — Et lui paraît au seuil du cloître,
　Mâle héros, dans la beauté d'un dieu !

Ce qu'éprouva mon âme à l'enivrante image,
　Pour l'exprimer, il n'est pas de langage.
　　Étranger, il était venu
D'un monde qui m'était tout à fait inconnu.
Et, soudain, entre nous s'est formée une chaîne
Qu'on dirait n'avoir eu pas de commencement,
　Et qu'à briser toute puissance humaine
　　Mettrait ses efforts vainement.

　O noble femme ! ô ma mère ! pardonne
　Si j'ai, devant que pour moi l'heure sonne,
　Seule choisi mon destin. Tu le vois,
　Je n'étais pas maîtresse de mon choix :
　Il est venu l'Amour ; il est le maître :
　Pas de retraite où le dieu ne pénètre ;
　Il a trouvé le chemin de la tour
　Où Danaé ne voyait plus le jour.
　Jamais, jamais il ne perd sa victime !
　Même attachée au-dessus de l'abîme,

Même enchaînée aux rochers de l'Atlas!
Vienne l'instant, et, pour fondre sur elle,
Comme un vautour il déploîra son aile;
Où qu'elle soit, il ne la manque pas!

Je ne veux plus regarder en arrière;
Je ne me sais ni pays, ni foyer
A regretter : à l'amour tout entière,
C'est à l'amour que je veux me fier :
De lui nous vient félicité parfaite;
Est-il bonheur plus grand que n'est le sien?
Ce m'est assez de la part qu'il m'a faite :
D'autres bonheurs je ne regrette rien.

Ceux qui seraient en droit de m'appeler leur fille,
Je ne les connais pas et veux les ignorer,
    S'ils n'invoquaient les droits de la famille,
    O mon ami! que pour nous séparer.
J'aime mieux me rester une énigme à moi-même :
C'en est assez pour moi de savoir que je t'aime!

(Elle devient attentive.)

C'est sa voix chérie, il arrive!...
Non, ce n'étaient que les échos
De la mer, le bruit sourd des flots,
Qui vont se brisant sur la rive...
Mon bien-aimé, ce n'est pas toi!
Malheur à moi! malheur à moi!
Que deviens-tu? Je sens que passe
Dans mon sang un frisson de glace...
Et le soleil toujours plus bas!
Ce lieu, toujours plus solitaire!

Mon cœur de plus en plus se serre.
Oh! pourquoi donc ne viens-tu pas?
<small>(Elle va et vient avec inquiétude.)</small>

Hors de ce jardin, du mystère
De cet asile tutélaire,
Je ne veux plus m'aventurer.
La terreur glaçait ma poitrine
Lorsque dans l'église voisine,
Ce matin, j'osai pénétrer.
C'était l'heure de la prière :
Avec puissance, avec mystère
Mon cœur disait : Va te jeter
A genoux dans le sanctuaire!
Va prier la divine mère!
Et je ne sus pas résister!...
Ai-je à craindre quelque œil avide
Qu'à m'épier on ait commis?
Le monde est tout plein d'ennemis
Contre l'innocence timide;
Sur tous ses pas la ruse a mis
De ses filets l'appât perfide.
J'en ai déjà souffert, hélas!
Le jour où, hors du monastère
Qui me protégeait, téméraire,
Coupable, je portai mes pas
Au sein de la foule étrangère.
C'était le jour où la cité,
Avec tant de solennité,
Faisait, au sein de ses murailles,
A son Prince des funérailles.

Oh! quelle faute! Et quel danger!
Dieu seul a pu me protéger,
Quand ce jeune homme, un étranger,
Avec des yeux comme de flamme,
Un regard qui me faisait peur,
Qui semblait me traverser l'âme,
Et voir jusqu'au fond de mon cœur,
A moi vint. A cette pensée
D'effroi je suis encor glacée.
Toujours, devant mon bien-aimé,
Du secret en moi renfermé,
De cette faute qu'il ignore
Le souvenir m'effraie encore,
Et sur ses yeux je n'ose pas
Lever les miens!...
(Elle écoute.)

Des voix, des pas
Dans le jardin! C'est lui! lui-même!
Il vient, enfin, celui que j'aime!
Ce n'est pas une vaine erreur!...
Courons dans ses bras, sur son cœur!

SCÈNE II.

DON CÉSAR, BÉATRICE, LE SECOND DEMI-CHŒUR.

BÉATRICE, reculant avec terreur:

Malheur à moi! Que vois-je?

(Le demi-chœur s'est avancé.)

DON CÉSAR.

Ah! soyez sans alarmes,

Adorable beauté!
(Au demi-chœur:)
        C'est l'aspect de vos armes
Qui lui fait peur. Allez, et dans l'éloignement
Sachez vous maintenir respectueusement.
(A Béatrice:)
Bannissez toute crainte et soyez assurée
Que pour moi la beauté, l'innocence est sacrée.
(Quand le demi-chœur s'est retiré, il s'approche d'elle et lui prend la main.)
Pourquoi jusqu'à présent n'ai-je pu vous revoir?
Qu'étiez-vous devenue? Un dieu, par son pouvoir,
Vous a-t-il si longtemps dérobée et cachée?
Où ne vous ai-je pas demandée et cherchée!
Et le jour, et durant les rêves de mes nuits
Vous avez dans mon cœur régné seule, depuis
Que, comme apparaîtrait un ange de lumière,
Vous m'êtes apparue. — Alors Messine entière
Aux obsèques du Prince assistait. — Vous saviez
Quel charme, quel pouvoir sur moi vous exerciez :
Le feu de mes regards, ma lèvre frémissante,
Dans votre main ma main que j'y tenais tremblante,
Tout vous le révélait. La sainteté du lieu
Ne me permettait pas un plus complet aveu.
— A l'élévation, j'inclinai vers la terre
La tête et les genoux. Lorsqu'après ma prière
Je me fus relevé, que sur vous je voulus
Reporter mes regards, je ne vous trouvai plus!
Mais par un nœud magique et tout-puissant, madame,
Vous aviez entraîné les forces de mon âme.
Depuis, dans chaque église, aux portes des palais,

Voulant vous découvrir, incessamment j'allais.
Tout lieu, public, secret, ouvert à l'innocence,
A vu de mes agents l'active vigilance.
Le soin que je prenais, cependant, était vain.
A la fin, aujourd'hui, quelque secours divin
M'assure le succès qui doit payer ma peine :
On vous a découverte en l'église prochaine.

    (Béatrice qui, pendant tout ce temps, s'est tenue tremblante et détournant la tête, fait un mouvement d'effroi.)

Je vous retrouve enfin! Pour ne plus vous quitter,
— Plutôt sentir le sang dans mon cœur s'arrêter! —
Pour fixer le hasard, la fortune jalouse!
Je ne vous parle plus que comme à mon épouse!
Vous l'êtes! Qu'on m'entende ici le publier!
Prenez-en pour garant ma main de chevalier.

    (Il présente Béatrice au demi-chœur.)

— Je ne recherche pas qui tu peux être : j'aime
Toi seule en toi; de toi je ne veux que toi-même;
Je n'ai de tout le reste aucun souci. J'ai foi
Dans le premier regard que tu jetas sur moi.
Ainsi que ta naissance il dit ton âme pure.
Quand ta condition serait la plus obscure,
Tu n'en serais pas moins mon amour. Je ne suis
Plus libre, désormais, d'un autre choix. — Et puis,
Pour qu'à toi tout entier je me fasse connaître,
Que je prouve n'avoir que moi-même pour maître,
Être placé sur terre en un rang assez haut
Pour élever à moi mon amante, il ne faut
Que me nommer : Je suis don César. Dans Messine
Mon pouvoir n'en connaît aucun qui le domine.

    (Béatrice recule effrayée; il s'en aperçoit et continue après une courte pause.)

Que j'aime ce silence et cet étonnement!
Des attraits la pudeur est le couronnement.
La beauté de soi-même a-t-elle conscience?
On la voit s'effrayer de sa propre puissance...
— Je te laisse à toi-même, afin que ta frayeur
Se dissipe : l'effroi vient même du bonheur,
Lorsque l'impression est nouvelle et soudaine...

(Au demi-chœur :)

Honorez mon épouse et votre souveraine!
Ces deux titres, ils sont les siens dès cet instant.
Dites-lui les grandeurs du destin qui l'attend.
Je reviendrai la prendre en pompe solennelle,
Digne tout à la fois, et de moi-même, et d'elle.

(Il sort.)

SCÈNE III.

BÉATRICE, LE SECOND DEMI-CHŒUR.

LE CORYPHÉE.

A vous, que nous donne
Pour régner sur nous,
Gracieuse et bonne,
Un royal époux,
Victoire, couronne,
Et les vœux de tous!
Au trône il vous place
Pour perpétuer
Son illustre race!
Je viens saluer
La charmante mère

Qui va dans ces murs
Donner à la terre
Des héros futurs.

UN SECOND CHEVALIER.

Trois fois salut, ô jeune fille,
Qui sous des auspices heureux,
Et vous-même le cœur joyeux,
Entrez dans l'heureuse famille
Que comble la faveur des dieux;
Où de glorieuses annales
De son palais ornent les salles,
Où, de l'ancêtre au petit-fils,
Le sceptre s'est toujours transmis!

LE CORYPHÉE.

Quand vous y viendrez,
Vous réjouirez
Ses dieux domestiques,
Pénates antiques,
Graves, vénérés.
Hébé, toujours belle,
Se tient prête au seuil
A vous faire accueil;
Vous verrez près d'elle,
Empressée encor,
La Victoire, à l'aile
Où resplendit l'or,
Compagne éternelle
Du maître des dieux.
Au séjour des cieux,

Planant sur son trône,
Elle l'environne
Et, dès que l'ordonne
Du grand Jupiter
La toute-puissance,
Des hauteurs de l'air
Pour vaincre s'élance.

LE SECOND CHEVALIER.

Dans cette noble race on a toujours porté
La couronne de la beauté :
Une princesse
A l'autre y laisse
Sa charmante pudeur, sa grâce enchanteresse ;
Mais nous n'en avons vu jamais rien de plus beau
Que ce tableau :
Dans sa fleur de beauté nous admirons la fille,
Quand de toute la sienne encor la mère brille.

BÉATRICE, sortant de sa stupeur :

O malheureuse ! A quelles mains
Me livre le sort qui m'accable !
Qui pouvait, de tous les humains,
Être pour moi plus redoutable ?
Je comprends maintenant cet invincible effroi,
La mystérieuse épouvante,
Qui s'emparait de moi
Et me rendait tremblante,
Alors qu'à mon oreille il arrivait le nom
De cette terrible maison,

De cette race dont la haine
Sur son propre sein se déchaîne,
Dont les membres entre eux veulent s'anéantir.
Jusqu'à moi bien souvent est venu retentir
Le bruit qu'elle faisait la haine envenimée
Entre un frère et l'autre allumée.
Et voilà que sur moi déployant sa rigueur
Le sort m'entraîne, innocente victime,
Sans espoir, au fond de l'abîme
Qu'ouvrit leur haine et leur malheur!

(Elle s'enfuit dans le pavillon.)

SCÈNE IV.

LE SECOND DEMI-CHŒUR.

LE CORYPHÉE.

Je porte envie au fils aimé des dieux
Qui dans ce monde en mains a la puissance :
Ce que la terre a de plus précieux
Est pour le maître un lot marqué d'avance;
Il prend la fleur de ce que sous les cieux
L'homme a de grand et de délicieux.

UN SECOND CHEVALIER.

Du fond des mers les perles qu'on amène,
Il les choisit, les plus pures. — Du gain
Qu'on a tiré de la commune peine,
La grosse part est pour le souverain;

Qu'au sort ses gens partagent le butin,
De cette part il est toujours certain.

LE CORYPHÉE.

Mais ce qu'il a de plus beau dans sa vie,
— Je veux laisser le reste de côté, —
Le seul bonheur qu'au souverain j'envie,
C'est qu'il choisit la fleur de là beauté,
Et ce dont l'œil de tous est enchanté,
Est à lui seul, trésor incontesté.

LE SECOND CHEVALIER.

Du glaive armé, le corsaire au rivage
Tombe de nuit. — Il a semé l'effroi,
Il a pillé, réduit en esclavage;
A ses désirs il ne sait pas de loi.
Seule, une femme a ses égards : pourquoi?
C'est la plus belle : elle est le bien du roi!

LE CORYPHÉE.

Venez! Allons veiller pour notre maître;
Gardons l'accès de ce lieu de bonheur :
Il ne faut pas qu'un profane y pénètre.
Qu'il soit content notre noble seigneur,
Lui qui confie à notre œil protecteur
De tous ses biens le plus cher à son cœur.

(Le demi-chœur se retire par le fond du théâtre.)

SCÈNE V.

Une salle de l'intérieur du palais.

ISABELLE, debout entre DON MANUEL et DON CÉSAR.

ISABELLE.

Le voici donc, enfin, dans sa solennité,
Ce jour que j'ai longtemps attendu, souhaité !
Comme j'unis vos mains, c'est sans aucune peine
Que vos cœurs ont formé leur fraternelle chaîne.
Pour la première fois, mes fils, j'ai ce bonheur
De pouvoir sans témoins vous découvrir mon cœur !
Plus de ces étrangers, foule rude, indiscrète,
Se plaçant entre nous comme à combattre prête.
Il ne retentit plus ce tumulte guerrier
Qui frappait mon oreille et venait m'effrayer...
Comme d'oiseaux de nuit une sombre nichée,
En obscurcissant l'air, s'envole effarouchée
De murs qu'ont ruinés l'incendie et le temps,
Et dont ils s'étaient vus paisibles habitants,
Lorsqu'enfin sonne l'heure heureuse qui ramène,
Après un long exil, le maître du domaine,
Lorsque de son retour s'entend le joyeux bruit,
Lorsqu'il vient relever l'édifice détruit,
Telle la vieille haine en murmurant nous quitte,
Avec elle emmenant sa ténébreuse suite,
Le soupçon à l'œil creux, l'envie au teint blafard,
L'ardente jalousie à l'oblique regard,
Et va rendre à l'Enfer sa hideuse cohorte
Tandis que nous voyons rentrer par notre porte,

Souriant toutes deux, conduites par la paix,
La douce confiance et la concorde.
(Elle s'arrête.)
                        Mais
Ce n'était pas assez que ce jour, si prospère,
Vînt à chacun de vous, mes fils, donner un frère;
C'est une sœur, encor, qu'à ce jour vous devrez.
— Avec étonnement vous me considérez?
Oui, mes fils, je n'ai plus à garder le silence,
Et d'un ancien secret vous aurez connaissance.
— J'eus une fille aussi de mon auguste époux...
Votre sœur, mes enfants, est plus jeune que vous;
Vous pourrez l'embrasser aujourd'hui.

DON CÉSAR.

                        Quoi, ma mère,
Nous avons une sœur, et c'était un mystère?

DON MANUEL.

Enfants, on nous avait parlé de cette sœur,
Mais on la disait morte au berceau.

ISABELLE.

                    Bruit menteur!
Elle vit.

DON CÉSAR.

    Elle vit, et sur son existence
Vous vous taisiez?

ISABELLE.

            Je vais expliquer mon silence;

Je vous dirai les faits et vous verrez quels fruits
Cette heureuse semence aura bientôt produits.
— A peine comptiez-vous vos premières années,
Que vos divisions fatales étaient nées.
— Puissent-elles, mes fils, ne jamais revenir! —
Le cœur de vos parents en eut bien à gémir..
Une nuit, votre père eut un étrange rêve :
Sur son lit nuptial il croit voir que s'élève
Le tronc de deux lauriers; leurs rameaux vigoureux
S'entrelacent; un lis dresse sa tige entre eux...
Soudain la fleur n'est plus qu'une flamme, qui monte
Du feuillage au plafond et qui, toujours plus prompte,
S'étend avec furie et fait en un moment
Du palais tout entier un vaste embrasement.
— De cette vision effrayé, votre père
Veut par l'art des devins en percer le mystère :
Un astrologue arabe, auquel j'aurais voulu
Que son attachement fût bien moins absolu,
Lui dit que si jamais j'enfantais une fille
Elle tûrait nos fils; que toute sa famille
Par elle périrait. — Cette fille naquit.
Son père, — le cruel! — voulut qu'elle pérît;
Qu'on la jetât sur l'heure à la mer!... Je sus faire
Qu'il ne s'accomplît pas cet arrêt sanguinaire;
Et je sauvai ma fille; et je dois ce bonheur
Au secours d'un fidèle et discret serviteur.

DON CÉSAR.

Pour vous avoir aidée, à lui reconnaissance!
Une mère jamais n'a manqué de prudence.

ISABELLE.

L'amour maternel seul, quoi qu'il ait de puissant,
Ne m'avait pas poussée à sauver mon enfant :
Mon sein portait encor cette fille si chère
Que j'eus mon songe étrange, ainsi que votre père :
Un enfant, aussi beau que l'amour et ses dieux,
Sur un gazon fleuri se livrait à ses jeux.
D'un bois sort un lion dont la gueule sanglante
Laisse pendre une proie encore palpitante.
Il vient la déposer au giron de l'enfant...
Du haut des airs s'abat un aigle au même instant ;
Il tient un faon, qui tremble entre sa double serre,
Et, comme le lion pour l'enfant vient de faire,
Dépose doucement la proie en son giron ;
Et puis, en même temps, et l'aigle et le lion
Se couchent à ses pieds comme en signe d'hommage...
— Un moine m'expliqua le sens de cette image ;
Un saint homme, de qui, dans mes afflictions,
Je recevais conseils et consolations :
Je devais, m'a-t-il dit, mettre une fille au monde,
Et je verrais, par elle, en une amour profonde,
Ardente, s'accorder la haine de mes fils.
— Dans le fond de mon cœur je gardai cet avis ;
Je crus la voix de Dieu plutôt que le mensonge,
— Autre chose pour moi n'était le premier songe, —
Et je sauvai ma fille, enfant prédestiné,
Qu'avait béni le ciel ; ce gage à moi donné
De la paix entre vous ; qui la rendait certaine,
Bien que chaque journée augmentât votre haine.

DON MANUEL, *embrassant son frère:*

Pour les nœuds fraternels que forme notre cœur,
Nous n'avons pas besoin du secours d'une sœur;
Mais que de plus en plus cette sœur les resserre!

ISABELLE.

Dans un endroit secret, une main étrangère,
Mystérieusement, prit soin de l'élever,
Loin de moi, de sa mère : il fallut me priver
Du bonheur de la voir. De sa chère présence
J'avais l'ardent désir : j'y faisais violence;
Je craignais votre père et sa sévérité.
Il était de soupçons sans cesse tourmenté,
Et de ses espions l'active surveillance,
Attachée à mes pas, servait sa défiance.

DON CÉSAR.

Il est, depuis trois mois, dans sa tombe couché.
Pourquoi donc cet enfant, pendant longtemps caché,
Cette fille, ne pas permettre qu'on la voie?
Pour quel motif avoir retardé notre joie?

ISABELLE.

Quel motif en avais-je autre que le malheur
De vos luttes, dont rien ne calmait la fureur?
Sur cette même tombe, à peine refermée,
Votre haine s'était plus vive rallumée.
Vous réconcilier, hélas! je n'en avais
Nul moyen, nul espoir. Dites si je pouvais

La placer entre vous et devant votre épée,
Cette sœur à la mort par miracle échappée ?
Vous, dans votre tempête, auriez-vous entendu
La voix de votre mère ? Est-ce que j'aurais dû
Risquer à vos transports de haine furieuse
Ce gage désigné d'une paix précieuse,
La dernière ancre sainte où mettre mon espoir ?
Non, vous deviez chacun en arriver à voir
Dans votre frère un frère, avant que je ne fisse
Que cet ange de paix entre vous resplendisse.
Plus d'obstacle aujourd'hui ! Vous verrez votre sœur.
D'heure en heure j'attends un ancien serviteur
A qui j'ai confié le soin d'aller la prendre
Dans son paisible asile. A mon cœur il va rendre
Une fille bien chère et mettre dans vos bras
Une sœur.

DON MANUEL.

Pour ma mère elle ne sera pas
La seule qu'aujourd'hui dans les siens elle presse.
Par chaque porte ici pénètre l'allégresse :
Ce palais déserté va se remplir. Ce jour
De la grâce charmante y fixe le séjour...
... Connaissez mon secret : en échange, ma mère,
De ma sœur, je vous donne une autre fille chère.
Oui, ma mère, tel est l'aveu que je vous dois.
Bénissez votre fils : son cœur a fait un choix :
Celle qui de mes jours deviendra la compagne,
Je l'ai trouvée. Avant que l'astre du jour gagne
L'horizon, je mettrai, moi, votre Manuel,
Mon épouse à vos pieds.

ISABELLE.

Sur mon sein maternel
Avec transports, mon fils, je la recevrai, celle
Qui doit me rendre heureux mon premier-né. Pour elle
Que partout naissent joie, et plaisirs, et bonheurs,
Et tout ce que pourra la vie avoir de fleurs!
Mon front ceint aujourd'hui sa plus belle couronne.
Le bonheur soit le prix du fils qui me la donne!

DON CÉSAR.

N'épuisez pas, ma mère, en ce jour fortuné,
Vos bénédictions sur votre premier-né.
Puisque aimer fait bénir, eh bien! ma mère, j'aime;
Je vous donne une fille aussi, votre troisième,
Digne de vous; qui m'a fait connaître l'amour.
Avant qu'à l'horizon le soleil de ce jour
Descende, je l'aurai devant vous amenée,
Celle à qui don César unit sa destinée.

DON MANUEL.

Puissance souveraine et divine! Amour! toi
Que des âmes l'on nomme avec raison le roi,
Sous ta suprême loi chaque élément s'enchaîne;
Tu rapproches les cœurs que divisait la haine;
Rien qui ne rende hommage à ta grandeur: voici
Que tu soumets un cœur indompté jusqu'ici,
Le cœur de don César!

(Il embrasse don César.)

Mon frère, à ta tendresse
Je crois de ce moment; dans mes bras je te presse;

Par le plus doux espoir je me laisse charmer ;
Je ne puis plus douter de toi : tu sais aimer !

ISABELLE.

Il est trois fois béni pour moi, ce jour prospère,
Mes fils, ce jour qui vient du cœur de votre mère
Enlever tout le poids de longs, d'affreux tourments.
Je vois ma race assise en de sûrs fondements ;
Et l'immense avenir, en paix je l'envisage.
Hier encor je portais le voile du veuvage,
J'étais abandonnée et sans enfants ; j'allais
En pleine solitude errant dans ce palais ;
Et voilà qu'aujourd'hui cet isolement cesse :
Trois filles, dans l'éclat que donne la jeunesse,
Toutes trois dans sa fleur étalant leur beauté,
Tout à l'heure viendront briller à mon côté !
Où la mère, où la femme, entre toutes au monde
Heureuse du bonheur d'avoir été féconde,
Qui prétendrait qu'au mien son bonheur est égal ?
— Vous les avez, mes fils, prises d'un sang royal,
N'est-ce pas ? Vous n'auriez pas fait un choix indigne ?
Pourtant, jusqu'à présent, rien ne me les désigne :
Des princes, nos voisins, je ne vois pas celui...

DON MANUEL.

Ma mère, seulement encor pour aujourd'hui
Laissez à mon bonheur son voile et son silence ;
L'instant où vous allez le connaître s'avance.
Vienne ma fiancée, et je vous garantis
Que vous applaudirez au choix de votre fils.

ISABELLE.

En toi, mon premier-né, l'esprit, le caractère
Sont exactement tels que les avait ton père.
Il aima, de tout temps, à former en secret,
A garder en lui-même un plan qu'il préparait,
Et renfermait au fond d'une âme impénétrable
Sa résolution, toujours inébranlable.
Je consens volontiers à ce léger retard...
Mais je ne doute pas que mon fils don César
Ne me dise quelle est la royale famille
D'où par lui me viendra cette troisième fille.

DON CÉSAR.

Pour agir en secret je ne suis pas connu :
De même que mon front, ma pensée est à nu.
Pourtant, — à cet aveu je mets toute franchise, —
Ce que vous désirez que votre fils vous dise,
Lui-même ne se l'est pas encor demandé.
Le soleil, on le voit; on en est inondé,
Sans que de sa lumière on dise : D'où vient-elle?
Il brille, et de soi-même au monde se révèle;
Il brille : c'est assez pour prouver à nos yeux
Qu'il vient de la lumière et qu'il en tient ses feux.
Ma mère, il m'a suffi de voir ma fiancée;
J'ai lu dans son œil pur, au fond de sa pensée;
Ma perle, à son éclat je la reconnaîtrai,
Mais son nom de moi-même est encore ignoré.

ISABELLE.

Explique-toi, César : as-tu cru reconnaître,
Au premier sentiment qu'en toi l'amour fit naître,

ACTE II. — SCÈNE V.

Comme la voix de Dieu? De toi j'attendais bien
Quelque acte du jeune homme impétueux, mais rien
Qui fût l'aveuglement d'un enfant. — Sois sincère :
Quels motifs ont guidé ton choix?

DON CÉSAR.

Un choix, ma mère?
Est-ce qu'il fait un choix l'homme, quand le destin,
A l'heure qu'il marqua, dans sa course l'atteint?
Je n'étais certes pas sorti dans la pensée
De chercher qui j'allais nommer ma fiancée;
Ce n'était pas, surtout, qu'un aussi vain désir,
Dans la maison de mort au cœur pût me saisir;
Et cependant, c'est là que j'ai rencontré celle
Que je ne cherchais pas. — La femme! qu'était-elle
A mes yeux jusqu'alors? un être sans valeur,
Léger, vide, pour qui je n'avais que froideur :
Nulle ne vous était comparable, ô ma mère!
C'est l'image de Dieu que dans vous je vénère...
— C'était le triste jour, et de deuil, et de pleurs,
Qu'à mon père on rendait les funèbres honneurs;
Sous un déguisement, et moi-même, et mon frère,
Aux regards de la foule il fallait nous soustraire,
Ainsi que sagement vous l'aviez arrêté :
Qu'éclatât notre haine, et la solennité
Pouvait, vous l'aviez craint, en être suspendue.
— La nef du sanctuaire était de noir tendue.
Le cercueil sous le drap sépulcral, traversé
De la croix blanche, était devant l'autel, placé
Sur une estrade. Autour du cercueil, vingt génies
Éclairaient l'appareil de ces cérémonies

De funèbres flambeaux qu'ils tenaient dans la main ;
Dessus, les attributs du pouvoir souverain,
Et ceux particuliers à la chevalerie :
Éperons d'or, épée, à poignée enrichie
De diamants. — Partout, profond recueillement
Et chacun à genoux. — Dans ce même moment,
Du haut du chœur, soudain, les orgues retentissent ;
A leurs accords cent voix dans un hymne s'unissent,
Et, pendant sa durée, aux yeux des assistants,
Le cercueil et son socle étaient, en même temps,
Descendus lentement jusqu'à la sépulture
Dont le drap noir aux yeux dérobait l'ouverture.
Tout terrestre ornement la terre le gardait ;
Il n'accompagnait point le mort qu'on descendait,
Et le chant séraphique emportait sur ses ailes
L'âme affranchie, allant aux sphères éternelles
Demander le repos à son Dieu. — Tout ceci,
Avec tant de détails je le rappelle ici,
Afin de vous prouver que je ne songeais guère,
En un pareil moment, aux choses de la terre.
Pour faire entrer en moi le rayon de l'amour,
L'arbitre de ma vie avait choisi ce jour
Si solennel, si grave ! — En vain je me demande
Comment c'est arrivé.

ISABELLE.

Poursuis ! — Que je t'entende
Jusqu'au bout.

DON CÉSAR.

D'où venait cette femme et comment

Elle s'est près de moi trouvée en ce moment,
Ne le demandez pas ; pour moi c'est un mystère.
Quand je levai les yeux, à mon côté, ma mère,
Elle était. A sa vue, un sentiment subit,
Mystérieux, profond, merveilleux me saisit.
Son sourire si doux, sa grâce enchanteresse,
Son visage si beau, sa forme de déesse,
Tout ce que sa personne avait de ravissant,
N'est pas ce qui causait ce charme si puissant.
C'était elle, c'était sa pensée et sa vie
Qui semblaient s'emparer de mon âme ravie.
Je sentais entre nous un céleste lien ;
Comme un pouvoir magique où l'on ne comprend rien.
Lorsque, si rapprochés, nos souffles se mêlèrent,
Nos âmes, sans un mot, sans nulle aide, semblèrent
Communiquer ensemble en un contact sacré ;
Son cœur, jusques au fond je l'avais pénétré ;
Oui, je la connaissais cette femme, ô ma mère,
Bien qu'elle ne me fût encor qu'une étrangère,
Et dans moi clairement j'entendais une voix
Me dire : « La voilà ! ne fais pas d'autre choix !
Elle, ou point ! »

DON MANUEL, l'interrompant avec feu :

C'est bien là cette divine flamme,
Ce rayon de l'amour qui frappe, embrase l'âme
Près de l'âme parente, et qui vient nous ôter
La liberté du choix, comme de résister !
Des nœuds que le ciel forme, aucun pouvoir sur terre
Ne saurait les briser. — Je rends grâce à mon frère :

Ce qu'il a raconté, c'est mon propre destin ;
Il dissipe pour moi ce qu'avait d'incertain
Le sentiment secret dont mon âme s'enivre.

ISABELLE.

Je vois qu'avec mes fils le destin entend suivre
Sa route librement. Quand le torrent bondit
Du haut de la montagne, il se creuse son lit
Et court, sans nul souci du régulier passage
Qu'avait pour lui tracé la main prudente et sage.
Eh bien ! je me soumets — qu'y pourrais-je changer ? —
Aux célestes desseins qu'on ne peut diriger.
Le sort de ma maison se prépare en silence ;
Dans le cœur de mes fils je mets mon espérance :
Ils sont nobles tous deux de naissance et de cœur.

SCÈNE VI.

ISABELLE, DON MANUEL, DON CÉSAR, DIÉGO,
qui se montre à la porte.

ISABELLE.

Le voilà de retour, mon digne serviteur !
— Approche ! — Eh bien ? Ma fille ? — Ils savent tout,
ses frères ;
Plus de ménagements, Diégo ! plus de mystères !
— Ne me la cache plus ! — Nous sommes prêts, ici,
A la plus grande joie. — Allons ! viens !
(Elle va vers la porte au-devant de lui.)
Qu'est ceci ?
Cette hésitation ?... Rester là sans rien dire ?

— Ce n'est pas mon bonheur qu'en tes yeux je puis lire.
Qu'est-il donc arrivé? Parle! J'ai le frisson.
Ma fille? Béatrice?
(Elle veut sortir.)

DON MANUEL, à part, avec surprise:
Ah!... Béatrice?

DIÉGO, arrêtant Isabelle:
Non,
Restez!

ISABELLE.
Où donc est-elle? — Ah! l'angoisse me tue!

DIÉGO.
Béatrice n'est pas avec moi revenue.

ISABELLE.
Au nom de tous les saints, quel est donc le malheur...?

DON CÉSAR.
Ma sœur? Dis, malheureux! que sais-tu de ma sœur?
Parle donc!

DIÉGO.
De forbans votre sœur est la proie.
O jour infortuné! faut-il que je le voie!

DON MANUEL.
Du courage, ma mère!

DON CÉSAR.
Il faut vous contenir,
Et que vous sachiez tout. Laissez Diégo finir.

DIÉGO.

Madame, pour répondre à votre impatience,
Je m'étais mis en route et faisais diligence :
Une dernière fois j'allais à ce couvent
Dont j'avais déjà fait le chemin si souvent.
Le bonheur m'emportait sur son aile légère.

DON CÉSAR.

Au fait !

DON MANUEL.

Abrége donc !

DIÉGO.

J'arrive au monastère ;
J'en traverse les cours, que je connais si bien,
Et lorsque je m'enquiers de votre fille, rien !
Pour réponse, l'effroi peint sur chaque figure,
Et, frémissant, j'apprends cette horrible aventure.

Isabelle tombe pâle et tremblante sur un fauteuil. Don Manuel s'empresse auprès d'elle.

DON CÉSAR.

Enlevée, as-tu dit ? — Un corsaire africain ?
L'a-t-on vu ? D'où sais-tu que le fait soit certain ?

DIÉGO.

On a vu le vaisseau d'un corsaire au mouillage
Près du cloître.

DON CÉSAR.

Souvent, pour éviter l'orage,
Dans cette même baie un vaisseau s'est tenu.
Et celui-là, sait-on ce qu'il est devenu ?

DIÉGO.

De toute sa vitesse, au lever de l'aurore,
On l'a vu s'éloigner.

DON CÉSAR.

    Et qu'a-t-il pris encore?
Au Maure un seul butin ne suffit pas.

DIÉGO.

      Il a
Pris un troupeau de bœufs qui paissait près de là.

DON CÉSAR.

Mais comment les brigands, au sein du monastère,
Si bien clos, où se fait une garde sévère,
Pour enlever ma sœur, ont-ils donc pénétré?

DIÉGO.

En franchissant le mur dont il est entouré :
Une échelle un peu haute a bien pu leur suffire.

DON CÉSAR.

Jusque dans sa cellule ils ont pu s'introduire?
Quand on cloître les sœurs si rigoureusement?

DIÉGO.

Les nonnes que ne lie encore aucun serment
Peuvent se promener en plein air.

DON CÉSAR.

      Béatrice
Usait-elle souvent de ce droit de novice?

DIÉGO.

Aux endroits retirés elle portait ses pas;
Aujourd'hui, seulement, elle ne revint pas.

DON CÉSAR, après un moment de réflexion:

Un rapt? Si les brigands en effet l'ont trouvée
Libre à ce point qu'ils l'aient aisément enlevée,
Il peut se faire aussi que de sa liberté,
Pour s'enfuir du couvent, ma sœur ait profité.

ISABELLE, se levant:

C'est d'un enlèvement que ma fille est victime!
C'est d'une violence, et ce rapt est un crime!
De son plein gré jamais elle n'eût, votre sœur,
Oubliant tout devoir, suivi le ravisseur!...
— Mes fils! mes fils! la sœur que, dans cette journée,
Avec tant de bonheur je vous aurais donnée,
Il faut que maintenant je la doive à vos bras!
Courage, mes héros! vous ne souffrirez pas
Que d'un audacieux elle reste la proie.
Aux armes, mes enfants, aux armes! Qu'on déploie
La voile des vaisseaux! Qu'on explore avec soin
Les anses de la côte et, s'il le faut, au loin,
Sur les mers, du voleur que justice soit faite!
C'est d'une sœur qu'il faut poursuivre la conquête!

DON CÉSAR.

Je vole à sa vengeance, à sa recherche, adieu!

(Il sort.)

SCÈNE VII.

ISABELLE, DON MANUEL, DIÉGO.

DON MANUEL, sortant d'une distraction profonde, se tourne avec inquiétude vers Diégo:

Et depuis quand dis-tu qu'elle a quitté le lieu...?

DIÉGO.

On a, de ce matin, remarqué son absence.

DON MANUEL, à sa mère:

Son nom est Béatrice?

ISABELLE.

Oui. — Mais fais diligence,
Et plus de questions!

DON MANUEL.

J'ai besoin de savoir...

ISABELLE.

Ton frère t'a donné l'exemple : à ton devoir!

DON MANUEL.

Ah! je vous en conjure : où ma sœur était-elle?

ISABELLE, le pressant de partir:

Vois mes larmes, mon fils, mon angoisse mortelle!

DON MANUEL.

Où l'aviez-vous cachée?

ISABELLE.

Elle ne l'eût été
Mieux au sein de la terre !

DIÉGO.

Ah ! je suis tourmenté
D'une crainte...

ISABELLE.

Laquelle ? Il faut ne rien me taire !

DIÉGO.

Il se peut que je sois la cause involontaire
De cet enlèvement.

ISABELLE.

Que dis-tu, malheureux ?
Que s'est-il donc passé ? Les plus complets aveux !

DIÉGO.

Si je ne vous ai pas de ce fait informée,
C'est que vous en pouviez vous sentir alarmée :
Le jour où fut porté le prince en son tombeau,
Où, toujours curieux d'un spectacle nouveau,
Le peuple à cette fête, et triste, et solennelle,
Se pressait, votre fille, — au couvent la nouvelle
Jusques à son oreille en avait pénétré, —
Votre fille m'avait ardemment conjuré
De souffrir qu'elle vît cette cérémonie ;
Et moi je crus devoir céder à son envie...
Sous des habits de deuil alors elle sortit,
Et, la solennité, Béatrice la vit.

C'est là, je le crains bien, qu'en cette foule immense,
Son ravisseur aura remarqué sa présence;
De sa beauté si rare aucun déguisement
Ne peut cacher l'éclat.

DON MANUEL, à part:

     Oh! quel soulagement
J'éprouve à ce récit! Non, non, ce n'est pas elle!
Mes indices n'ont rien de ceux qu'il me révèle.

ISABELLE.

Ainsi, tu m'as trahie, ô vieillard insensé!

DIÉGO.

Madame, en exauçant un tel vœu, j'ai pensé
Suivre, pour bien agir, la route la plus sûre.
J'ai vu dans ce désir la voix de la nature,
La puissance du sang; l'œuvre même du ciel,
Qui dirigeait la fille au tombeau paternel
Par une attraction douce et mystérieuse.
Elle était un devoir cette action pieuse,
Un droit même; et voilà que, par un sort fatal,
A bonne intention pourtant, j'ai fait le mal.

DON MANUEL, à part:

Pourquoi rester ici dans mon inquiétude?
Je veux tout éclaircir, je veux la certitude!
(Il veut sortir.)

DON CÉSAR, qui revient:

Attends-moi, Manuel, je m'en vais avec toi.

DON MANUEL.

Reste! Ni toi, César, ni personne avec moi!
(Il sort.)

SCÈNE VIII.

ISABELLE, DON CÉSAR, DIÉGO.

DON CÉSAR, suivant don Manuel d'un œil étonné:

Don Manuel!... Qu'a-t-il? — Le savez-vous, ma mère?

ISABELLE.

Il est méconnaissable, en vérité, ton frère!
Quel changement en lui!

DON CÉSAR.

      J'ai dû pour un moment
Revenir sur mes pas : dans mon empressement
Je ne vous avais pas demandé quel indice,
Quel signe me fera connaître Béatrice.
Il me faut, si je veux sur sa trace arriver,
Savoir d'où les forbans l'osèrent enlever.
Nommez-moi le couvent qui lui servait d'asile,
Ma mère.

ISABELLE.

  Pour patronne il a sainte Cécile,
Et se cache au milieu de la forêt qui va
Par une pente douce au sommet de l'Etna.

Ce couvent offre à l'âme abri, repos, mystère.
C'est là qu'était ta sœur.

DON CÉSAR.

Du courage, ma mère!
Fiez-vous à vos fils! Je la retrouverai
Ma sœur, et dans vos bras je la ramènerai!
Oui, dussé-je, aussi loin qu'elles peuvent s'étendre,
Courir terres et mers, je saurai vous la rendre!...
— Cependant je n'ai pas cet unique souci :
C'est à des étrangers que j'ai dû, jusqu'ici,
Laisser ma fiancée : à vous seule, ma mère,
Je puis la confier cette tête si chère.
Vous verrez mon trésor; je vais vous l'envoyer.
Dans ses bras, sur son cœur, vous allez oublier
Vos chagrins, vos douleurs!

(Il sort.)

SCÈNE IX.

ISABELLE.

Quand se lassera-t-elle
La malédiction si longue, si cruelle,
Qui sur cette maison pèse! Un Esprit mauvais
De mon espoir se joue. Est-ce donc que jamais
Il ne mettra de terme à sa jalouse rage?
Je me croyais si près d'atteindre un sûr rivage,
De m'abriter au port! J'avais si bien mis foi
Aux gages de bonheur qui se montraient à moi!

Je pensais n'avoir plus à craindre la tempête.
Joyeuse, tout pour moi prenait un air de fête ;
D'un beau soleil couchant le pays s'éclairait...
Et voilà que soudain l'orage reparaît !
Sur le ciel le plus pur ! et que, moi, malheureuse !
Il vient me rejeter à la mer furieuse !

(Elle rentre dans le palais ; Diégo la suit.)

FIN DU SECOND ACTE.

ACTE TROISIÈME.

LA FIANCÉE DE MESSINE.

ACTE TROISIÈME.

Le jardin sur la mer.

SCÈNE PREMIÈRE.

TOUT LE CHŒUR, puis, BÉATRICE.

Les chevaliers de don Manuel s'avancent dans un appareil de fête, parés de fleurs et portant les présents de noce décrits acte I, scène VIII. Les chevaliers de don César veulent leur interdire l'entrée.

LE CORYPHÉE DU PREMIER DEMI-CHŒUR.

Quitte la place, et ce sera prudence.

LE CORYPHÉE DU SECOND DEMI-CHŒUR.

Oui, si peut-être un plus fort le voulait.

LE CORYPHÉE DU PREMIER DEMI-CHŒUR.

Vois qu'importune ici m'est ta présence.

LE CORYPHÉE DU SECOND DEMI-CHŒUR.

J'y resterai puisqu'elle te déplaît.

LE CORYPHÉE DU PREMIER DEMI-CHŒUR.

Qui puis-je ici trouver qui me défende
D'y rester seul?

LE CORYPHÉE DU SECOND DEMI-CHŒUR.
    Moi, qui seul y commande.

LE CORYPHÉE DU PREMIER DEMI-CHŒUR.
Pour obéir à mon maître je vien.

LE CORYPHÉE DU SECOND DEMI-CHŒUR.
Je suis ici, moi, par ordre du mien.

LE CORYPHÉE DU PREMIER DEMI-CHŒUR.
Qu'au frère aîné cède le jeune frère !

LE CORYPHÉE DU SECOND DEMI-CHŒUR.
C'est au premier occupant qu'est la terre...

LE CORYPHÉE DU PREMIER DEMI-CHŒUR.
Va ! je te hais, vide-moi le terrain !

LE CORYPHÉE DU SECOND DEMI-CHŒUR.
Non sans avoir mesuré nos épées.

LE CORYPHÉE DU PREMIER DEMI-CHŒUR.
Seras-tu donc partout en mon chemin ?

LE CORYPHÉE DU SECOND DEMI-CHŒUR.
Et te bravant, tiens cela pour certain.

LE CORYPHÉE DU PREMIER DEMI-CHŒUR.
Tu n'as ici d'oreilles occupées
Qu'à tout ouïr, tout épier, pourquoi ?

LE CORYPHÉE DU SECOND DEMI-CHŒUR.
Et qu'y viens-tu savoir, ordonner, toi ?

ACTE III. — SCÈNE I.

LE CORYPHÉE DU PREMIER DEMI-CHŒUR.

Je n'y suis point pour te répondre, moi.

LE CORYPHÉE DU SECOND DEMI-CHŒUR.

T'ai-je honoré d'un seul mot?

LE CORYPHÉE DU PREMIER DEMI-CHŒUR.

Pour mon âge
Un peu d'égards, jeune homme!

LE CORYPHÉE DU SECOND DEMI-CHŒUR.

Mon courage,
Comme le tien, est connu.

BÉATRICE, sortant précipitamment du pavillon:

Justes cieux!
Que font ici ces guerriers furieux?

LE CORYPHÉE DU PREMIER DEMI-CHŒUR, au coryphée du second:

Je te méprise, et tes airs orgueilleux!

LE CORYPHÉE DU SECOND DEMI-CHŒUR.

Bien au-dessus du tien je mets mon maître.

BÉATRICE.

Malheur! Malheur! Ah! s'il allait paraître!

LE CORYPHÉE DU PREMIER DEMI-CHŒUR.

Tu mens! Au mien du premier rang l'honneur!

LE CORYPHÉE DU SECOND DEMI-CHŒUR.

Dans tout combat don César est vainqueur.

BÉATRICE.

Voici son heure; à venir il s'apprête.

LE CORYPHÉE DU PREMIER DEMI-CHŒUR.
N'était la paix, je te le ferais voir!

LE CORYPHÉE DU SECOND DEMI-CHŒUR.
La paix, dis-tu? C'est la peur qui t'arrête.

BÉATRICE.
Que loin d'ici ne puis-je le savoir!

LE CORYPHÉE DU PREMIER DEMI-CHŒUR.
Je crains la loi, non toi: que tu le saches!

LE CORYPHÉE DU SECOND DEMI-CHŒUR.
La loi? fort bien : elle abrite les lâches.

LE CORYPHÉE DU PREMIER DEMI-CHŒUR.
Donne l'exemple et je t'imiterai ;
Mon fer après le tien...

LE CORYPHÉE DU SECOND DEMI-CHŒUR.
Je l'ai tiré!

BÉATRICE, dans la plus vive anxiété:
Ils en viennent aux mains! déjà brille le glaive!
Qu'ici mon bien-aimé ne se présente pas,
O Puissances du ciel vers qui ma voix s'élève!
D'obstacles, de retards embarrassez ses pas!...
O saints anges à qui, de ma voix suppliante,
J'ai demandé qu'à moi bientôt il pût venir,
N'allez point exaucer ma prière imprudente,
Et loin d'ici, bien loin, daignez le retenir!

(Elle rentre en toute hâte. Au moment où les deux demi-chœurs
s'attaquent, don Mannel paraît.)

SCÈNE II.

DON MANUEL, TOUT LE CHŒUR.

DON MANUEL.

Ciel! Que vois-je! Arrêtez!

LE CORYPHÉE et DEUX AUTRES CHEVALIERS DU PREMIER
DEMI-CHŒUR, ensemble:

Avance donc! Avance!

LE CORYPHÉE et DEUX AUTRES CHEVALIERS DU SECOND
DEMI-CHŒUR, ensemble:

Mort à ces traîtres! Mort! Mort!

DON MANUEL, s'avançant entre eux, l'épée à la main:

Arrêtez! Silence!

LE CORYPHÉE DU PREMIER DEMI-CHŒUR.

C'est le prince!

LE CORYPHÉE DU SECOND DEMI-CHŒUR.

Le frère! En paix demeurons tous!

DON MANUEL.

J'étends mort à mes pieds le premier d'entre vous
Qui combattrait encor, ne dût-on même faire
Qu'adresser du regard menace à l'adversaire.
Êtes-vous fous, peut-être, et quel est le démon
Qui vous pousse à vouloir raviver le tison
De haines autrefois entre nous allumées,
Et qui sont à jamais dans vos princes calmées?
L'agresseur, quel fut-il? — Allons! dites-le-moi!

LE CORYPHÉE et UN AUTRE CHEVALIER DU PREMIER
DEMI-CHŒUR, ensemble:

Nous les avons trouvés...

LE CORYPHÉE et UN AUTRE CHEVALIER DU SECOND
DEMI-CHŒUR, interrompant:

Ils sont venus...

DON MANUEL, au coryphée du premier demi-chœur:

Dis, toi!

LE CORYPHÉE DU PREMIER DEMI-CHŒUR.

Sur votre ordre, seigneur, que, dans cette journée,
Nous apportions ici vos présents d'hyménée,
Nous venions, — vous voyez que nous sommes parés
Pour une fête, et non au combat préparés, —
Nous venions confiants, estimant bien assise
La paix que l'on s'était tout récemment promise,
Et sans intention, ni peur d'hostilités.
Voilà qu'en ennemis nous les trouvons postés,
Les armes à la main nous refusant passage!

DON MANUEL.

Rien ne met à l'abri de votre aveugle rage,
Insensés? Votre haine aura donc pénétré
Jusque dans ce séjour silencieux, sacré,
Et dans sa douce paix vous troublez l'innocence?
(Au second demi-chœur:)
Sortez! Nous ne pourrions souffrir votre présence;
Ici sont des secrets que vous profaneriez.
(Voyant que le second demi-chœur hésite:)
Obéissez, ainsi que vous obéiriez

A mon frère lui-même : il parle par ma bouche ;
Nous ne sommes plus qu'un pour tout ce qui nous touche,
Et mon ordre est le sien. Sortez !
(Au premier demi-chœur :)
Vous, demeurez !
Et, l'accès du jardin, vous le surveillerez.

LE CORYPHÉE DU SECOND DEMI-CHŒUR.

Que nous reste-t-il à faire ?
Nos princes ont fait la paix ;
C'est là pour nous chose claire ;
Qu'ils y vivent désormais !
Lorsque les grands se querellent,
Aller, sans qu'ils nous appellent,
Pour leur cause s'engager,
C'est courir la double chance
De peu de reconnaissance
Et de beaucoup de danger.

Las de guerres, qu'ils s'arrêtent,
Le mal qu'on en a souffert,
Vite les grands le rejettent
Sur l'homme obscur qui les sert
Et mit en eux confiance :
De leur robe d'innocence
Ils sont prompts à se vêtir.
Soit ! Que nos maîtres s'arrangent !
Sous eux les destins nous rangent :
Le plus sage est d'obéir.

(Les chevaliers de don César sortent ; ceux de don Manuel se retirent au fond du théâtre. Béatrice s'élance du pavillon sur la scène et se jette dans les bras de don Manuel.)

SCÈNE III.

DON MANUEL, BÉATRICE.

BÉATRICE.

C'est toi! Tu m'es rendu! Dans quelle longue attente,
Cruel, tu m'as laissée! en proie à l'épouvante,
A toutes les terreurs!... Je n'y veux plus songer.
Te voilà! Sur ton sein je brave tout danger.
Viens! Ils sont loin. Plus rien n'empêche notre fuite;
Viens! viens! ne perdons pas un instant! partons vite!
(En cherchant à l'entraîner, elle le regarde plus attentivement.)
Qu'as-tu donc, et comment m'accueilles-tu? Pourquoi
Prendre un air réservé, solennel avec moi?
Te dérober à moi qui de mes bras t'enlace?
M'éloigner? On dirait que mon amour te lasse!
Manuel! mon époux! mon ami! puis-je bien
Te reconnaître encor?

DON MANUEL.

Béatrice!

BÉATRICE.

Non! rien!
Pas un mot! Me parler! Ah! ce n'en est pas l'heure :
Il faut fuir; à l'instant; le temps presse!

DON MANUEL.

Demeure,
Et réponds-moi!

BÉATRICE.

Partons! Ces farouches soldats
Vont revenir.

DON MANUEL.

Pour nous ne les redoute pas.

BÉATRICE.

Si! si! Tu ne sais point ce qu'ils sont. — Partons vite!

DON MANUEL.

Quand mon bras te protége une crainte t'agite?

BÉATRICE.

Crois-moi, des gens puissants sont ligués contre nous.

DON MANUEL.

Aucun n'a mon pouvoir.

BÉATRICE.

Et toi seul contre tous?

DON MANUEL.

Oui, seul. Ceux que tu crains...

BÉATRICE.

Tu ne peux les connaître;
Non, tu ne peux pas, toi, savoir quel est leur maître.

DON MANUEL.

C'est moi qui suis leur maître; ils m'obéissent.

BÉATRICE.

                                                            Toi!
Toi leur maître? Ah! je sens mon cœur glacé d'effroi!

DON MANUEL.

Il est temps qu'entre nous tout mystère finisse;
Je dois te dire enfin qui je suis, Béatrice :
Je ne suis plus celui qui vers toi n'est venu
Qu'en pauvre chevalier, en amant inconnu,
Sans droits à ton amour que le sien. Ma naissance,
Qui je suis en effet, mon rang et ma puissance,
Je t'avais tout caché.

BÉATRICE.

                  Tu n'es pas...? Juste ciel!
Qui donc es-tu?

DON MANUEL.

                Mon nom est bien don Manuel;
Mais nul ici ne l'a de plus haute origine :
Je suis don Manuel, le prince de Messine.

BÉATRICE.

Frère de don César?

DON MANUEL.

Oui.

BÉATRICE.

         Son frère?

DON MANUEL.

                        Pourquoi
Cette terreur? Mon frère est-il connu de toi?
Ou quelque autre des miens?

ACTE III. — SCÈNE III.

BÉATRICE.

                C'est toi que de ton frère
Séparent, et la haine, et l'implacable guerre?

DON MANUEL.

Nous avons fait la paix; nous sommes frères, lui
Et moi, non-seulement par le sang : d'aujourd'hui
C'est aussi par le cœur.

BÉATRICE.
        D'aujourd'hui?

DON MANUEL.
                Béatrice,
Explique-moi d'où vient qu'à ce point te saisisse
Ce que je viens de dire? Est-ce que ma Maison
De toi serait connue autrement que de nom?
Ai-je tout ton secret? Est-ce qu'à ma tendresse
Tu n'as rien caché? Rien?

BÉATRICE.
           Moi?... Pourquoi? Que serait-ce?

DON MANUEL.

Ta mère? Tu ne m'as parlé d'elle jamais.
La reconnaîtrais-tu si je la dépeignais?
Si je te la montrais?

BÉATRICE.
          Tu sais quelle est ma mère?
Tu le sais, et toujours tu m'en as fait mystère?

DON MANUEL.

Ah! si je la connais, malheur sur toi, sur nous!

BÉATRICE.

Son aspect est celui du soleil le plus doux.
Elle est là; je la vois. Oui, du fond de mon âme
S'élève et m'apparaît cette céleste femme :
Voilà ses cheveux noirs en anneaux se roulant;
Ombrageant les contours de son beau cou, si blanc;
Son noble front, où tant de pureté réside;
Voilà de ses grands yeux l'éclat sombre et limpide!
Les sons de cette voix, qui pénètre le cœur,
Ont en moi réveillé...

DON MANUEL.

C'est bien elle! Oh! malheur!

BÉATRICE.

Et la fuir! et, pour elle, au matin qui, peut-être,
Allait nous réunir, pour elle disparaître!
Je t'ai sacrifié jusqu'à ma mère, hélas!

DON MANUEL.

Dans la mienne aujourd'hui tu la retrouveras.
Viens, je veux à l'instant te conduire auprès d'elle :
Elle t'attend.

BÉATRICE.

Auprès de ta mère? De celle
De don César aussi? C'est impossible!

DON MANUEL.

Eh quoi!
Tu frémis? D'où te peut venir un tel effroi?
Ma mère est-elle plus pour toi qu'une étrangère?

BÉATRICE.

O découverte affreuse! O terrible lumière!
O jour fatal! Pourquoi, pourquoi donc l'ai-je vu?

DON MANUEL.

Qui je suis, tu le sais : dans l'amant inconnu,
A toi s'offre le prince, et tu trembles encore?

BÉATRICE.

Oh! rends-moi cet amant inconnu que j'adore!
Avec lui le désert, mes vœux seront comblés!

DON CÉSAR, derrière la scène :

Arrière! Ici pourquoi tant de gens rassemblés?

BÉATRICE.

Dieu! Cette voix! Où fuir?

DON MANUEL.

    Cette voix t'est connue?
Non, n'est-ce pas, jamais tu ne l'as entendue?

BÉATRICE.

Viens! fuyons! Nul retard!

DON MANUEL.

    Pourquoi donc nous cacher?
C'est la voix de mon frère; il vient pour me chercher.
Mais comment a-t-il pu découvrir...?

BÉATRICE.

         Oh! de grâce,
Ne te rencontre pas avec lui face à face!
Par tous les Saints du ciel, fuis son emportement!
Qu'il ne te trouve pas ici dans ce moment!

DON MANUEL.

A quel point je te vois par la peur égarée,
Chère âme! N'es-tu pas encore rassurée?
Nous avons fait la paix; je te l'ai dit.

BÉATRICE.

         O ciel,
Sauve-moi, sauve-moi de ce moment cruel!

DON MANUEL.

Toi?... Quel pressentiment! Ah! de quelle pensée
Je me suis tout à coup senti l'âme glacée!
Se peut-il?... Béatrice! est-ce que, cette voix,
Tu ne l'entendrais pas pour la première fois?
Étais-tu...? — Je frémis de percer ce mystère....
Étais-tu... dans l'église... au convoi de mon père?

BÉATRICE.

Malheur à moi!

DON MANUEL.

  Réponds!

BÉATRICE.

      Calme cette fureur!

DON MANUEL.

C'est donc vrai, malheureuse?

BÉATRICE.

Oui, j'en conviens.

DON MANUEL.

Horreur!

BÉATRICE.

La curiosité fut pour moi trop puissante.
Pardonne, Manuel. De mon envie ardente
Je t'avais fait l'aveu; mais, quand tu le reçus
D'un air si froid, si sombre, à mon tour je me tus.
Je ne sais pas quel astre à funeste influence
Me poussait; j'en sentais l'invincible puissance :
A mon brûlant désir il me fallut céder ;
Dans mon vieux serviteur j'avais de qui m'aider :
Je t'ai désobéi.

(Elle se penche sur lui. Don César entre, accompagné des deux demi-chœurs.)

SCÈNE IV.

DON MANUEL, DON CÉSAR. BÉATRICE, TOUT LE CHŒUR.

LE CORYPHÉE DU SECOND DEMI-CHŒUR, à don César :

Vous ne voulez pas croire :

Regardez!

DON CÉSAR entre impétueusement et, à l'aspect de son frère, recule avec horreur.

Enfer! Quoi! Dans ses bras!

(Allant à don Manuel:)

Ame noire!

Serpent ! — Ton cœur est là ? — D'une traîtresse paix
Voilà donc, aujourd'hui, pourquoi tu me trompais ?
Ma haine était la voix du ciel dans sa justice !
Vas en enfer, perfide !

(Il le poignarde.)

DON MANUEL.

Ah ! je meurs !... Béatrice !

Frère !

(Il s'affaisse et meurt. Béatrice tombe à côté de lui, évanouie.)

LE CORYPHÉE DU PREMIER DEMI-CHŒUR.

Au meurtre ! Venez ! Devant cet attentat,
Aux armes ! Que le sang venge le sang !

(Ils tirent tous l'épée.)

LE CORYPHÉE DU SECOND DEMI-CHŒUR.

Vivat !

Voilà la longue lutte à la fin terminée !
Voilà sous un seul chef Messine ramenée !

LE CORYPHÉE et DEUX AUTRES CHEVALIERS DU PREMIER
DEMI-CHŒUR.

Vengeons, vengeons ce crime, et que, pour l'expier,
Sous nos coups à son tour tombe le meurtrier !

LE CORYPHÉE et DEUX AUTRES CHEVALIERS DU SECOND
DEMI-CHŒUR.

Seigneur, ne craignez rien, nous vous restons !

DON CÉSAR, s'avançant au milieu d'eux, avec autorité :

Arrière !

— J'ai tué l'ennemi qui de mon cœur sincère,

Confiant, se jouait. Sous son affection
Un piége était caché. Dites mon action
Horrible, mais c'est bien la justice divine
Qui conduisit ma main.

LE CORYPHÉE DU PREMIER DEMI-CHŒUR.

Malheur sur toi, Messine !
Malheur ! Malheur ! Malheur ! Quoi ! le ciel a permis
Qu'un semblable forfait dans tes murs fût commis !
Sur les mères, malheur ! et malheur sur l'enfance !
Malheur aussi sur l'homme en son adolescence !
Malheur sur les vieillards ! et malheur, à son tour,
Sur l'enfant qui n'a pas encore vu le jour !

DON CÉSAR.

La plainte vient trop tard.

(Montrant Béatrice.)

Employez-vous pour elle.
Regardez ! à la vie il faut qu'on la rappelle :
Sortez-la de ce lieu de terreur et de mort.
Moi, je vais de ma sœur savoir quel est le sort.
— Menez-la chez ma mère ; ayez soin de l'instruire
Qu'auprès d'elle son fils César la fait conduire.

(Il sort. Les chevaliers de don César placent sur un brancard Béatrice évanouie, et l'emportent. Les autres restent auprès du cadavre de don Manuel. Autour, se rangent en demi-cercle les jeunes garçons qui portent les présents de noce.)

SCÈNE V.

LE PREMIER DEMI-CHŒUR.

LE CORYPHÉE.

Je ne puis pas encor concevoir clairement
Qu'il ait été si prompt ce fatal dénoûment.
Sans doute, à mon esprit plus d'un sombre présage
    Disait qu'il ne tarderait pas,
  Et j'en voyais s'avancer à grands pas
    L'horrible, la sanglante image.
Et maintenant qu'il est une réalité,
    Que s'est accomplie à ma vue
Cette fin que j'avais dans ma crainte entrevue,
Dans les pressentiments dont j'étais tourmenté,
    Mon sang se glace,
  Et je frissonne à voir en face
    L'épouvantable vérité.

UN AUTRE CHEVALIER.

Faisons retentir notre plainte :
— O noble jeune homme! O douleur!
Il est gisant, la vie éteinte ;
On l'a moissonné dans sa fleur!
La mort, d'ombres environnée,
Vient lui jeter son voile noir,
Quand de la chambre d'hyménée
Le seuil allait le recevoir!
Sur cette dépouille muette,
Que notre plainte hautement

Se fasse entendre et se répète,
Immense et long gémissement.

LE CORYPHÉE.

On nous a dit : « La fiancée est prête,
  A son époux amenez-la. »
Et nous, parés de nos habits de fête,
  Pour la recevoir nous voilà.
Ils sont porteurs des dons de mariage
  Ces pages venus avec nous.
On nous a dit : « Offrez-lui cet hommage
  De son impatient époux... »
Et tout est prêt, et les témoins d'attendre.
  Mais le fiancé reste sourd;
Nuls bruits joyeux qu'il puisse encore entendre,
  Car le sommeil des morts est lourd.

TOUT LE DEMI-CHŒUR.

De la fête l'heure est passée,
Lourd et profond est le sommeil des morts;
  Ni la voix de sa fiancée,
  Ni les accents joyeux des cors
Ne le réveilleront de ce sommeil terrible :
  Il est gisant, raide, insensible!

LE CORYPHÉE.

Que sont les projets, l'espoir,
Qu'ici-bas, l'homme éphémère
Croit solidement asseoir?
Quoi! ce matin même voir
Le frère embrasser son frère,

Les voir, terminant leur guerre,
Dans la même affection
S'unir de cœur et de bouche,
Et le soleil qui se couche
Éclairer cette union!
Et maintenant, — ô misère! —
Te voilà dans la poussière,
Une horrible plaie au sein,
Tombé sous un assassin,
Et l'assassin est ton frère!
— Que sont les projets, l'espoir,
Que sur la trompeuse terre
Le fils de l'heure éphémère,
L'homme, ne craint pas d'asseoir?

UN TROISIÈME CHEVALIER.

Je veux te porter à ta mère....
Oh! dans quelle douleur amère
Devant ce fardeau je la vois!...
A ce cyprès mettons la hache,
Qu'il soit abattu, qu'on l'arrache,
Faisons un brancard de son bois,
Ce sont des fruits de mort qu'il porte!
Que de son tronc plus rien ne sorte
De ce qui verdoie et grandit!
Qu'il ne dresse plus son feuillage!
Que le repos sous son ombrage
A tout passant soit interdit!
Au sol du meurtre il dut sa séve;
Pour servir aux morts qu'on l'enlève!
Que cet arbre reste maudit!

LE CORYPHÉE.

Malheur, dans sa folle colère,
A qui jusqu'au meurtre est allé !...
— Ton sang filtre à travers la terre ;
Jusqu'en son sein il a coulé.
Dans ces profondeurs ténébreuses,
Ni chant, ni voix ne sont permis ;
C'est là-bas que, silencieuses,
Et jamais, jamais oublieuses,
Siégent les filles de Thémis.
Les tromper à nul n'est possible,
Et leur justice est infaillible.
Jusqu'à leur tribunal terrible,
Ce sang goutte à goutte transmis,
Elles vont, dans leurs urnes noires,
Jusqu'aux heures expiatoires,
Fidèlement le recueillir,
Et, le remuant en silence,
Préparer ainsi la vengeance
Qui, tôt ou tard, ne peut faillir.

LE TROISIÈME CHEVALIER.

Si, sur cette terre
Que de ses rayons
Le soleil éclaire,
De nos actions
Bien vite la trace
S'affaiblit, s'efface,
Comme nous voyons
Que sur le visage

Nos impressions
N'ont qu'un prompt passage,
Rien ne disparaît
De ce qu'en silence
Et dans leur puissance,
Dont tout est secret,
Les heures observent,
Recueillent, réservent
Dans leur sein fécond,
Et dont elles font,
En leur nuit profonde,
Les destins du monde.
Le temps est un champ
Où tout tombe et germe
Pour éclore à terme.
Avec lui, marchant
Dans la route sûre
Qu'il va poursuivant,
Toute la nature
Est un corps vivant,
Un ensemble immense,
Où tout reproduit,
Où tout est semence,
Comme tout est fruit.

LE CORYPHÉE.

Mais malheur au téméraire
Qui pour le meurtre a semé !
Autre est l'acte encore à faire,
Autre l'acte consommé :
Avant, il ne l'envisage

Que comme œuvre de courage,
Même de témérité,
Quand la vengeance l'anime
Et qu'à commettre le crime
Il est par elle emporté ;
Après, qu'à ses yeux s'étale
L'horrible réalité,
Le meurtrier tremble et, pâle,
La contemple épouvanté.

Elles-mêmes les Euménides
Agitent leurs serpents livides
Contre le fils d'Agamemnon :
Il faut exciter sa colère,
Il faut qu'il immole sa mère !
Elles égarent sa raison
Et son cœur, par leur artifice :
Un si monstrueux sacrifice,
Comme acte de sainte justice,
Et jusqu'à ce qu'il l'accomplisse,
Au malheureux est présenté.
Mais quand, après avoir lutté,
Il plonge ses mains parricides
Dans le flanc qui l'avait porté,
Qui, joyeux, l'avait enfanté,
Alors ces mêmes Euménides
Contre lui tournent leurs fureurs,
Et les épouvantables sœurs
Se révèlent à leur victime
Comme vengeresses du crime.
Cruellement au meurtrier

Elles vont le faire expier :
Il sera tourmenté par elles,
Sans espoir d'être délivré.
Pour des morsures éternelles
A leurs serpents il est livré.
Elles le chassent avec rage
De mer en mer, de plage en plage,
Sans repos, toujours torturé,
Jusqu'au sein de ce sanctuaire,
Où le voilà, dans sa misère,
Invoquant contre leur colère
De Delphes l'oracle sacré.

(Le demi-chœur sort, emportant sur un brancard le corps de don Manuel.)

FIN DU TROISIÈME ACTE.

ACTE QUATRIÈME.

LA FIANCÉE DE MESSINE.

ACTE QUATRIÈME.

La grande salle.

SCÈNE PREMIÈRE.

Il fait nuit. La scène est éclairée d'en haut par une grande lampe.

ISABELLE, DIÉGO.

ISABELLE.

Rien encor de mes fils? Et toujours on ignore
S'ils ont pu découvrir ma fille?

DIÉGO.
     Pas encore;
Mais ayez tout espoir en leur empressement.
Ils vont mettre leurs soins....

ISABELLE.
    Ah! Diégo! quel tourment!
J'aurais pu prévenir ce grand malheur!

DIÉGO.
     Madame,
Épargnez la douleur d'un reproche à votre âme:
Vous n'aviez négligé nulle précaution.

ISABELLE.

Que n'ai-je fait plus tôt ma révélation !
Mon cœur me disait bien de rompre le silence.

DIÉGO.

Non, cacher votre fille était de la prudence ;
Pour le reste, à Dieu seul d'agir comme il lui plaît.

ISABELLE.

Hélas ! il est donc vrai, nul bonheur n'est complet !
Et le mien l'eût été sans l'aventure affreuse...

DIÉGO.

Il n'est que retardé, non pas détruit. — Heureuse
De voir qu'enfin vos fils ont fait la paix...

ISABELLE.
        Oh, oui !
Bonheur dont jusqu'alors je n'avais pas joui !
Ils étaient dans les bras l'un de l'autre !

DIÉGO.
       Sincère
Est leur affection : ils sont d'un caractère
Trop franc pour se contraindre au mensonge.

ISABELLE.
        Et je vois
Que des doux sentiments ils connaissent la voix,
Que leur cœur s'est donné ! Je suis heureuse encore
De voir que, chacun d'eux, ce qu'il aime, il l'honore.
A leur indépendance ils veulent renoncer ;
Leur fougue sous la loi consent à se placer,
Et leur passion même est digne qu'on la loue :

Elle est pure! — Diégo, maintenant, je t'avoue
Qu'avec anxiété j'entrevoyais le jour
Où devait dans leur cœur naître un premier amour.
Chez l'homme au sang bouillant, au fougueux caractère,
Facilement l'amour en fureur dégénère.
Et puis, si dans ces cœurs où s'étaient amassés
Tous les ressentiments de leurs discords passés,
Si du terrible feu qu'elle porte avec elle,
La jalousie eût fait tomber une étincelle!
— J'y songe en frémissant, — si, toujours séparés,
Même dans leurs penchants, ils s'étaient rencontrés
Juste en un même amour! — Grâce à Dieu, ce nuage,
Si sombre et d'où semblait devoir sortir l'orage,
Un ange l'a de moi doucement écarté,
Et mon cœur maintenant respire en liberté.

DIÉGO.

Oui, félicitez-vous de votre œuvre, princesse;
Votre grande douceur, votre habile sagesse
Ont fait ce que leur père, avec autorité,
Dans toute sa puissance, a vainement tenté.
Sans doute, c'est à vous qu'en revient le mérite;
Mais votre heureuse étoile a dans la réussite
Une bien grande part.

ISABELLE.

Diégo, j'ai réussi
Grâce à beaucoup d'efforts, grâce au destin aussi.
Va, ce n'était pas peu que sur ce grand mystère,
Durant des ans entiers, il ait fallu me taire;
De vivre dans l'effroi, toujours m'étudiant

A tromper un époux, ombrageux, clairvoyant;
D'avoir à refouler jusqu'au fond de mon âme
L'impulsion du sang, qui, semblable à la flamme
Trop longtemps comprimée, en violents efforts
Tentait à chaque instant d'éclater au dehors.

DIÉGO.

Cette faveur du sort, si longue, m'est le gage
D'un dénoûment heureux.

ISABELLE.

      Et pourtant, je crois sage
De ne pas rendre au sort grâces dans ce moment.
Je veux d'abord le voir cet heureux dénoûment;
Ce rapt m'est un avis: de mon mauvais génie
La persécution ne semble pas finie.
Aussi, — que selon toi ce soit mal, ce soit bien;
A la fidélité je ne cacherai rien, —
Je n'ai pas pu, Diégo, dans ma crainte si vive,
Me contraindre à rester ici tranquille, oisive,
Pendant que mes deux fils en sont à rechercher
Leur sœur. Au but, aussi, moi j'ai voulu marcher.
Souvent, où l'art humain ne saurait plus suffire,
En aide vient le ciel.

DIÉGO.

    Que voulez-vous me dire?

ISABELLE.

Il est un vieil ermite aux sommets de l'Etna.
« Le Vieux de la montagne » est le nom qu'on donna,
Dès les temps reculés, au pieux solitaire.
Il est comme étranger aux choses de la terre.

Plus rapproché du ciel que de ces régions
Où vit l'homme au milieu des agitations,
L'air léger et serein où flottent ses pensées
De tout mélange humain les a débarrassées,
Et, comme du sommet des ans amoncelés,
Il observe, pour lui clairement dévoilés,
Ces mystères du jeu de la vie et du monde
Que, sans les pénétrer, notre humanité sonde.
Au sort de ma Maison il est initié ;
Pour elle il a souvent interrogé, prié
Le ciel, et, maintes fois, il a de notre tête
Détourné des malheurs. — Le saint anachorète
De ma fille bientôt va m'apprendre le sort :
Vers lui j'ai fait partir un homme jeune et fort,
Qui de sa mission avec hâte s'acquitte.
Je l'attends.

DIÉGO.

Le voici, je présume. — Il mérite
Que vous louiez en lui tant de célérité.

SCÈNE II.

ISABELLE, DIÉGO, LE MESSAGER.

ISABELLE.

Ou bonheur, ou malheur, toute la vérité !
Que t'a-t-il répondu le Vieux de la montagne ?

LE MESSAGER.

« Sa fille est retrouvée, » a-t-il dit ; « va ! regagne
Messine, et promptement ! »

ISABELLE.

    O bienheureuse voix !
O parole du ciel ! c'est toi qui, chaque fois,
M'as dit que dans mes vœux je serais entendue.
-- Cette enfant, cette sœur que nous avions perdue,
Auquel de mes deux fils a-t-il été donné
D'arriver sur sa trace ?

LE MESSAGER.

    A votre fils aîné :
Dans sa retraite il l'a découverte.

ISABELLE.

     Ta mère,
Mon Manuel, te doit cette fille si chère !
A toi, mon cher enfant de bénédiction !
— As-tu bien jusqu'au bout rempli ta mission ?
Ce cierge, dont je t'ai chargé pour qu'il le brûle
A la gloire du saint, patron de sa cellule,
L'a-t-il de toi reçu ? — Ce qui réjouirait
Le cœur de tout autre homme, il le dédaignerait,
Le pieux serviteur de Dieu.

LE MESSAGER.

    Sans rien me dire,
Il le prend de mes mains, vers l'autel se retire,
A la lampe l'allume, et puis, ce même lieu
Où quatre-vingt-dix ans il avait servi Dieu,
De ses mains l'incendie.

ISABELLE.

Ah! que viens-tu m'apprendre?
Quelle horreur!

LE MESSAGER.

Puis, il sort, et je le vois descendre
La montagne en criant : Malheur! malheur! trois fois.
Un signe qu'il me fait m'avertit que je dois
Me garder de le suivre ou de tourner la tête.
Alors, dans la terreur où tout cela me jette,
Je me sauve et j'accours vous faire ce récit.

ISABELLE.

Par ce message étrange, et qui se contredit,
Je me sens rejetée à mon inquiétude,
A l'angoisse, aux terreurs de mon incertitude :
Ma fille retrouvée, et par don Manuel,
Par l'aîné de mes fils? Ah! cet avis du ciel,
Puis-je m'en réjouir quand il se manifeste
Accompagné d'un signe évidemment funeste?

DIÉGO.

Retournez-vous; portez les yeux de ce côté.
Ce qu'annonçait l'ermite était la vérité.
Je ne me trompe pas, voyez, ma souveraine :
Votre fille, un moment perdue, on la ramène;
Voici les compagnons, voici les envoyés
De vos fils.

(Les chevaliers de don César s'avancent, amenant sur une chaise
à porteurs Béatrice, qu'ils déposent sur le devant du théâtre. Elle
est encore sans connaissance et immobile.)

SCÈNE III.

ISABELLE, DIÉGO, BÉATRICE, LE MESSAGER,
LE SECOND DEMI-CHŒUR.

LE CORYPHÉE.

Nous venons déposer à vos pieds
La jeune fille, ainsi que le veut notre maître.
Nous avons mission de ne vous la remettre
Qu'avec ses propres mots : « Dites que de la part
De son fils vous venez, de son fils don César. »

ISABELLE, *qui s'est précipitée, les bras ouverts, du côté de Béatrice,
recule effrayée:*

Pâle ! sans vie ! ô ciel !

LE CORYPHÉE.

Non, elle n'est pas morte ;
C'est du sommeil, madame. Attendez qu'elle en sorte.
D'une telle stupeur elle a l'esprit frappé,
Que l'effet n'en peut être à l'instant dissipé.

ISABELLE.

Mon enfant ! mon souci ! ma douleur ! Béatrice !
Faut-il donc que le sort ainsi nous réunisse !
Qu'au palais de ton père il ne te rende, toi,
Qu'à ces conditions ! Ah, laisse, laisse-moi
La rallumer ta vie au flambeau de la mienne,
Te presser sur mon cœur jusqu'à ce que revienne
La chaleur de ton sang, dans tes veines glacé
Par le froid de la mort !

ACTE IV. — SCÈNE III.

(Au demi-chœur;)

Que s'est-il donc passé ?
Quelle est de ce malheur la cause épouvantable ?
Où l'avez-vous trouvée ? et l'état lamentable
De cette chère enfant, qui me l'expliquera ?

LE CORYPHÉE.

Madame, là-dessus ma bouche se taira.
Votre fils don César bientôt doit vous instruire,
Lui qui nous a prescrit de vers vous la conduire.

ISABELLE.

C'est mon fils Manuel qui l'avait ordonné.

LE CORYPHÉE.

Par votre fils César l'ordre nous fut donné.

ISABELLE, au messager.

C'est bien don Manuel qu'a dit le solitaire ?

LE MESSAGER.

Oui, madame, c'est lui.

ISABELLE.

Manuel ou son frère,
Il n'importe : de joie il a rempli mon cœur.
Je le bénis, c'est lui qui m'a rendu sa sœur !
Cette heure de bonheur que j'ai tant appelée,
Par un démon jaloux faut-il la voir troublée !
Faut-il qu'après avoir souffert si longuement
Je fasse violence à mon ravissement !
Je vois ma fille, elle est au palais de son père,

Mais rien, rien ne lui dit qu'auprès d'elle est sa mère;
Elle ne peut répondre à ma joie. — Ouvrez-vous,
Chers yeux dont le regard était pour moi si doux !
O mains, qu'une chaleur nouvelle vous colore !
O sein inanimé, respire et bats encore !...
C'est ma fille, Diégo; c'est l'enfant élevé
Dans un secret profond; l'enfant que j'ai sauvé,
Et qu'au grand jour je puis maintenant reconnaître !

LE CORYPHÉE.

J'ai le pressentiment qu'ici bientôt va naître
Une cause d'étrange et de nouvelle horreur.
Comment allons-nous voir se dissiper l'erreur ?

ISABELLE, au demi-chœur, dont l'attitude exprime la consternation
et l'embarras:

Ah ! vous êtes des cœurs bien durs, impénétrables.
Telles que ces rochers, aux flancs inabordables,
Des rivages des mers, vos armures d'airain
Sont là pour repousser, refouler dans mon sein
Toute ma joie. En vain dans vos yeux impassibles
J'épie un seul regard qui vous dise sensibles.
— Mes fils? Ils tardent bien : j'aurais dans leur regard
Où voir qu'à mon bonheur quelqu'un du moins prend part;
Mais au milieu de vous, cœurs de glace, livrée
A mon isolement, je suis comme entourée
Des bêtes sans pitié qui peuplent les déserts,
Et des monstres des mers.

DIÉGO.

Ses yeux se sont rouverts !
Elle s'est ranimée !

ISABELLE.

Elle vit! O ma fille,
Ce regard, le premier, que sur ta mère il brille!
Laisse...!

DIÉGO.

Elle a refermé les yeux avec terreur.

ISABELLE, au demi-chœur.

Éloignez-vous! L'aspect d'étrangers lui fait peur.

(Le demi-chœur se retire vers le fond du théâtre.)

LE CORYPHÉE.

A n'en être pas vu je renonce sans peine.

DIÉGO.

Quels grands yeux étonnés sur vous elle promène!

BÉATRICE.

Où suis-je? — J'ai déjà vu ces traits.

ISABELLE.

Lentement
Elle reprend ses sens.

DIÉGO.

Que fait-elle? Comment!
A genoux?

BÉATRICE.

De ma mère ô figure adorable!

ISABELLE.

Viens sur mon cœur!

BÉATRICE.

Tu vois à tes pieds la coupable.

ISABELLE.

Tu m'es rendue ! Il faut tout oublier !

DIÉGO.

Et moi,
Me reconnaissez-vous ? Regardez !

BÉATRICE.

Oui, c'est toi,
Mon fidèle Diégo !

ISABELLE.

Le gardien, chère fille,
De ton enfance.

BÉATRICE.

Ainsi, je suis dans ma famille ?

ISABELLE.

La mort seule nous peut séparer désormais.

BÉATRICE.

Et chez des étrangers je n'irai plus ?

ISABELLE.

Jamais !
Rien, rien ne pourra plus nous séparer, te dis-je ;
La rigueur du destin est apaisée.

BÉATRICE, se jetant dans ses bras :

Ah ! suis-je
En effet sur ton cœur ? Ce qui m'est arrivé
De terrible, d'affreux, l'aurais-je donc rêvé ?
Je l'ai vu tomber mort à mes pieds, ô ma mère !
Mais, comment suis-je ici ? Pour moi c'est un mystère.

ACTE IV. — SCÈNE III.

—Quel bonheur! quel bonheur! me sentir dans tes bras,
Libre! et n'avoir plus rien à craindre, n'est-ce pas?
Ils voulaient me conduire à la princesse-mère!
Plutôt la mort!

ISABELLE.

Reviens à toi, fille si chère!
La princesse...

BÉATRICE.

Pour Dieu, plus un mot d'elle! non!
Je sens en moi courir, à ce funeste nom,
Comme un frisson de mort!

ISABELLE.

Mais, cette princesse...

BÉATRICE.

Elle
A deux fils, que divise une haine mortelle :
Manuel et César.

ISABELLE.

La princesse, c'est moi :
Connais enfin ta mère.

BÉATRICE.

Ah! qu'ai-je entendu! Toi!...
La princesse? Ce mot...

ISABELLE.

Apprends ton origine :
Moi, ta mère, je suis princesse de Messine.

BÉATRICE.

Mère de don César et de don Manuel?

ISABELLE.

Et la tienne. Tu m'as nommé tes frères.

BÉATRICE.

Ciel !
Malheur à moi ! malheur ! Lumière épouvantable !

ISABELLE.

Chère enfant, d'où te vient ce trouble inconcevable ?

BÉATRICE *regarde autour d'elle et aperçoit le demi-chœur.*

Oui, je les reconnais ! Ce sont eux ! Les voilà !
Ce n'était pas l'erreur d'un songe. — Ils étaient là !
— Toute la vérité, terrible, se révèle !
— — Où l'avez-vous caché ?

(Elle va rapidement vers le demi-chœur, qui se détourne. On entend dans l'éloignement une marche funèbre.)

TOUT LE DEMI-CHŒUR.

Malheur !

ISABELLE.

Qui ? Quelle est-elle
Cette réalité ? — Muets et consternés,
Ce qu'elle vient de dire, ah ! vous le comprenez !
Je devine à vos voix, dans vos yeux je puis lire
Quelque chose d'affreux qu'on ne veut pas me dire.
— Je l'exige, parlez ! Ces regards pleins d'effroi
Vers la porte tournés, ces sons plaintifs, pourquoi ?

LE CORYPHÉE.

Du dénoûment l'heure est prochaine.
Le mystère, dans son horreur,
Se révèle. — O ma souveraine,

Il faut raffermir votre cœur !
Pour vous, dans cette heure fatale,
Immense sera le malheur :
Montrez une fermeté mâle,
Dans cette mortelle douleur.

ISABELLE.

Quel est ce dénoûment si prochain ? Qu'ai-je à craindre ?
Quel est l'affreux mystère, et quel coup va m'atteindre ?...
— Ils pénètrent déjà jusque sous ces lambris
Ces terribles accents de mort ! — Où sont mes fils ?

(Le premier demi-chœur entre, portant sur un brancard, et recouvert d'un drap noir, le corps de don Manuel, qu'il dépose sur le côté de la scène resté vide.)

SCÈNE IV.

ISABELLE, BÉATRICE, DIÉGO, TOUT LE CHŒUR.

LE CORYPHÉE DU PREMIER DEMI-CHŒUR.

A travers les cités
Le malheur se promène ;
On voit à ses côtés
Et la plainte et la peine ;
Il épie en chemin
Les demeures qu'habite
L'homme ; aujourd'hui visite
L'une ; l'autre demain.
Personne qu'il ménage
Dans ce fatal voyage
Qu'il s'en va poursuivant.
Il s'arrête à son heure

Devant toute demeure
Où s'abrite un vivant.

UN SECOND CHEVALIER DU PREMIER DEMI-CHŒUR.

L'été finissant,
Quand la feuille tombe,
Ou que dans sa tombe
Le vieillard descend,
C'est que la nature
Suit tranquillement
Sa règle, qui dure
Du commencement,
Son antique allure,
L'éternelle loi,
Et, là, rien à l'homme
Ne vient s'offrir comme
Un sujet d'effroi.

Dans cette vie il faut apprendre
A voir aussi sur nous d'affreux malheurs s'étendre :
Du meurtrier les violentes mains
Brisent jusqu'aux nœuds les plus saints,
Et souvent la mort soudaine
Avant l'heure vient faucher
La jeunesse en fleur et l'entraîne
Jusqu'à l'infernal nocher.

LE CORYPHÉE DU PREMIER DEMI-CHŒUR.

Dans l'espace quand s'amoncellent
Les nuages tempétueux,
Que le tonnerre gronde aux cieux,

Et que les éclairs étincellent,
Alors tous les cœurs se rappellent
Quel maître est le Destin pour eux.
Même hors des heures d'orage
En son pouvoir nous sommes tous,
Et d'un ciel pur de tout nuage
La foudre peut tomber sur nous.
Aussi, même en nos jours de joie,
Craignons l'approche du malheur,
Qui ruse et vient sans qu'on le voie,
Et n'attachons pas notre cœur
Aux biens que nous offre la terre :
Ils nous sont parure éphémère.
Qui possède ait soin de savoir
Perdre comme il sut recevoir.
Qui n'eut jamais qu'heureuse chance
Apprenne, à son tour, la souffrance.

ISABELLE.

Ces discours...! Ce drap noir... Que peut-il recouvrir?

(Elle fait un pas vers le brancard et s'arrête hésitante.)

J'ai de m'en assurer un horrible désir,
Et, pleine de terreur, je me sens repoussée
Comme par une main et sinistre et glacée.

(A Béatrice, qui se place entre sa mère et le brancard :)

Laisse-moi! laisse-moi! J'y veux porter les yeux,
Quoi qu'il puisse cacher.

(Elle lève le drap et découvre le cadavre de don Manuel.)

C'est mon fils! Justes cieux!

(Elle reste immobile d'effroi. Béatrice tombe près du corps en poussant un cri de douleur.)

LE CORYPHÉE et DEUX AUTRES CHEVALIERS DU PREMIER DEMI-CHŒUR.

C'est ton fils! Malheureuse mère,
Ce cri de ta douleur amère,
C'est toi-même qui l'as poussé.
Par ma bouche il n'a point passé.

ISABELLE.

Mon fils! Mon Manuel! — O justice éternelle!
Voilà comme on te rend à l'amour maternelle!
Il a fallu tes jours pour rançon de ta sœur!
Tes jours pour l'arracher aux mains du ravisseur!
— Où donc était ton frère? Ah! son bras, j'en suis sûre,
T'eût sauvé! — Que la main qui t'a fait ta blessure
Soit maudite à jamais! — Comme elle je maudis
La mère de celui qui m'a tué mon fils!
Qu'à tous ses descendants les destins soient funestes!

TOUT LE CHŒUR.

Malheur! malheur! malheur!

ISABELLE.

     O puissances célestes!
Envers moi c'est ainsi que vous vous acquittez!
Vos oracles ne sont donc plus des vérités?
Malheur à qui dans vous place sa confiance!
Pourquoi donc mes terreurs, pourquoi mon espérance
Si telle en est l'issue! — O vous qui m'entourez,
Témoins de ma douleur, devant elle atterrés,
Apprenez, apprenez de moi par quels mensonges
Nous trompent les devins, nous abusent les songes!
Croyez donc que des dieux le langage est certain!

— Un jour, — quand je portais cette fille en mon sein,
En rêve mon époux voit les tiges jumelles
De deux lauriers surgir de notre couche; entre elles
Un lis blanc, qui se change en flamme, aux arbrisseaux
S'attache, les enroule et, le long des rameaux
Montant, plus furieuse, incessamment grandie,
Fait de tout le palais un immense incendie.
Le prince, épouvanté par cette vision,
D'un devin en voulut l'interprétation,
Et les mots que voici sortirent de sa bouche :
« Si la princesse donne une fille à ta couche,
« La mort de vos deux fils l'enfant la causera,
« Et toute votre race avec eux périra. »

LES DEUX CORYPHÉES.

Que dites-vous? Malheur! malheur!

ISABELLE.

      Aussi, son père
Dit qu'on la fît mourir; mais je sus la soustraire
A cet affreux arrêt. — Pauvre enfant! l'arracher
A mon cœur maternel! Pourquoi? pour empêcher
Qu'elle donnât un jour la mort à ses deux frères?
Eh bien! l'un est tombé sous les mains meurtrières
De bandits! Elle est bien innocente, sa sœur,
De ce crime.

TOUT LE CHŒUR.

  Malheur! malheur! malheur! malheur!

ISABELLE.

Je ne pouvais avoir confiance aux paroles
D'un homme qui mettait la sienne en des idoles.

Pour moi, l'oracle était un oracle menteur ;
L'espoir d'un meilleur sort affermissait mon cœur ;
J'avais d'une autre bouche, et pour moi véridique,
Entendu sur ma fille un avis prophétique :
« En un ardent amour les cœurs de mes deux fils
« Devaient par cette sœur être un jour réunis. »
— Ainsi, chez les devins, divergence complète :
Ils plaçaient à la fois sur une même tête,
Et malédiction, et bénédiction.
A-t-elle mérité la malédiction
La malheureuse enfant? Et pour l'autre œuvre, celle
Qui la ferait bénir, cette paix que par elle
Un jour entre mes fils on verrait s'établir,
A-t-elle ou seulement le temps de l'accomplir?
L'oracle, des deux parts, avait fait un mensonge ;
C'est dans le seul néant que l'œil des devins plonge ;
Ils sont trompeurs ou bien trompés. Sur l'avenir,
Jamais rien de certain ne se peut obtenir,
Qu'aux fleuves infernaux on puise sous la terre,
Ou que ce soit là-haut aux sources de lumière.

LE CORYPHÉE DU PREMIER DEMI-CHŒUR.

Malheur! malheur! Quel discours! Contenez
L'emportement auquel vous vous abandonnez!
Les devins sûrement prédisent :
De voir dans l'avenir ils possèdent le don.
Leurs oracles se réalisent :
L'événement leur donnera raison.

ISABELLE.

Je ne me tairai pas ; je prétends, à voix claire,

Parler comme mon cœur m'ordonne de le faire.
A quoi bon visiter les édifices saints?
Pourquoi, pieusement, au ciel lever les mains?
Fous naïfs! notre foi n'est-elle pas un leurre?
Vouloir toucher les dieux dans leur haute demeure
Est impossible autant qu'impossible serait
D'atteindre au firmament en y lançant un trait.
Pour l'homme, l'avenir est muré, sans lumière;
Ce ciel d'airain n'est point percé par la prière.
Dans le vol des oiseaux telle direction,
Ou les astres formant telle conjonction,
Qu'importe tout cela! Lire dans la nature
C'est n'y rien découvrir, c'est illusion pure.
L'art des songes lui-même est un songe, une erreur;
Tout signe auquel on croit n'est qu'un signe trompeur.

LE CORYPHÉE DU SECOND DEMI-CHŒUR.

Silence, mère infortunée!
O malheur! vous voulez à la clarté des cieux,
En aveugle, fermer les yeux?
Ah! reconnaissez-les ces redoutables dieux!
Vous en êtes environnée.

TOUT LE CHŒUR.

Reconnaissez ces redoutables dieux!
Vous en êtes environnée.

BÉATRICE.

Pourquoi m'avoir sauvée, ô ma mère? Pourquoi
N'avez-vous pas laissé s'appesantir sur moi

La malédiction dont j'étais poursuivie
Avant même l'instant où j'ai reçu la vie ?
Ah ! dans votre faiblesse et votre aveuglement,
Avez-vous pu penser agir plus sagement
Que ceux dont l'œil voit tout ; qui voient comment s'en-
            chaîne
L'époque reculée à l'époque prochaine ;
Qui voient de l'avenir la semence germer ?
Quand les dieux de la mort entendaient réclamer
Leur proie, ils vous ont vue à leur ordre rebelle :
A la leur dérober vous fûtes criminelle ;
Vous vous êtes perdue, et moi-même, et nous tous :
Double, triple, à présent ils la voudront de nous.
Je ne saurais bénir la main qui m'a sauvée :
Aux larmes, aux douleurs vous m'avez réservée !

LE CORYPHÉE DU PREMIER DEMI-CHŒUR, *regardant vers la porte avec une vive émotion :*

  Rouvrez-vous, blessures !
  Qu'en flots noirs le sang
  Sorte jaillissant
  Par vos ouvertures !

UN SECOND CHEVALIER DU PREMIER DEMI-CHŒUR.

J'entends le bruit de pieds d'airain,
J'entends siffler dans le lointain
De l'Enfer les serpents livides.
Voici, leur fouet vengeur en main,
Que s'approchent les Euménides.

LE CORYPHÉE DU PREMIER DEMI-CHŒUR.

Que sous ce redoutable poids
Ces murs, ce seuil s'anéantissent!
Du fond de l'abîme, à la fois,
Que les noires vapeurs surgissent!
Fumantes, qu'elles obscurcissent
La douce lumière du jour!
Dieux protecteurs de ce séjour,
Il n'est plus en votre puissance :
A l'Enfer de s'en emparer!
Fuyez! fuyez, laissez entrer
Les déesses de la vengeance!

SCÈNE V.

DON CÉSAR, ISABELLE, BÉATRICE, TOUT LE CHŒUR.

(A l'arrivée de don César, les deux demi-chœurs se séparent précipitamment. Il demeure seul au milieu du théâtre.)

BÉATRICE.

Malheur à moi, c'est lui!

ISABELLE, allant au-devant de don César:

Mon fils, ô mon César,
Devais-je te revoir ainsi!... Là... ce brancard...
Regarde ce qu'a fait une main criminelle!
La malédiction céleste était sur elle!

(Elle le conduit auprès du corps de don Manuel; don César recule avec horreur et se cache le visage.)

LE PREMIER DEMI-CHŒUR.
Rouvrez-vous, blessures!
Qu'en flots noirs le sang
Sorte jaillissant
Par vos ouvertures!

ISABELLE.
Tu frémis; te voilà muet, glacé d'effroi;
De ton frère c'est tout ce qui te reste. Moi,
De mes plus doux espoirs ici je vois le terme;
La fleur de votre paix a péri dans son germe,
Et quand je m'en étais promis des fruits si doux!
Mais je ne devais pas les voir!

DON CÉSAR.
                    Consolez-vous!
Nous avions fait la paix, nous la voulions sincère :
Le ciel voulait du sang, lui.

ISABELLE.
                    Tu l'aimais ton frère,
Je le sais; je voyais avec ravissement
Se former entre vous ce doux attachement.
Sa place dans ton cœur désormais était sûre;
Des ans perdus pour vous, c'était avec usure
Que tu lui préparais la compensation :
Le meurtre fut plus prompt que ton affection.
Tu ne peux, à présent, que le venger, ton frère.

DON CÉSAR.
Venez! ici n'est point votre place, ma mère :
A ce spectacle affreux arrachez-vous!

(Il veut l'entraîner.)

ISABELLE, se jetant à son cou:
Tu vis,
Tu me resteras, toi, désormais mon seul fils!

BÉATRICE.
Malheur! que faites-vous!

DON CÉSAR.
Oui, sur ce cœur fidèle
Épanchez, épuisez la douleur maternelle!
Non, il n'est pas perdu ce fils que vous pleurez :
Son amour, dans le mien vous le retrouverez.

LE PREMIER DEMI-CHŒUR.
Rouvrez-vous, blessures!
Qu'en flots noirs le sang
Sorte jaillissant
Par vos ouvertures!

ISABELLE, leur prenant la main à tous deux:
O mes enfants!

DON CÉSAR.
Pour moi, ma mère, quelle ivresse
De vous voir lui serrer la main avec tendresse!
Oui, souffrez qu'elle soit votre fille! — Ma sœur...

ISABELLE, l'interrompant:
Que je te remercie, ô mon fils, son sauveur!
Tu me l'as envoyée, à ton serment fidèle.

DON CÉSAR, étonné:
Qui vous ai-je envoyé, dites-vous, ma mère?

ISABELLE.

                                                                         Elle;
Elle qu'ici tu vois; ta sœur.

DON CÉSAR.

                          Elle! ma sœur?

ISABELLE.

Eh! quelle autre?

DON CÉSAR.

            Ma sœur!

ISABELLE.

                             Elle, que sur mon cœur,
Par ton ordre, aujourd'hui, tes gens ont ramenée.

DON CÉSAR.

Et la sienne!

TOUT LE CHŒUR.

    Malheur!

BÉATRICE.

    O ma mère!

ISABELLE.

                                Étonnée
Du trouble où je vous vois, je veux savoir...

DON CÉSAR.

                               Maudit
Le jour où je suis né!

ISABELLE.

    Dieu! Mon fils, qu'as-tu dit?

DON CÉSAR.

Maudit le sein qui m'a porté! Maudits, ma mère,
Et votre long silence, et son fatal mystère,
Causes de tant d'horreurs! Qu'elle éclate à la fin
Cette foudre qui doit vous déchirer le sein!
Ma pitié ne veut plus l'arrêter : C'est moi-même
Qui l'ai tué mon frère! Et dans ses bras! — Je l'aime,
Elle! Elle était pour moi ma fiancée... Eh bien!
Il était dans ses bras!... — Vous n'ignorez plus rien.
— Si donc elle est sa sœur, — et la mienne, — ma mère,
Mon forfait est de ceux dont jamais sur la terre,
Par aucun repentir, nulle expiation,
Le coupable ne peut avoir rémission.

LE CORYPHÉE DU SECOND DEMI-CHŒUR.

Le mot est prononcé; vous venez de l'entendre;
   Vous savez tout : votre malheur
   S'est révélé dans toute son horreur,
   Et nous n'avons plus rien à vous apprendre.
   Fatalement tout s'est réalisé,
Selon que les devins avaient prophétisé.
   A son destin nul ne peut se soustraire;
   Et tel qui croit, pour son bonheur, lui faire
La route où sûrement il va le diriger,
Ne l'en subit pas moins. C'est sans y rien changer
   Qu'il s'en est fait l'auxiliaire.

ISABELLE.

Eh! de la part des dieux mensonge ou vérité,
Que m'importe à présent? Le coup qu'ils m'ont porté
Est bien le plus cruel dont ils aient pu m'atteindre

De plus je les défie ! — On cesse de les craindre
Quand on ne tremble plus pour rien. — Mon bien-aimé,
Mon cher fils, le voilà gisant, inanimé,
Et je veux fuir celui qui conserve la vie ;
En lui je ne vois plus un fils : je le renie !
Monstre né dans mes flancs et nourri de mon sein,
Voilà que de mon fils il se fait l'assassin !
Du meilleur ! — Viens, ma fille ; ici notre présence
Est de trop désormais. Aux Esprits de vengeance
Laissons cette maison. Un crime m'y plaça ;
On pourra dire aussi qu'un crime m'en chassa.
Avec répulsion j'y suis jadis entrée ;
Tremblante j'y vécus ; j'en sors désespérée.
Sans l'avoir mérité, j'ai souffert ; mais les dieux,
Les oracles sont saufs, et tout est pour le mieux !

(Elle sort. Diégo la suit.)

SCÈNE VI.

BÉATRICE, DON CÉSAR, TOUT LE CHŒUR.

DON CÉSAR, retenant Béatrice :

Ma sœur ! ne me fuis pas ! demeure ! Que ma mère
M'ait maudit, que ce sang crie au ciel, que la terre
Me condamne, il faut bien me soumettre ; mais toi,
Toi, ne me maudis pas, c'en serait trop pour moi !

(Béatrice montre le cadavre, en détournant les yeux.)

Je ne t'ai pas tué ton amant ; c'est ton frère,
C'est le mien qui tomba sous ma main meurtrière ;
Il ne t'appartient pas celui que voilà mort,

De plus près, maintenant, que moi qui vis encor.
Pour moi, plus que pour lui, montre-toi pitoyable :
Il est mort innocent, et moi, je suis coupable.
       (Béatrice fond en larmes.)
Oui, pleure, mais le frère, et je le pleurerai
Avec toi ; — je ferai plus, — je le vengerai !
Pleure, mais non l'amant ! Souffrir ta préférence
Pour celui qui n'est plus, n'est pas en ma puissance.
Dans l'abîme sans fond de notre affliction
Que je puise du moins la consolation,
Qui pour moi, désormais, reste unique, suprême,
Qu'il ne t'appartient pas de plus près que moi-même !
Notre horrible destin a fait égaux nos droits
Comme notre malheur. Enlacés tous les trois
Dans les mêmes filets, la sœur et les deux frères,
Qui s'aimaient, nous tombons ensemble, et nos misères
Nous rendent de pitié dignes également.
Mais si ton deuil va moins au frère qu'à l'amant,
Mes maux seront mêlés et d'envie et de rage,
Et je n'espérerai plus rien qui les soulage.
A ses mânes, alors, sans plaisir j'offrirai
La dernière victime. Heureux je le suivrai,
Pourvu que de ta part l'assurance me vienne
Que dans une même urne, et ma cendre, et la sienne,
Tu les recueilleras.
       (Il la presse dans ses bras avec passion.)
              Ah ! c'est que je t'aimais
D'un amour dont mon cœur n'avait aimé jamais,
Alors que tu n'étais pour moi qu'une étrangère ;
Il allait au delà de tous ceux de la terre,
Cet amour ; il a fait mon malheur : c'est pour lui

Que je suis fratricide et maudit aujourd'hui ;
T'aimer fut tout mon crime. — A présent, Béatrice,
Tu n'es plus que ma sœur ; pitié pour mon supplice !
Ta pitié ! comme un don sacré je veux l'avoir !

(Il l'interroge du regard avec une douloureuse anxiété, puis, se détourne vivement.)

Non, non, pas de ces pleurs ! je ne peux pas les voir !
Devant ce mort je sens que mon courage expire ;
Le doute de mon cœur s'empare et le déchire.
Laisse-moi mon erreur ! Va pleurer à l'écart !
Ne me revois jamais ! Pour moi, plus un regard !
Je ne veux plus te voir et plus revoir ta mère !
Sa tendresse pour moi ne fut qu'une chimère ;
Oui, son cœur l'a trahie, ouvert par la douleur :
De ses deux fils c'est lui qu'elle a dit le meilleur !
Et c'est ainsi qu'elle a passé sa vie à feindre !
Et toi, fausse comme elle, à quoi bon te contraindre ?
Fais voir que tu me hais. D'un aspect odieux
Je te délivre. A toi mes éternels adieux !

(Il sort. Elle reste hésitante, en proie à des sentiments contraires, et, enfin, sort à son tour.)

SCÈNE VII.

TOUT LE CHŒUR.

LE CORYPHÉE DU PREMIER DEMI-CHŒUR.

Bien heureux et digne d'envie
Qui, dans un champêtre séjour,
Loin du tourbillon de la vie,
Comme un enfant, avec amour,

A la nature se confie!
J'ai, dans la demeure des rois,
Le cœur oppressé quand je vois
Du sort pour eux tourner la chance :
Victime de son inconstance,
C'est avec la rapidité
Du moment qu'est précipité
Du haut de sa prospérité,
Le plus grand, malgré sa puissance,
Le meilleur, malgré sa bonté!

Loin des flots orageux du monde,
Qu'à temps on lui fit éviter,
Heureux qui dans la paix profonde
Du cloître est venu s'abriter!
Libre de l'aiguillon que donnent
A ceux qui les ambitionnent
Les grandeurs et les vains plaisirs,
Heureux qui, dans le saint asile,
Endort en son âme tranquille
Les insatiables désirs!

Bien que dure encor la tourmente
Du monde que, sage, il a fui,
La passion est impuissante
A vouloir s'emparer de lui;
De la retraite sans orage
Où contre elle il est abrité,
Il ne voit plus la triste image
Que présente l'humanité.
Comme la peste fuit la cime,

Ainsi le mal, ainsi le crime
N'atteignent que certains niveaux :
Leur infection se mélange
Aux exhalaisons de la fange ;
Dans les cités sont ces fléaux.

DEUX CHEVALIERS DU PREMIER DEMI-CHŒUR et UN DU SECOND.

Sur le sommet des monts règne la liberté !
De la tombe jamais les vapeurs n'ont monté
Aux régions des pures atmosphères ;
Et la perfection est partout ici-bas,
Où l'homme ne pénètre pas
Avec ses maux et ses misères.

TOUT LE CHŒUR.

Sur le sommet des monts règne la liberté !
De la tombe jamais les vapeurs n'ont monté
Aux régions des pures atmosphères ;
Et la perfection est partout ici-bas,
Où l'homme ne pénètre pas
Avec ses maux et ses misères.

SCÈNE VIII.

DON CÉSAR, TOUT LE CHŒUR.

DON CÉSAR, plus maître de lui :

Une dernière fois en maître je commande,
Pour que, ce corps si cher, à la terre on le rende :
C'est le suprême hommage aux morts. Exécutez
Ce qu'exigent de vous mes tristes volontés.

A ce grave devoir vous êtes prêts : naguère
Vous avez à sa tombe accompagné mon père.
Les chants de mort à peine en ces murs ont cessé
Qu'un cadavre par l'autre au sépulcre est poussé,
Qu'un cercueil peut à l'autre emprunter la lumière
Des funèbres flambeaux, et les marches de pierre
Voir le double convoi presque se rencontrer.
Cette fête de mort allez la préparer,
Avec pompe, au palais, dans l'église où repose
La cendre de mon père! — Et toute porte close!
Et silence complet! — Pour le reste, aujourd'hui,
Faites exactement comme on a fait pour lui.

LE CORYPHÉE DU SECOND DEMI-CHŒUR.

Cette solennité sera vite ordonnée,
Seigneur; ce souvenir de la triste journée,
Le catafalque noir, debout se dresse encor :
Nul n'a porté la main à l'appareil de mort.

DON CÉSAR.

Au milieu des vivants maintenir l'ouverture
Des funèbres caveaux, était d'un triste augure.
Comment donc s'est-il fait que, l'office achevé,
Le sombre échafaudage ait été conservé?

LE CORYPHÉE DU SECOND DEMI-CHŒUR.

Les malheurs de l'époque et la guerre intestine,
Qui bientôt en deux camps vint partager Messine,
Nous ont moins fait donner d'attention aux morts;
Le lieu saint est désert et fermé depuis lors.

DON CÉSAR.

A votre tâche donc! Faites besogne brève!
Que cette œuvre lugubre en cette nuit s'achève!
Que demain le soleil, levé sur ce palais,
De tout crime purgé l'éclaire désormais,
Et qu'y soit plus heureuse une race nouvelle!

(Le second demi-chœur sort, emportant le corps de don Manuel.)

SCÈNE IX.

DON CÉSAR, LE PREMIER DEMI-CHŒUR.

LE CORYPHÉE.

Est-ce votre désir, seigneur, qu'ici j'appelle
La congrégation de nos religieux?
Depuis longtemps l'Église à ces moines pieux
A confié le soin des chants et des prières
Dont l'office des morts se compose.

DON CÉSAR.

                                  Aux lumières
Des cierges, d'âge en âge, à perpétuité,
Que sur notre tombeau leur chant soit répété;
Mais de leur ministère, aujourd'hui, qu'on se passe:
Devant le meurtre fuit la sainteté.

LE CORYPHÉE.

                                De grâce,
Par ce grand désespoir vous laissant emporter,
Sur vous-même, seigneur, n'allez pas attenter!
Le droit de vous punir, nul ne l'a sur la terre,
Et le ciel est clément au repentir sincère.

DON CÉSAR.

A personne ici-bas ne peut appartenir
Le droit de me juger, le droit de me punir;
Aussi, c'est à moi-même à me faire justice.
Que l'expiation saintement s'accomplisse,
Et le ciel, je le sais, daignera l'accepter :
Le sang, c'est par le sang qu'il faut le racheter.

LE CORYPHÉE.

Contre votre maison quand sévit la tempête,
Il serait grand à vous, prince, d'y tenir tête,
Et non d'accumuler douleur sur douleur.

DON CÉSAR.
                    Non !
Par ma mort je ferai cesser pour ma maison
La malédiction dont elle est poursuivie.
Il n'est que ce moyen : en m'arrachant la vie,
Je romps du même coup la chaîne du destin.

LE CORYPHÉE.

Vous lui devez un maître, à ce peuple orphelin;
Prince, ne soyez pas le second qu'il regrette.

DON CÉSAR.

C'est aux dieux de la mort qu'est ma première dette;
Veuille au soin des vivants un autre dieu pourvoir !

LE CORYPHÉE.

Tant qu'il voit le soleil, l'homme a pour lui l'espoir;
Songez qu'il n'en est plus dans la mort !

DON CÉSAR.

         Et toi, pense
Qu'il faut de ton devoir t'acquitter en silence,
Comme un bon serviteur doit faire. Laisse-moi
Obéir à l'esprit dont je subis la loi :
Terrible il me commande, et me pousse, et m'inspire.
Dans le fond de mon cœur nul heureux ne peut lire.
Et si tu ne veux plus en moi considérer
Le maître que tu dois avec crainte honorer,
Du moins redoute en lui le criminel qu'accable
La malédiction la plus épouvantable,
Et garde en même temps respect au malheureux
Dont la tête est sacrée aux yeux même des dieux.
Lorsque l'homme en arrive aux tourments que j'endure,
Quand pèse sur son cœur le poids qui me torture,
Au compte qu'il en doit ce n'est plus ici-bas
Qu'il peut être appelé.

SCÈNE X.

ISABELLE, DON CÉSAR, TOUT LE CHŒUR.

ISABELLE.

Elle s'avance avec hésitation et jette sur don César des regards irrésolus. Puis, elle s'approche de lui et lui dit d'un ton assuré:

       Mes yeux ne devaient pas
Te revoir désormais : dans ma douleur amère
Je me l'étais juré. Cependant, je suis mère,
Et la décision qu'une mère en fureur
Prend contre la nature et la voix de son cœur,
Est bien rapidement par le vent emportée.

Je quitte, par un bruit sinistre épouvantée,
Ma retraite de deuil. Dois-je croire, mon fils,
Qu'en un jour tous les deux vous me seriez ravis?

LE CORYPHÉE DU PREMIER DEMI-CHŒUR, à Isabelle:

Vous-même vous allez l'entendre :
Il veut, résolu, calme, fort,
Et de son propre gré, descendre
Aux sombres portes de la mort.
Maintenant, que sa mère tente
Ce que peut la force du sang,
Jointe à la prière émouvante :
Mon langage fut impuissant.

ISABELLE.

Cette imprécation qu'éperdue, égarée,
J'ai, dans mon désespoir, contre toi proférée,
Cher fils, je la retire. Ah! l'enfant que porta
Son sein, qu'avec douleur ensuite elle enfanta,
Ne crois pas que jamais le maudisse sa mère.
Le ciel n'écoute pas la coupable prière :
Sur qui la fit monter à l'éternel séjour,
Elle en retombe en pleurs dont le poids est bien lourd.
Quitte un projet funeste, ô mon fils! — Je préfère
L'aspect du meurtrier qui m'a ravi ton frère,
A l'horrible douleur de vous perdre tous deux.

DON CÉSAR.

Vous ne jugez pas bien, ma mère, dans ces vœux,
Ce que, pour vous, pour moi, vous voulez que je fasse.
Ce n'est plus au milieu des vivants qu'est ma place:

Dussiez-vous supporter, comme vous l'avez dit,
L'aspect du meurtrier que le ciel a maudit,
Je n'endurerais pas, moi, d'une âme aussi ferme
Le reproche muet d'une douleur sans terme.

ISABELLE.

Nul reproche de moi ne viendra t'attrister ;
Ma douleur à ton cœur s'abstiendra de porter,
Exprimée ou muette, aucun coup qui le blesse ;
Tu la verras se fondre en paisible tristesse.
Nous aurons en commun notre deuil, nos douleurs,
Et voilerons le crime en pleurant nos malheurs.

DON CÉSAR, lui prenant la main et d'une voix douce:

Eh bien ! oui, la douleur dont vous êtes chargée,
En paisible tristesse elle sera changée,
Et quand la même tombe aura reçu deux morts,
Le meurtrier auprès de sa victime, alors
Que la même urne aussi réunira leur cendre,
Sur nous le bras maudit cessera de descendre.
Vous aimerez vos fils sans distinguer entre eux,
Et désormais vos pleurs couleront pour tous deux.
La mort est un puissant médiateur, ma mère:
Devant elle s'éteint le feu de la colère;
Qui s'était porté haine est réconcilié,
Et, sous le doux aspect d'une sœur, la pitié,
Vers l'urne, double objet de regrets, de tristesse,
Se penche tendrement et dans ses bras la presse.
Ne faites à ma mort nulle opposition :
Laissez-moi désarmer la malédiction.

ISABELLE.

La chrétienté, mon fils, a des pèlerinages
Où l'homme peut, au pied de leurs saintes images,
Retrouver le repos pour son cœur torturé :
De fardeaux bien pesants Lorette a délivré ;
Autour du saint sépulcre, où fut absous le monde,
La bénédiction plane, toujours féconde.
On fait intercéder les âmes craignant Dieu :
Leurs mérites sont grands ; et sur le même lieu
Où le bras meurtrier versa le sang d'un homme,
Du temple expiatoire on peut dresser le dôme.

DON CÉSAR.

Oui, retirer du cœur la flèche, on le pourra ;
La blessure, jamais on ne la guérira !
Non ! vive qui le peut la rigoureuse vie
Où la contrition, la pénitence expie
Une faute sans fin ! Pour moi, non ! je ne peux
Vivre le cœur brisé. J'ai besoin que mes yeux
A qui je vois heureux disent ma propre joie ;
Qu'aux flots purs de l'éther qui sur moi se déploie,
Mon esprit, et s'élève, et puise librement.
Si, quand vous nous faisiez la part également
Dans votre affection maternelle, l'envie,
— Vous le savez fort bien, — empoisonnait ma vie,
L'avantage qu'il a sur moi par vos regrets,
Croyez-vous qu'à présent je le supporterais ?
La mort a le pouvoir d'ôter toute souillure ;
La mort, dans son palais impérissable, épure
Tout ce qui fut mortel, l'a bientôt revêtu

Du plus splendide éclat dont brille la vertu,
Et de l'humanité chaque tache s'efface.
Autant que de la terre au ciel est grand l'espace,
Au-dessus de moi-même autant le voilà mis.
Ainsi qu'elle avait fait de nous deux ennemis,
Quand, frères, nous étions égaux, ainsi l'envie
Me rongera le cœur, toujours inassouvie,
A voir qu'il ait sur moi gagné l'éternité,
Et que, sans qu'il redoute une rivalité,
Seul de nous deux il ait maintenant cette gloire
Que, comme on fait d'un dieu, l'on garde sa mémoire.

ISABELLE.

Oh ! ne vous ai-je donc ici fait revenir
Que pour avoir tous deux à vous ensevelir ?
Quand je vous rappelai de votre longue absence,
Vous réconcilier était mon espérance.
Le Sort s'est contre moi tourné cruellement !

DON CÉSAR.

Ne vous emportez pas contre ce dénoûment ;
Le Sort tient sa promesse. Au palais de mon père,
Dans un désir de paix rentrés tous deux, ma mère,
Nous le voyons tout près de se réaliser :
Tous deux, ensemble, en paix nous allons reposer
Au séjour de la mort.

ISABELLE.

              Vis, mon fils ! Que ta mère
Ne soit pas sans amis sur la terre étrangère,
Exposée à subir l'insulte et le mépris,
Pour n'avoir plus l'appui que lui prêtaient ses fils !

ACTE IV. — SCÈNE X.

DON CÉSAR.

Si d'un monde sans cœur sur vous l'insulte tombe,
Venez chercher refuge auprès de notre tombe,
Invoquez-y vos fils, ma mère : nous serons
Au rang des dieux alors, et nous vous entendrons ;
Et comme les gémeaux de la céleste voûte
Qui du navigateur illuminent la route,
Nous nous rapprocherons de ce cœur accablé :
Il retrouvera force et sera consolé.

ISABELLE.

Pour ta mère, ô mon fils, vis ! pour elle ! Lui faire
Perdre tout à la fois, c'est la tuer, ta mère !

(Elle l'enlace de ses bras avec passion ; il se dégage doucement et lui tend la main en détournant le visage.)

DON CÉSAR.

Adieu !

ISABELLE.

C'en est donc fait ! Avec douleur je voi
Que ta mère n'a plus aucun pouvoir sur toi !
Peut-être une autre voix à ton cœur pourra-t-elle
Se faire entendre mieux que la voix maternelle ?

(Elle va vers le fond du théâtre.)

Viens, toi, ma fille, viens ! Puisque son frère mort,
Pour l'entraîner à lui, sur son cœur est si fort,
Peut-être pourras-tu, toi sa sœur bien-aimée,
Par tous les doux espoirs dont la vie est charmée,
Le séduire, obtenir qu'à la clarté du jour
Il ne renonce pas.

SCÈNE XI.

BÉATRICE, qui paraît au fond du théâtre ; **ISABELLE**.
DON CÉSAR, TOUT LE CHOEUR.

DON CÉSAR, vivement ému à l'aspect de Béatrice, se cache le visage.

Ma mère ! à quel détour
Vous...

ISABELLE, amenant Béatrice :

Il n'écoute pas sa mère suppliante :
Conjure, implore, presse, et qu'à vivre il consente !

DON CÉSAR.

O ruse d'une mère ! A ce point me tenter !
Dans de nouveaux combats vouloir me rejeter !
La lumière du jour, me la rendre plus belle,
Plus chère, en mon chemin pour la nuit éternelle !
— Le voilà, le voilà, puissant et gracieux,
Cet ange de la vie ! Il répand à mes yeux
Les fleurs, les fruits dorés qui de sa main féconde
S'échappent par torrents en parfums de ce monde !
Mon cœur s'épanouit aux rayons du soleil !
Lui, que déjà la mort frappait de son sommeil,
Renaît à l'espérance, à l'amour de la vie !

ISABELLE, à Béatrice :

Qu'il ne nous laisse pas sans appui : va ! supplie !
Toi seule peux ouvrir ce cœur qu'il tient fermé.

BÉATRICE.

Il faut une victime à ce mort bien-aimé ;

Il la veut ; donnons-la ; mais c'est moi qui veux l'être,
Moi, vouée à la mort même avant que de naître.
Le Sort qui nous poursuit, qui réclame-t-il ? moi,
Moi qui dérobe au ciel chaque jour que je voi.
Qui l'a tué ? c'est moi ! La haine était calmée
Dans vos cœurs, n'est-ce pas moi qui l'ai rallumée ?
C'est à moi d'apaiser les mânes de ce mort.

LE CORYPHÉE DU PREMIER DEMI-CHŒUR.

O mère infortunée ! Ainsi voir à la mort
Courir tous vos enfants ! Ils vous laissent sur terre
Sans joie et sans amour !

BÉATRICE.

Ne va pas, toi, mon frère,
Sacrifier tes jours ; ils sont précieux. Vis
Par amour pour ta mère ; elle a besoin d'un fils !
Sa fille, elle ne l'a qu'aujourd'hui découverte :
Elle supportera facilement la perte
D'un bien qu'elle n'aura qu'un moment entrevu.

DON CÉSAR, profondément blessé, à sa mère :

Que lui fait notre vie ou notre mort, pourvu
Qu'à son amant, ma mère, elle soit réunie !

BÉATRICE.

C'est à ton frère mort que tu portes envie ?

DON CÉSAR.

Il vit dans ta douleur ainsi que les élus ;
Moi, quand je serai mort, je ne compterai plus.

BÉATRICE.

Mon frère !

DON CÉSAR, avec l'accent de la plus vive passion:
Est-ce sur moi que tu pleures ?

BÉATRICE.
Mon frère !
Vis ! conserve tes jours à ta mère !

DON CÉSAR, quitte sa main et recule.
A ma mère ?

BÉATRICE, se penchant sur son sein:
Vis pour elle, mon frère, et console ta sœur !

LE CORYPHÉE DU SECOND DEMI-CHŒUR.

La victoire lui reste ! Elle a touché son cœur !
Il n'a pu résister à sa voix suppliante.
— Rien ne consolera votre douleur cuisante,
Madame, et cependant, espérez : il vivra,
Il vient d'y consentir ; un fils vous restera !

(Un chant d'église se fait entendre; la double porte du fond s'ouvre; on aperçoit le catafalque dressé dans la chapelle et le cercueil entouré de candélabres.)

DON CÉSAR, tourné vers le cercueil:

Non, tu ne perdras pas ta victime, mon frère !
Le sacrifice est prêt. Les larmes d'une mère,
Les supplications de l'amour n'auront pas
Le pouvoir de ta voix du cercueil. Dans mes bras
Je presse en ce moment un bien qui pourrait faire
Que, le bonheur des dieux, on le goûtât sur terre.

Mais moi, le meurtrier, heureux, moi, je vivrais,
Quand au fond du tombeau, toi, si pur, tu serais
Sans vengeance? Ah, que Dieu, dont ce monde est
                                  l'ouvrage,
Le préserve de voir ce révoltant partage!
— J'ai vu qu'aussi pour moi l'on a versé des pleurs;
C'est le cœur satisfait que je te suis. Je meurs!

(Il se frappe d'un poignard et glisse mourant aux pieds de sa sœur, qui se jette dans les bras de sa mère.)

LE CORYPHÉE DU PREMIER DEMI-CHŒUR, après un profond silence:

    Je reste l'âme consternée,
    Et je ne sais pas si je dois
    Plaindre ou non cette destinée.
    Devant tant de malheurs, je vois,
    J'ai la conviction profonde,
    Que parmi les biens de ce monde
Il ne faut point placer la vie au premier rang,
Mais que de tous les maux le crime est le plus grand.

FIN DE LA FIANCÉE DE MESSINE.

GUILLAUME TELL.

PERSONNAGES.

HERMANN GESSLER, bailli impérial dans les cantons de Schwytz et d'Uri[1].
WERNER, baron d'ATTINGHAUSEN, seigneur banneret[2].
ULRIC DE RUDENZ, son neveu.
WERNER STAUFFACHER,
CONRAD HUNN,
ITEL REDING,
JEAN AUF-DER-MAUER, } habitants du canton de Schwytz.
GEORGES IM-HOFE,
ULRIC SCHMIDT,
JOST DE WEILER,
WALTHER FÜRST,
GUILLAUME TELL,
RŒSSELMANN, curé d'Altorf,
PETERMANN, son sacristain, } habitants du canton d'Uri.
KUONI, berger,
WERNI, chasseur,
RUODI, pêcheur,
ARNOLD DE MELCHTHAL[3],
CONRAD BAUMGARTEN,
MEIER, DE SARNEN[4],
STRUTH DE WINKELRIED, } habitants du canton d'Unterwalden.
NICOLAS DE FLÜE[5],
BURKHART AM-BÜHEL,
ARNOLD DE SEWA,
PFEIFER, DE LUCERNE.

1. Sous Albert Ier.
2. *Attinghausen*, village du canton d'Uri.
3. Littéralement: *du Melchthal*, c'est-à-dire, *du val de la Melch*. La *Melch* est une petite rivière du canton d'Unterwalden. Melchthal est aujourd'hui le nom consacré de ce personnage.
4. *Sarnen*, petite ville du canton d'Unterwalden.
5. Ce personnage, sans aucune importance dans la pièce et qui ne paraît qu'une seule fois pour dire six vers, n'est pas le célèbre Nicolas de Flüe, qui vécut de 1417 à 1487, plus d'un siècle après l'événement dont Schiller a fait le sujet de sa tragédie.

PERSONNAGES.

Kunz, de Gersau [1].
Irnni, jeune pêcheur.
Seppi, jeune pâtre.
Gertrude, femme de Stauffacher.
Edwige, femme de Guillaume Tell et fille de Walther Fürst.
Bertha de Bruneck, riche héritière.
Hernengarde, \
Mathilde,   }
Élisabeth,   } paysannes.
Hildegarde,   /
Walther,   } fils de Tell.
Guillaume,   /
Friesshardt, } soldats.
Leuthold,   /
Rodolphe de Harras, écuyer de Gessler.
Jean le Parricide, duc de Souabe.
Stüssi, messier.
Le Porte-Bannière et Sonneur de trompe d'Uri.
Un Messager d'Empire.
Un Surveillant des corvées.
Un Maître tailleur de pierres.
Compagnons, Manœuvres.
Un Crieur public.
Des Frères de la Miséricorde.
Cavaliers de Gessler et de Landenberg [2].
Hommes et femmes des trois cantons.

1. *Gersau*, bourg du canton de Schwytz.
2. Landenberg, qui n'est que nommé dans la tragédie de Schiller, avait été envoyé avec Gessler dans les trois cantons. Il était l'un des baillis de l'empereur et avait sa résidence au château de Sarnen, dans le canton d'Unterwalden.

ACTE PREMIER.

GUILLAUME TELL.

ACTE PREMIER.

SCÈNE PREMIÈRE.

Le théâtre représente les rochers escarpés qui bordent le lac des Quatre-Cantons, en face de Schwytz.

Le lac forme un golfe qui s'avance dans les terres. — Une cabane non loin du rivage. — IENNI, le jeune pêcheur, conduit sa barque sur l'eau. — De l'autre côté du lac, on aperçoit les prés, les villages et les métairies du canton de Schwytz, éclairés par le soleil. — A gauche du spectateur, les pics du Haken, entourés de nuages. — A droite et dans le lointain, les glaciers. — Avant le lever du rideau, l'on entend le Ranz-des-vaches et le bruit des clochettes des troupeaux. Cette musique et ce bruit se prolongent encore pendant un moment quand la toile est levée.

IENNI, dans sa nacelle, chante:

Le lac invite au bain : il est si beau !...
Le jeune enfant dormait au bord de l'eau,
Quand, tout à coup, à lui se fait entendre
Une musique harmonieuse et tendre,
Comme un concert de flûtes, de hautbois,
Ou comme, au ciel, des anges sont les voix.

Tout enchanté, l'enfant s'éveille ;
L'eau le caresse mollement,
Et du fond du lac, doucement,
Ces mots montent à son oreille :

« Mon cher enfant, tu m'appartiens :
« Quand on s'endort dans mon domaine,
« J'éveille, mais aussi j'emmène
« Au fond des eaux. Bel enfant, viens ! »

KUONI, sur la montagne, chante :

Adieu les riants pâturages,
Où, l'été, le pâtre se tient !
Il faut rentrer dans nos villages :
L'été s'en va, l'automne vient.

Nous regravirons la montagne
Quand le coucou nous le dira ;
Quand refleurira la campagne ;
Quand, au printemps, on chantera ;

Au beau mois de mai, qui ramène,
Pour le pâtre et pour ses troupeaux,
L'eau de la petite fontaine
Et le bruit des petits ruisseaux.

Adieu les riants pâturages,
Où, l'été, le pâtre se tient !
Il faut rentrer dans nos villages :
L'été s'en va, l'automne vient.

WERNI, qui paraît de l'autre côté, sur le haut des rochers, chante :

La foudre gronde aux hautes cimes :
L'arbre jeté sur les abîmes,
Ce frêle pont, est ébranlé ;
Mais, en franchissant la montagne,

Sur le passage étroit où le vertige gagne,
    Jamais le chasseur n'a tremblé :
      Il marche sur des champs de glace,
      Où pas une fleur n'apparaît,
      Où jamais le printemps ne passe,
      Où nul rameau ne verdirait;
A ses pieds se déroule une mer de nuages;
Il ne distingue plus les villes, les villages,
    Et c'est seulement à travers
    Les déchirements de la nue
    Qu'il peut entrevoir l'univers,
Et, sous cet océan, bien loin, portant la vue,
    Nos champs et nos prés, toujours verts.

(L'aspect du paysage change; on entend un sourd craquement dans les montagnes, et l'ombre des nuages passe rapidement sur la contrée.)

RUODI sort de la cabane; WERNI descend sur la scène; KUONI arrive, portant sur l'épaule un seau à lait; il est suivi du jeune pâtre SEPPI, son aide [1].

RUODI.

Hâte-toi d'amarrer notre barque au rivage,
Ienni! Maître Ouragan commence son tapage.
Entends-tu le glacier mugir comme un taureau?...
Vois-tu les pics de Schwytz qui mettent leur chapeau?...
Sens-tu ce vent glacé qui siffle?... La tempête,
Plus tôt qu'on ne le croit sera sur notre tête.

---

1. Schiller n'a pas divisé les scènes de sa tragédie de *Guillaume Tell* d'après l'arrivée des personnages, mais seulement d'après le lieu où elles se passent. Une fois ce lieu indiqué, la scène s'y continue jusqu'à un changement de décoration, quelles que soient les entrées et les sorties des acteurs.

KUONI.

Il va tomber de l'eau, batelier : mes moutons,
Depuis un bon moment, broutent en vrais gloutons ;
Mon chien gratte la terre.

WERNI.

Et le poisson s'en donne :
Comme il sautille ! Allez ! l'averse sera bonne...
Et puis, regardez donc plonger la poule d'eau !

KUONI.

Prends garde de laisser s'écarter le troupeau,
Seppi !

SEPPI.

N'ayez pas peur : de la brune Lisette
J'entends distinctement où tinte la clochette.

KUONI.

C'est la plus vagabonde, et si Lisette est là,
Aucune n'est bien loin.

RUODI.

Quels jolis sons elle a
Votre cloche, berger !

WERNI.

Et puis, les belles bêtes !...
A quel maître ?... Est-ce vous, camarade, qui l'êtes ?

KUONI.

Je ne suis pas si riche... Elles sont au seigneur
D'Attinghausen. J'en suis le simple conducteur.

RUODI.

Que ce collier va bien au cou de cette vache!

KUONI.

Elle sait qu'à ses pas tout le troupeau s'attache,
Et si j'allais ôter ce collier de son cou,
Elle ne voudrait plus paître.

RUODI.

        Vous êtes fou!
Vous croyez donc, l'ami, que cette bête pense?

WERNI.

Eh! pourquoi pas? la bête a son intelligence.
Nous le savons fort bien, nous, chasseurs de chamois :
Quand ils s'en vont brouter, ils placent, chaque fois,
Et très-habilement, une garde qui veille,
Prêtant à chaque bruit une attentive oreille,
Et, par un cri perçant, leur fait connaître à tous
L'approche du chasseur.

RUODI, à Kuoni:

        Vous retournez chez vous?

KUONI.

Oui, nous avons passé le temps du pâturage.

WERNI.

Bon voyage au berger!

KUONI.

        Au chasseur bon voyage!
De vos excursions ne revient pas qui veut.

RUODI.

Regardez donc cet homme! Aussi vite qu'il peut
Il court.

WERNI.

Je le connais : c'est Baumgarten, d'Alzelle [1].

BAUMGARTEN, hors d'haleine :

Batelier! batelier! pour Dieu! votre nacelle!

RUODI.

Eh! la, la!

BAUMGARTEN.

Ce sera me sauver de la mort.
Démarrez! Passez-moi bien vite à l'autre bord.

KUONI.

Eh! l'ami, qu'avez-vous?

WERNI.

Qui donc vous en veut?

BAUMGARTEN, à Ruodi :

Vite!
Les gens de Landenberg sont mis à ma poursuite;
Ils sont sur mes talons, et c'en est fait de moi
Si je tombe en leurs mains.

RUODI.

Vous poursuivre? Eh! pourquoi?

BAUMGARTEN.

Fournissez-moi d'abord une retraite sûre,
Et vous saurez...

---

1. Pour *Alzellen*, bourg du canton d'Unterwalden.

ACTE I. — SCÈNE I.

WERNI.
Du sang! Quelle est cette aventure?

BAUMGARTEN.
Le bailli du Rossberg...[1]

KUONI.
Wolfenschiess? Est-ce lui
Qui veut qu'on vous arrête?

BAUMGARTEN.
Il est mort aujourd'hui,
De ma main : nul n'a plus à craindre sa colère.

TOUS, reculant:
Que Dieu soit avec vous!... Qu'avez-vous osé faire!

BAUMGARTEN.
Ce que tout homme libre à ma place aurait fait :
J'ai de mon droit usé contré qui m'outrageait
Dans l'honneur du mari, dans l'honneur de ma femme.

KUONI.
Votre honneur outragé par le bailli?

BAUMGARTEN.
L'infâme!
S'il n'a pas accompli ce qu'il avait tenté,
C'est que ma bonne hache, et Dieu, l'ont arrêté.

WERNI.
Vous l'avez donc tué d'un coup de votre hache?

---

1. Wolfenschiess, l'un des baillis de l'Empire. Il habitait un château sur le Rossberg, montagne située près de Stanz, dans le canton d'Unterwalden. On le détestait d'autant plus qu'il était Suisse. Le baron d'Attinghausen fait allusion à sa trahison envers son pays. acte II, scène 1.

KUONI.

Vous pouvez tout nous dire avant qu'on ne détache
La barque du rivage.

BAUMGARTEN.

Eh bien! voici le fait :
Ce matin je coupais du bois dans la forêt,
Quand, pâle et trahissant une angoisse mortelle,
Ma femme arrive à moi : «Le bailli», me dit-elle,
« Est dans notre maison, Conrad ; à peine entré,
« Il a voulu qu'un bain fût pour lui préparé,
« Et puis, qu'à ses désirs ta femme eût à se rendre.
« Je me suis échappée et je viens te l'apprendre.»
Je pars, tel que j'étais, je le trouve, et, soudain,
Ma hache, d'un seul coup, l'étend mort dans son bain[1].

WERNI.

Et vous avez bien fait ! Ne craignez pas le blâme.

KUONI.

Il a bien mérité son châtiment, l'infâme !
Le peuple d'Unterwald lui devait un tel sort,
Et depuis bien longtemps.

BAUMGARTEN.

On sait déjà sa mort ;
Le temps pour moi s'écoule ; on est à ma poursuite,
Pendant que nous causons.

(Le tonnerre commence à gronder.)

---

1. Le fait est raconté dans la *Chronique suisse* de Petermann Etterlin (Bâle, Daniel Eckenstein, 1752, in-folio), mais c'est Landenberg qui aurait été tué.

ACTE I. — SCÈNE I.

KUONI.

Allons, batelier, vite!
Fais passer ce brave homme!

RUODI.

A présent? Regardez
L'orage qui s'apprête. Impossible! Attendez!

BAUMGARTEN.

Mon Dieu!... Je ne puis pas attendre davantage;
Tout retard m'est mortel.

KUONI, à Ruodi:

Tentez donc le passage!
Le ciel vous aidera... Secourons le prochain,
Afin qu'à notre tour...
  (Le vent mugit, le tonnerre recommence.)

RUODI.

Je le voudrais en vain:
Le Fœhn[1] est déchaîné; voyez cette tempête!
A ces flots furieux je ne puis tenir tête.

BAUMGARTEN, lui embrassant les genoux:

Ce que vous m'aurez fait en ce danger pressant,
Dieu vous le rende!

WERNI.

Allons! soyez compatissant,
Batelier; il y va de ses jours.

---

[1]. Vent du sud-ouest, qui rend très-périlleuse la navigation sur le lac des Quatre-Cantons.

KUONI.

Il réclame
Pitié : songez qu'il a des enfants, une femme.
(Nouveaux coups de tonnerre.)

RUODI.

Et moi donc ? Voulez-vous que je meure aujourd'hui ?
N'ai-je pas mes enfants, ma femme, comme lui ?
Entendez donc mugir l'orage qui s'avance !
Voyez du fond du lac la vague qui s'élance !
Je voudrais bien sauver ce brave homme, mais, quoi ?
Le puis-je ? Eh non ! c'est clair pour vous comme pour
moi.

BAUMGARTEN, toujours à genoux :

Ainsi l'on va m'atteindre ! Il faut que je périsse !
Quand j'ai devant les yeux la rive protectrice !
J'y touche du regard, j'y touche de la voix ;
La barque qui pourrait me sauver, je la vois ;
Et sans secours je reste ici, sans espérance !

KUONI.

Regardez ! quel est donc cet homme qui s'avance ?

WERNI.

Eh ! c'est Tell, de Bürglen.

TELL, portant son arbalète :

Qui demande secours ?

KUONI.

C'est un homme d'Alzelle ; il a tranché les jours
Du bailli du Rossberg, pour venger une injure...

Les soldats du bailli le cherchent... Il conjure
Cet homme de passer le lac, — c'est un pêcheur, —
Mais il n'y consent pas : l'orage lui fait peur.

RUODI.

Tenez, Tell sait aussi conduire une nacelle :
Eh bien! peut-on passer, Tell? A vous j'en appelle.
(Les coups de tonnerre redoublent; le lac mugit.)
Aux gouffres de l'enfer irai-je me jeter?
Nul homme, sain d'esprit, n'oserait le tenter.

TELL.

C'est à soi qu'en dernier un honnête homme pense.
Sauve ce malheureux, en Dieu mets confiance!

RUODI.

Pour qui se voit au port les conseils sont aisés :
Voilà le lac, voici mon bateau, traversez!

TELL.

Le lac peut s'apaiser; du bailli la colère,
Non. Çà! décide-toi!

LES BERGERS et WERNI.

Sauve-le!

RUODI.

     Pour un frère,
Pour un enfant, objet de mon plus tendre amour,
Je ne passerais point : c'est aujourd'hui le jour
Des saints Simon et Jude, et le lac en furie
Veut sa proie.

TELL.

Un discours à rien ne remédie.
Il faut se décider, car les moments sont courts :
Batelier, ce brave homme a besoin de secours,
Veux-tu le passer ? Dis !

RUODI.

Non ! pas moi ; je résiste.

TELL.

Eh bien donc, ta nacelle ! et que le ciel m'assiste !
J'essaîrai ; j'y mettrai ce que j'ai de vigueur.

KUONI.

C'est bien, généreux Tell !

WERNI.

C'est digne d'un chasseur !

BAUMGARTEN.

Vous êtes mon sauveur, mon ange tutélaire !

TELL.

Je puis bien du bailli déjouer la colère,
Mais un autre que moi de ces flots furieux
Peut seul vous préserver. A tout prendre, il vaut mieux
Tomber aux mains de Dieu, l'ami, qu'aux mains des
          hommes.
(A Kuoni:)
Vous irez consoler ma femme si nous sommes
Les victimes des flots. Je fais ce que je dois !
(Il s'élance dans la nacelle.)

ACTE I. — SCÈNE I.

KUONI, à Ruodi :

A conduire un bateau vous excellez : pourquoi
Craignez-vous de passer, lorsque Tell, au contraire...?

RUODI.

Plus habiles que moi n'oseraient pas le faire.
Nos montagnes n'ont pas deux hommes comme lui.

WERNI, qui est monté sur les rochers :

Le voilà déjà loin. Que Dieu te prête appui,
Mon hardi batelier! Voyez donc la nacelle,
Que ballottent les flots!

KUONI, du rivage :

                Ils montent plus haut qu'elle...
Je ne l'aperçois plus... La voilà de nouveau!...
Comme ce brave Tell se rend maître de l'eau!

SEPPI.

Voici les cavaliers qui poursuivent cet homme.

KUONI.

O ciel! Il était temps de l'aider!

DES CAVALIERS DE LANDENBERG arrivent.

LE PREMIER CAVALIER.

                Je vous somme
De livrer l'assassin que vous cachez.

LE SECOND CAVALIER.

                    En vain
Vous voudriez nier : il a pris ce chemin.

KUONI et RUODI.

Que voulez-vous nous dire ?

LE PREMIER CAVALIER, apercevant la barque :

Ah ! qu'ai-je vu ? Tonnerre !

WERNI, toujours sur les rochers :

Est-ce à cet homme-là que vous avez affaire ?
A celui que la barque emporte ? Alors, courez,
Mettez-vous au galop, et vous l'attraperez !

LE SECOND CAVALIER.

C'en est fait, il a pu se sauver !... Mille diables !

LE PREMIER CAVALIER, à Kuoni et à Ruodi :

De sa fuite c'est vous que je rends responsables :
Vous l'avez secouru.
(Aux soldats :)
Sus aux troupeaux ! Allez !
Mettez cette cabane à bas ! tuez ! brûlez !
(Les soldats sortent.)

SEPPI, se précipitant sur leurs pas :

Mes moutons !

KUONI, le suivant :

Mes troupeaux ! O malheur ! O mon maître !

WERNI.

Les scélérats !

RUODI, se tordant les mains :

Quand Dieu daignera-t-il permettre
Que se lève un sauveur pour ce pauvre pays !
(Il suit les autres.)

SCÈNE II.

Steinen, dans le canton de Schwytz; un tilleul devant la maison de Stauffacher, sur le grand chemin, près du pont.

STAUFFACHER, PFEIFER, de Lucerne.

(Ils arrivent en causant.)

PFEIFER.

Oui, maître Stauffacher, écoutez mes avis :
Tant que vous trouverez que rien ne vous oblige,
Ne prêtez pas serment à l'Autriche, vous dis-je ;
Pour l'Empire gardez cette fidélité,
Où courageusement vous avez persisté,
Et tous vos anciens droits, que Dieu vous les maintienne !

(Il lui serre affectueusement la main et veut partir.)

STAUFFACHER.

Mais, au moins, attendez que ma femme revienne.
Restez ! N'êtes-vous pas toujours mon hôte ici,
Comme je suis le vôtre à Lucerne ?

PFEIFER.

     Merci ;
Non : Je dois à Gersau rentrer aujourd'hui même...
Soyez donc patients ; que l'insolence extrême
Que montrent vos baillis, que leur cupidité,
Que leur joug, en un mot, soit par vous supporté.
Pour faire tout changer un moment peut suffire.
Un nouvel empereur peut monter à l'Empire.
A l'Autriche une fois, ce serait pour toujours.

Il sort. Stauffacher, soucieux, s'assied sur un banc placé sous le tilleul. GERTRUDE entre, s'approche de lui et le regarde pendant quelques instants en silence.

GERTRUDE.

Encor préoccupé ?... J'ai, depuis quelques jours,
En silence observé ta profonde tristesse.
Sur ton front, mon ami, je la trouve sans cesse.
Je cherche d'où provient un si grand changement.
Ton cœur est oppressé par un secret tourment;
Apprends-le-moi... Je suis ta compagne fidèle :
Ta femme de tes maux veut la moitié pour elle.

(Stauffacher lui tend la main et garde le silence.)

Qu'est-ce donc qui t'attriste à ce point? dis-le-moi?
Ton travail est béni, tout prospère chez toi :
Tu vois tes greniers pleins; tes vaches, bien nourries,
Tes chevaux, ont repris leurs bonnes écuries;
Tout est de la montagne heureusement rentré,
Et tout contre l'hiver est au mieux assuré.
Comme un noble château ta maison se présente,
Riche, neuve, construite en bon bois de charpente,
Disposée avec art, arrangée avec goût;
Des fenêtres qui font entrer le jour partout!
Puis, à l'extérieur, ses murailles sont peintes
D'écussons variés et de maximes saintes,
Et chaque voyageur qui passe, je le vois
Les lire, s'arrêter, en admirer le choix.

STAUFFACHER.

Oh! oui, notre maison est belle, bien construite,
Mais, Gertrude, le sol qui la porte s'agite.

GERTRUDE.

Qu'entends-tu par ces mots?

ACTE I. — SCÈNE II.

STAUFFACHER.

J'étais, dernièrement,
Assis sous ce tilleul comme dans ce moment ;
Je songeais avec joie à ma maison nouvelle,
Quand, venant de Küssnacht, de cette citadelle
Où pour notre malheur d'ordinaire il se tient,
Avec ses cavaliers le gouverneur survient.
Tout à coup il s'arrête ; une surprise feinte,
A voir notre maison, sur sa figure est peinte,
Et moi, quittant ma place avec empressement,
Je m'approche de lui respectueusement :
— Chez nous, de l'empereur, cet homme a la puissance,
Et son titre avait droit à cette déférence. —
« A qui cette maison ? » dit-il. — La question,
Certes, n'était pas faite à bonne intention :
Cette maison ! il sait fort bien que c'est la nôtre. —
« Elle est à l'empereur, mon seigneur et le vôtre, »
Lui dis-je, « et je la tiens à fief de l'empereur. » —
« Eh bien ! c'est en son nom que je suis gouverneur, »
Réplique-t-il alors, « je ne veux pas permettre
« Qu'ici le paysan puisse se croire maître,
« Construise des maisons de son autorité,
« Et se donne des airs de vivre en liberté.
« Je trouverai moyen d'arrêter tant d'audace. »
Là-dessus il partit, respirant la menace,
Et moi, tout inquiet, je me mis à penser
Aux mots que ce méchant venait de prononcer.

GERTRUDE.

Voudras-tu recevoir, mon époux, mon cher maître,
Le conseil que je vais franchement me permettre ?

Je suis fille d'Iberg et c'est là ma fierté.
Pour son expérience il est partout cité.
Durant les longues nuits que l'hiver nous ramène,
Nous étions là, mes sœurs et moi, filant la laine,
Quand mon père voyait chez lui se rassembler
Les principaux du peuple. Ils venaient y parler
De nos droits, consacrés par ces Chartes antiques
Que concéda l'Empire aux Cantons helvétiques;
Ils venaient exprimer, dans de sages avis,
Ce qu'ils croyaient utile au bonheur du pays.
Combien j'entendis là de paroles sensées,
De souhaits généreux, de profondes pensées !
J'étais bien attentive et j'ai tout retenu.
Ton mal depuis longtemps, mon ami, m'est connu.
Fais donc attention à ce que je vais dire :
Le gouverneur te hait, il tâche de te nuire,
Parce qu'à ses desseins tu fais obstacle, toi,
Quand il voudrait que Schwytz jurât hommage et foi
A l'empereur lui seul, à la Maison nouvelle,
Au lieu de demeurer à l'Empire fidèle,
Comme il le fait toujours, comme toujours, aussi
Nos ancêtres l'ont fait. — N'en est-il pas ainsi ?
Je ne me trompe pas ?

STAUFFACHER.

Non ; la chose est certaine :
C'est bien pourquoi Gessler me porte tant de haine.

GERTRUDE.

Dis qu'il te porte envie : homme libre, tu vis
Sur des biens jusqu'à toi venus de père en fils.

Lui n'en possède pas, et de là vient sa rage.
De l'Empire tu tiens en fief ton héritage,
Tu peux, de le montrer, être fier aussi bien
Qu'un prince de l'Empire à faire voir le sien.
Le plus puissant des rois chrétiens est le seul maître
Qu'en ta condition tu puisses reconnaître.
Cadet de sa maison, pour tout bien, pour briller,
Lui n'a que le manteau qui le dit chevalier.
Aussi, de l'honnête homme, avec un œil d'envie,
Et le cœur plein de fiel, il voit l'heureuse vie.
Il médite le coup dont il veut te frapper.
Mais si jusqu'à ce jour tu lui sus échapper,
Veux-tu qu'il ait le temps d'accomplir sa vengeance?
Non! sur son ennemi le sage prend l'avance.

STAUFFACHER.

Que faut-il faire?

GERTRUDE, se rapprochant de lui:

Eh bien! écoute mes avis:
Tu ne l'ignores pas, les braves gens de Schwytz
De notre gouverneur souffrent avec murmure
Le pouvoir si cruel, l'avidité si dure.
A l'autre bord du lac, Werner, n'en doute pas,
Unterwalden, Uri, du joug aussi sont las,
Car, des vexations dont Gessler nous accable,
Sur eux leur Landenberg aussi se rend coupable,
Et nous n'en voyons pas arriver un bateau,
Qu'il n'annonce de lui quelque crime nouveau.
Eh bien! les plus sensés d'entre vous, il me semble,
Devraient se réunir pour aviser ensemble

A s'affranchir enfin de cette oppression.
Dieu serait avec vous, c'est ma conviction :
Vous avez le bon droit, crois-tu qu'il l'abandonne?...
Dans le canton d'Uri ne connais-tu personne
A qui te confier?

STAUFFACHER.

Je compte des amis
Parmi les braves gens, les riches du pays,
Et je puis m'épancher avec eux.
(Se levant:)
O ma femme,
Quels dangereux pensers tu fais naître en mon âme!
Ils s'y pressent pareils à des flots en fureur.
C'est toi qui me fais voir jusqu'au fond de mon cœur.
Ce que tu me dis là, ce projet téméraire,
Dont ainsi je t'entends parler à la légère,
Je m'étais interdit d'y songer seulement.
A ce conseil as-tu réfléchi mûrement?
Tu veux dans nos vallons, jusqu'à présent paisibles,
Appeler la discorde et les combats terribles?
C'est nous, faibles bergers, qui ne craindrions pas
De provoquer un roi maître de tant d'États
Qu'on dirait l'univers soumis à sa puissance?
Va! ce serait fournir à leur impatience
Le motif, attendu depuis longtemps par eux,
De déchaîner sur nous leurs soldats furieux.
Ils veulent exercer sur notre pauvre terre
Les droits que le vainqueur s'arroge après la guerre,
Et de nos libertés saper les fondements,
En invoquant la loi des justes châtiments.

GERTRUDE.

Hommes comme eux, Werner, vous connaissez l'usage
De vos haches, et Dieu protége le courage.

STAUFFACHER.

Femme ! songe à la guerre, à toutes ses fureurs :
Elle frappe à la fois les troupeaux, les pasteurs.

GERTRUDE.

Aux maux que le Seigneur envoie on se résigne,
Mais devant l'injustice un noble cœur s'indigne.

STAUFFACHER.

Cette maison te plaît : la guerre s'allumant,
Le feu le détruira notre beau bâtiment.

GERTRUDE.

Si ce bien passager devait lier mon âme,
C'est moi qui de ma main y porterais la flamme.

STAUFFACHER.

Mais, à l'humanité tu crois ; or, le fléau
N'épargne même pas l'enfant dans son berceau.

GERTRUDE.

Dans le ciel l'innocence a son appui, son père.
Regarde devant toi, Werner, pas en arrière !

STAUFFACHER.

Nous, hommes, nous pouvons mourir en combattant,
Mais, les femmes, sais-tu le sort qui les attend ?

GERTRUDE.

Aussi bien que le fort le faible a son courage :
Un saut dans ce torrent, j'échappe à l'esclavage !

STAUFFACHER, se jetant dans ses bras :

L'homme qui peut sentir battre contre son cœur
Un cœur comme le tien, cet homme, avec bonheur,
Pour son foyer, ses biens, ma Gertrude chérie,
Au milieu des combats exposera sa vie !
Cet homme d'aucun roi ne craindra les soldats !....
Dans le canton d'Uri je me rends de ce pas.
J'y connais Walther Fürst, un ami sûr ; il pense
Ce que je pense, moi, de ces temps de souffrance.
Je puis compter encor, dans ce même canton,
Attinghausen ; il est d'une noble maison,
Mais il aime le peuple et nos anciens usages.
Je m'en vais aviser avec ces hommes sages
A des moyens puissants de sauver le pays
Du joug que font sur lui peser nos ennemis...
Adieu, Gertrude, adieu... Toi, pendant mon absence,
Aux soins de la maison mets toute ta prudence.
Secours le pèlerin qui va vers de saints lieux ;
Pour son couvent, aussi, donne au moine pieux
Qui viendra demander l'aumône à notre porte,
Et donne-leur beaucoup : que personne ne sorte
Que comblé de tes soins, ma Gertrude ; le toit
De Werner Stauffacher de toutes parts se voit ;
C'est sur le grand chemin qu'il élève son faste,
Et chaque voyageur qui sous ce toit s'arrête
Y trouve bon accueil.

Pendant qu'il s'éloigne avec sa femme, GUILLAUME TELL
et BAUMGARTEN arrivent sur le devant de la scène.

TELL, à Baumgarten:

Maintenant, Dieu merci!
De moi vous n'avez plus besoin. Entrez ici!
Voilà de Stauffacher la porte hospitalière.
De tous les malheureux on sait qu'il est le père...
Je l'aperçois là-bas. Venez, venez!

(Ils sortent sur les pas de Stauffacher. — La scène change.)

SCÈNE III.

Une place publique, près d'Altorf.

Sur une hauteur, dans le fond, s'élève une forteresse en construction, assez avancée déjà pour qu'on en distingue la forme. La partie la plus reculée en est finie. On travaille sur le devant; les échafaudages sont encore dressés; les ouvriers y montent et descendent; un couvreur est sur le toit le plus élevé. — Tout annonce le mouvement et le travail.

LE SURVEILLANT DES CORVÉES, LE MAITRE TAILLEUR
DE PIERRES, COMPAGNONS, manœuvres.

LE SURVEILLANT DES CORVÉES, portant un bâton, excite
les ouvriers au travail.

Allons!
C'est assez de repos: apportez des moellons,
De la chaux, du mortier! Qu'on obéisse! Vite!
Quand monseigneur viendra nous faire sa visite,
Faisons voir qu'on travaille et que nous avançons.
Fainéants! vous allez comme des limaçons.

A deux manœuvres qui portent une charge :)
Est-ce une charge, ça? Prenez-en davantage!
Comme ces paresseux escamotent l'ouvrage!

LE PREMIER COMPAGNON.
Il est dur de bâtir notre propre prison.

LE SURVEILLANT.
Vous murmurez, je crois?... Un peuple qui n'est bon
Qu'à courir la montagne et qu'à traire les vaches,
Ce peuple est un ramas de vauriens et de lâches.

UN VIEILLARD, *s'asseyant:*
Je n'en puis plus!

LE SURVEILLANT, *le secouant:*
    Allons! allons! veux-tu marcher,
Vieux drôle!

LE PREMIER COMPAGNON.
   La pitié ne peut donc vous toucher,
Qu'à ce rude travail vous prétendiez contraindre
Un vieillard dont les jours semblent près de s'éteindre?

LE MAITRE TAILLEUR DE PIERRES et LES COMPAGNONS.
C'est une barbarie!

LE SURVEILLANT.
    A votre affaire, vous!
Je remplis mon devoir.

LE SECOND COMPAGNON.
    Surveillant, dites-nous:
Comment nommera-t-on ce fort que l'on achève?

ACTE I. — SCÈNE III.

LE SURVEILLANT.

Son nom? le Joug d'Uri; c'est pour vous qu'on l'élève.

LES COMPAGNONS, riant:

Ah! ah! le Joug d'Uri!

LE SURVEILLANT.

Vous en riez?

LE SECOND COMPAGNON.

Croit-on
Avec cette baraque asservir le canton?

LE PREMIER COMPAGNON.

Quelque chose de beau que votre citadelle!
C'est une taupinière! Entassez-en sur elle
Beaucoup d'autres encore et voyez si, jamais,
Vous iriez aussi haut que l'un de ces sommets;
Aussi haut seulement que la moindre colline
Qui rampe au pied des pics dont le front nous domine.

(Le surveillant des corvées se retire vers le fond du théâtre.)

LE MAITRE TAILLEUR DE PIERRES.

Au plus profond du lac j'enverrai le marteau
Qui me sert à bâtir cet infernal château!

GUILLAUME TELL et STAUFFACHER arrivent.

STAUFFACHER.

Faut-il vivre pour voir cet affreux édifice!

TELL.

Éloignons-nous d'ici, le lieu n'est pas propice.

STAUFFACHER.

Sommes-nous dans Uri, pays de liberté ?

LE MAITRE TAILLEUR DE PIERRES.

Et si vous pouviez voir, hélas ! de ce côté,
Les cachots sous les tours ! De ces sombres demeures,
L'hôte n'entendra plus le coq chanter les heures !

STAUFFACHER.

O Dieu !

LE MAITRE TAILLEUR DE PIERRES.

Voyez ces murs et ces contre-boutants,
Qu'on semble avoir bâtis pour défier le temps !

TELL.

La main peut renverser l'œuvre que la main dresse.
(Montrant les montagnes.)
De notre liberté voici la forteresse !
Dieu l'éleva pour nous.

On entend un tambour. Des gens arrivent, portant un chapeau sur la pointe d'une perche ; UN CRIEUR PUBLIC les suit ; des femmes et des enfants l'accompagnent tumultueusement.

LE PREMIER COMPAGNON.

Que nous veut ce tambour ?
Faites attention !

LE MAITRE TAILLEUR DE PIERRES.

Sommes-nous en un jour
De carnaval ? Voyez quel cortége s'avance !
Ce chapeau... !

LE CRIEUR.

C'est au nom de l'empereur. Silence!

LES COMPAGNONS.

Écoutez!

LE CRIEUR.

Gens d'Uri, vous voyez ce chapeau :
Dans la place d'Altorf, à l'endroit le plus haut,
Sur la pointe d'un mât vous l'allez voir paraître,
 Et voici ce que notre maître,
Le gouverneur, vous ordonne aujourd'hui :
Tous les honneurs auxquels il a droit de prétendre,
 A ce chapeau, tout comme à lui,
 Il vous ordonne de les rendre.
Quand devant ce chapeau l'un de vous passera,
Il pliera les genoux et se découvrira.
A votre empressement, dans cette circonstance,
Le roi prétend juger de votre obéissance.
 Quiconque aura manqué
 A l'ordre qu'on vous donne,
 Sera puni dans sa personne
 Et verra son bien confisqué.

(Le peuple éclate de rire. le tambour bat. le cortége passe.)

LE PREMIER COMPAGNON.

Du gouverneur l'idée est extraordinaire,
Inouïe : un chapeau! vouloir qu'on le vénère!
Dites, vit-on jamais rien de semblable?

LE MAITRE TAILLEUR DE PIERRES.

     Nous?
Que devant un chapeau nous ployions les genoux?

D'un peuple sérieux, de braves gens, qu'on ose
Se jouer à ce point !

LE PREMIER COMPAGNON.

On concevrait la chose
S'il s'agissait de rendre hommage à l'empereur,
Si sa couronne était l'objet d'un tel honneur ;
Mais, c'est là le chapeau de l'Autriche ; moi-même
Je l'ai vu près du trône accroché, cet emblème,
Dans la salle où l'on va jurer hommage et foi.

LE MAITRE TAILLEUR DE PIERRES.

Le chapeau de l'Autriche ? Attention ! j'y voi
Le piége sur lequel pour nous prendre l'on compte.

LES COMPAGNONS.

Aucun homme d'honneur ne boira cette honte.

LE MAITRE TAILLEUR DE PIERRES.

Avec tous nos amis allons nous consulter.

(Ils se retirent au fond du théâtre.)

TELL, à Stouffacher :

Vous savez maintenant à quoi vous arrêter.
Adieu, maître Werner.

STAUFFACHER.

Qu'est-ce qui vous oblige
A me quitter si tôt ? Restez !...

TELL.

Adieu, vous dis-je.
De ma maison depuis trop longtemps je suis loin.

STAUFFACHER.

De vous parler encor j'aurais si grand besoin!

TELL.

A soulager le cœur parler ne peut suffire.

STAUFFACHER.

Pourtant, aux actions parler peut nous conduire.

TELL.

Il faut se taire encore, il faut patienter.

STAUFFACHER.

D'insupportables maux les faut-il supporter?

TELL.

Des tyrans trop pressés le règne passe vite...
Quand le Föhn est sorti des gouffres qu'il habite,
Nous éteignons les feux; pour s'abriter au port
Le batelier se hâte et rame avec effort,
Et l'Esprit destructeur au-dessus de nous passe,
Sans nous faire de mal, sans même laisser trace.
Que bien paisiblement chacun reste chez soi:
On laisse en paix les gens tranquilles, croyez-moi.

STAUFFACHER.

Mais...

TELL.

Voit-on le serpent piquer sans qu'on l'excite?
Allez! nos oppresseurs se lasseront bien vite,
Si devant eux en paix se maintient le pays.

STAUFFACHER.

Mais nous pourrions beaucoup si nous étions unis.

TELL.

Seul, plus facilement on échappe au naufrage.

STAUFFACHER.

De la cause commune alors qu'il se dégage,
Guillaume Tell le fait aussi tranquillement?

TELL.

On ne peut qu'à soi seul se fier sûrement.

STAUFFACHER.

Mais ils deviennent forts les faibles qui s'unissent.

TELL.

Et les forces du fort, quand il est seul, grandissent.

STAUFFACHER.

Donc, sur vous le pays ne pourrait pas compter
Si, dans son désespoir, il voulait résister?

TELL, lui donnant la main:

Tell, qui s'en va chercher dans l'abîme et ramène
L'agneau qui s'égara, laisserait dans la peine
Ses amis? Non!... Pourtant, quels que soient vos projets,
A vos conseils, Werner, ne m'appelez jamais.
Discuter, réfléchir, ce n'est pas mon affaire;
Mais que pour l'action je vous sois nécessaire,
Appelez Tell, et Tell ne fera point défaut.

(Ils sortent par des côtés différents. — Un tumulte subit s'élève du côté de l'échafaudage.)

ACTE I. — SCÈNE III.

LE MAITRE TAILLEUR DE PIERRES, y courant:

Qu'est-ce donc ?

LE PREMIER COMPAGNON s'avance en criant:

Le couvreur est tombé de là-haut !

BERTHA, se précipitant sur le théâtre, suivie de quelques personnes :

Est-ce qu'il s'est tué?... Braves gens, que l'on coure!
S'il en est temps encor, pour Dieu! qu'on le secoure!
Tenez! voici de l'or.
(Elle jette des bijoux à la foule.)

LE MAITRE TAILLEUR DE PIERRES.

De l'or!... C'est bien cela!
Vous croyez tout pouvoir, tout, avec ce mot-là;
Et quand vous enlevez, à des enfants leur père,
A sa femme un mari, quand sur toute une terre
Vous avez répandu la désolation,
Vous nous offrez de l'or en compensation!...
Nous vivions bien heureux quand dans cette contrée
L'infortune pour nous sur vos pas est entrée.

BERTHA, au surveillant des corvées, qui revient:

Vit-il?
(Le surveillant fait un geste négatif.)

Fatal château, maudit des malheureux
Qu'on force à t'élever, tu le seras de ceux
Qu'enfermeront tes murs!
(Elle sort.)

SCÈNE IV.

La demeure de Walther Fürst, à Attinghausen.

WALTHER FÜRST. MELCHTHAL.

(Ils entrent en même temps par des côtés opposés.)

MELCHTHAL.

Maître Walther !

WALTHER FÜRST.

Silence !
Restez où vous étiez, Melchthal ! Pas d'imprudence !
D'espions entourés, si nous étions surpris ?

MELCHTHAL.

Du canton d'Unterwald n'avez-vous rien appris ?
Ne vous a-t-on pas dit ce que devient mon père ?
L'état où je me vois chez vous me désespère :
Inutile !... captif !... Et qu'ai-je fait, enfin,
Qu'il faille me cacher comme un vil assassin ?
Un impudent soldat m'aborde au labourage,
Veut emmener mes bœufs, mon plus bel attelage :
« C'est l'ordre du bailli », me dit-il, le brutal.
Je frappe, et mon bâton lui casse un doigt [1].

WALTHER FÜRST.

Melchthal,
Vous êtes trop bouillant ; il faut de la prudence ;
L'homme qui fut l'objet de votre violence
Était un envoyé du bailli. Ce soldat,

---

1. *Chronique* de Petermann Etterlin.

C'est de l'autorité qu'il tenait son mandat ;
Et comme vous étiez en faute et punissable,
En silence il fallait...

MELCHTHAL.

Mais, de ce misérable
Devais-je supporter ces propos méprisants :
« S'ils prétendent manger du pain, ces paysans,
« Eh bien ! qu'à la charrue ils s'attellent ! » Mon âme
S'est déchirée, alors que je l'ai vu, l'infâme,
Détacher de leur joug mes bêtes, mes beaux bœufs !
Ils remuaient la tête, ils mugissaient tous deux,
Comme s'ils comprenaient cette injustice extrême.
A bon droit furieux et m'ignorant moi-même,
J'ai frappé ce soldat.

WALTHER FURST, à part.

Quand difficilement,
A notre âge, l'on peut se contenir, comment
Vouloir que la jeunesse ardente se modère ?

MELCHTHAL.

Je ne suis inquiet que du sort de mon père.
De l'appui de son fils il avait tant besoin !
Et voilà que ce fils, ce seul enfant, est loin !...
Le gouverneur le hait, parce qu'avec sagesse,
La liberté, nos droits, il les soutint sans cesse.
Maintenant, ce vieillard, ils le tourmenteront !
Personne auprès de lui qui lui sauve un affront !...
Advienne que pourra ! Ces angoisses mortelles...
Je pars !

1. *Chronique* de Petermann Etterlin.

WALTHER FURST.

Restez encore; attendez des nouvelles...
On frappe!... Éloignez-vous!... Peut-être un messager
De Gessler... Ce canton ne peut vous protéger
Contre votre bailli : les tyrans se soutiennent.

MELCHTHAL.

Mais, ce que nous avons à faire, ils nous l'apprennent.

WALTHER FURST.

Allez! quand je verrai le danger détourné,
Je vous rappellerai, Melchthal.

(Melchthal rentre.)

L'infortuné!
Comment lui faire part de ce que je redoute!...
Qui frappe?... A chaque bruit de la porte, j'écoute,
Craignant quelque malheur. Partout, la trahison,
Et le soupçon qui veille. Il n'est pas de maison
Où de nos oppresseurs n'entrent les satellites.
Pas un recoin n'échappe à d'infâmes visites :
Il nous faudra bientôt serrures et verrous,
Pour être en sûreté.

Il va ouvrir et recule étonné en voyant entrer WERNER
STAUFFACHER.

Comment, Werner, c'est vous?
Par le ciel! jamais hôte, et plus cher, et plus digne,
Du seuil de ma maison n'aura franchi la ligne.
Soyez le bienvenu, Werner, dans ma maison!...
Eh bien! que venez-vous chercher dans ce canton,
Mon ami?

ACTE I. — SCÈNE IV.

STAUFFACHER, lui donnant la main :
Les vieux temps et notre vieille Suisse.

WALTHER FURST.

Vous nous les amenez... Que je me réjouisse
De vous voir! Votre aspect me fait du bien. — Or çà,
Prenez place, Werner... Dites-moi, comment va
Gertrude, votre femme, aimable et bonne hôtesse,
Digne fille d'Iberg dont elle a la sagesse?
J'entends beaucoup parler de l'hospitalité
Qu'offre votre maison; l'éloge est mérité,
Et chaque voyageur qui, gagnant l'Italie,
Passe par Saint-Meinrad, avec soin le publie[1]...
Venez-vous de Fluelen, et n'avez-vous rien vu
Avant que jusqu'ici vous soyez parvenu?

STAUFFACHER s'assied :
Si; j'ai vu s'élever dans votre voisinage
Une construction de fort mauvais présage.

WALTHER FURST.
Pour vous apprendre tout un regard a suffi,
Werner.

STAUFFACHER.
Une prison dans le canton d'Uri!
Vous n'en eûtes jamais, si loin qu'on se rappelle;
Vous n'en connaissiez point que la tombe.

WALTHER FURST.
C'est celle

[1]. La chapelle de Saint-Meinrad, au point le plus élevé de la route qui traverse la montagne de l'Etzel.

De notre liberté que ce château maudit,
C'est sa tombe, Werner! vous l'avez fort bien dit.

STAUFFACHER.

Un désir curieux, ou quelque cause vaine,
Près de vous, mon ami, n'est pas ce qui m'amène.
Je vais m'ouvrir à vous avec sincérité :
De bien cuisants soucis je me sens tourmenté.
J'ai laissé mon canton sous un joug qui l'accable;
Je le retrouve ici, ce joug insupportable,
Car, ce que nous souffrons ne saurait s'endurer.
Et quel terme à nos maux pouvons-nous assurer?
La liberté chez nous avec le sol est née;
La Suisse avec douceur fut toujours gouvernée;
Depuis que des bergers y gardent des troupeaux,
Le pays n'avait pas vu de semblables maux.

WALTHER FURST.

Oui, l'on use envers nous d'une rigueur extrême,
Et notre vieux baron d'Attinghausen, lui-même,
Qui vit les anciens temps et qui peut comparer,
Dit qu'elle ne saurait plus longtemps s'endurer.

STAUFFACHER.

Sur Unterwald aussi pèse la tyrannie;
Mais déjà de la mort, là-bas, on l'a punie :
Sachez que Wolfenschiess, l'un des baillis d'Albert,
Celui qui résidait au château du Rossberg,
Voulait, dans les désirs d'une ardeur criminelle,
Forcer au déshonneur une femme d'Alzelle,
Celle de Baumgarten... Accouru sur le lieu,
Le mari l'a tué d'un coup de hache.

ACTE I. — SCÈNE IV.

WALTHER FURST.

                O Dieu!...
Elle est juste toujours la justice céleste!...
Baumgarten, dites-vous? Cet homme doux, modeste?
Il s'est sauvé du moins? Il est en sûreté?

STAUFFACHER.

Votre gendre l'a fait passer de ce côté,
Et cet homme se trouve à Steinen à cette heure.
Je l'ai reçu, je l'ai caché dans ma demeure...
Mais il m'a fait connaître un malheur plus affreux...
C'est à faire saigner tous les cœurs généreux...
Sarnen en fut témoin.

WALTHER FURST, attentif:

           Qu'est-ce donc? dites vite!

STAUFFACHER.

Dans le val de la Melch, auprès de Kerns, habite
Henri de Halden, homme honnête, respecté,
Dont l'avis au village est une autorité...

WALTHER FURST.

Bien connu... Poursuivez!... Ce malheur effroyable...?

STAUFFACHER.

D'un léger manquement son fils était coupable.
Landenberg, pour punir le jeune homme, voulut
Faire prendre ses bœufs, les deux plus beaux qu'il eût.
Du bailli le jeune homme a frappé l'émissaire,
Puis, après, s'est sauvé.

WALTHER FURST, dans la plus vive anxiété:

Mais le père?... Le père?

STAUFFACHER.

Le père? Landenberg fait sommer ce vieillard
D'avoir à lui livrer son fils, et sans retard.
« De mon fils », répond-il, « j'ignore la retraite,
« Je le jure! » Malgré ce serment, on l'arrête,
On mande les bourreaux...

WALTHER FURST s'élance vers lui et veut l'emmener de l'autre
côté de la scène:

Werner! n'achevez pas!

STAUFFACHER, élevant la voix:

« De ton fils qui m'échappe, au moins tu répondras,
« Toi! » lui dit Landenberg... Soudain, on le renverse
Et, d'un fer acéré, les yeux, on les lui perce!

WALTHER FURST.

Miséricorde! O ciel!

MELCHTHAL, se précipitant sur la scène:

On lui perce les yeux,
Dites-vous?

STAUFFACHER, étonné, à Walther Fürst:

Quel est donc...?

MELCHTHAL, le saisissant convulsivement:

Les yeux?

WALTHER FURST.

Le malheureux!

ACTE I. — SCÈNE IV.

STAUFFACHER.

Ce jeune homme...?
(Walther Fürst lui fait des signes.)
Grand Dieu! le fils de la victime!

MELCHTHAL.

Et je n'étais pas là, moi!... Les deux yeux?... O crime!

WALTHER FURST.

Calmez-vous, supportez en homme ce malheur.

MELCHTHAL.

Et par ma faute!... Et pour un moment de fureur!...
Aveugle!... Il est aveugle!... Et pour toujours!... Mon
                                                            père!

STAUFFACHER.

Il ne reverra plus le ciel et sa lumière,
Je vous l'ai dit : ses yeux sont éteints désormais.

WALTHER FURST.

Ménagez sa douleur.

MELCHTHAL.

Ne plus voir!... Plus jamais!
(Il met la main sur les yeux et garde pendant quelques instants le silence, puis, se tournant, tantôt vers l'un, tantôt vers l'autre de ses deux interlocuteurs, il dit, d'une voix douce et étouffée par des sanglots:)

C'est un noble présent du ciel, que la lumière!
La lumière! il la faut à la nature entière.
Tous les êtres heureux vivent de ses rayons.
La plante même en a besoin : nous la voyons,
Qui la cherche et se tourne avec amour vers elle.

Et lui?... plongé vivant dans la nuit éternelle!...
Vivant!... Les prés, les fleurs, de ce pauvre vieillard
Ne pourront plus jamais récréer le regard!
Ces pics, que le soleil de sa pourpre colore,
Il faut donc qu'il renonce à les revoir encore?
Mourir, ah! ce n'est rien, mais vivre et ne pas voir!
C'est le plus grand malheur qu'on puisse concevoir...
Quelle est cette pitié que vos yeux font paraître?
La pitié! ce n'est pas pour moi qu'elle doit être :
J'ai mes deux bons yeux, je vois, mais ne puis pas
Partager avec lui, qui ne voit plus, hélas!
Mes yeux sont inondés d'un torrent de lumière,
Et je n'en puis transmettre un rayon à mon père!

STAUFFACHER.

Hélas! quand je voudrais pouvoir tarir vos pleurs,
Il me faut ajouter encore à vos douleurs!
Landenberg a plus loin osé pousser le crime :
De ses biens dépouillée, on verra sa victime
Aveugle, presque nue, un bâton à la main,
Errant de porte en porte, y mendier son pain.

MELCHTHAL.

A ce vieillard aveugle un bâton, la misère!
Il l'a privé de tout, même de la lumière,
Même de ce soleil auquel tout homme a droit,
Que le plus malheureux comme son bien reçoit!...
Ah! ne me dites plus qu'il faut que je me cache,
Qu'il faut rester ici!... Non, non, je fus un lâche
De ne songer qu'à moi, mon père; d'oublier
Qu'à ton salut, d'abord, ton fils devait veiller.

Et de laisser en gage une tête si chère
Aux mains de ce bourreau !... Lâche prudence, arrière !
Maintenant je n'ai plus qu'une pensée au cœur :
Du sang !... Je vais trouver ce bailli... Ma fureur
Bravera tout obstacle... Il faudra qu'il m'entende :
Les deux yeux de mon père il faut qu'il me les rende !
Au milieu des soldats je vais l'aller chercher ;
A ses gardes mes mains sauront bien l'arracher,
Et pourvu qu'en son sang ma vengeance assouvie
Apaise ma douleur, qu'importe, après, ma vie !
(Il veut partir.)

WALTHER FURST.

Restez ; ce serait faire un inutile effort :
Landenberg, à Sarnen et dans son château-fort,
Brave votre courroux, votre vaine menace.

MELCHTHAL.

Fût-il sur le Schreckhorn, sur ce palais de glace,
Fût-il sur la Jungfrau, dont le front argenté
Se cache dans les cieux de toute éternité,
Je saurai jusqu'à lui me frayer un passage.
Avec vingt jeunes gens brûlant de mon courage,
Je veux de son château faire crouler les tours ;
Et, si l'on refusait de me prêter secours,
Et si, vous tous, l'amour de vos biens vous arrête,
Sous le joug des tyrans si vous courbez la tête,
J'irai, dans la montagne assemblant nos pasteurs,
Sous la voûte du ciel, en des lieux où les cœurs
Ne sont pas corrompus, où la pensée est pure,
J'irai leur raconter cette horrible aventure !

STAUFFACHER, à Walther Fürst:

Nos maux sont à leur comble; est-ce que vous pensez
Qu'il faille attendre plus?

MELCHTHAL.

N'est-ce donc pas assez ?
Que pourrait craindre encor la nation proscrite
Où l'œil n'est pas assez gardé dans son orbite?
Sommes-nous sans défense ? A quoi nous servirait
De manier la hache et de lancer le trait ?
Tout être qui voit mise en jeu son existence,
Sait, dans son désespoir, trouver une défense :
Le cerf, lorsque les chiens l'ont réduit aux abois,
S'arrête et leur fait voir son redoutable bois;
Le chamois, du chasseur dont il est la victime
Se venge en l'entraînant avec lui dans l'abîme ;
Le bœuf même, le bœuf, si docile, si doux,
Qui comme un serviteur vit au milieu de nous,
Qui vient tendre la tête au joug qu'on lui présente,
Qu'on l'irrite, il bondit, et sa corne puissante,
Jusqu'au milieu des airs lance son ennemi!

WALTHER FURST.

Si comme nous pensaient Schwytz, Unterwald, Uri,
Peut-être alors...

STAUFFACHER.

D'Uri que la voix nous appelle,
Qu'Unterwald y réponde, et Schwytz sera fidèle
A ses anciens serments.

MELCHTHAL.

J'ai des amis nombreux

Au canton d'Unterwald, et je vous réponds d'eux.
Chacun avec bonheur exposera sa vie,
S'il sent qu'à ses côtés un autre ami l'appuie...
O mes maîtres! ô vous, les sages du pays!
Quand ainsi tous les trois nous sommes réunis,
Dans ce grave conseil mon inexpérience
Devrait, je le sens bien, me forcer au silence.
Si je n'ai pas vécu comme vous de longs jours,
Oh! ne méprisez pas mes avis, mes discours!
Ce n'est pas que j'écoute une fougue imprudente :
Je cède à ma douleur, à ma douleur poignante,
Faite pour attendrir le plus barbare cœur.
Chacun de vous est père, et vise à ce bonheur
Que son vertueux fils honore son vieil âge
Et préserve vos yeux du danger, de l'outrage.
Eh bien! quoiqu'au milieu de nos calamités,
Vos personnes, vos biens soient encor respectés;
Quoique vos yeux encor brillent dans leur orbite,
Cependant, que l'aspect de nos maux vous irrite!
Sur vous aussi l'on tient le glaive suspendu;
Car, si notre pays pour l'Autriche est perdu,
A son pouvoir c'est vous qui le sûtes soustraire.
Ce crime, c'est le seul qu'elle fasse à mon père :
Coupables comme lui tous les deux, attendez
Le même châtiment.

STAUFFACHER, à Walther Fürst:
Mon ami, décidez!
Je suis prêt à vous suivre.

WALTHER FÜRST.
Allons avec prudence.

Consultons Sillinen[1], Attinghausen : je pense
Que de semblables noms nous vaudront des amis.

MELCHTHAL.

Est-il de meilleurs noms dans tout notre pays
Que les vôtres? Sont-ils de valeur usurpée?
Comme en une monnaie au meilleur coin frappée,
Le peuple s'y confie. Oui, ces noms sonnent bien !
Vous avez hérité de vos pères un bien
Dont en vos mains s'augmente encore la richesse :
Leurs vertus. Qu'avons-nous besoin de la Noblesse ?
Agissons seuls ! réduits à nous-mêmes, je crois
Que nous suffirons bien à défendre nos droits.

STAUFFACHER.

Le mal que nous souffrons, la Noblesse l'ignore :
Le torrent aux sommets ne monte pas encore ;
Ce sont les terrains bas que ravage son cours.
Les Nobles, croyez-moi, nous prêteraient secours,
S'ils voyaient le pays s'armer à juste titre.

WALTHER FURST.

Entre l'Autriche et nous s'il était un arbitre,
Tranquilles nous pourrions attendre son arrêt :
Le bon droit, la justice, au moins, déciderait.
Mais c'est notre empereur, notre juge suprême,
Qui nous opprime !... Il faut s'en remettre à soi-même,
Avec l'aide de Dieu.
    (A Stauffacher :)
    Sondez votre canton ;

---

1. Le seigneur de *Sillinen*, village du canton d'Uri.

J'agirai sur Uri... Mais qui chargera-t-on
D'aller dans Unterwald ?

MELCHTHAL.

C'est à moi de m'y rendre :
Nul n'a plus d'intérêt...

WALTHER FURST.

Je dois vous le défendre :
Vous êtes sous le toit de l'hospitalité ;
J'ai le droit de veiller à votre sûreté.

MELCHTHAL.

Ah ! laissez-moi partir ! je connais les passages
Et les secrets sentiers des lieux les plus sauvages.
J'ai des amis ; chez eux ils me recueilleront ;
Contre mes ennemis ils me protégeront.

STAUFFACHER.

Ne le retenez plus : Dieu lui sera propice.
Là-bas, je ne crains point que quelqu'un nous trahisse.
On y porte le joug trop impatiemment
Pour que la tyrannie y trouve un instrument.
Là, Baumgarten aussi peut travailler dans l'ombre,
Et de nos partisans faire grossir le nombre.

MELCHTHAL.

Mais, sans donner l'éveil, comment donc entre nous
Pouvoir communiquer ?

STAUFFACHER.

Fixons des rendez-vous
Dans Brunnen ou dans Treib, où les marchands descendent.

WALTHER FURST.

De semblables projets, mes bons amis, demandent
Plus de précautions. Écoutez mon avis :
Sur la gauche du lac, vers Brunnen, vis-à-vis
Des aiguilles de Schwytz, il est un pâturage,
Un pré que nos bergers nomment dans leur langage
Le Rütli[1]. — C'est un lieu solitaire! Autrefois
On a de cette place extirpé tout le bois. —
Au sein de la forêt il forme une clairière ;

(A Melchthal :)

D'Unterwald et d'Uri c'est là qu'est la frontière,

(A Stauffacher :)

Et de Schwytz un bateau promptement y conduit.
Par de secrets chemins on y viendrait, la nuit,
Et l'on tiendrait conseil sans craindre une surprise.
Que dans cet endroit-là chacun de nous conduise
Dix hommes éprouvés et pensant comme nous.
Nous délibérerons dans l'intérêt de tous.
Dieu nous inspirera dans ce moment suprême.

STAUFFACHER.

Soit! — Votre main tous deux, braves amis ! — De même
Que tous les trois ici nous nous donnons la main,
Comme d'honnêtes gens, de même il est certain

---

1. Cet endroit se nomme aujourd'hui le *Grütli*. — Etterlin, dans sa *Chronique*, l'appelle *Bettli* (petit lit). — Schiller l'écrit *Rütli* et fait dériver ce mot du verbe *Reuten*, *extirper*, *déraciner*. L'explication que donne de ce nom le texte allemand n'aurait pas de sens en français. Elle équivaut à ceci, par exemple :

> Un pré, que nos bergers nomment dans leur langage:
> *L'Arraché*. Ce mot-là veut dire qu'autrefois
> On a de cette place *arraché* tout le bois.

Que contre les tyrans sous lesquels ils gémissent,
A la vie, à la mort les trois Cantons s'unissent.

WALTHER FURST et MELCHTHAL, ensemble:

A la vie, à la mort !
(Ils se tiennent encore la main en silence pendant quelque temps.)

MELCHTHAL.

O mon père ! ô vieillard !
A la clarté des cieux toi qui n'as plus de part !
Tu ne le verras point le jour qui va nous rendre
La sainte liberté, mais tu pourras l'entendre !
Alors que, des signaux par nos mains allumés,
Les Alpes montreront leurs sommets enflammés ;
Alors que des tyrans viendra la dernière heure,
Que leurs forts crouleront, alors, dans ta demeure
Le Suisse, libre enfin, va se précipiter !
Chacun s'empressera de venir t'apporter
Notre heureuse nouvelle, et dans ta nuit, mon père,
Tu verras un moment resplendir la lumière !
(Ils se séparent.)

FIN DU PREMIER ACTE.

ACTE SECOND.

GUILLAUME TELL.

ACTE SECOND.

SCÈNE PREMIÈRE.

Le château du baron d'Attinghausen.

Une salle gothique, décorée de blasons et de casques. LE BARON D'ATTINGHAUSEN, vieillard de quatre-vingt-cinq ans, d'une stature noble et élevée, vêtu d'un pourpoint de fourrure, et appuyé sur un bâton surmonté d'une corne de chamois. KUONI et six autres serviteurs sont debout autour de lui. Ils portent des râteaux et des faux. ULRIC DE RUDENZ entre, vêtu en chevalier.

RUDENZ.

Mon oncle, me voici ; que voulez-vous de moi ?

LE BARON.

Dans un moment je vais m'expliquer avec toi.
D'abord, de ma maison suivons l'antique usage :
Avec mes serviteurs permets que je partage
Notre coup du matin.
(Il boit dans une coupe qui, ensuite, passe à la ronde.)
     Je pouvais autrefois
M'en aller avec eux sur mes prés, dans mes bois,
Je suivais leurs travaux ; de même, en temps de guerre,
Ils étaient aux combats guidés par ma bannière.

Je leur commande encor, mais sans suivre leurs pas,
Et lorsque jusqu'à moi le soleil ne vient pas,
Je ne peux plus l'aller chercher sur la montagne.
L'espace autour de moi se resserre ; je gagne
Lentement, dans le cercle où je tourne aujourd'hui,
Le point le plus étroit et le dernier : celui
Où s'arrête la vie à son instant suprême.
Je ne suis déjà plus que l'ombre de moi-même,
Pour n'être bientôt plus qu'un nom.

KUONI, à Rudenz, en lui offrant la coupe :

Je bois à vous,
Jeune seigneur !

(Rudenz hésite à prendre la coupe.)

Buvez hardiment ! Parmi nous
C'est une coupe, un cœur.

LE BARON.

Enfants ! à la journée !
Et lorsque du repos l'heure sera sonnée,
Ce soir, nous parlerons des choses du pays.

(Les serviteurs sortent.)

A Rudenz :

Je te vois équipé, paré de beaux habits :
C'est au château d'Altorf que tu comptes te rendre ?

RUDENZ.

Oui, mon oncle, il le faut : je ne puis plus attendre.

LE BARON s'assied.

Si juste à ta jeunesse on mesure le temps
Que ton vieil oncle à peine en ait quelques instants ?

RUDENZ.

Ma présence chez vous est fort peu nécessaire :
C'est comme un étranger que l'on m'y considère.

LE BARON, après avoir longtemps fixé les yeux sur lui :

Oui, malheureusement! et tu le veux ainsi...
Tu t'es fait étranger pour ta patrie aussi.
En toi quel changement! Faut-il que je te voie,
Mon Ulric, parader dans des habits de soie?
De ces plumes de paon surmonter ton chapeau?
Te draper avec art dans un riche manteau?
Tu méprises le peuple, et ton orgueil se blesse
Du salut amical qu'un paysan t'adresse.

RUDENZ.

J'ai pour eux les égards qui leur reviennent; mais
Ils s'arrogent des droits que je leur méconnais.

LE BARON.

La colère du roi sévit sur la contrée ;
Tout homme généreux se sent l'âme navrée
A cette tyrannie, à tous ces attentats ;
Des communes douleurs toi seul ne t'émeus pas.
On te voit, désertant la cause de tes frères,
Servir notre ennemi, rire de leurs misères.
Quand saigne ton pays sous le fouet des tyrans,
Il te faut la présence et la faveur des grands,
Et dans de vains plaisirs tu passes ta jeunesse !

RUDENZ.

Eh! mon oncle, pourquoi ce joug qui vous oppresse?
Qui donc les a causés les malheurs du pays?

Un mot, et de ce joug vous étiez affranchis,
Et pour vous l'empereur redevenait un père.
Malheur à qui ferma tes yeux à la lumière,
Peuple ! malheur à ceux qui t'ont fait rejeter
Ce que ton intérêt te disait d'accepter !
C'est le leur qui les pousse à ne pas reconnaître
Dans la Maison d'Autriche un légitime maître,
Comme ont fait les Cantons, beaucoup mieux inspirés,
Dont ceux d'Unterwald, Schwytz, Uri sont entourés.
Au banc de la Noblesse ils sont fiers de paraître ;
Et c'est pour n'avoir point de véritable maître,
Qu'ils veulent, comme tel, n'avoir que l'empereur.

LE BARON.

Est-ce toi que j'entends ? Se peut-il que ton cœur... ?

RUDENZ.

Vous m'avez provoqué, souffrez que je finisse :
Quel rôle jouez-vous, mon oncle, dans la Suisse ?
Dans votre ambition êtes-vous satisfait
D'être ici Landammann et seigneur banneret ?
Et ce faible pouvoir dont vous faites usage,
Un conseil de bergers avec vous le partage !...
Ne vaudrait-il pas mieux, mon oncle, dites-moi,
A votre souverain jurer hommage et foi,
Vivre à sa cour, en voir les grandeurs magnifiques,
Que de marcher de pair avec vos domestiques,
Et rendre la justice avec des paysans ?

LE BARON.

Oh ! je les reconnais les discours séduisants

Que t'a tenus l'Autriche!... Ulric, sa voix perfide
A versé le poison dans ton âme candide!

RUDENZ.

Je ne m'en cache pas : jusques au fond du cœur
Je souffre quand j'entends le langage moqueur
De tous ces étrangers, qui disent que nous sommes
Des Nobles-Paysans. Quand tous ces gentilshommes,
Sous les drapeaux d'Habsbourg, à l'âge où je me vois,
Vont conquérir la gloire, eh bien! je souffre, moi,
D'être inutile, oisif sur le bien de mes pères,
Et d'user mon printemps à des travaux vulgaires.
Il est un autre monde au delà de nos monts,
Où se font des exploits, où brillent de grands noms.
Nos casques sont couverts de rouille et de poussière,
Nous n'entendons jamais la trompette guerrière,
Et jamais, des hérauts appelant aux tournois,
Dans ces obscurs vallons ne pénètre la voix.
La cloche des troupeaux et le Ranz monotone,
A mon oreille, ici, voilà ce qui résonne!

LE BARON.

O malheureux, qu'aveugle un vain éclat, poursuis!
Méprise, maintenant, méprise ton pays!
Ces mœurs de tes aïeux, ces coutumes antiques
Qui demeurent pour nous de pieuses pratiques,
Elles te font rougir? Un jour tu pleureras,
Et des pleurs bien cruels, lorsque tu songeras
Aux montagnes qui sont celles de tes ancêtres;
Et ces chants du pays, Ulric, ces airs champêtres,

Qui n'obtiennent de toi que d'orgueilleux dédains,
Ils rempliront ton cœur, alors que leurs refrains
Arriveront à toi sur la terre étrangère,
De regrets, de désirs, d'une douleur amère.
Ah! c'est qu'à revenir aux lieux où l'on est né,
Par un charme puissant on se sent entraîné!...
Il n'est pas fait pour toi ce monde de mensonges,
Cette fausse patrie à laquelle tu songes.
Le temps te laisserait, à l'orgueilleuse cour,
A toi-même étranger comme le premier jour,
Car pour t'y façonner ton âme est bien trop pure.
Il y faut des vertus de tout autre nature
Que celles dont ici nous t'avons su nourrir...
Mais vends ton âme libre, insensé! Va t'offrir
Comme un valet des cours! En fief reçois des terres
Tandis que tu pourrais sur celles de tes pères
Être libre, être prince et maître de tes biens!
Oh! ne pars point, Ulric! reste parmi les tiens!
Ne va pas dans Altorf! A ton pays fidèle,
Pour soutenir sa cause entends-le qui t'appelle!
De ma race aujourd'hui me voilà le dernier,
Et mon nom avec moi va mourir tout entier.
Mes armes, que tu vois à ces murs suspendues,
Vont être dans ma tombe avec moi descendues;
Faudra-t-il que je croie, au moment de partir,
Que tu n'as attendu que mon dernier soupir
Pour aller au-devant de ton propre esclavage,
Et, quand Dieu m'a donné libre mon héritage,
Dire que tu ne veux le tenir désormais
Que des mains de l'Autriche à qui tu te soumets?

RUDENZ.

Mon oncle, croyez-moi, la résistance est vaine.
Le Roi n'a-t-il donc pas le monde pour domaine ?
Voulons-nous lutter seuls ? avec entêtement ?
La chaîne des pays qu'il a, violemment,
Soumis, autour de nous, à son obéissance,
De toujours l'interrompre avons-nous la puissance ?
Est-ce qu'autour de nous tout n'est pas dans ses mains ?
La justice est à lui, les marchés, les chemins.
Sur le Saint-Gothard même on n'obtient point passage
Sans qu'aux fermiers du Roi l'on n'y solde un péage.
Enfin, par ses États autour de nous placés,
Comme dans un réseau nous sommes enlacés.
L'Empire pourrait-il prendre notre défense ?
Quand l'Autriche grandit chaque jour en puissance,
De l'Autriche, peut-il lui-même se garder ?
Il n'est pas d'empereur qui puisse nous aider,
Si Dieu n'y pourvoit pas. — Quelle foi sur eux faire
Si, quand ils ont besoin d'argent, d'hommes de guerre,
Ils s'arrogent le droit de vendre ou d'engager
Les villes que leur Aigle aurait dû protéger ?
Non, quand autour de nous tous les partis s'agitent,
Il est sage, prudent, que les Cantons s'abritent
Sous quelque chef puissant. L'Empire peut passer
D'une famille à l'autre : il ne faut point penser,
Qu'à l'Empire arrivant, une Maison nouvelle
Se souvienne qu'à l'autre un peuple fut fidèle ;
Et je soutiens que c'est semer pour l'avenir,
Que le prince saura garder le souvenir
Des services rendus, si l'on veut, au contraire,
Prendre un maître puissant qui soit héréditaire.

LE BARON.

Ulric, es-tu si sage, et prétends-tu voir mieux
Qu'eux-mêmes n'avaient vu tous tes nobles aïeux,
Qui risquèrent leurs biens, et leur sang, et leur vie,
Pour que la liberté ne leur fût point ravie,
La liberté, ce pur, ce précieux trésor ?
Eh bien ! passe le lac, va-t'en, à l'autre bord,
Demander à Lucerne, et vois ce que lui semble
Du joug autrichien sous lequel elle tremble.
Ces maîtres que tu veux donner à nos Cantons,
Ils viendront y compter nos bœufs et nos moutons ;
Sur nos Alpes, à nous, nous mesurer la place ;
Dans nos libres forêts nous défendre la chasse.
Nos portes et nos ponts verront un péager
Nous contraindre à payer le droit de voyager.
Ils nous épuiseront pour acquérir des terres.
C'est avec notre sang qu'ils soutiendront leurs guerres.
Si jusqu'à le répandre ils veulent nous pousser,
Que pour la liberté nous sachions le verser !
Elle nous coûtera moins cher que l'esclavage.

RUDENZ.

Mais contre l'empereur que peut le vain courage
D'un peuple de bergers ?

LE BARON.

              Jeune homme ! apprends d'abord
A connaître ce peuple : il est grand, il est fort.

Je le sais, moi qui l'ai conduit à la victoire;
Qui fus à Faënza[1] le témoin de sa gloire.
Tu verras ce qu'il vaut si l'on ose tenter
De lui donner un joug qu'il ne veut point porter...
Garde le souvenir de ton illustre race,
Et, pour un vain éclat, pour un brillant qui passe,
Oh! ne rejette pas le plus pur des joyaux,
Ta véritable perle, enfant: Ce que tu vaux!
Il est un but plus beau, plus digne de toi-même:
C'est que d'un peuple libre et d'un peuple qui t'aime,
Qui tout à toi se donne, et qui, dans les combats,
Jusqu'à la mort fidèle, accompagne tes pas,
Que d'un peuple si noble, Ulric, tu puisses dire:
« Il m'a choisi pour chef!» Ah! vers ce but aspire!
Songe, songe à ce peuple, et resserre aujourd'hui
Les liens naturels qui t'unissent à lui!
Il faut te rattacher de même à la patrie;
Aimer de tout ton cœur cette terre chérie:
C'est ici qu'est ta force; ailleurs, songe-s-y bien,
Dans un monde étranger, tu serais sans soutien,
Comme un faible roseau que chaque vent agite,
Que la tempête brise. Oh! reviens, reviens vite!
Rentre au milieu de nous, que tu ne connais plus,
Car voici bien longtemps que tu ne nous as vus!
Passe un jour avec nous, un jour, pas davantage!

---

1. Faënza, ville des États de l'Église. — En 1240, dans la guerre de l'empereur Frédéric II contre la Ligue lombarde. Frédéric, qui assiégeait cette ville, demanda aux trois Cantons des secours que ceux de Schwytz et d'Unterwalden lui promirent, à la condition d'être reçus sous la protection de l'Empire, pour relever de lui immédiatement; ce que Frédéric leur accorda.

Tu partais pour Altorf, renonce à ce voyage !
Entends-tu ? Ce seul jour aux tiens, à tes amis !

(Il lui prend la main.)

RUDENZ.

Je ne puis pas rester... laissez-moi... j'ai promis.

LE BARON, abandonnant sa main, et avec gravité:

J'ai promis !.... Malheureux ! je sais ce qui te presse ;
Ce n'est pas que ta bouche ait fait une promesse :
Tu cèdes à ton cœur par l'amour enchaîné !

(Rudenz se détourne.)

Oh ! va ! détourne-toi ! je t'ai bien deviné :
De Bertha de Bruneck ton cœur subit l'empire ;
Au château du bailli c'est elle qui t'attire.
Au service d'Albert elle a su te lier.
Tu recherches Bertha, fille d'un chevalier,
Et dans ton fol espoir d'obtenir cette femme,
Tu trahis ton pays et tu deviens infâme !
Ne va pas t'y tromper : pour te séduire mieux,
Ces gens-là font briller cet hymen à tes yeux ;
Mais, cœur naïf, pour toi ne crois pas qu'il s'apprête.

RUDENZ.

Ah ! c'est trop en entendre ! Adieu !

(Il sort.)

LE BARON.

Jeune homme, arrête !...
Le malheureux ! il part !... Quand je veux le sauver,

Ma voix jusqu'à son cœur ne peut plus arriver!...
De même Wolfenschiess[1] a trahi la patrie,
Et par d'autres, de même, elle sera trahie!
Hélas! nos jeunes gens ne peuvent résister
Au charme que sur eux l'étranger sait jeter.
Que maudit soit le jour où la horde étrangère,
Pour la première fois a touché notre terre,
Et, soufflant son poison sur ces paisibles lieux,
Corrompit l'innocence où vivaient nos aïeux!
Violemment chez nous la nouveauté pénètre;
Nos usages anciens, si purs, vont disparaître;
Avec des temps nouveaux des hommes sont venus
Qui comme nous pensions ne pensent déjà plus.
A quoi suis-je encor bon au temps où nous en sommes?
La tombe maintenant renferme tous les hommes
Avec qui j'ai vécu, j'ai travaillé d'accord,
Et voilà qu'à présent, comme eux, mon siècle est mort.
Heureux l'homme, aujourd'hui, que son âge dispense
De se mêler à ceux du siècle qui commence!

(Il sort.)

SCÈNE II.

Une prairie entourée de forêts et de rochers escarpés.

Sur les rochers, des sentiers bordés de rampes et d'échelles par où, un peu après le lever du rideau, on voit les personnages descendre sur la scène. Dans le lointain, le lac, au-dessus duquel commence à se former un arc-en-ciel lunaire. La perspective est terminée par de hautes montagnes, derrière lesquelles les glaciers,

1. Voir la note, page 397.

plus élevés encore. Il est complétement nuit sur le théâtre; seulement, le lac et les glaciers brillent à la clarté de la lune.

MELCHTHAL, BAUMGARTEN, WINKELRIED, MEIER DE SARNEN, BURKHART-AM-BUHEL, ARNOLD DE SEWA, NICOLAS DE FLUE et quatre autres, tous armés.

MELCHTHAL, encore derrière la scène:

Le sentier s'élargit, suivez-moi hardiment!
Nous serons arrivés au but dans un moment.
Je reconnais la croix, le rocher : plus de doute,
Nous sommes au Rütli.

(Ils s'avancent, portant des torches.)

WINKELRIED.

Silence! Qu'on écoute!

SEWA.

Tout est désert.

MEIER.

Personne encore au rendez-vous!
Les premiers arrivés, gens d'Unterwald, c'est nous.

MELCHTHAL.

Quelle heure peut-il être?

BAUMGARTEN.

Au moment de descendre
Auprès de Sélisberg, nous y venons d'entendre
Le crieur annoncer deux heures.

(On entend sonner dans le lointain.)

ACTE II. — SCÈNE II.

MEIER.

Écoutons !

AM-BUHEL.

C'est du canton de Schwytz que nous viennent ces sons :
A la Chapelle-aux-Bois, les matines qu'on sonne.

DE FLUE.

L'air est si pur qu'au loin le moindre bruit résonne.

MELCHTHAL.

Que quelques-uns de vous allument un grand feu ;
Quand les autres viendront, qu'il éclaire ce lieu.
(Deux des assistants s'éloignent.)

SEWA.

La magnifique nuit ! Le lac est si tranquille
Qu'on dirait un miroir.

AM-BUHEL.

Il leur sera facile
De le passer.

WINKELRIED, montrant le lac :

Oh ! oh ! voyez de ce côté !
N'apercevez-vous rien ?

MEIER.

Quoi donc ?... En vérité !
Un arc-en-ciel !... De nuit ?

MELCHTHAL.

    C'est un effet de lune.

DE FLÜE.

Ce météore-là n'est pas chose commune ;
Il faut y reconnaître un signe merveilleux,
Qu'ont vu bien peu de gens, et même des plus vieux.

SEWA.

L'arc est double, voyez : celui d'en-bas étale
D'assez vives couleurs ; l'autre, en-haut, est plus pâle.

BAUMGARTEN.

Voilà qu'en ce moment passe un bateau dessous.

MELCHTHAL.

Celui de Stauffacher qui vient au rendez-vous.
Le brave homme longtemps ne se fait pas attendre.
  (Il s'approche du rivage avec Baumgarten.)

MEIER.

Les gens d'Uri seront les derniers à s'y rendre.

AM-BUHEL.

Ils ont dans la montagne à faire un long circuit,
Pour tromper les soldats qui veillent jour et nuit.
  (Dans l'intervalle, les deux hommes qui s'étaient éloignés sont
  revenus et ont allumé un feu au milieu de la scène.)

MELCHTHAL, sur le rivage :

Qui va là ?... Le mot d'ordre ?

STAUFFACHER, du lac:

Amis de la patrie !

Ils vont tous au fond du théâtre, à la rencontre des arrivants. On voit sortir de la barque, STAUFFACHER, ITEL REDING, JEAN AUF-DER-MAUER, GEORGES IM-HOFE, CONRAD HUNN, ULRIC SCHMIDT, JOST DE WEILER et trois autres[1]. Ils sont tous armés.

CEUX D'UNTERWALD, à CEUX DE SCHWYTZ.

Soyez les bienvenus !

(Tandis que les autres personnages s'arrêtent au fond du théâtre et se saluent, Melchthal et Stauffacher s'avancent sur le devant de la scène.)

MELCHTHAL.

Cette tête chérie,
Ces yeux qu'ils ont éteints, qui ne me verront plus,
Ces yeux de leur victime, eh bien ! je les ai vus !...
J'ai posé cette main sur les yeux de mon père,
Et dans le regard mort qu'essayait sa paupière,
J'ai puisé le désir ardent de me venger.

STAUFFACHER.

Melchthal, à la vengeance il ne faut pas songer :
A des maux consommés que voulez-vous qu'on fasse ?
Songeons à prévenir ceux dont on nous menace.

---

[1]. Schiller n'ajoute ici que trois personnages non nommés; mais ils doivent être *quatre* pour se trouver *en tout trente-trois*, comme il est indiqué à l'arrivée de ceux d'Uri, p. 461. En effet, il a été convenu entre les trois principaux conjurés, acte I, scène IV, p. 436, que chacun d'eux amènerait *dix* hommes au Rutli.

Voyons ! dans Unterwald vous a-t-on écouté ?
Pour la cause commune avez-vous recruté ?
Dites ce qu'on y pense, et faites-moi connaître
Comment vous avez pu, sans y trouver un traître,
Répandre nos projets.

MELCHTHAL.

Par les âpres sentiers
Des monts de Surenen, à travers les glaciers
Où l'on n'entend de bruit que l'aigle aux cris sauvages,
Je me suis transporté jusqu'à ces pâturages
Où les bergers d'Uri, surveillant leurs troupeaux,
Avec ceux d'Engelberg échangent leurs signaux.
Pour apaiser ma soif j'ai bu l'eau qui s'amasse
Dans le creux des sillons de nos plaines de glace.
Sous les chalets déserts je me suis abrité,
Redevable à moi seul de l'hospitalité,
Jusqu'à ce que j'aie eu découvert des demeures
Où je pouvais à l'homme en demander les heures.
Dans les sauvages lieux où j'étais parvenu,
Le barbare supplice était déjà connu.
J'ai répété partout mon récit lamentable,
Et partout on m'a fait un accueil favorable.
Du joug de nos tyrans et de leurs cruautés,
Tous ces hommes de cœur se montraient révoltés,
Car, de même, pour eux, que, sous des lois constantes,
Leurs Alpes, tous les ans, donnent les mêmes plantes,
Que leurs sources, toujours, coulent aux mêmes lieux,
Que, suivant le même ordre et sous les mêmes cieux,
Se dirigent les vents et marchent les nuages,
De même ils ont gardé, depuis les anciens âges,

Ces coutumes, ces mœurs qu'observaient leurs aïeux,
Et, sans y rien changer, les observent comme eux.
Ils ne permettent pas qu'un novateur réforme
Le cours ainsi réglé de leur vie uniforme.
Eh bien! ces braves gens à la mienne ont tendu
La main que rend calleuse un travail assidu ;
De la muraille ils ont détaché leur épée
Qui, depuis si longtemps, pendait inoccupée.
Leur œil s'est enflammé d'une joyeuse ardeur,
Lorsque je leur ai dit ces noms tout pleins d'honneur,
Ces noms que l'habitant des montagnes vénère :
Stauffacher, Walther Fürst! Ils ont juré de faire
Tout ce que vous croirez le bon droit, l'équité,
Ils ont jusqu'à la mort promis fidélité.
Ainsi j'ai parcouru les fermes, les chaumières,
Sous la protection des lois hospitalières,
Et lorsque, ramenant enfin mes pas errants
Dans le vallon natal, vers mes nombreux parents,
J'ai retrouvé mon père aveugle, mon vieux père,
Par la pitié d'autrui nourri dans sa misère...

STAUFFACHER.

Miséricorde!

MELCHTHAL.

Eh bien! je n'ai pas eu de pleurs!
Je me suis bien gardé d'affaiblir mes douleurs
En me laissant aller aux larmes impuissantes :
J'ai dû rester en proie à ces douleurs cuisantes ;
J'ai dû les renfermer en moi comme un trésor,
Et seulement me dire : Il faut agir encor!
Puis, à travers les monts j'ai repris mon voyage ;

J'ai rampé sur le roc pour me faire un passage
Où, peut-être, jamais nul n'avait pénétré.
Point de vallon perdu que je n'aie exploré.
J'ai cherché, j'ai trouvé les huttes dispersées
Que l'homme habite au pied de nos cimes glacées,
Et j'ai vu que partout où je portais mes pas,
La haine des tyrans on ne la cachait pas :
Ces derniers confins même où Dieu porta la vie,
Où plus rien ne s'obtient de la terre engourdie,
Ne sont point à l'abri de la cupidité
D'avares gouverneurs. Mes discours ont jeté
Dans tous ces braves gens comme des traits de flamme :
J'ai leur parole, ils sont à nous de cœur et d'âme.

STAUFFACHER.

Vous avez fait beaucoup et dans bien peu de temps !

MELCHTHAL.

J'ai fait plus : la terreur de tous nos habitants
A pour cause surtout la double forteresse
Qu'à Sarnen, au Rossberg contre eux l'Autriche dresse ;
De ces remparts de roc, et par eux abrité,
L'ennemi peut sur nous peser en liberté...
J'ai visité le fort de Sarnen.

STAUFFACHER.

    Téméraire !
Oser ainsi braver le tigre en son repaire !

MELCHTHAL.

J'avais d'un pèlerin pris l'humble vêtement,

Et me suis présenté sous ce déguisement.
Devant moi Landenberg, le bourreau de mon père,
A table s'est gorgé de vins, de bonne chère.
Jugez donc si mon cœur se contraint à demi,
Werner : sans le tuer j'ai vu mon ennemi!

STAUFFACHER.

En vérité, Melchthal, le ciel vous favorise.
<small>(Dans l'intervalle, les autres personnages se sont avancés et s'approchent de Melchthal et de Stauffacher.)</small>
Maintenant, dites-moi qui, pour notre entreprise,
Vous amenez; quels sont ces hommes généreux?
Nommez-moi, car il faut que je sois connu d'eux,
Que nous nous rapprochions, et qu'avec confiance
Nos cœurs puissent s'ouvrir.

MEIER.

Pour nous, la connaissance
Est faite : les Cantons parlent de vous, Werner.
Moi, je suis de Sarnen, je m'appelle Meier;
Et puis, voici le fils de ma sœur, ce jeune homme :
C'est Struth de Winkelried.

STAUFFACHER.

Le nom que l'on me nomme
Est honorablement connu dans le pays :
Aux marais de Weiler un Winkelried, jadis,
Terrassa le dragon; d'un dévoûment sublime
Cet homme généreux, je le sais, fut victime.

WINKELRIED.

Il était mon aïeul.

MELCHTHAL, *désignant à Stauffacher deux autres personnages :*

    Ces deux hommes, Werner,
Appartiennent tous deux aux moines d'Engelberg ;
Ils sont de l'Unterwald. — Bien que gens de servage,
Et non pas, comme nous, libres sur héritage,
Ne les méprisez pas : ils aiment leur pays,
Ils ont un bon renom.

    STAUFFACHER, *à ces deux hommes :*

      Votre main, mes amis !
Heureux qui de son corps ne doit pas le service !
Mais, n'importe l'état que Dieu nous départisse,
Il honore celui qui vit honnêtement.

    CONRAD HUNN.

Voici maître Reding, notre ancien Landammann.

    MEIER.

Oh ! je le connais bien, il est mon adversaire :
Nous sommes en procès pour une ancienne terre.
Devant le tribunal on nous voit ennemis ;
Ici, c'est différent : nous y sommes unis.
      (*Il lui secoue la main.*)

    STAUFFACHER.

Très-bien dit !

    WINKELRIED.

   Écoutez ! d'Uri j'entends la trompe :
Ce sont eux.
 (*On voit, à droite et à gauche du théâtre, des hommes armés et portant des torches, descendre du haut des rochers sur la scène.*)

AUF-DER-MAUER.

Voyez donc ! est-ce que je me trompe ?
N'est-ce pas des autels le ministre pieux,
Leur curé, que je vois arriver avec eux ?
Les dangers du chemin, la nuit, rien ne l'arrête,
Et, le troupeau marchant, le pasteur est en tête.

BAUMGARTEN.

Voici le sacristain et Walther Fürst aussi.
Mais je n'aperçois pas Guillaume Tell ici !

WALTHER FURST, LE CURÉ ROESSELMANN, LE SACRISTAIN PETERMANN, KUONI, RUODI, WERNI et cinq autres. — Tous, au nombre de trente-trois personnages [1], s'avancent et se rangent autour du feu.

WALTHER FURST.

Il faut donc nous cacher ! il faut avec mystère,
Sur le sol paternel, sur notre propre terre,
Comme des meurtriers dans l'ombre nous glisser,
Et, pour nous réunir, par ces chemins passer !
Il faut donc, quand la nuit ne couvre, d'ordinaire,
Que le mal, les complots qui craignent la lumière,
Que nous soyons couverts par elle, à notre tour,
Pour défendre des droits aussi clairs que le jour !

MELCHTHAL.

L'œuvre que dans la nuit on nous force à produire,
Au grand jour, avant peu, ne craindra pas de luire.

LE CURÉ.

Dieu lui-même m'inspire ; écoutez, mes amis !

---

1. Voir la note de la page 455.

Nous pouvons tenir lieu de Diète du pays ;
Nous pouvons décider de la chose publique
Au nom du peuple entier. — D'après l'usage antique
Siégeons donc, comme on fait en temps calmes ; et si
Tout ne se passait point légalement ici,
Notre excuse en serait dans les temps où nous sommes.
Dieu, d'ailleurs, est présent en tous lieux où des hommes
Luttent pour leur bon droit : nous sommes sous les cieux !

STAUFFACHER.

L'usage ancien ! Siégeons en Diète ! C'est au mieux !
Notre droit est très-clair, quoiqu'il fasse nuit sombre.

MELCHTHAL.

Bien que pour former Diète on ne soit pas en nombre,
Du moins l'âme du peuple est-elle ici : j'y voi
Les meilleurs d'entre lui, comme le veut la loi.

CONRAD HUNN.

Et si dans l'assemblée aucun de nous n'apporte
Les Chartes où nos droits sont consacrés, qu'importe !
On en sait la teneur, inscrite au cœur de tous.

LE CURÉ.

Sans doute... En cercle, amis ! et plantons devant nous
Les glaives, attribut de force et de puissance.

AUF-DER-MAUER.

Que notre Landammann dans le cercle s'avance ;
Deux assesseurs prendront place à côté de lui.

LE SACRISTAIN.

Nous sommes trois Cantons, voyons quel est celui
Où nous allons choisir le chef qui nous préside.

MEIER.

Uri, Schwytz, qu'entre vous cet honneur se décide ;
Unterwald y renonce.

MELCHTHAL.

Oui, nous le déclinons,
Car c'est en suppliants qu'en ces lieux nous venons
Implorer le secours de nos généreux frères.

STAUFFACHER.

Qu'Uri prenne l'épée, Uri dont les bannières
Pour l'Empereur, toujours, ont marché devant nous.

WALTHER FURST.

L'honneur revient à Schwytz dont nous descendons tous.

LE CURÉ.

Dans ce noble débat souffrez que je décide :
Qu'Uri dans les combats, Schwytz aux conseils nous
                                         guide !

WALTHER FURST, tendant les épées à Stauffacher:

Eh bien ! prenez !

STAUFFACHER.

Non pas ! l'honneur au plus ancien !

IM-HOFE.

A vous donc, Ulric Schmidt, vous êtes le doyen.

AUF-DER-MAUER.

C'est un brave homme, Schmidt, mais il est en servage :
On n'est pas juge à Schwytz, quand servitude engage.

STAUFFACHER.

N'avons-nous pas Reding! Pouvons-nous choisir mieux?

WALTHER FURST.

Qu'il soit donc notre chef. — Les mains hautes, tous ceux
De cet avis!
(Ils lèvent tous la main droite.)

REDING, s'avançant au milieu d'eux :

Ici, pour mon serment, les miennes
Ne peuvent se poser sur nos Chartes anciennes,
Mais je prends à témoin de mes intentions
Ces astres éternels que là-haut nous voyons :
Je ne faillirai point aux lois de la justice.

(On plante les deux épées devant lui et le cercle l'entoure. Schwytz
a le milieu, Uri la droite, Unterwald la gauche. Reding s'appuie
sur son épée de bataille.)

Pourquoi les trois Cantons de notre vieille Suisse
Par des représentants s'assemblent-ils sans bruit,
Sur ce bord solitaire, au milieu de la nuit?
Et pourquoi forment-ils la nouvelle alliance
Qui, sous le ciel, ici, dans cet instant, commence?

STAUFFACHER, s'avançant dans le cercle :

Ils ne s'unissent point par un nouveau lien ;
Ils veulent redonner sa force au pacte ancien
Que dans leur temps, entre eux, avaient formé nos pères.
Car, vous le savez bien, confédérés, mes frères,
Si le lac, si les monts nous tiennent séparés,
Si nous ne sommes pas de même administrés,
Nous n'en sortons pas moins d'une souche commune,
Nous sommes même sang ; notre patrie est une.

ACTE II. — SCÈNE II.

WINKELRIED.

Ils disent donc bien vrai ces vieux chants si connus,
Que nous sommes de loin dans ce pays venus?
Qu'est-ce que vous savez de l'antique alliance?
Dites-le, pour donner encor plus de puissance
A celle d'à présent.

STAUFFACHER.

Eh bien! voici comment
Nos vieux pâtres disaient ce grand événement :
Un peuple, au nord, souffrait d'une horrible disette[1].
Dans l'espoir d'arrêter le fléau, l'on décrète
Que, le sort prononçant, un habitant sur dix
Devra se condamner à quitter le pays;
Et l'on exécuta cette sentence affreuse.
Alors, en gémissant, une troupe nombreuse,
A travers l'Allemagne, et l'épée à la main,
Du côté du midi se frayant un chemin,
Arriva jusqu'aux lieux élevés où nous sommes.
La troupe, composée et de femmes et d'hommes,
Avait marché toujours, quand elle s'arrêta
Dans le vallon sauvage où coule la Muotta.
A travers de beaux prés maintenant elle y passe,
Mais du travail de l'homme alors aucune trace;
Un batelier, tout seul, sur ce rivage mort
Se tenait, pour passer les gens à l'autre bord;
Il avait près du lac sa chétive cabane...
Mais le lac furieux retint la caravane.
Alors, examinant le pays de plus près,

---

1. Les Suédois (Etterlin). — Les Suédois et les Frisons (Jean de Muller).

Voyant ses belles eaux et ses riches forêts,
Dans leur chère patrie un moment ils se crurent.
A se fixer ici ces gens se résolurent.
Notre vieux bourg de Schwytz fut élevé par eux.
A de rudes travaux, longtemps, ces malheureux
Se virent condamnés, pour défricher des terres
Couvertes jusqu'alors de forêts séculaires.
Ce peuple s'étendit plus tard, quand vint le temps
Où le sol ne put plus suffire aux habitants :
Il alla jusqu'au pied de ces montagnes sombres
Dont nous voyons d'ici les gigantesques ombres,
Des éternels glaciers qui séparent de nous
Des peuples au climat, au langage plus doux.
Les nouveaux exilés, près du Kernwald, bâtirent
La bourgade de Stanz ; les murs d'Altorf sortirent
Des gorges où la Reuss roule en flots écumeux.
Mais de leur origine ils conservent en eux
Un profond souvenir qui ne les trompe guères :
Ils savent, au milieu des races étrangères
Que la suite des temps confondit avec eux,
Aisément distinguer l'homme dont les aïeux
Ont fondé Schwytz. Ils voient le vieux sang reparaître :
Le seul instinct du cœur le leur fait reconnaître.

(Il donne la main à droite et à gauche.)

AUF-DER-MAUER.

Oui, nous ne sommes tous qu'un seul cœur, un seul sang!

TOUS, se donnant la main:

Et qu'un seul peuple, uni, de concert agissant !

STAUFFACHER.

Soumises aux vainqueurs qui les ont abattues,
Les autres nations sous le joug se sont tues.
Même en notre pays, combien d'infortunés
A servir l'étranger se trouvent condamnés,
Laissant à leurs enfants cet héritage inique !
Mais nous, qui sommes bien le vieux tronc helvétique,
Nous avons conservé notre liberté, nous :
Un prince n'a jamais vu fléchir nos genoux,
Et la protection qu'étend sur nous l'Empire,
Nous l'avons de plein gré choisie.

LE CURÉ.

On peut le lire:
L'empereur Frédéric le dit bien clairement
Dans la Charte aux Cantons donnée [1].

STAUFFACHER.

Évidemment,
Quelque libre qu'il soit, l'homme n'est pas son maître:
Il faut un chef ; on a besoin de reconnaître
Un juge souverain que l'on puisse invoquer,
Lorsque dans son bon droit on se sent attaquer.
Ces premiers-occupants d'une terre sauvage,
Nos pères, à l'Empire ils en ont fait hommage :
Ce fut pour s'assurer en lui leur protecteur.
Leur épée, en échange, était à l'empereur,
Au maître tout-puissant qui sous son sceptre allie
L'Empire d'Allemagne à celui d'Italie.
Ils vouaient leur épée à cet illustre chef,

---

1. Frédéric II, en 1240. Voir la note de la page 448.

De même que le font tous les gens de franc-fief:
L'Empire les défend, ils doivent le défendre.
Leur devoir envers lui plus loin ne peut s'étendre.

MELCHTHAL.

Le servage, au delà, commencerait pour eux.

STAUFFACHER.

Lorsque l'arrière-ban se levait, nos aïeux
Combattaient pour l'Empire en suivant sa bannière.
Pour lui de l'Italie ils passaient la frontière,
Et l'empereur devait à leurs vaillantes mains
De se voir couronner comme Roi des Romains.
Du reste, souverains dans leurs bourgs, leurs villages,
Ils suivaient, et leurs lois, et leurs anciens usages.
Mais, la peine du sang, c'était à l'empereur
A la prononcer seul : en son nom, un seigneur
Exerçait parmi nous cette haute justice.
Il ne résidait pas au sein de notre Suisse :
Quand il fallait frapper de mort un criminel,
Le juge était requis : sous la voûte du ciel,
Clairement, simplement, sans nulle crainte humaine,
Au nom de l'empereur il prononçait la peine.
Qui donc pourrait de là conclure contre nous
Que nous sommes des serfs? Si quelqu'un parmi vous
Sait autrement que moi les faits de notre histoire,
Qu'il parle !

IM-HOFE.

Tout ainsi se passait, c'est notoire :
Nul joug par les Cantons ne fut jamais porté.

STAUFFACHER.

Et même à l'empereur nous avons résisté,
Lorsque, contre tout droit, il voulait satisfaire
L'injuste ambition d'un puissant monastère,
Du couvent d'Einsiedeln, quand les religieux
Nous contestaient des biens venus de nos aïeux.
Leur abbé prétendait qu'aux termes d'un vieux titre,
Terres vagues, de droit, revenaient au Chapitre.
On se taisait sur nous et sur nos droits acquis.
Nous dîmes aussitôt : « C'est un titre surpris ;
« Il n'est pas d'empereur qui puisse se permettre
« De disposer d'un bien dont nous sommes le maître,
« Et s'il faut à l'Empire en vain nous adresser,
« De l'Empire, chez nous, on saura se passer. »
De nos pères voilà quel était le langage.
Est-ce que leurs enfants auront moins de courage?
Sous un joug infamant voudront-ils se ranger?
Souffriront-ils, enfin, d'un valet étranger
Ce que l'empereur même, en sa toute-puissance,
N'osa point exiger de leur obéissance?
C'est par bien du travail que nous avons conquis
Ces antiques forêts, cet inculte pays.
Alors, l'ours habitait la contrée où nous sommes,
Et nous en avons fait la demeure des hommes :
Nous avons étouffé la race du dragon
Qui du sein des marais nous lançait son poison;
Nous avons déchiré le rideau de nuages
Qui flottait, éternel, sur ces pays sauvages;
Au voyageur, le roc qu'avaient brisé nos mains,
Au-dessus de l'abîme offrit de sûrs chemins.
Ce sol, depuis mille ans, est nôtre, héréditaire,

Et nous pourrions souffrir, sur cette libre terre,
Un nouveau joug ? Souffrir qu'un valet étranger
Vînt nous forger des fers ? osât nous outrager ?
Et tant d'oppression resterait impunie ?...

(Ils sont tous dans une très-grande agitation.)

Il est une limite à toute tyrannie :
Quand il a vainement et partout réclamé,
Lorsque sous son fardeau succombe l'opprimé,
Il se tourne vers Dieu, son espoir, il l'appelle ;
Il invoque les droits de justice éternelle,
Ces droits écrits au ciel, immuables toujours,
Réglés comme le sont les astres dans leur cours.
Quand l'homme redevient l'ennemi de son frère,
Il retourne à l'état de nature première,
Et son dernier moyen, alors qu'il est à bout,
C'est de saisir l'épée ; elle décide tout.
Pour nos biens les plus chers, contre la tyrannie
Il faut combattre ; il faut défendre la patrie,
Nos femmes, nos enfants !

TOUS, frappant sur leur épée :

Oui, tous nous le jurons :
Nos femmes, nos enfants, pour eux nous combattrons !

LE CURÉ, s'avançant dans le cercle :

Réfléchissez avant de recourir au glaive :
Un mot, et le débat paisiblement s'achève,
Et tout, de vous au roi, peut se concilier :
Ces tyrans qui sous eux vous forcent de plier,
Vous les verrez bientôt vous flatter, au contraire,
Si vous dites ce mot. Ne voulez-vous pas faire

Ce que depuis longtemps ils demandent de nous?
Abandonnez l'Empire; enfin, soumettez-vous
A la Maison d'Autriche.

AUF-DER-MAUER.

Entendez-vous ce prêtre?
A la Maison d'Autriche il faudrait nous soumettre?

AM-BUHEL.

Ne l'écoutez donc pas!

WINKELRIED.

Un traître à son pays
Peut seul ainsi parler.

REDING.

Calmez-vous, mes amis.

SEWA.

Sous le joug de l'Autriche, alors qu'elle nous traite
Avec un tel mépris, nous courberions la tête?

DE FLUE.

Et nous accorderions aux moyens de rigueur
Ce que l'on n'obtint pas de nous par la douceur?

MEIER.

Nous porterions des fers qui seraient notre ouvrage,
Et nous mériterions ce honteux esclavage.

AUF-DER-MAUER.

Que quiconque oserait reproduire l'avis
Qu'au joug autrichien les Cantons soient soumis,

Perde aussitôt ses droits de Suisse. Je demande
Que cette loi, d'abord, notre Diète la rende,
Landammann!

    MELCHTHAL.

    C'est très-bien! Quiconque parlera
De céder à l'Autriche, au même instant perdra
Ses droits et ses honneurs. Que cet homme ne trouve
Au foyer d'aucun Suisse une place!

   TOUS, levant la main droite :

        J'approuve!
Que ce soit une loi du pays!

   REDING, après un moment de silence:

      C'est voté.

    LE CURÉ.

Maintenant vous voilà sûrs de la liberté!
Du jour de cette loi pour vous elle commence.
L'Autriche n'aura pas de vous, par violence,
Ce qu'aux moyens plus doux vous avez refusé.

    JOST DE WEILER.

Passons! L'ordre du jour!

    REDING.

     Avons-nous épuisé
Les moyens de douceur qui nous restaient encore?
Peut-être que, nos maux, l'empereur les ignore;
Contre sa volonté, peut-être, nous souffrons.
A cette tentative encore recourons :
Que jusqu'à l'empereur notre plainte s'élève,

Avant que du fourreau nous ne tirions le glaive.
Dans la plus juste cause, ayons soin d'écarter
Les moyens violents, toujours à redouter.
Quand l'homme à son malheur ne sait plus de remède,
C'est alors seulement que Dieu lui vient en aide.

STAUFFACHER, à Conrad Hunn :

Faites votre rapport, Conrad, c'est le moment.

CONRAD HUNN.

Au château de Rheinfeld je fus dernièrement.
J'allais à l'empereur exposer nos souffrances,
Et contre ses baillis porter nos doléances.
J'allais lui demander la Charte de nos droits,
Aux Cantons par l'Empire accordée autrefois,
Que tout roi des Romains qu'au trône l'on appelle
Confirme avec serment d'y demeurer fidèle.
Des villes de Souabe et des pays du Rhin
Les envoyés avaient reçu leur parchemin,
Et retournaient chez eux pleins d'une joie extrême.
Pour votre député ce ne fut pas de même.
Au Conseil de l'Empire on m'avait renvoyé,
Et je fus en ces mots par lui congédié :
« A vous on pensera, sachez encore attendre;
L'empereur aujourd'hui ne peut pas vous entendre. »
Lorsque après cet accueil, triste, je m'en allais,
Je vis, en traversant les salles du palais,
Le duc Jean[1], qui pleurait auprès d'une fenêtre;
Deux seigneurs l'entouraient que je pus reconnaître :

1. Jean, duc de Souabe, meurtrier de son oncle Albert 1er

Conrad de Tegerfeld et Rodolphe de Wart[1].
Tous les deux aussitôt me prenant à l'écart :
« Ne comptez que sur vous », m'ont-ils dit, « que la Suisse
« De l'empereur Albert n'attende pas justice.
« Son neveu que voici, comment l'a-t-il traité ?
« De légitimes biens il l'a déshérité ;
« Il a fermé l'oreille à sa juste prière,
« Alors qu'il réclamait les terres de sa mère.
« De sa minorité se brisaient les liens ;
« Il voulait gouverner ses vassaux et ses biens.
« Au duc qu'a répondu l'empereur ? La couronne
« Qui convient à ton âge, enfant, je te la donne :
« De fleurs un jeune front est toujours bien orné :
« De celles-ci, neveu, te voilà couronné[2]. »

AUF-DER-MAUER.

Vous l'avez entendu ? « N'attendez pas justice !
« Qu'ils comptent sur eux seuls les Cantons de la Suisse ! »

REDING.

Il le faut bien. Que faire en cette extrémité,
Pour arriver au but en toute sûreté ?

WALTHER FURST, s'avançant dans le cercle :

Nous voulons secouer d'intolérables chaînes ;
Nous voulons maintenir nos franchises anciennes,
Héritage sacré venu de nos aïeux.
Nous ne prétendons pas être plus libres qu'eux :
L'empereur a des droits, il faut qu'il les conserve.
Qui reconnaît un maître, avec honneur le serve !

1. Deux des complices de Jean le Parricide.
2. Historique.

MEIER.

De l'Autriche je suis tenancier.

WALTHER FURST.

     Remplissez
Vos obligations tout comme aux temps passés.

JOST DE WEILER.

Moi, je paie aux seigneurs de Rapperswyl la dîme.

WALTHER FURST.

Payez-leur ce tribut puisqu'il est légitime.

LE CURÉ.

L'abbesse de Zurich en hommage me tient.

WALTHER FURST.

Donnez à son couvent tout ce qui lui revient.

STAUFFACHER.

C'est de l'Empire seul que je suis feudataire.

WALTHER FURST.

Sans aller au delà, faites ce qu'il faut faire...
Enfin, nous voulons tous des trois Cantons chasser
Et baillis et soldats; leurs forts, les renverser.
Point de sang, s'il se peut. Il faut qu'il reconnaisse,
L'empereur, que c'est bien notre seule détresse,
Que c'est lui qui nous force à manquer aujourd'hui
Au respect que toujours nous avions eu pour lui.
Si nous n'abusons pas du droit de résistance,
Son courroux va céder peut-être à la prudence;
Car un peuple qui s'arme et sait se contenir,
Justement se fait craindre.

REDING.

      Et comment réussir ?
Voyez notre ennemi ; les forces qu'il possède :
Sans avoir combattu croyez-vous bien qu'il cède ?

STAUFFACHER.

Oui, s'il nous voit armés ; et d'ailleurs, mes amis,
Par nous à l'improviste il faut qu'il soit surpris.

MEIER.

La réussite est loin de nous être assurée :
Deux gigantesques forts dominent la contrée,
Et l'ennemi s'y trouve à l'abri de nos coups.
Ils seraient grandement à redouter pour nous,
Si l'empereur allait tout à coup apparaître.
De Sarnen, du Rossberg que l'on se rende maître,
Avant qu'aucune épée au sein des trois Cantons
Ne sorte du fourreau.

STAUFFACHER.

     Mais, si nous hésitons,
L'ennemi de nos plans peut avoir connaissance ;
Trop de gens, je le crois, sont dans la confidence.

MEIER.

Il n'est dans les Cantons nul traître à redouter.

LE CURÉ.

Par trop de zèle on peut se laisser emporter.

WALTHER FURST.

Retarder plus longtemps c'est vouloir qu'on achève

Ce fort, ce Joug d'Uri qui sur Altorf s'élève,
Que Gessler s'y retranche et qu'alors...

MEIER.
C'est à vous
Que vous pensez.

LE SACRISTAIN.
Et vous, êtes injustes.

MEIER, s'emportant :
Nous ?
Vous osez, gens d'Uri, nous taxer d'injustice !

REDING.
Au nom de vos serments, que ce débat finisse !

MEIER.
Si Schwytz avec Uri veulent agir entre eux,
Unterwald n'aura plus qu'à se taire.

REDING.
Tous deux
Je vous rappelle à l'ordre, et devant l'assemblée :
Par vos discussions la paix en est troublée.
Est-ce qu'au même but nous ne tendons pas tous ?

WINKELRIED.
Mais, si nous attendions le jour où parmi nous
La fête de Noël doit être célébrée ?
C'est la coutume, alors, dans toute la contrée,
Que quiconque possède un bien dans les Cantons,
Aille chez le bailli lui porter quelques dons.
Que chez lui, ce jour-là, pour donner leur offrande,

Une troupe de dix ou douze hommes se rende.
Comme au château personne en armes n'entrerait,
Chacun d'eux aura soin d'y porter en secret
Une pointe de fer, à dessein apprêtée
Pour être à son bâton promptement adaptée.
— Le reste dans le bois prendrait position. —
Quand ils auraient la porte en leur possession,
Ils sonneraient la trompe, et l'embuscade entière
Attaquerait alors. C'est la sûre manière
De pouvoir aisément du château s'emparer.

MELCHTHAL.

Dans celui du Rossberg je me charge d'entrer :
J'y suis dans la faveur d'une jeune suivante [1] ;
Sans peine je pourrai décider mon amante,
Sous prétexte d'aller la visiter de nuit,
A me tendre une échelle ; une fois introduit,
Je vous y fais monter après moi.

REDING.

L'entreprise,
— Je vous consulte tous — sera-t-elle remise ?

(La majorité lève la main.)

STAUFFACHER, comptant:

Vingt pour et douze contre.

---

1. Le poëte a suivi trop fidèlement sur ce point les historiens, et surtout Jean de Muller. Il est à regretter que le jeune Melchthal, si noble dans toute la pièce, ce fougueux ennemi de la tyrannie, qui va partout chercher des vengeurs, qui ne veut pas même épancher sa douleur de fils parce qu'il craint d'être distrait un instant de sa haine, se montre ici, tout à coup, engagé dans une vulgaire intrigue d'amour avec une suivante.

ACTE II. — SCÈNE II.

WALTHER FURST.

Au jour où les châteaux
Sous nos coups tomberont, que les feux de signaux
S'allument de montagne en montagne ! qu'on fasse,
Dans tout chef-lieu, l'appel de la levée en masse !
Du jour où les baillis en armes nous verront,
A lutter contre nous ils se refuseront,
Heureux qu'un sauf-conduit protége leur retraite.

STAUFFACHER.

Pour l'exécution Gessler seul m'inquiète :
Il est trop bien gardé par ses nombreux soldats.
Sans répandre le sang il ne cédera pas :
Et même, à l'expulser mettons qu'on réussisse,
Il sera redoutable encore pour la Suisse :
Ses jours ne sont donc pas des jours à ménager.

BAUMGARTEN.

Qu'on me place partout où sera le danger !
Grâce au secours de Tell j'ai conservé la vie,
Et je la risquerai de cœur pour la patrie :
J'ai vengé mon honneur, mon cœur est satisfait !

REDING.

Le temps porte conseil ; attendons-en l'effet.
Il est bon, quand il faut agir, qu'on s'abandonne
Aux inspirations que le moment nous donne...
— Mais, regardez ! pendant qu'ici nous discutons,
L'aurore a coloré nos montagnes... Partons !
Si nous tardons encor, le jour sur nous va luire.

WALTHER FURST.

De nos vallons la nuit lentement se retire,
N'ayez aucune crainte.

(Tous, par un mouvement spontané, ôtent leurs chapeaux et, dans le recueillement, contemplent le lever de l'aurore.)

LE CURÉ.

Il faut que nous jurions,
Par ces feux du matin dont les premiers rayons
Viennent à l'habitant des montagnes sourire,
Avant d'aller, bien bas, à l'homme qui respire
Les vapeurs des cités ; amis, il faut jurer
L'alliance nouvelle où nous venons d'entrer :

Nous voulons ne former qu'un seul peuple de frères,
Que ne diviseront ni dangers, ni misères !
(Tous répètent ces deux vers, en levant trois doigts de la main droite.)
Nous voulons vivre, ainsi qu'ont vécu nos aïeux,
Libres !... Plutôt la mort que des fers odieux !
(Même répétition.)
Nous voulons en Dieu seul mettre notre assurance,
Et ne pas avoir peur de l'humaine puissance !
(Ils répètent tous et s'embrassent.)

STAUFFACHER.

En silence à présent séparons-nous. Allez
Retrouver vos amis, à chacun d'eux parlez.
En soignant ses troupeaux rentrés de la montagne
Pour la saison d'hiver, que le pâtre nous gagne
En secret des amis. Souffrez patiemment
Ce qu'il faudra souffrir jusqu'au dernier moment.

Permettez aux tyrans de combler la mesure,
Et bientôt ils paîront leur dette avec usure,
La dette de chacun et la dette de tous.
Votre colère est juste, eh bien! contenez-vous.
Attendez pour venger votre propre infortune,
Que soit venu le jour de vengeance commune.
A l'intérêt de tous traître qui se ferait
Justice isolément, dans son seul intérêt!

(Pendant qu'ils s'éloignent, dans un profond silence, de trois côtés différents, l'orchestre fait entendre une éclatante harmonie. La scène reste encore vide pendant quelques instants, et offre le spectacle du lever du soleil sur les glaciers.)

FIN DU SECOND ACTE.

ACTE TROISIÈME.

GUILLAUME TELL.

ACTE TROISIÈME.

SCÈNE PREMIÈRE.

Une cour devant la maison de Tell.

TELL, une hache de charpentier à la main, travaille. EDWIGE est occupée à un ouvrage de femme. WALTHER et GUILLAUME, dans le fond du théâtre, jouent avec une petite arbalète.

WALTHER chante:
Le chasseur se met en campagne
Aux premiers rayons du matin;
Et la vallée, et la montagne,
Il les parcourt, son arc en main;

Il est le roi des hautes cimes;
Ils sont à lui les lieux déserts,
Les rocs escarpés, les abîmes,
Comme sont au milan les airs.

Il lance ses traits dans l'espace
— Au chasseur l'espace appartient —
Et devant lui tout ce qui passe,
Poil ou plume, tout lui revient.
(Il arrive en sautant.)
Ma corde s'est rompue; arrange-la-moi, père,

TELL.

Non, ce n'est pas à moi, mon enfant, à le faire :
Un bon archer tout seul d'embarras doit sortir.

(Les enfants s'éloignent.)

EDWIGE.

Ces enfants! de bonne heure ils s'exercent au tir!

TELL.

Il faut s'y prendre à temps pour devenir habile.

EDWIGE.

Mon Dieu! puisse leur zèle être un zèle inutile!

TELL.

Il faut tout leur apprendre, à tout les préparer;
Il faut, quand dans la vie on va s'aventurer,
Être prêt à l'attaque ainsi qu'à la défense.

EDWIGE.

Hélas! et du foyer la tranquille existence,
Ils la dédaigneront!

TELL.

Edwige, à cette paix,
Moi-même ai-je donc pu me façonner jamais?
Dieu ne m'a pas fait homme à vouloir que ma vie
De celle d'un berger eût la monotonie.
Vers quelque but nouveau, fugitif, spontané,
Chaque jour je me sens avec joie entraîné.
Je ne sais de la vie apprécier les charmes
Que lorsque je l'arrache au danger.

EDWIGE.

      Et mes larmes?
Et ces moments cruels qui s'écoulent pour moi
Quand j'attends ton retour? tu n'y penses pas, toi!
Tes serviteurs m'ont dit vos courses périlleuses;
Ils m'ont laissée en proie à des terreurs affreuses.
Je frémis chaque fois que je te vois partir;
Il me semble que c'est pour ne plus revenir.
Je t'aperçois, Guillaume, égaré dans les glaces,
Sautant de pic en pic, franchissant leurs crevasses.
Le chamois, poursuivi, prompt à se retourner,
Dans l'abîme avec lui parvient à t'entraîner.
L'avalanche bondit, elle tombe et te couvre.
Le perfide glacier rompt sous tes pieds et t'ouvre
Le tombeau qui vivant t'engloutit. Oh malheur!
Dans nos Alpes, la mort suit l'imprudent chasseur;
Elle a mille moyens de saisir sa victime.
Déplorable métier! Sur le bord de l'abîme
Être mené sans cesse au péril de ses jours!

TELL.

Le chasseur de sang-froid, de soi maître toujours,
Qui tout autour de lui promène un œil tranquille,
Qui dans le ciel se fie et dans sa force agile,
Cet homme du danger se tire avec bonheur,
Et, né sur la montagne, il n'en peut avoir peur.

   (Il a fini son travail et dépose ses outils.)

Maintenant, pour longtemps voilà la porte en place:
De charpentier tu vois qu'aisément je me passe.

    (Il prend son chapeau.)

EDWIGE.

Où vas-tu?

TELL.

Chez ton père.

EDWIGE.

Et tu n'as, dis-le-moi,
Nul périlleux projet dans la tête ?

TELL.

Pourquoi
A cette question arrives-tu, ma femme?

EDWIGE.

Contre nos gouvernants quelque chose se trame.
Sur le Rütli je sais que l'on s'est rassemblé :
Tu conspires aussi.

TELL.

Je n'y suis point allé.
S'il arrive pourtant que le pays m'appelle,
J'entends bien qu'à sa voix il me trouve fidèle.

EDWIGE.

Mais ils te placeront où sera le danger.
De la plus lourde part on saura te charger;
Comme toujours.

TELL.

Chacun doit acquitter sa dette
Selon ses facultés.

ACTE III. — SCÈNE I.

EDWIGE.

Pendant une tempête
On t'a vu sur le lac, passant à l'autre bord
Un homme d'Unterwald, et si tu n'es pas mort,
C'est que le ciel pour toi daigna faire un prodige.
Oubliais-tu ta femme et tes enfants?

TELL.

Edwige,
J'y pensais en rendant ce père à ses enfants.

EDWIGE.

Aller s'aventurer sur des flots écumants!
En Dieu ce n'est pas là mettre sa confiance :
C'est le tenter.

TELL.

Celui qui trop longtemps balance
Agit peu.

EDWIGE.

Je sais bien que ton bon cœur, toujours,
Te pousse vers quiconque a besoin de secours;
Mais si jamais c'est toi que le danger regarde,
Personne ne viendra t'en tirer.

TELL.

Dieu me garde
D'avoir jamais besoin de secours!
(Il prend son arbalète et ses flèches.)

EDWIGE.

A quoi bon
Prendre ton arbalète! Ici laisse-la.

TELL.

Non.
Cette arme, tu le sais, m'est aussi nécessaire
Que les bras.

(Les enfants reviennent.)

WALTHER, à son père:

Où vas-tu?

TELL.

Je vais chez ton grand-père.
Veux-tu m'accompagner, mon fils?

WALTHER.

Certainement!

EDWIGE.

Mais, Gessler dans Altorf se trouve en ce moment.
Reste!

TELL.

Il en part.

EDWIGE.

Attends qu'il n'y soit plus, Guillaume.
Ne fais pas que de nous se souvienne cet homme;
Tu sais qu'il nous en veut.

TELL.

Que redouter de lui?
Je vais mon droit chemin sans craindre d'ennemi.

EDWIGE.

Les braves gens surtout sont l'objet de sa haine.

TELL.

Pour les atteindre il sait que sa puissance est vaine.
Gessler me laissera tranquille, assurément.

EDWIGE.

Tu le crois; en es-tu certain?

TELL.

Dernièrement,
Dans le val du Schœchen, dans un endroit sauvage,
Où rien d'un être humain n'annonçait le passage,
Je chassais. J'étais seul. Je suivais un sentier
Dont j'aurais vainement tenté de dévier,
Car, d'un côté, le roc à pic, inaccessible,
Et, de l'autre, le gouffre où le Schœchen terrible
Fait entendre le bruit de ses flots en fureur.

(Les deux enfants se rapprochent de lui, se placent l'un à sa droite, l'autre à sa gauche, et le regardent avec la plus grande curiosité.)

Soudain, je vois venir à moi le gouverneur;
Seul aussi... Près de nous était le précipice...
Quand il me reconnaît, — tu sais quelle injustice
Pour une bagatelle il mit à me punir, —
Et ma bonne arme en main quand il me voit venir,
Il pâlit, ses genoux fléchissent, il chancelle,
Près de choir sur le roc. — De sa frayeur mortelle
J'eus pitié : Monseigneur, c'est moi, dis-je aussitôt
D'un air respectueux; c'est moi... Lui, pas un mot!
Ses lèvres demeuraient muettes d'épouvante;
Un signe seulement, fait d'une main tremblante,
Me dit de passer outre... En effet, je passai,
Et j'envoyai sa suite où je l'avais laissé.

EDWIGE.

Eh bien! malheur à toi! Ne crois pas que cet homme,
De l'avoir vu trembler, te pardonne, Guillaume.

TELL.

Aussi l'éviterai-je, Edwige. Quant à lui,
Crois-tu qu'il me recherche?

EDWIGE.

Eh bien! pour aujourd'hui,
Éloigne-toi d'Altorf; va plutôt à la chasse.

TELL.

Quelle idée as-tu donc?

EDWIGE.

J'ai peur: reste! de grâce!

TELL.

Comment sans nul motif peux-tu t'inquiéter?

EDWIGE.

C'est un pressentiment: Tell, consens à rester!

TELL.

J'ai promis; on m'attend, mon Edwige chérie.

EDWIGE.

Pars donc, mais laisse-moi cet enfant, je t'en prie.

WALTHER.

Non, je vais avec lui, petite mère.

EDWIGE.

Ainsi,
Tu veux, mon cher enfant, m'abandonner aussi?

WALTHER.

Oui, mais je vais, pour toi, recevoir de grand-père
Quelque joli cadeau.
(Il sort avec son père.)

GUILLAUME.

Moi je reste, ma mère.

EDWIGE, l'embrassant:

Oui, mon enfant chéri, tu m'es fidèle, toi!
(Elle va à la porte de la cour et suit longtemps des yeux son mari et Walther.)

SCÈNE II.

Une contrée sauvage, entourée de forêts; des cascades tombant des rochers.

BERTHA, en habits de chasse, puis, RUDENZ.

BERTHA.

Il me suit; il faudra qu'il s'explique avec moi.

RUDENZ, entrant précipitamment sur la scène:

Je vous trouve enfin seule et l'endroit m'est propice,
Madame; autour de nous partout le précipice.
Ici je ne craindrai nul œil inquisiteur;
D'un silence trop long je soulage mon cœur.

####### BERTHA.

Vous êtes-vous au moins assuré que la chasse
Ne nous a pas suivis?

####### RUDENZ.

Loin de nous elle passe...
Je dois mettre à profit ces précieux instants :
Vous allez décider de mon sort; je l'attends,
Dût l'arrêt que j'implore imposer à mon âme
Des adieux éternels... Ah! de grâce, madame,
A vos regards si doux, toujours pleins de bonté,
Ne donnez pas, oh! non, cette sévérité!...
Qui suis-je pour oser jusques à vous prétendre?
Mon nom.... la gloire encor ne l'a point fait entendre.
Parmi ces chevaliers, moi, je ne compte pas
Qui se sont illustrés déjà dans les combats;
Qui, brillants, empressés, à vos côtés s'agitent
Pour obtenir de vous la main qu'ils sollicitent.
Un cœur rempli d'amour et de fidélité,
Voilà tout ce que j'ai, madame.

####### BERTHA, sévèrement :

En vérité?
Vous osez me parler d'amour, d'être fidèle,
Quand aux plus saints devoirs vous vous montrez rebelle?

(Rudenz recule.)

Esclave de l'Autriche, à l'étranger vendu,
Vous servez vos tyrans.

####### RUDENZ.

Grand Dieu! qu'ai-je entendu!
Vous me le reprochez? Je vous parais infâme?

Dans leur parti qui donc ai-je cherché, madame,
Si ce n'est vous?

BERTHA.

Croyant qu'où l'on trahit sa foi
Vous étiez assuré de me rencontrer? moi?
Ah! plutôt à Gessler, au tyran être unie
Qu'au fils dénaturé d'un pays qu'il renie,
Qui de ses oppresseurs ose être l'instrument!

RUDENZ.

Pouvez-vous me parler aussi cruellement!

BERTHA.

Eh quoi? pour l'honnête homme est-il donc, je vous prie,
Des intérêts plus chers que ceux de la patrie?
De celui qu'on opprime être le protecteur,
Défendre l'innocent, voilà, d'un noble cœur,
Le premier, le plus beau des devoirs. Mon cœur saigne
Aux maux de votre peuple; il faut que je le plaigne,
Que je souffre avec lui, que je l'aime : je vois
Qu'il est si bon, si simple et si fort à la fois.
Oui, mon cœur tout entier vers ce peuple m'attire;
Toujours de plus en plus je l'honore et l'admire.
Et vous, que la nature à ce peuple a donné
Pour soutenir ses droits, — ici vous êtes né, —
Vous, infidèle aux lois qu'un chevalier s'impose,
C'est vous qui de ce peuple abandonnez la cause!
Vous vous êtes rangé parmi ses ennemis!
C'est vous qui préparez des fers à ce pays!
Allez! vous m'offensez, vous m'affligez. Mon âme
Se contraint pour ne point vous haïr.

RUDENZ.

                        Mais, madame,
De ce peuple toujours j'ai voulu le bonheur.
Il aurait dans l'Autriche un puissant protecteur,
Et, libre désormais de toute inquiétude...

BERTHA.

Vous voulez amener pour lui la servitude;
Vous voulez des Cantons chasser la liberté,
De l'asile qui seul encor lui soit resté!
Ce peuple à son bonheur s'entend mieux qu'on ne pense.
Son jugement est sûr; jamais à l'apparence
Il ne se prend; mais vous, elle vous a trompé :
Dans leurs filets c'est vous qu'ils ont enveloppé.

RUDENZ.

Ah! vous n'avez pour moi que mépris et que haine!

BERTHA.

S'il en était ainsi, je serais plus certaine
D'assurer mon bonheur. — Combien ai-je à souffrir
En voyant dans celui que je voudrais chérir,
Un homme méprisé, qui mérite de l'être!

RUDENZ.

Ah! cruelle Bertha! vous faites apparaître
A l'homme qui vous aime un ciel de voluptés,
Et puis, au même instant, vous l'en précipitez!

BERTHA.

Non! l'honneur n'est pas mort tout entier dans votre âme:
Il y sommeille; à moi d'en raviver la flamme!

Vous avez dû sur vous agir violomment,
Pour vouloir l'étouffer; mais, bien heureusement,
De cet honneur inné la puissance est si forte
Que malgré vos efforts sur vous elle l'emporte :
Vous êtes noble et bon malgré vous-même.

RUDENZ.

       En moi,
Vous daignez donc, Bertha, vous daignez avoir foi?
Ah! fort de votre amour, je puis tout, je vous jure!

BERTHA.

Eh bien! demeurez tel que vous fit la nature.
Remplissez le mandat qu'elle vous a donné!
Protégez un pays, un peuple infortuné :
Le vôtre! et son saint droit, sachez donc le défendre!

RUDENZ.

Hélas! comment à vous puis-je jamais prétendre,
Comment vous conquérir, si, pour vous mériter,
A l'empereur lui-même il me faut résister?
Sur vous de vos parents je sais la tyrannie;
Je sais qu'ils ne voudront jamais vous voir unie
Qu'à l'époux de leur choix.

BERTHA.

     Tous mes biens sont ici.
La Suisse libre, moi je serai libre aussi.

RUDENZ.

Quel espoir à mes yeux, Bertha, vous faites luire!

BERTHA.

Pour arriver au but où votre cœur aspire,
Sur l'Autriche, Rudenz, vous compteriez en vain :
Vers ma grande fortune ils étendent la main.
A l'un d'eux, par l'hymen, l'assurer en partage,
C'est encor de l'Autriche augmenter l'héritage.
La soif de posséder dont ils sont tourmentés,
Qui veut anéantir vos droits, vos libertés,
Menace aussi la mienne : un favori du maître
Sera par cet hymen récompensé peut-être...
Ils veulent, mon ami, m'entraîner à la cour,
Où l'intrigue et la ruse ont fixé leur séjour.
C'est là qu'on me prépare un lien que j'abhorre.
L'amour seul... votre amour, peut me sauver encore.

RUDENZ.

Quoi, vous consentiriez à vivre parmi nous?
A me donner ici le nom de votre époux?
Mes rêves m'emportaient bien loin de ma patrie :
C'est que je poursuivais votre image chérie;
Au chemin de la gloire où j'espérais marcher,
C'est vous seule, Bertha, vous que j'allais chercher;
C'est l'amour qui rendait mon âme ambitieuse.
Ah! si dans ce vallon vous pouvez être heureuse;
Si vous pouvez ici, Bertha, vous renfermer,
Loin du monde, avec moi, pour moi, pour nous aimer,
Au but de mes efforts, mon âme satisfaite
Touchera, comme au port après une tempête;
Et le torrent du monde y viendrait expirer;
Et mes désirs au loin n'iraient plus s'égarer!
Puisse, alors, pour cacher ce bonheur ineffable,

S'étendre de ces rocs le mur impénétrable,
Et cet heureux vallon, fermé de tout côté,
Ne plus s'ouvrir pour nous qu'au ciel, à sa clarté!

BERTHA.

Te voilà tout entier! A mes yeux tu te lèves
Tel que te pressentait mon âme dans ses rêves :
Ma croyance dans toi n'était pas une erreur!

RUDENZ.

Arrière, illusion où s'égara mon cœur!
Le bonheur! je le trouve aux lieux de ma naissance,
Où s'est épanouie, heureuse, mon enfance!
Mille doux souvenirs y frappent mon esprit :
La source qui murmure et l'arbre qui fleurit,
Tout est pour moi vivant!... Et c'est dans ma patrie
Que tu veux être à moi?... Je l'ai toujours chérie,
Et de tous les bonheurs que mon cœur appelait,
Aucun n'eût, je le sens, loin d'elle été complet.

BERTHA.

Où l'irait-on chercher le bonheur de la terre,
Sinon dans ce pays d'innocence première,
Sur ce sol de l'honneur, de la fidélité,
Où ne s'est pas glissée encor la fausseté?
Ah! ce n'est pas ici, mon ami, que l'envie
Viendrait troubler le cours de notre heureuse vie ;
Et tous les jours que Dieu fera luire pour nous,
Nous les verrons passer bien tranquilles, bien doux!
Et déjà je te vois, redevenu toi-même,
Le premier au milieu de ces hommes que j'aime,
Tous libres, tous égaux! Et l'on t'honorera;

Et cet hommage pur, rien ne l'imposera :
Tu seras aussi grand qu'un roi dans son empire !

RUDENZ.

Et moi, dans ce bonheur que tu viens de décrire,
Reine des femmes ! moi, je te vois à mon tour
Livrée à mille soins charmants. Notre séjour
Devient pour nous le ciel. Semblable à la nature,
Qui répand au printemps ses fleurs et sa verdure,
Toi, tu pares mes jours, et ton charme enchanteur
Répand autour de nous la vie et le bonheur !

BERTHA.

Comprends-tu mon chagrin quand, ce bonheur suprême,
Je te voyais, ami, le détruire toi-même ?
Ah ! s'il m'avait fallu dans son triste château
Suivre ce chevalier, cet orgueilleux bourreau,
Qui fait gémir sous lui votre Suisse asservie,
Ulric ! qu'elle eût été malheureuse ma vie !
Ici, point de château, point de murs ennemis
Qui séparent Bertha d'un peuple, d'un pays
Qu'elle peut rendre heureux !

RUDENZ.

      Que faut-il que je fasse ?
Comment puis-je sortir du réseau qui m'enlace ?
Moi-même je m'y suis jeté si follement !

BERTHA.

Ulric ! il faut le rompre, et bien résolûment.
Quoi qu'il puisse arriver, il faut rester fidèle

A ton pays : c'est là ta place naturelle.
(Les cors retentissent dans le lointain.)
La chasse se rapproche; il faut nous séparer...
Combats pour ton pays, songe à le délivrer!
Ton pays, ton amour, défends-les tout ensemble!
Si devant le même homme il faut que chacun tremble,
La même liberté tous nous délivrera!
(Ils sortent.)

SCÈNE III.

Une prairie près d'Altorf.

Sur le devant, des arbres; dans le fond, un chapeau au haut d'une perche. L'horizon est borné par le Bannberg, au-dessus duquel s'élèvent des montagnes couvertes de neige.

FRIESSHARDT et **LEUTHOLD**, de faction.

FRIESSHARDT.

Nous attendons en vain, personne ne viendra
Pour faire à ce chapeau son humble révérence.
D'ordinaire, pourtant, ici grande affluence;
Comme en un jour de foire elle couvre le pré;
Mais, cet épouvantail une fois arboré,
Plus rien!

LEUTHOLD.

Nous ne voyons passer que la canaille :
En ôtant son bonnet crasseux elle nous raille.
Mais les honnêtes gens prennent un long détour,
Et vont par le chemin qui tourne autour du bourg,
Plutôt que de venir ici courber la tête.

FRIESSHARDT.

J'ai bien cru que tantôt commencerait la fête :
Tu sais bien qu'à midi, tous les jours, au moment
Où l'on sort du Conseil, il faut absolument
Que tous nos conseillers passent par cette place,
Et je croyais déjà qu'ils tombaient dans la nasse,
Car ils ne songeaient pas au chapeau. Le curé
Vint malheureusement à traverser le pré,
Et, juste, il revenait de voir quelque malade.
Ma foi ! dans mes regards il lut, le camarade,
Et, le saint-sacrement en mains, mon Rœsselmann
Au-dessous du chapeau se mit subitement.
Alors, le sacristain agitant sa sonnette,
Avec les assistants j'accomplis ma courbette ;
Mais à l'ostensoir seul l'hommage fut rendu,
Et non pas au chapeau.

LEUTHOLD.

Camarade, vois-tu,
C'est comme au pilori qu'ici tous deux nous sommes.
N'est-ce pas une honte, en effet, pour des hommes,
Des soldats comme nous, de se voir préposer
A garder un chapeau ? L'on doit nous mépriser...
Qu'à ce chapeau chacun fasse la révérence !
Un tel ordre est sorti d'une tête en démence.

FRIESSHARDT.

Quoi ! parce qu'il est vide ? Eh ! tu la fais souvent
A des cerveaux qui sont tout aussi pleins de vent.

ACTE III. — SCÈNE III.

HILDEGARDE, MATHILDE et ÉLISABETH arrivent
avec des enfants et entourent le mât.

LEUTHOLD.

Et toi, coquin, tel est le zèle qui t'entraîne,
Que tu mettrais les gens volontiers dans la peine.
Passera qui voudra près du chapeau, je veux
Ne voir personne, moi; je fermerai les yeux.

MATHILDE.

Voyez donc le bailli qui là-haut se balance !
Enfants ! songez-y bien : respect à sa puissance !

ÉLISABETH.

Plût à Dieu que bientôt nous n'eussions plus de lui
Que ce chapeau, l'objet des honneurs d'aujourd'hui !
Tout n'en irait que mieux.

FRIESSHARDT, les chassant:

Allons, femmes, arrière !
Que voulez-vous ? Ici vous n'avez rien à faire.
Dites à vos maris, s'ils entendent braver
L'ordre du gouverneur, de venir nous trouver.

(Les femmes s'en vont.)

GUILLAUME TELL, portant son arbalète, s'avance, tenant par la main son fils WALTHER. Ils passent tous deux devant le chapeau sans y faire attention.

WALTHER, montrant le Bannberg:

Voilà cette montagne où, comme l'on assure,
Les arbres, quand la hache y fait une blessure,
Saignent. Père, est-ce vrai ?

TELL.

> D'où le sais-tu, mon fils ?

WALTHER.

J'ai du maître-berger entendu les récits :
Un charme les retient au sol qui les vit naître,
Dit-il ; il ne faut pas qu'ils puissent disparaître ;
Et lorsque, méchamment, un homme leur fait tort,
Sur sa fosse sa main se dresse après sa mort.

TELL.

Dans ces arbres, mon fils, il est une magie,
C'est vrai : tu vois ces monts dont la cime blanchie
S'élève jusqu'aux cieux ?

WALTHER.

> Ces glaciers d'où, la nuit,
Nous entendons sortir un si terrible bruit ?
D'où tombe l'avalanche ?

TELL.

> Oui ; tu vas donc comprendre
Quel service important ces arbres doivent rendre :
L'avalanche aurait pu, sans eux, depuis longtemps,
Ensevelir Altorf et tous ses habitants.
Mais ces arbres, là-haut, lui sont une barrière.

WALTHER, après un moment de réflexion :

Trouve-t-on des pays sans montagnes, mon père ?

TELL.

Quand du nôtre l'on part, et qu'on descend toujours,

En suivant nos torrents, nos fleuves dans leur cours,
A de vastes pays de plaines on arrive.
L'onde y coule paisible entre sa double rive;
Le flot n'y tombe plus bondissant, écumeux ;
L'œil peut y mesurer l'immensité des cieux.
Là, sur de longs sillons, les blés en abondance,
Et la terre y paraît comme un jardin immense.

WALTHER.

Pourquoi n'allons-nous pas dans ces pays charmants,
Nous qui n'avons ici que fatigue et tourments?

TELL.

Ils sont beaux, ils sont bons comme le ciel lui-même ;
Mais, leurs moissons, mon fils, le peuple qui les sème
Ne les recueille pas.

WALTHER.

      Est-ce que, comme toi,
Chacun n'a pas son bien, n'est pas libre chez soi?

TELL.

Non, la terre appartient au monarque, à l'Église.

WALTHER.

De chasser, cependant, on a pleine franchise?

TELL.

Au seigneur tout gibier, sur le sol et dans l'air.

WALTHER.

Mais la pêche du moins...?

TELL.

Tout : les fleuves, la mer,
Le sel, tout est au roi.

WALTHER.

Celui qu'ainsi l'on nomme,
Celui qu'ils craignent tous, qui donc est-il ?

TELL.

Un homme
Chargé de les nourrir et de les protéger.

WALTHER.

Ils ne savent pas seuls écarter le danger ?

TELL.

Comment le pourraient-ils ? Là, le voisin à peine
Se fie à son voisin.

WALTHER.

J'y serais à la gêne,
Père ; sous l'avalanche il vaut bien mieux rester.

TELL.

Oui, moins que les méchants elle est à redouter.
(Ils veulent passer outre.)

WALTHER.

Ah ! vois donc ce chapeau perché là-haut, mon père !

TELL.

Viens, partons, ce chapeau ne nous importe guère.
(Au moment où il veut s'éloigner, Friesshardt lui barre le passage avec sa pique.)

ACTE III. — SCÈNE III.

FRIESSHARDT.

Au nom de l'empereur, arrêtez-vous ici!

TELL, saisissant la pique:

Que voulez-vous? Pourquoi me retenir ainsi?

FRIESSHARDT.

Suivez-nous! vous avez violé l'ordonnance.

LEUTHOLD.

Vous deviez au chapeau faire la révérence.

TELL.

Laissez-moi, mes amis.

FRIESSHARDT.

En prison! Suivez-nous!

WALTHER.

Lui? mon père?... Au secours! au secours!
(Appelant au fond du théâtre:)
                           Venez tous,
Braves gens! Aidez-nous à nous tirer de peine!
Du secours! vous voyez qu'en prison on l'emmène.

LE CURÉ RŒSSELMANN, LE SACRISTAIN PETERMANN
et trois autres arrivent sur la scène.

LE SACRISTAIN.

Que se passe-t-il donc?

LE CURÉ.

D'où vient cette rigueur?
Pourquoi porter la main sur lui?

FRIESSHARDT.

De l'empereur
Cet homme est ennemi. C'est un traître.

TELL, le saisissant vigoureusement:

Moi, traître?

LE CURÉ.

Tu te trompes, l'ami; cet homme ne peut l'être.
C'est Tell, un honnête homme, un brave citoyen.

WALTHER, apercevant Walther Fürst et se précipitant vers lui:

Grand-père! à nous! à nous! mon père arrêté!

FRIESSHARDT.

Rien!
En prison!

WALTHER FURST, accourant:

Non; je suis caution de cet homme;
Qu'on le laisse! — Pour Dieu! qu'as-tu donc fait,
Guillaume?

MELCHTHAL et STAUFFACHER arrivent.

FRIESSHARDT.

Le pouvoir du bailli qu'il vient de mépriser!

STAUFFACHER.

Quoi? Lui? Tell?

MELCHTHAL.

Tu mens, drôle!

ACTE III. — SCÈNE III.

LEUTHOLD.

Il vient de refuser
De s'incliner devant ce chapeau.

WALTHER FURST.

C'est peu grave.
Faut-il donc pour ce fait l'emprisonner? — Mon brave,
Reçois ma caution, rends-lui la liberté.

FRIESSHARDT.

Garde ta caution! — Cet homme est arrêté;
C'était notre devoir. — Que tout ce train finisse!
En prison!

MELCHTHAL, aux paysans:

Allons-nous souffrir cette injustice?
Le laisser emmener?

LE SACRISTAIN.

Mes amis, résistez!
Nous sommes les plus forts; vous serez assistés!

FRIESSHARDT.

Qui donc du gouverneur braverait l'ordonnance?

TROIS AUTRES PAYSANS, accourant:

Qu'avez-vous? Nous venons vous prêter assistance.
Terrassez ces soldats!

HILDEGARDE, MATHILDE et ÉLISABETH reviennent.

TELL.

Merci de vos secours:
Si je voulais avoir à la force recours,
Croyez que je n'aurais pas peur de ces deux piques.

MELCHTHAL, à Friesshardt:

Viens donc nous l'enlever!

WALTHER FURST et STAUFFACHER.

Montrons-nous pacifiques.

FRIESSHARDT, criant:

Rébellion!

On entend des cors de chasse.

LES FEMMES.

Voici le gouverneur.

FRIESSHARDT, élevant la voix:

A moi!

Rébellion!

STAUFFACHER.

Coquin! crie, égosille-toi!
En puisses-tu crever!

LE CURÉ et MELCHTHAL.

Allons! veux-tu te taire?

FRIESSHARDT, criant toujours plus fort:

Aux soutiens de la loi, secours!

WALTHER FURST.

Mon Dieu! que faire?
Et le bailli qui vient! Malheur, malheur à nous!
Que va-t-il arriver?

GESSLER, à cheval, un faucon sur le poing. RODOLPHE DE
HARRAS, BERTHA, RUDENZ, suite nombreuse de valets armés, qui forment sur la scène un vaste cercle de piques.

RODOLPHE DE HARRAS.

Place au bailli, vous tous!

GESSLER.

Pourquoi donc cette foule ici s'assemble-t-elle?
Dissipez-la!... Qui donc à son secours appelle?
(Silence général.)
Qui?... Je veux le savoir.
(A Friesshardt:)
Soldat, avance ici!
Quelle était ta querelle avec cet homme-ci?
(Il donne son faucon à un homme de sa suite.)

FRIESSHARDT.

Je compte, Monseigneur, parmi votre milice;
Je suis, près de ce mât, commandé de service,
Et cet homme, malgré l'ordre de Monseigneur,
Refuse à ce chapeau toute marque d'honneur.
J'ai voulu l'arrêter, selon votre ordonnance,
Mais envers moi le peuple use de violence.

GESSLER, après une pause, à Guillaume Tell:

Sommes-nous à ce point, ton empereur et moi
Qui tiens sa place ici, méprisables pour toi,
Que lorsque, pour juger de votre obéissance,
Je veux que vous rendiez hommage à ma puissance
Dans le signe qu'ici j'en ai fait arborer,

Tu ne consentes pas, Guillaume, à l'honorer?
De tes mauvais desseins tu fais bien peu mystère.

TELL.

Monseigneur, cette faute est tout involontaire;
Excusez-la! J'avais l'esprit je ne sais où...
Vous savez, Monseigneur, qu'on m'appelle le Fou[1]...

1. Der knecht der des huotz verwartet, der verklagt Wilhelm Tellen vor sinem herren, Do der herr solichs vernam, fuor er zuo vnd beschickt den Tellen für jn, vnd fragt jn freuenlichen warumb er sinen gepotten nit gehorsam were, dem stecken vnd dem huot neigte als er gepotten het, Der Tell antwurt vnd sprach, Lieber herr, es ist ongefärde beschechen, han ouch nit gewusst, das üwer gnad sölichs so hoch achten oder fassen solte, *were ich witzig, so hiesse ich anders dann der Tell*. Darumb gnediger herr, so söllen jr mirs verzichen *vnd miner torheit zuo rechnen...* (Etterlin, *Kronika von der löblichen Eidgnoschaft*, etc.)

Le soldat qui était préposé à la garde du chapeau, accusa Guillaume Tell devant le gouverneur, qui s'avança et, faisant amener Tell devant lui, lui demanda d'un air de bonté pourquoi il avait méconnu son ordre en ne s'inclinant pas devant le chapeau. « Seigneur, répondit Tell, je ne l'ai point fait à mauvaise intention; j'ignorais que je dusse rendre cet honneur à Votre Grâce. *Si j'avais de l'esprit, je ne porterais pas le nom de Tell*. Aussi, Monseigneur, je vous prie de me pardonner, *en tenant compte de ma folie.* »

Voici ce que dit sur ce passage J. J. Sprengen, commentateur d'Etterlin:

Tell oder, wie einige Deutschen noch sagen, *Talle*, heisset nach dem Buchsaben ein *Einfältiger*; von *talen*, einfältig und kindisch tuhn. Es scheinet wol, dass dises kein eigener noch ererbter, sondern ein angenommener Name gewesen, und vermuhtlich hatten sich Wilhelms sämtliche Bundsgenossen darmit unterschieden, etc.

Tell, ou, comme quelques Allemands disent encore *Talle*, signifie homme simple d'esprit, du mot *talen*, agit avec simplicité, comme un enfant. Il paraît, en effet, que le nom de Tell n'était ni un nom propre, ni un nom de famille, mais bien un surnom, comme en avaient sans doute, pour se distinguer entre eux, les Suisses dans les trois Cantons.

Ah! que pour cette fois Monseigneur me pardonne!
Jamais, je n'ai jamais méprisé sa personne.

      GESSLER, après un moment de silence:

Tell, on te dit partout un habile tireur;
Tu ne crains nul rival?

      WALTHER.

                Oh! c'est vrai, Monseigneur,
Car mon père à cent pas vous abat une pomme.

      GESSLER.

C'est ton fils?

      TELL.

    Oui, seigneur.

      GESSLER.

                Ton seul enfant, Guillaume?

      TELL.

J'ai deux fils.

      GESSLER.

          Lequel est le plus cher à ton cœur?

      TELL.

Je les aime tous deux de même, Monseigneur.

      GESSLER.

Puisque tu sais abattre à cent pas une pomme,
Il faut me faire voir ce talent qu'on renomme.
Prends ton arme... C'est bien; tu l'as précisément.
Tiens-toi prêt. Laisse aller ton fils pour un moment:
Je veux faire placer la pomme sur sa tête.

Mais que du premier coup porte ton arbalète !
Entends-tu ? Vise bien, car c'en est fait de toi
Si tu manques.

(Tout le monde donne des signes d'effroi.)

TELL.

Seigneur, qu'exigez-vous de moi ?
Sur sa tête ?.... Il faudrait....? Mon fils ?.. . Mais, c'est
horrible !...
M'en préserve le ciel ! Oh ! non... c'est impossible !...
Vous ne le pensez point... Ce n'est pas sérieux...
Vous n'ordonnerez pas qu'un père...

GESSLER.

Je le veux !...
Sur le front de ton fils la pomme sera mise,
Et tu me l'abattras.

TELL.

Vous voulez que je vise
Cette tête si chère ?... Oh ! non. Plutôt mourir !

GESSLER.

Tu vas tirer, ou bien avec ton fils périr.

TELL.

Meurtrier de mon fils ?... Vous me forcez à l'être ?...
Vous n'avez pas d'enfants ; vous ne pouvez connaître
Ce que le cœur d'un père, en un pareil moment,
Monseigneur, doit subir de tortures.

GESSLER.

Comment !
Te voilà tout à coup bien timoré, Guillaume.

Eh! l'on m'avait parlé de toi comme d'un homme
Quelque peu singulier, rêveur et n'aimant pas
A vivre comme on vit d'ordinaire ici-bas.
Tu te plais, disait-on, à l'extraordinaire :
Si je t'ai proposé ce coup, c'est pour te plaire.
Un autre hésiterait ; toi, tu fermes les yeux,
Et tu prends ton parti.

BERTHA.

De tous ces malheureux
Vous vous jouez, seigneur, d'une façon cruelle.
Voyez donc leur terreur et leur pâleur mortelle.
Jusqu'ici vous avez à des propos plaisants
Habitué fort peu ces pauvres paysans.

GESSLER.

Qui vous dit que ce soit une plaisanterie ?...

(Il cueille une pomme à l'arbre sous lequel il se trouve placé précisément.)

Voici la pomme. — Allons ! place dans la prairie !...
Qu'il prenne sa distance, et ne mesure pas,
Entre son fils et lui, moins de quatre-vingts pas !...
Il s'est même vanté d'atteindre à cent son homme...
Maintenant, ne va pas me manquer cette pomme !

RODOLPHE DE HARRAS.

O ciel ! c'est sérieux !... Enfant ! tombe à genoux,
Et demande la vie au bailli.

WALTHER FURST. *À part, à Melchthal, qui peut à peine maîtriser son impatience :*

Calmez-vous,
Sachez vous contenir, Melchthal, je vous en prie !

BERTHA, à Gessler:

Finissez, Monseigneur! c'est de la barbarie.
Ne vous jouez donc pas aussi cruellement
Des angoisses d'un père. Admettons un moment
Qu'il méritât la mort pour sa faute légère;
Vous l'avez fait mourir dix fois, ce pauvre père.
Laissez-le donc en paix s'en retourner chez lui.
Certes, cet homme-là vous connaît aujourd'hui :
De cette heure cruelle il gardera mémoire,
Et tous ses descendants en rediront l'histoire.

GESSLER.

Qu'on sépare la foule!... Allons, dépêche-toi!
Tu mérites la mort, et, sur un mot de moi,
Tu peux la recevoir; cependant, ma clémence
En tes habiles mains remet ton existence.
Quand je te laisse ainsi l'arbitre de ton sort,
De ma rigueur pour toi tu te plaindrais à tort.
De ton coup d'œil si sûr tu te vantes sans cesse;
Eh bien! voici l'instant de montrer ton adresse.
Je t'offre un but, un prix dignes de ton savoir.
Un autre, comme toi, peut mettre dans le noir :
Savoir se posséder dans toute conjoncture,
Avoir le regard prompt et la main toujours sûre,
N'y pas laisser trahir l'émotion du cœur,
Voilà ce que j'appelle être un maître tireur.

WALTHER FURST, tombant à genoux devant lui :

Nous reconnaissons tous votre haute puissance.
De grâce, préférez à justice clémence!
La moitié de mes biens... tous, prenez-les, seigneur;
Mais de ce sacrifice épargnez-lui l'horreur!

WALTHER TELL.

Non, devant ce méchant, pas à genoux, grand-père !...
Où faut-il me placer ?... Allez, je ne crains guère :
Mon père atteint l'oiseau dans la nue, et son trait
Vers le cœur de son fils de sa main dévirait ?

STAUFFACHER.

Seigneur, de cet enfant est-ce que l'innocence
D'émouvoir votre cœur n'aura pas la puissance ?

LE CURÉ.

Songez qu'il est un Dieu là-haut ; que vous devrez
Lui rendre compte un jour de ce que vous ferez !

GESSLER, montrant l'enfant :

A ce tilleul allez l'attacher !

WALTHER TELL.

Qu'on m'attache ?
Non ! je ne veux pas être attaché ; qu'on le sache !
J'aurai, si l'on me veut laisser ma liberté,
La douceur du mouton et sa tranquillité,
J'irai même jusqu'à retenir mon haleine ;
Mais si de vos liens vous m'imposez la gêne,
Pour m'en débarrasser je ferai de mon mieux.

RODOLPHE DE HARRAS.

Souffre au moins, mon enfant, qu'on te bande les yeux.

WALTHER TELL.

Qu'on me bande les yeux ? ce n'est pas nécessaire.
Croyez-vous que je crains la flèche de mon père ?
Je vais résolûment la voir venir à moi,

Sans même sourciller... Allons! prépare-toi,
Mon père : à ton adresse il ne croit pas, cet homme;
Il veut nous perdre; eh bien! tire! abats cette pomme!
A ce tyran cruel fais ce chagrin!

(Il va au tilleul; on lui met la pomme sur la tête.)

MELCHTHAL, aux habitants:

Comment!
Ce crime sous nos yeux?... Pourquoi notre serment?

STAUFFACHER.

Nous sommes désarmés; quelles seraient nos chances?
Voyez autour de nous cette forêt de lances.

MELCHTHAL.

Que n'avons-nous agi lorsque je le voulais!
A tous ceux qui nous ont conseillé des délais,
De cet homme que Dieu pardonne un jour le crime!

GESSLER, à Guillaume Tell:

Voyons! à l'œuvre enfin!... Souvent on est victime
Du danger de porter une arme. L'on a tort
De promener partout un instrument de mort;
Le trait peut revenir sur celui qui le lance.
Sachez-le, paysans! votre maître s'offense
De ce droit orgueilleux qu'on s'est ici formé.
A celui qui commande, à lui seul d'être armé!
Il vous plaît de porter l'arc et la flèche? Passe!
Mais c'est moi qui prétends vous donner le but.

TELL bande son arbalète et y place une flèche.

Place!

Que la foule se range!

STAUFFACHER.

Eh quoi! Tell, vous voulez...?
Non!... Jamais!... Vos genoux fléchissent... Vous trem-
blez...
Votre main n'aurait pas toute son assurance.

TELL, laissant tomber son arbalète :

Tout se trouble à mes yeux!

LES FEMMES.

Céleste Providence!

TELL, au gouverneur :

N'exigez pas ce coup. Tenez! voici mon cœur!
(Il découvre sa poitrine.)
Appelez vos soldats! Tuez-moi, Monseigneur!

GESSLER.

Non pas! je veux le coup; je ne veux point ta vie.
Tu peux ce que tu veux, et fais à ton envie.
Il n'est pas d'entreprise à pouvoir t'effrayer,
Toi, le maître tireur, l'habile nautonier.
Comment! tu n'as point peur même de la tempête
Du moment qu'il s'agit de sauver une tête.
Sauveur de tout le monde, à présent sois le tien!

Tell est dans la plus violente agitation; ses mains tremblent; ses
yeux roulent dans leur orbite et se dirigent tantôt vers le bailli,
et tantôt vers le ciel. Tout à coup, il prend dans son carquois
une seconde flèche, qu'il cache dans son sein. Gessler observe
chacun de ses mouvements.)

WALTHER TELL, sous le tilleul :

Mon père, tire donc! je n'ai pas peur.

TELL.

        Eh bien !
Puisqu'il le faut...
    (Il rassemble ses forces et met en joue.)

  RUDENZ, qui pendant tout ce temps a montré la plus vive anxiété
    et s'est maîtrisé avec peine, s'avance.

     Seigneur, c'est assez... je l'espère.
Vous n'irez pas plus loin ?... Vous avez voulu faire,
Sur cet homme, une épreuve ? Il faut que maintenant
Vous soyez satisfait ; la pousser plus avant,
Ce serait en rigueur dépasser la prudence :
Quand il est trop tendu, l'arc se brise.

GESSLER.

        Silence !
Attendez qu'on s'adresse à vous.

RUDENZ.

       Je parlerai !
J'en ai le droit : l'honneur du roi m'est trop sacré.
De son représentant la conduite inhumaine
Ne peut dans tous les cœurs enfanter que la haine ;
Et, j'ose hautement le déclarer ici :
Sa volonté n'est pas qu'on en agisse ainsi.
Avons-nous mérité, nous, cette barbarie ?
Vos pouvoirs ne vont pas jusqu'à la tyrannie.

GESSLER.

Téméraire !

RUDENZ.

     Depuis bien longtemps je me tais
Sur tout ce que j'ai vu de détestables faits.
Je voulais ne point voir ; je faisais violence

ACTE III. — SCÈNE III.

A mon cœur indigné; mais un trop long silence
Trahirait mon pays, trahirait l'empereur.

BERTHA, se jetant entre lui et Gessler :

Grand Dieu, vous irritez encore sa fureur.

RUDENZ.

Seigneur, j'ai de mon peuple abandonné la cause,
Méconnu les devoirs que la nature impose;
Sourd à la voix du sang, les liens les plus doux,
Je les ai tous brisés pour m'attacher à vous :
Vouer à l'empereur toute mon existence,
Au sein de nos Cantons affermir sa puissance,
M'avait semblé le but le meilleur, le plus beau.
Maintenant, de mes yeux il tombe le bandeau;
Je frémis à me voir conduit vers un abîme.
De vos séductions mon cœur était victime :
Vous faussiez mon esprit. Et moi, dans ma candeur,
J'allais de mon pays consommer le malheur.

GESSLER.

Oses-tu bien parler de la sorte à ton maître?

RUDENZ.

Vous? Oh non! l'empereur a seul le droit de l'être.
Je suis né libre aussi; je puis vous défier
A toutes les vertus qui font un chevalier;
Et si de l'empereur, à qui je rends hommage,
Même alors, comme vous, Monseigneur, qu'on l'outrage,
Je ne devais en vous voir le représentant,
Je n'hésiterais pas à vous jeter mon gant,
Que vous ramasseriez, sous peine d'être indigne

Du nom de chevalier... A vos gens faites signe,
Il m'importe fort peu : je ne suis pas ici,
(Montrant la foule.)
Comme ces malheureux, sans armes, Dieu merci!
Vous voyez bien que j'ai mon épée, et je tue
Quiconque approchera.

STAUFFACHER, criant:
La pomme est abattue!

(Pendant que tout le monde était tourné du côté de Gessler et de Rudenz, entre lesquels Bertha s'était jetée, Tell a lancé sa flèche.)

LE CURÉ.
L'enfant est sauf!

UN GRAND NOMBRE DE VOIX.
Elle est percée!

(Walther Fürst chancelle et va tomber, Bertha le soutient.)

GESSLER, stupéfait:
Il a tiré?...
Quel démon!

BERTHA, à Walther Fürst:
L'enfant vit, soyez donc rassuré,
Bon père.

WALTHER TELL, accourant avec la pomme:
La voici! voici la pomme, père!
Je le savais bien, moi, que tu ne devais faire
Aucun mal à ton fils.

(Tell, lorsque la flèche est partie, est resté le corps penché en avant, comme s'il voulait la suivre ; puis, il a laissé tomber son arbalète. Quand il voit revenir son fils, il se précipite vers lui les bras ouverts et le presse ardemment sur son cœur. Alors, la force l'abandonne, et il s'affaisse. Tout le monde est dans l'attendrissement.)

BERTHA.

Quelle faveur du ciel !

WALTHER FURST, à Guillaume Tell et à son fils :
Mes enfants !... mes enfants !

STAUFFACHER.

Béni soit l'Éternel !
A sa grande bonté, mes amis, rendons grâce.

LEUTHOLD.

Comme c'était visé ! Ma foi, ce coup me passe.
Dans les temps à venir on en reparlera.

RODOLPHE DE HARRAS.

Le nom de l'archer Tell aussi longtemps vivra
Que brilleront ces monts à la cime glacée.

(Il présente la pomme au gouverneur.)

GESSLER.

Vraiment, au beau milieu la pomme est traversée !
La justice, par Dieu ! me force à déclarer
Que c'est un coup de maître.

LE CURÉ.

Oui, c'est là bien tirer ;
Mais, malheur à celui qui contraignit cet homme
A tenter ainsi Dieu !

STAUFFACHER.

Remettez-vous, Guillaume ;
Levez-vous ; vous voilà bravement racheté,
Et vous pouvez chez vous rentrer en liberté.

LE CURÉ.

Courons rendre ce fils à sa mère.

(Ils veulent l'emmener.)

GESSLER.

Demeure,
Tell!

TELL, revenant:

Que me voulez-vous, Monseigneur?

GESSLER.

Tout à l'heure,
J'ai vu que tu cachais une flèche en ton sein.
— Oh! ne va pas nier! — Quel était ton dessein?

TELL, avec embarras:

Monseigneur, c'est parmi les archers un usage.

GESSLER.

Je ne me laisse pas tromper à ce langage.
A cet acte un motif tout autre t'a porté.
Voyons, Tell, dis-moi bien toute la vérité.
Quel que soit ton aveu, je te promets la vie...
Pourquoi cette autre flèche?

TELL.

A vous donc je me fie,
Monseigneur : sur mes jours vous m'avez rassuré.
Eh bien! c'est franchement que je vous parlerai :

(Il tire la flèche de dessous sa veste et, fixant sur Gessler un regard terrible:)

Cette seconde flèche? Elle était... pour vous-même,

Oui, pour vous, si ma main, à cet enfant que j'aime,
Avait donné la mort; et ce coup-là, seigneur,
Ce coup n'eût pas manqué son but, sur mon honneur!

GESSLER.

C'est bien, Tell; j'ai promis : tes jours, je te les laisse;
Je suis un chevalier et je tiens ma promesse.
Mais je vois la noirceur de tes intentions,
Et dois prendre à mon tour quelques précautions.
Aussi, dans un endroit où jamais ne pénètre
Ni lune ni soleil, je vais te faire mettre.
Tes flèches jusqu'à moi de là ne viendront pas...
Qu'on s'empare de lui, qu'on l'attache, soldats!

(On le lie.)

STAUFFACHER.

Monseigneur! c'est porter une main sacrilége
Sur un homme que Dieu visiblement protége.

GESSLER.

Nous verrons si deux fois Dieu pourra le sauver.
Qu'on le porte au bateau! J'irai vous retrouver :
Je veux jusqu'à Küssnacht moi-même le conduire.

LE CURÉ.

Vous ne le ferez pas, non! le chef de l'Empire
N'oserait se porter à ces extrémités,
Qui blessent tous nos droits, toutes nos libertés!

GESSLER.

Montrez-moi dans quel titre elles sont exprimées.
Le nouvel empereur les a-t-il confirmées?

Non ; il faut mériter une telle faveur :
Soyez, d'abord, soyez soumis à l'empereur.
Mais, tous, à son pouvoir vous vous montrez rebelles ;
Vous ourdissez toujours des trames criminelles.
Je vous connais, je lis dans votre cœur à tous.
Je sévis, il est vrai, contre un seul d'entre vous,
Mais chacun, à mes yeux, de son crime est complice.
Qui veut être prudent se taise et m'obéisse !

(Il s'éloigne. Bertha, Rudenz, Rodolphe de Harras et les valets armés le suivent ; Friessbardt et Leuthold restent sur la scène.)

WALTHER FURST, avec la plus vive douleur :

Je n'en puis plus douter : il veut me perdre, moi
Et toute ma maison !

STAUFFACHER.

O Guillaume ! pourquoi
Avez-vous de ce monstre excité la colère ?

TELL.

Qui, souffrant ma douleur, aurait donc pu se taire ?

STAUFFACHER.

Maintenant c'en est fait de nous et du pays :
Nous sommes avec vous enchaînés, asservis !

DES PAYSANS, qui entourent Guillaume Tell :

Tout espoir avec vous, hélas ! nous abandonne.

LEUTHOLD, s'approchant de lui :

Vous me faites pitié, mais mon devoir m'ordonne...

TELL.

Adieu, tous !

WALTHER TELL, s'attachant à lui et dans la plus vive douleur:

O mon père!... O mon bon père!

TELL, montrant le ciel:

Il faut,
Mon enfant, t'adresser à celui de là-haut.

STAUFFACHER.

A votre femme, Tell, je dirai...?

TELL, pressant avec ardeur son fils dans ses bras:

Qu'elle espère:
Dieu qui sauva l'enfant sauvera bien le père.
(Il s'arrache des bras de son fils et suit les soldats.)

FIN DU TROISIÈME ACTE.

ACTE QUATRIÈME.

GUILLAUME TELL.

ACTE QUATRIÈME.

SCÈNE PREMIÈRE.

La rive orientale du lac des Quatre-Cantons.

Des rochers escarpés et d'une forme étrange bornent la vue à l'ouest. Le lac est agité. Les vagues mugissent. Par intervalle, les éclairs et le tonnerre.

KUNZ, DE GERSAU; RUODI, IENNI.

KUNZ.

Je l'ai vu de mes yeux; croyez-en mon récit;
Tout s'est exactement passé comme j'ai dit.

RUODI.

Tell conduit à Küssnacht! Dans cette forteresse!
Tell! l'homme le meilleur que le pays connaisse,
Et le bras sur lequel on a le plus compté,
S'il faut combattre un jour pour notre liberté!

KUNZ.

C'est Gessler qui l'amène en cette citadelle,
Et lorsque de Fluelen démarrait ma nacelle,
Eux-mêmes en bateau s'apprêtaient à monter.
Pourtant l'orage était au moment d'éclater,

Et comme il m'a forcé de gagner ce rivage,
Il pourrait bien avoir retardé leur voyage.

RUODI.

Tell dans les fers! Aux mains du gouverneur! Grand
　　　　　　　　　　　　　　　　　　　　　Dieu!
Il va l'ensevelir, le bourreau, dans un lieu
Où le soleil pour lui n'aura plus de lumière :
Car il doit redouter l'homme libre, le père
Qu'il vient de provoquer aussi cruellement.

KUNZ.

Et, de plus, le baron, notre ancien Landammann,
Touche au dernier moment de sa noble existence.

RUODI.

Le pays perd en lui sa dernière espérance :
Le noble Attinghausen, pour soutenir nos droits,
Osait, lui seul encor, faire entendre sa voix.

KUNZ.

Adieu; l'orage augmente, il faut que je l'évite.
Je veux dans le village aller chercher un gîte;
Je ne puis plus songer à partir en bateau.

(Il sort.)

RUODI.

Ainsi, Tell en prison! Le baron au tombeau!...
Tyrannie! à présent tu peux lever la tête,
Et mettre de côté toute honte. Muette
Est la voix qui disait encor la vérité;
Éteint l'œil qui veillait à notre sûreté;

Et le bras qui devait vaincre dans notre lutte,
Enchaîné!

IENNI.

Hâtez-v us de rentrer dans la hutte,
Mon père; vous voyez qu'il grêle abondamment.
Sous le ciel il ne fait pas bon dans ce moment.

RUODI.

Que les vents en fureur bouleversent la terre!
Que le nuage en feu nous lance le tonnerre!
Que les eaux, en torrents tombant des cieux ouverts,
Sous un nouveau déluge abîment l'univers!
Les générations qui sont en germe encore,
Puissent-elles périr même avant que d'éclore!
Aux éléments sans frein à régner! Ours et loups,
Sortez de vos déserts, car ce monde est à vous:
L'homme n'y voudra pas vivre dans l'esclavage!

IENNI.

Dans ces gouffres quel bruit! La tempête y fait rage.
Jamais elle ne fut aussi forte au pays.

RUODI.

Lui désigner pour but la tête de son fils!
Jamais père avait-il subi cette torture!
Et l'on s'étonnerait encor que la nature
Voulût se soulever dans toute sa fureur?...
Après un attentat aussi rempli d'horreur,
Je verrais ces rochers incliner vers la terre
Et cacher dans le lac leur tête séculaire;
Je verrais de ces monts, dont la glace est, toujours,

Celle dont Dieu les a couverts aux premiers jours,
Se fondre tout à coup les gigantesques cimes,
Ces pics mis en morceaux, nivelés ces abîmes,
Et du monde habité flotter tous les débris ;
Je verrais tout cela sans en être surpris.

(On entend une cloche.)

JENNI.

Père ! sur la montagne entendez-vous la cloche ?
D'une barque en péril on signale l'approche,
Sans doute, et l'on voudrait des prières.

(Il monte sur une hauteur.)

RUODI.

                    Malheur
A la barque livrée à ces flots en fureur !
Rien ne lui servira, pilote plein d'adresse,
Solide gouvernail : la tempête est maîtresse.
Contre vagues et vents on fait de vains efforts.
L'homme ne peut trouver d'asile sur ces bords,
Qui semblent devant lui s'élever et s'étendre.
Ces rocs au malheureux n'ont pas de main à tendre ;
Ils refusent l'abri qu'il y cherche des yeux,
Et n'ont à lui montrer que leurs flancs raboteux.

JENNI, indiquant la gauche du théâtre :

Une barque !... Elle vient de Fluelen... Voyez, père !

RUODI.

Pauvres gens ! Qu'en pitié Dieu prenne leur misère !
Au milieu des rochers de ce bras resserré,
Quand l'ouragan se trouve une fois engouffré,

ACTE IV. — SCÈNE I.

Il rugit comme fait une bête sauvage,
Captive et secouant les barreaux de sa cage;
Il hurle, il veut sortir, et n'en vient pas à bout;
Il trouve le passage environné partout
De rocs dont jusqu'aux cieux la masse s'amoncelle.
(Il rejoint son fils sur la hauteur.)

IENNI.

Je reconnais la barque au pavillon! C'est celle
Du gouverneur d'Uri : voilà bien, au milieu,
La tente d'écarlate.

RUODI.

O justice de Dieu!
Oui, c'est bien lui qui lutte au-dessus de l'abîme;
C'est Gessler conduisant lui-même sa victime.
La vengeance du ciel arrive promptement :
Il faut qu'il reconnaisse un maître en ce moment.
Sa voix est impuissante à calmer la tempête,
Et devant son chapeau ne courbent pas la tête
Ces rocs que bat la vague... Enfant! il ne faut pas
Prier pour lui : de Dieu n'arrête point le bras!

IENNI.

Ce n'est pas pour Gessler que je fais ma prière;
C'est pour Tell : sur la barque il est aussi, mon père.

RUODI.

O tempête! faut-il, dans ton aveuglement,
Pour frapper un coupable, un homme seulement,
Que tu fasses périr la barque et le pilote!

IENNI.

Voyez! du Buggisgrat ils dépassaient la côte...
Vers le grand Axenberg l'ouragan furieux,
Qui du Couvent-du-Diable [1] est revenu sur eux,
Les a fait rebondir. — Disparus!

RUODI.

Ce passage
Est connu pour avoir déjà vu maint naufrage,
Mainte barque y sombrer. Il faudra que la leur,
Pour ne pas, à son tour, éprouver ce malheur,
Manœuvre habilement; sinon, elle se brise
Sur la pointe de roc à cette place assise,
Et que l'eau cache. Ils ont un bon pilote à bord,
Et si quelqu'un les peut arracher à la mort,
C'est lui, Tell; mais il est enchaîné.

GUILLAUME TELL, *portant son arbalète, entre à pas précipités, regarde autour de lui avec surprise, et semble violemment agité. Quand il est au milieu de la scène, il se jette à genoux, tantôt posant les mains à terre, tantôt les élevant vers le ciel.*

IENNI, qui l'aperçoit:

Voyez, père,
Là, cet homme à genoux!

RUODI.

Il se cramponne à terre,
Et paraît hors de lui.

---

1. Le Buggisgrat, le grand Axenberg et le petit Axenberg, de même que le Teufelsmünster (Couvent-du-Diable), sont des montagnes situées, les trois premières, entre Fluelen et Brunnen, sur la rive orientale du lac des Quatre-Cantons, et la dernière, en face, sur la rive occidentale.

ACTE IV. — SCÈNE I.

IENNI, qui s'avance:

Qu'ai-je vu?... Dieu du ciel!
Mon père, venez donc!

RUODI, s'approchant:

Quel est cet homme?... Tell!...
Bonté divine! Vous?... Comment à cette place
Êtes-vous arrivé?... Parlez vite, de grâce!

IENNI.

Dites, n'étiez-vous pas tout à l'heure enchaîné
Dans la barque?

RUODI.

A Küssnacht tout près d'être mené?

TELL, se levant:

Je suis libre!

RUODI et IENNI.

Vous, libre?... Oh! Dieu se manifeste!

IENNI.

Vous venez...?

TELL.

De la barque.

RUODI.

Oh! dites-nous le reste!

IENNI, en même temps:

Que fait le gouverneur?

TELL.

Il est à la merci
Des flots.

RUODI.

Il se pourrait ?... Mais vous ? Comment ici ?
Comment à vos liens, comment à la tourmente
Avez-vous échappé ?

TELL.

Par la grâce éclatante
De Dieu... Vous allez voir :

RUODI et IENNI.

Oh ! parlez !

TELL.

Vous savez
L'événement d'Altorf ?

RUODI.

Je le sais ; achevez !

TELL.

Je venais de tirer ; le gouverneur ordonne
Qu'on m'arrête et me lie : il voulait en personne
Me conduire à Küssnacht.

RUODI.

A Fluelen avec vous
Il s'était embarqué, je le sais... Dites-nous
Ce que vous avez fait pour votre délivrance.

TELL.

Fortement attaché, sans moyens de défense,

Assis sur le devant du bateau, sans espoir,
Je songeais que jamais je ne devais revoir
Ni le jour, ni mes fils, ni ma femme, et ma vue
Du lac bien tristement mesurait l'étendue.

RUODI.

Malheureux!

TELL.

Nous étions : le gouverneur, Harras,
Et moi, sur qui veillaient les regards des soldats.
Auprès du gouvernail je voyais sur l'arrière,
Mon arc et mon carquois qu'on avait mis par terre.
Au petit Axenberg nous allions arriver,
Lorsque du Saint-Gothard commence à s'élever,
— Grâce à Dieu soit rendue! — une horrible tempête.
Nos bateliers ont peur; tous ils perdent la tête;
Ils pensent qu'à la mort nous n'échapperons pas.
Alors, du gouverneur s'approche un des soldats :
« Monseigneur, vous voyez quel danger vous menace,
« Et nous-mêmes, » dit-il; — j'entendais de ma place; —
« Nous allons tous périr : effrayés, nos rameurs
« Ne savent plus que faire, et ces gens-là, d'ailleurs,
« Inexpérimentés, n'ont qu'un zèle inutile.
« Mais, là, vous avez Tell, homme robuste, habile
« A conduire un bateau; ne voudriez-vous pas,
« Dans ce péril pressant, recourir à son bras? »
Alors le gouverneur : « Tell! malgré cet orage,
« Crois-tu que tu pourrais nous conduire au rivage?
« Parle!... je te ferai sur-le-champ délier. »
— Avec l'aide de Dieu j'oserai l'essayer,
Monseigneur, ai-je dit, et j'aurai, je l'espère,

Le bonheur, grâce à lui, de nous tirer d'affaire. —
On m'ôte mes liens, je me mets au travail.
Me voilà bravement assis au gouvernail.
Cependant, j'avais soin de détourner la tête,
Veillant sur mon carquois et sur mon arbalète,
Et cherchant sur la rive un point où m'élancer.
Je vois un rocher plat dans le lac avancer...

RUODI.

Sous le grand Axenberg; je sais : un promontoire;
Mais abrupt à ce point que je n'aurais pu croire
Qu'en sautant d'une barque on pût l'atteindre.

TELL.

                                    Alors,
Je crie aux bateliers de redoubler d'efforts :
Il faut gagner ce roc, c'est le plus difficile,
Leur dis-je, il suffira d'une manœuvre habile...
A force de travail nous sommes au moment
De joindre le récif; alors, mentalement,
J'invoque le secours du ciel, et puis, j'approche
De toute ma vigueur l'arrière de la roche;
Je saisis mon carquois, mon arc, et, du bateau,
D'un bond désespéré sautant sur le plateau,
Je repousse du pied la barque du rivage,
Et la renvoie aux vents, aux vagues, à l'orage.
Qu'à présent elle flotte à la garde de Dieu!...
Voilà comment je suis arrivé dans ce lieu;
Voilà comment, aussi, j'ai dérobé ma tête
Au pouvoir des méchants, pires que la tempête.

RUODI.

On peut le dire, Tell, voilà, par le Seigneur,
Un miracle éclatant fait en votre faveur.
A mes sens c'est à peine encor si je me fie...
Où voulez-vous aller maintenant? Votre vie,
Si du gouffre où par vous il s'est vu rejeté
Gessler revient vivant, n'est pas en sûreté.

TELL.

Tout à l'heure à Brunnen il parlait de descendre,
Et par le bourg de Schwytz, ensuite, il devait prendre
La route de Küssnacht pour rentrer au château.
Il l'a dit quand j'étais lié dans son bateau.

RUODI.

Il retourne à Küssnacht par la route de terre?

TELL.

C'est ainsi que du moins il a dit vouloir faire.

RUODI.

Alors, sans plus tarder, cachez-vous : de sa main
Dieu voudrait-il deux fois vous tirer?

TELL.

     Quel chemin
Pour Arth et pour Küssnacht, dites-moi, dois-je prendre ?
Le plus court ?

RUODI.

   Par Steinen vous pourriez bien descendre,
Mais un chemin moins long, plus sûr, vous mènera
En passant par Lowertz... Mon fils vous conduira.

TELL, *lui donnant la main:*

Que de cette action le ciel vous récompense !
Adieu !

(Il s'éloigne et revient.)

N'avez-vous pas juré notre alliance ?
Vous étiez au Rütlli ? Je crois qu'on m'a cité
Votre nom parmi ceux...

RUODI.

Et c'est la vérité.

TELL.

Eh bien ! j'attends de vous un service : sur l'heure
Rendez-vous à Bürglen ; ma femme sur moi pleure ;
Qu'elle apprenne par vous que je suis délivré,
Qu'en un asile sûr je me suis retiré...

RUODI.

Le lieu ?

TELL.

Vous trouverez chez elle mon beau-père ;
Des amis qu'au Rütlli vous avez vus naguère ;
Dites-leur qu'au succès ils ne renoncent pas,
Que Tell est libre et peut se servir de son bras,
Et que de moi bientôt ils sauront quelque chose.

RUODI.

Dites-moi quel projet votre esprit se propose ?
Dites-le franchement.

TELL.

Quand il s'accomplira,
Vous le saurez aussi, car on en parlera.

(Il sort.)

RUODI.

Montre-lui le chemin, Ienni... Dieu le bénisse !
Et, quel que soit son but, fasse qu'il réussisse !

(Il sort.)

SCÈNE II.

Le château d'Attinghausen.

LE BARON, dans un fauteuil et mourant, WALTHER FURST,
STAUFFACHER, MELCHTHAL et BAUMGARTEN, empressés
autour de lui, WALTHER TELL, à genoux devant lui. Peu
après, EDWIGE.

WALTHER FURST.

Il n'est plus !

STAUFFACHER.

Ce n'est point l'aspect d'un homme mort :
A son souffle la plume encor s'agite. Il dort.
Son visage conserve un paisible sourire.

(Baumgarten va parler à une personne qui est à la porte.)

WALTHER FURST, à Baumgarten.

Qui vient là ?

BAUMGARTEN, revenant:

Votre fille Edwige ; elle désire
Vous parler, voir son fils.

(Walther Tell se relève.)

WALTHER FURST.

Qu'espère-t-elle ? hélas !
Des consolations ? De moi qui n'en ai pas ?
Quand toutes les douleurs s'amassent sur ma tête ?

EDWIGE, entrant précipitamment:

Mon enfant?... Laissez-moi!... Qu'une mère inquiète...

STAUFFACHER.

Songez qu'ici la mort sera dans un moment;
Calmez-vous.

EDWIGE, se précipitant vers son fils:

Mon Walther!... Tu vis!

WALTHER, dans ses bras:

Pauvre maman!

EDWIGE.

Est-il vrai? tu n'es pas blessé?
(Elle le regarde avec la plus inquiète sollicitude.)
C'est donc possible
Qu'il ait tiré sur toi?... Son cœur est insensible...
Il a tiré sur toi!... Comment l'a-t-il osé?...
Au front de son enfant le barbare a visé!

WALTHER FÜRST.

Mais contraint, plein d'angoisse et l'âme déchirée :
Sa vie à ce seul prix devait être assurée.

EDWIGE.

Un homme vraiment père, en ce moment cruel,
Eût plutôt mille fois reçu le coup mortel!

STAUFFACHER.

A la bonté de Dieu rendez donc grâce, Edwige :
Il a guidé son bras.

EDWIGE.

Est-ce que l'on exige
Qu'une mère n'ait pas toujours devant les yeux
Le malheur qui pouvait arriver ? Justes cieux !
Quand je devrais rester quatre-vingts ans sur terre,
Je verrai cet enfant debout, lié, son père
Prêt à tirer sur lui ! Toujours je sentirai
Cette flèche qui passe en mon cœur déchiré !

MELCHTHAL.

Vous ne savez pas, femme, à quel point sa colère
Se trouvait excitée : Gessler...

EDWIGE.

O cœurs de pierre !
Lorsque dans leur orgueil les hommes sont blessés,
Rien ne reste sacré pour eux, les insensés !
Elle ose mettre en jeu, cette aveugle colère,
La tête d'un enfant et le cœur d'une mère !

BAUMGARTEN.

Au malheur d'un époux qui gémit dans les fers,
Pouvez-vous ajouter ces reproches amers !
Êtes-vous donc pour lui sans pitié, sans alarmes ?

EDWIGE, le regardant fixement.

Et toi ? pour ton ami tu n'as donc que des larmes ?
Où donc tous étiez-vous quand ils l'ont arrêté ?
Dites-moi quel secours par vous lui fut porté,
A cet homme, si bon toujours, si secourable ?
Vous avez vu, souffert l'attentat exécrable !

C'est du milieu de vous que vous avez permis
Qu'on osât l'enlever, Tell, un de vos amis!
Fit-il pour vous de même, et sa pitié fut-elle
Tout ce qu'il te donna quand, — je te le rappelle, —
Derrière toi couraient les gens du gouverneur,
Devant toi mugissaient les vagues en fureur?
Non, sa compassion n'est pas restée oisive :
Dans un frêle bateau s'élançant de la rive,
Oubliant femme, enfants, il t'a sauvé!

WALTHER FURST.

       Comment
L'aurions-nous délivré? quelques-uns seulement?
Sans armes?

EDWIGE, se jetant sur son sein :

     Le voilà perdu pour vous, mon père!
Pour le pays, pour tous! Une vie aussi chère
Manque à chacun!... Mais nous, ne lui manquons-nous
           pas?
Que Dieu du désespoir sauve son âme!... Hélas!
Pas un ami, jamais, pour adoucir sa peine,
Ne pourra pénétrer sa prison souterraine!
Et s'il tombait malade?... Il perdra la santé
Dans ce cachot obscur, dans cette humidité!
A l'air d'un marécage alors qu'on la condamne,
De nos Alpes la rose et languit et se fane ;
Lui, de même : il lui faut son ciel accoutumé ;
Il lui faut son soleil, son air libre, embaumé.
Plus de liberté! lui qui ne respirait qu'elle!
La vapeur du cachot lui deviendra mortelle!

STAUFFACHER.

Calmez-vous: nous allons nous mettre à l'œuvre, tous,
Pour l'en faire sortir.

EDWIGE.

Sans lui, que pouvez-vous?
Lui libre, vous aviez encore l'espérance.
Du moins de l'innocent, lui, prenait la défense,
L'opprimé savait bien qu'il était son appui,
Et tous, au besoin, seul, il vous eût sauvés, lui;
Tandis que réunis tous pour sa délivrance,
Vous ne pourriez pas, vous, briser ses fers.

(Le baron s'éveille.)

BAUMGARTEN.

Silence!
Il fait un mouvement.

LE BARON, se relevant:

Est-il là?

STAUFFACHER.

Qui?

LE BARON.

Comment!
Il m'abandonne, même à mon dernier moment?

STAUFFACHER.

Il pense à son neveu. L'a-t-on mandé?

WALTHER FURST.

Sans doute.

Déjà le chevalier doit s'être mis en route.
(Au baron :)
Son cœur s'est retrouvé, son cœur nous est acquis :
Consolez-vous.

LE BARON.
A-t-il parlé pour son pays ?

STAUFFACHER.
Très-courageusement ; en vrai fils de la Suisse.

LE BARON.
Pourquoi n'est-il pas là pour que je le bénisse ?
Je sens ma fin venir promptement.

STAUFFACHER.
Non, seigneur :
Ce sommeil vous aura rendu quelque vigueur,
Votre œil s'est éclairci.

LE BARON.
Souffrir c'est encor vivre ;
Je sens que de mes maux cet instant me délivre ;
Avec mon espérance ils sont près de finir.
(Il aperçoit Walther Tell.)
Quel est donc cet enfant ?

WALTHER FURST.
Oh ! daignez le bénir !
Mon petit-fils, seigneur, et qui n'a plus de père.
(Edwige et son fils tombent à genoux devant le mourant.)

ACTE IV. — SCÈNE II.

LE BARON.

J'étais le vôtre à tous !... Faut-il donc, ô misère !
Que mes derniers regards contemplent mon pays
Dans son abaissement !... A des maîtres soumis !...
Avoir compté parmi les longues existences,
Pour mourir tout entier avec mes espérances !

STAUFFACHER, à Walther Fürst:

Souffrirons-nous qu'il meure en proie à ce chagrin !
Nous pouvons rendre encor son dernier jour serein :
Disons-lui notre espoir ! — Seigneur, prenez courage ;
Nous sortirons bientôt peut-être d'esclavage.
Des moyens de salut au pays sont restés.

LE BARON.

Qui vous délivrera ?

WALTHER FURST.

Nous-mêmes ; écoutez :
Les trois Cantons entre eux se sont fait la promesse
De chasser les tyrans dont le joug les oppresse.
L'alliance est conclue ; un serment solennel
Nous lie. Avant la fin de l'année, à Noël,
Cette œuvre de salut, nous devons l'entreprendre.
Sur un sol affranchi dormira votre cendre.

LE BARON.

L'alliance est conclue ?... Oh! dites, dites tout !

MELCHTHAL.

Le même jour verra les trois Cantons debout.
Tout est prêt. Jusqu'ici le secret est dans l'ombre,

Bien que les conjurés se trouvent en grand nombre.
Sous les pas des tyrans le sol tremble déjà ;
Et leurs jours sont comptés, et leur règne s'en va.
Bientôt de leur passage on cherchera les traces.

LE BARON.

Mais, tous leurs châteaux-forts ?

MELCHTHAL.

Le même jour, ces masses
Crouleront sous nos coups, toutes !

LE BARON.

Avez-vous mis
La Noblesse avec vous contre nos ennemis ?

STAUFFACHER.

Nous lui demanderons, s'il le faut, assistance,
Mais les Paysans seuls ont juré l'alliance.

LE BARON, se levant lentement de toute sa hauteur et témoignant
une extrême surprise:

Les Paysans !... Eh ! quoi ! sans secours étranger,
D'une telle entreprise ils osent se charger ?
Ils n'ont pas demandé que les Nobles l'appuient,
Et dans leur propre force à ce point ils se fient ?
A se passer de nous si les peuples sont prêts,
Nous pouvons au tombeau descendre sans regrets :
La dignité de l'homme à présent est sauvée,
Et par d'autres que nous veut être conservée.

(Il place sa main sur la tête de l'enfant, qui est à genoux devant lui.)

Du jour où l'on plaça la pomme sur ce front,

Pour vous les temps nouveaux et meilleurs compteront.
Vous allez voir fleurir la liberté nouvelle
Sur les prochains débris d'un passé qui chancelle.

STAUFFACHER, à Walther Fürst.

De quel éclat ses yeux brillent subitement!
Voyez! ce n'est plus l'homme à son dernier moment,
C'est déjà le rayon d'une nouvelle vie.

LE BARON.

Pour prêter aux Cités serment de bourgeoisie,
De ses anciens châteaux la Noblesse descend.
Elle l'a déjà fait dans le Thurgau, l'Uechtland[1]:
Berne de l'Helvétie est la noble maîtresse...
Fribourg pour l'homme libre est une forteresse...
Zurich, qui se ranime, en de vaillants guerriers
A transformé soudain tous ses corps de métiers;
La puissance des rois tombe sous ses murailles!

(Il prononce ce qui suit d'un ton prophétique; ses paroles arrivent jusqu'à l'exaltation.)

Les voilà! je les vois armés pour les batailles!
Ils se sont réunis, les princes, les seigneurs:
Ils viennent attaquer un peuple de pasteurs.
C'est un combat à mort... D'héroïques courages
Vont immortaliser nos défilés sauvages.
Un homme, un paysan[2], s'immolant au pays,
Se jette, le sein nu, sur les rangs ennemis;
Il rassemble, il retient ces lances redoutables

---

1. Uechtland, ancien nom du pays dont les cantons de Berne et de Fribourg occupent aujourd'hui la plus grande partie.
2. Allusion au dévouement d'Arnold de Winkelried, à la bataille de Sempach, 1386.

Qui les avaient pour nous rendus impénétrables.
La fleur de la Noblesse a trouvé son tombeau,
Et la Liberté sainte arbore son drapeau!

(Prenant la main de Walther Fürst et de Stauffacher:)

Mais, sachez être unis, bien franchement, sans cesse.
D'un pays pour lequel la liberté se dresse,
Qu'aucun point ne demeure aux autres étranger.
Préparez sur vos monts des signaux de danger,
Qui disent à la fois à toute l'alliance
Qu'à l'instant de chacun il lui faut l'assistance.
Soyez unis... toujours... unis... restez unis!...

(Il retombe sur son fauteuil. Ses mains inanimées tiennent encore celles de Walther Fürst et de Stauffacher, qui le regardent pendant quelque temps en silence et se livrent à leur douleur. Dans l'intervalle, les serviteurs du baron sont entrés sans bruit, et s'approchent en donnant les signes d'une douleur plus ou moins expansive. Quelques-uns se mettent à genoux devant lui et répandent des larmes sur sa main. Pendant cette scène muette, la cloche du château se fait entendre.)

RUDENZ, se précipitant dans la salle:

Vit-il? Peut-il encor m'entendre, mes amis?

WALTHER FÜRST, lui montrant le corps du baron et détournant le visage:

Vous êtes maintenant seigneur de ce domaine,
Et notre protecteur.

RUDENZ, regardant le corps et saisi d'une violente douleur:

Tu sais ce qui m'amène,
O Dieu! Mon repentir arrive-t-il trop tard?
Quelques instants encore, et le noble vieillard
Aurait lu dans mon âme, aurait vu dissipée

La déplorable erreur dont elle était frappée!...
Quand il voyait le jour encor, combien de fois,
Hélas! j'ai méprisé sa paternelle voix!
Maintenant qu'il est mort, qu'à jamais il nous quitte,
De quelle lourde dette il faut que je m'acquitte!...
Oh! parlez! est-il mort contre moi courroucé?

STAUFFACHER.

Non; il avait appris tout ce qui s'est passé,
Ce que vous avez fait, et de votre langage
Il a loué, béni le généreux courage.

RUDENZ, s'agenouillant devant le mort:

Oh! oui, restes sacrés d'un homme que j'aimai,
Je le jure devant ce corps inanimé,
Sur ces mains dont la mort vient de glacer les veines,
Rudenz de l'étranger brise à jamais les chaînes!
Me voici revenu vers mon peuple; je suis,
Je veux de tout mon cœur être de mon pays.

(Se relevant:)

Pleurez sur votre ami, pleurez sur votre père;
Mais que, dans sa douleur, chacun de vous espère :
Sa fortune n'est pas tout ce qu'il m'a laissé;
Je sens qu'en moi son cœur, son esprit a passé.
Ce que n'a plus pour vous accompli sa vieillesse
Sera réalisé par ma verte jeunesse...
Vénérable Walther, votre main!... Vous aussi,
Werner!... Et vous, Melchthal!... N'hésitez pas ainsi,
Ne vous détournez pas de moi, je vous en prie;
Recevez mes serments, mes vœux pour la patrie.

WALTHER FURST.

Oui, donnons-lui la main : son cœur revient à nous;
Il faut s'y confier.

MELCHTHAL.

        Mais, qu'attendre de vous?
Vous avez méprisé le Paysan.

RUDENZ.

            De grâce,
Que d'un moment d'erreur le souvenir s'efface!

STAUFFACHER.

Melchthal! les derniers mots de notre père mort
Furent pour nous prier d'être toujours d'accord.

MELCHTHAL.

Voici ma main!... Baron, ça vaut une promesse,
La main d'un Paysan. Que serait la Noblesse
Si nous n'étions pas là? Nous sommes son soutien,
Et notre Ordre existait longtemps avant le sien.

RUDENZ.

Je l'honore votre Ordre, et mon bras saura faire...

MELCHTHAL.

Seigneur baron! le bras qui déchire la terre
Et force un sol ingrat à la fécondité,
Ce bras saura suffire à notre sûreté.

RUDENZ.

Eh bien! vous défendrez ma vie, et moi la vôtre.
Nous saurons, mes amis, être forts l'un par l'autre...

— Mais pourquoi ces discours, alors que le pays
Aux tyrans étrangers est encore soumis?
Purgeons le sol d'abord! Vienne sa délivrance,
Nous nous entendrons bien.
(Après une pause:)
Vous gardez le silence?
Pas un mot à me dire?... Est-ce qu'en vérité,
A vos yeux je n'ai pas encore mérité
Qu'en tout ce que je dis vous ayez confiance?
Eh bien donc! malgré vous j'entre dans l'alliance.
Au Rütli, je le sais, vous avez conspiré;
Je sais ce que là-haut vous avez tous juré.
Bien que de vos projets vous m'ayez fait mystère,
Comme un dépôt sacré j'ai pris soin de les taire.
Non, non, je ne suis pas un traître à mon pays!
Contre vous je n'aurais jamais rien entrepris...
Différer fut un tort; il fallait, — le temps presse, —
Dans l'exécution la plus grande vitesse.
Il vous en a coûté la liberté de Tell.

STAUFFACHER.

Nous avons fait serment de n'agir qu'à Noël.

RUDENZ.

Moi, je n'étais point là; nul serment ne me lie.
Vous attendez; j'agis!

MELCHTHAL.
Quoi! vous auriez envie...?

RUDENZ.

Au nombre de vos chefs j'ai droit de me ranger,
Et mon premier devoir est de vous protéger.

WALTHER FURST.

Votre premier devoir, c'est d'aller à la terre
Rendre cette dépouille et si noble et si chère.

RUDENZ.

Délivrons le pays, et puis, sur ce tombeau,
La Victoire viendra déposer son rameau!...
O mes amis, ma cause à la vôtre est unie;
Je me défends aussi contre la tyrannie :
Bertha, ma bien-aimée, il faut la retrouver!
Ils l'ont secrètement osé faire enlever!
Vous savez qu'elle était toute à nous.

STAUFFACHER.

      Quelle audace!
Le tyran traite ainsi quelqu'un de noble race?
Une personne libre?

RUDENZ.

     Eh bien! mes chers amis,
Ce secours que tantôt je vous avais promis,
Il faut que maintenant moi de vous je l'implore
Contre le ravisseur de celle que j'adore.
Qui sait où la retient ce monstre furieux?
Pour lui faire accepter un hymen odieux,
Qui sait à quels moyens cet infâme se livre?...
Ne m'abandonnez pas! il faut qu'on la délivre.
Aidez-moi! Venez tous! Elle vous aime, amis!
Elle a bien mérité que dans notre pays
Chacun arme à l'instant son bras pour la défendre.

ACTE IV. — SCÈNE II.

WALTHER FURST.

Votre plan ? Dites-nous ce qu'il faut entreprendre.

RUDENZ.

Ah ! le sais-je ? Au milieu de tant d'obscurité
Qui règne sur son sort, dans mon anxiété,
Je ne sais, mes amis, que penser et que faire.
Une chose à mes yeux seulement est bien claire,
C'est que, pour retrouver celle que je chéris,
Il faut que nous allions jusque sous les débris
Du pouvoir des tyrans. De nos mains vengeresses
Il faut faire crouler toutes leurs forteresses :
A son cachot peut-être alors nous parviendrons !

MELCHTHAL.

Eh bien ! conduisez-nous, venez ; nous vous suivrons !
Ce que dans ce jour même, à l'instant, on peut faire,
Pourquoi jusqu'à demain vouloir qu'on le diffère ?
Guillaume n'était pas encore enseveli
Au fond d'une prison, lorsque sur le Rütli
Nous avons fait serment de nouvelle alliance :
Nos tyrans, quel que fût l'excès de leur démence,
A de tels attentats ne s'étaient point portés,
Et le temps nous a fait d'autres nécessités.
Qui serait assez lâche, au point où nous en sommes,
Pour tarder plus longtemps ?

RUDENZ, à Stauffacher et à Walther Fürst:

                Eh bien ! armez vos hommes ;
A la grande entreprise allez les préparer,
Et ces feux dont nos monts bientôt vont s'éclairer,

Attendez-les : plus prompts que le léger navire
Qui porte une nouvelle, ils vont partout vous dire
Que la victoire est sûre. Et, quand ils brilleront
Ces feux bénis; pour vous quand ils s'élèveront :
A l'ennemi! sur lui fondez comme la foudre!
Écrasez-le! mettez ses bataillons en poudre!
Renversez ses châteaux, et que sous leurs débris
Nos tyrans à jamais restent ensevelis!

(Ils sortent.)

SCÈNE III.

Le chemin creux près de Küssnacht.

On y descend entre des rochers, et avant que les voyageurs n'arrivent sur la scène, on les voit sur la hauteur. — Des rochers de tous côtés ; l'un d'eux forme une saillie couverte d'un bouquet de bois.

TELL, portant son arbalète:

Voici le chemin creux qu'il lui faudra descendre.
Qui veut gagner Küssnacht n'en a pas d'autre à prendre.
Ici tout me seconde; ici s'accomplira
Ma vengeance... A ses yeux ce bois me cachera;
C'est de là que je vais tirer sur lui, sans craindre
Que dans ce défilé ses gens puissent m'atteindre.
Rends tes comptes à Dieu, Gessler! il en est temps.
Tu vas mourir; ton heure a sonné... Je t'attends.

Je vivais bien paisible en mon heureux ménage;
Mon arc ne menaçait que la bête sauvage.

Jamais le cœur de Tell au meurtre eût-il songé?
Mais tu troublas ma paix, mais par toi fut changé
En un cœur plein de fiel ce cœur plein d'innocence;
Mais du crime tu m'as découvert la science.
De l'homme qui tira sur son enfant, la main
Du cœur d'un ennemi trouvera le chemin.

Il faut bien que j'arrache à ta rage cruelle
Mes deux pauvres enfants, mon épouse fidèle.
Quand je tendis mon arc, quand mon bras frémissant,
Pour obéir, démon! à ton ordre de sang,
Dut menacer les jours d'une tête bien chère,
Quand ma douleur en vain conjurait ta colère,
Alors en moi j'ai fait un terrible serment
Que Dieu seul entendit : dans cet affreux moment,
J'ai juré que ton cœur de ma première flèche
Serait le premier but... Maintenant rien n'empêche :
Ce serment que j'ai fait quand tu m'as torturé,
Est une dette sainte et je l'acquitterai.

L'empereur a bien pu te faire notre maître,
Mais lui-même jamais n'eût osé se permettre
Ce que tu te permets. Ici tu fus placé
Pour nous juger au nom d'un maître courroucé,
Mais non pour qu'à ton gré l'on te vît satisfaire,
Capricieux bourreau! ta rage sanguinaire.
Il est un Dieu vengeur qui punit les forfaits.

Involontaire auteur des maux que l'on m'a faits,
Maintenant mon trésor, ma fortune dernière,
Ma flèche! viens! Il est un cœur que la prière

Ne put jamais ouvrir, mais toi, tu l'ouvriras ;
A ta pointe ce but ne résistera pas.
Et toi qui me servis si bien aux jours de fête,
Toi dont j'armai le bois de ma bonne arbalète,
Corde fidèle, ici sois-moi fidèle encor!
Donne plus que jamais un vigoureux essor
Au trait qui si souvent de toi reçut des ailes ;
J'ai bien besoin de toi dans mes peines cruelles :
Si tu ne le faisais partir que mollement,
Je n'en aurais plus d'autre à lancer.

(Des voyageurs traversent la scène.)

Un moment
Je veux ici m'asseoir : le voyageur qui passe
Trouve ce banc de pierre, un instant s'y délasse,
Et poursuit son chemin. Dans ces sauvages lieux,
Nulle habitation ne vient s'offrir aux yeux ;
On croise en étranger le passant qu'on rencontre,
Sans demander s'il souffre.... En ce chemin se montre
Le marchand soucieux, l'agile pèlerin,
Le moine, le brigand, le joyeux baladin,
Le colporteur, qui vient de loin, sa balle pleine,
Et va loin : tout chemin au bout du monde mène.
Chacun poursuit sa route à son dessein livré.
Moi, je poursuis aussi mon dessein : je tûrai!

(Il s'assied.)

Autrefois, mes enfants, lorsque votre heureux père
Rentrait, après sa course, au toit de sa chaumière,
Votre innocente joie aussitôt l'accueillait ;
Vous saviez que jamais il ne vous oubliait :
Un oiseau, quelque fleur, un de ces coquillages

ACTE IV. — SCÈNE III.

Que recouvrent nos monts, tout plaisait à votre âge.
Pour tout une autre chasse il arme ici sa main :
Dans des pensers de meurtre, en ce rude chemin,
C'est de son ennemi qu'il vient guetter la vie.
Ce n'est pas, chers enfants, qu'ici je vous oublie :
C'est pour vous que je tends mon arc; pour vous que Tell
Fera pour le tyran partir le coup mortel.
Il le faut bien, sinon jusque sur votre enfance
Il voudrait assouvir son atroce vengeance.

(Il se lève.)

Oh! oui, je suis ici pour un gibier de choix,
Bien digne qu'on l'attende! Un malheureux chamois,
Pendant tout un long jour, sur la neige et la glace,
Oblige le chasseur à poursuivre sa trace;
Le chasseur sans regret escalade les monts,
De rocher en rocher précipite ses bonds,
Laissant à leurs parois son empreinte sanglante.
Beaucoup plus précieux est le but qui me tente,
Quand au bout de mon arc je vais bientôt sentir
Le cœur d'un ennemi qui veut m'anéantir!

(On entend dans le lointain, sur la montagne, une musique joyeuse
qui s'approche.)

Je sais manier l'arc, et, depuis mon jeune âge,
Les plus adroits tireurs m'en ont appris l'usage.
Souvent aux jeux du tir j'ai vaincu mes rivaux,
Mon adresse des prix m'assurait les plus beaux.
Je la veux tout entière ici faire paraître :
Le prix que j'en attends vaut bien un coup de maître.

Une noce passe sur la scène en montant le chemin creux. Tell la
regarde, appuyé sur son arbalète. STUSSI, le messier, s'approche
de lui.

STUSSI.

Du couvent de Mœrlis¹ c'est le riche fermier
Qui conduit ce cortége : il va se marier.
Cet homme a dix troupeaux au moins. Dans Imisée
Nous allons de ce pas chercher la fiancée.
A Küssnacht, cette nuit, grand gala... Suivez-nous :
Tous les honnêtes gens y sont invités, tous!

TELL.

Je suis pour une noce un bien triste convive.

STUSSI.

Pas de chagrin! prenez le temps comme il arrive!
Les temps sont durs ; aussi, lorsque vient le plaisir,
Avec empressement l'homme doit le saisir.
Joie ici ; là, douleur. Un jour un mariage,
Un enterrement l'autre.

TELL.

    Et souvent le passage
De l'un à l'autre est prompt.

STUSSI.

     Le monde est fait ainsi.
Les maux n'y manquent pas. Voilà, tout près d'ici,
A Glaris, la moitié du Glærnisch éboulée.

---

1. Mœrlischachen, village sur la route de Küssnacht à Lucerne. Je n'ai pris que la première partie de ce nom, qu'il était impossible de faire entrer en entier dans le vers.

TELL.

Comment! même des monts la base est ébranlée ?
On ne trouve donc rien de ferme sous les cieux !

STUSSI.

Ailleurs se sont passés des faits prodigieux.
J'ai récemment appris une étrange aventure
Par un homme arrivé de Baden [1]; il assure
Que ce qu'il racontait est très-digne de foi :
Un chevalier, parti pour aller voir le roi,
Rencontre de frelons un essaim formidable,
Qui s'attache au cheval, le déchire, l'accable
Et le fait tomber mort. Son maître, préservé,
Au château du monarque à pied est arrivé.

TELL.

Au faible aussi Dieu donne une arme.

HERMENGARDE arrive avec plusieurs enfants et se place
à l'entrée du chemin creux.

STUSSI.
      L'aventure,
Pour le pays, dit-on, est de mauvais augure :
On craint de grands malheurs, des crimes inouïs,
Contre nature.

TELL.
    Ils sont communs dans le pays,
Et sans qu'ils aient besoin qu'un signe les présage.

---

[1]. Petite ville du canton d'Argovie, sur la Limmat.

STUSSI.

Heureux qui cultivant en paix son héritage,
Vit au milieu des siens sans être inquiété!

TELL.

Mais l'homme le plus doux peut être tourmenté
Par un méchant voisin que son bonheur irrite.

(Tell jette de fréquents regards d'impatience vers la partie supérieure du chemin.)

STUSSI.

Adieu! Vous attendez quelqu'un?

TELL.

Oui.

STUSSI.

Je vous quitte...
Un bon retour chez vous! Je ne fais pas erreur?
Vous êtes du canton d'Uri? Le gouverneur
En ce moment s'y trouve, et l'on attend Sa Grâce
Dans la journée encore.

UN VOYAGEUR, qui survient:

Impossible qu'il passe :
Partout les grandes eaux; tous les ponts sont rompus.
Il ne faut pas l'attendre.

(Tell se lève.)

HERMENGARDE, s'avançant:

Il n'arrivera plus?

STUSSI.

Avez-vous quelque chose à lui dire?

ACTE IV. — SCÈNE III.

HERMENGARDE.
> Sans doute.

STUSSI.
Mais, dans ce chemin creux, pourquoi...?

HERMENGARDE.
> Pour qu'il m'écoute :

Le gouverneur, ici, ne m'évitera pas.

FRIESSHARDT, descendant rapidement le chemin :
Place, tous! Monseigneur à cheval suit mes pas.
(Tell se retire.)

HERMENGARDE, vivement :
Il arrive!

Elle vient, avec ses enfants, sur le devant de la scène. GESSLER et RODOLPHE DE HARRAS, tous deux à cheval, paraissent sur la hauteur.

STUSSI, à Friesshardt :
> Comment avez-vous donc pu faire,

Quand les ponts sont rompus, pour passer la rivière?

FRIESSHARDT.
Lorsque l'on a lutté contre un lac en fureur,
Des eaux de la montagne, ami, l'on n'a plus peur.

STUSSI.
Tout à l'heure, pendant l'épouvantable orage,
Vous étiez sur le lac?

FRIESSHARDT.
> J'avais cet avantage,

Et je m'en souviendrai le reste de mes jours.

STUSSI.

Restez! Racontez-nous...

FRIESSHARDT.

Impossible; je cours
Annoncer au château le gouverneur.
(Il s'éloigne.)

STUSSI.

Chargée
De braves gens, la barque eût été submergée,
Mais cette race-là ne risque jamais rien :
Ça ne craint pas plus l'eau que le feu!
(Il regarde autour de lui.)

Tiens! Eh bien?
Où donc est mon chasseur?
(Il s'éloigne.)

GESSLER et RODOLPHE DE HARRAS, à cheval.

GESSLER.

Vous en parlez à l'aise.
Agent de l'empereur, je fais que je lui plaise :
Croyez-vous donc qu'il m'ait dans la Suisse envoyé
Pour que le Paysan fût flatté, fût choyé?
Il veut le voir soumis, il veut enfin connaître
Si c'est le Paysan ou lui qui sera maître.

HERMENGARDE.

Enfin! pour mon mari je pourrai l'implorer,
Approchons!
(Elle s'avance avec crainte.)

GESSLER.

Ce chapeau que j'ai fait arborer
Sur la place d'Altorf, avez-vous cru peut-être
Que ce fût raillerie, ou désir de connaître
Ce qu'au fond de leurs cœurs pensent les habitants?
Non, ils me sont connus, et depuis bien longtemps.
Ces gens portent la tête avec trop d'arrogance.
J'ai voulu leur montrer que devant ma puissance
Il faut qu'elle se courbe. Aussi, j'ai fait placer,
Sur un point où chacun est forcé de passer,
Cet importun chapeau, qui leur rappelle un maître
Que trop facilement ils oublieraient peut-être.

RODOLPHE DE HARRAS.

Mais, ce peuple a des droits...

GESSLER.

      Inutile examen!
De graves changements se préparent sous main :
La maison de Habsbourg veut agrandir sa sphère.
Ce qu'avec tant d'éclat a commencé le père,
Le fils veut l'achever. Ce petit peuple encor
De nos vastes projets paralyse l'essor.
D'une façon ou d'autre il faut qu'il cède.

 (Ils veulent passer outre, Hermengarde se jette à genoux devant
  le gouverneur.)

HERMENGARDE.

      Grâce!
Grâce, seigneur! pitié!

GESSLER.

      Quelle est donc cette audace?

Vous mettre en mon chemin ! Et pour quelle raison ?
Otez-vous !

HERMENGARDE.

Mon mari qu'on a mis en prison,
Et mes enfants sans pain !... Oh ! soyez moins sévère,
Et prenez en pitié notre grande misère !

RODOLPHE DE HARRAS.

Qu'est-il votre mari ?

HERMENGARDE.

Hélas ! mon bon seigneur,
Il demeure au Rigi ; c'est un pauvre faucheur
Qui s'en va récolter l'herbe qu'on abandonne
Au-dessus de l'abîme, et qui n'est à personne ;
Sur des rocs escarpés où même le bétail
N'ose s'aventurer.

RODOLPHE DE HARRAS, à Gessler:

Juste ciel ! quel travail !
Qu'une semblable vie est misérable et dure !
Élargissez cet homme, oh ! je vous en conjure.
Quelle que soit sa faute, un semblable métier,
Monseigneur, la lui fait grandement expier.

(A Hermengarde :)

Bonne femme, croyez qu'on vous rendra justice,
Mais, venez au château ; ce lieu n'est pas propice.

HERMENGARDE.

Je ne le quitte pas que je n'aie obtenu
Mon mari, depuis plus de cinq mois détenu,
Et qui d'un juge en vain attend une sentence.

GESSLER.

Envers moi voulez-vous user de violence,
Femme? Retirez-vous!

HERMENGARDE.

Justice, gouverneur!
Tu la dois au pays au nom de l'empereur,
Au nom de Dieu lui-même. A toi donc de la rendre,
Comme toi-même un jour de Dieu tu dois l'attendre.

GESSLER.

De ce peuple insolent qu'on me délivre! Holà!

HERMENGARDE, saisissant la bride de son cheval :

Non! je puis tout risquer au point où me voilà.
Tu n'iras pas plus loin sans me rendre justice,
Entends-tu, gouverneur? — Oh! que ton front se plisse!
Roule les yeux! Tel est l'excès de nos malheurs
Que l'on n'a même plus souci de tes fureurs.

GESSLER.

Ah! je vais te passer sur le corps! Fais donc place,
Ou mon cheval...

HERMENGARDE.

Eh bien! pousse! sur moi qu'il passe!
Tiens!
(Elle se jette par terre avec ses enfants et lui barre le chemin.)
Me voilà par terre et mes enfants aussi.
Ces pauvres orphelins, écrase-les! Ceci,
De tes crimes si grands ne sera pas le pire.

RODOLPHE DE HARRAS.

Perdez-vous la raison?

HERMENGARDE, avec plus de force:

La terre de l'Empire
Gémit depuis longtemps sous ton poids odieux.
Je ne suis qu'une femme : homme, je ferais mieux
Que d'être ici le front courbé dans la poussière !

(La même musique, mais affaiblie, se fait entendre de nouveau sur la hauteur.)

GESSLER.

Où sont mes serviteurs ? Loin cette femme ! Arrière !
Je pourrais regretter d'être trop rigoureux.

RODOLPHE DE HARRAS.

Ils n'ont pas encor pu sortir du chemin creux :
Un cortége de noce y ferme le passage.

GESSLER.

Je suis encor trop doux pour ces gens; leur langage
Ne connaît pas de frein. Je vois que ce pays,
Comme il faut qu'il le soit n'est pas encor soumis.
Mais, je le promets bien, tout changera de face.
De leur entêtement je briserai l'audace.
Je veux faire plier l'esprit de liberté
Qui chez ces paysans est jusqu'ici resté.
Je veux que ce pays sous d'autres lois fléchisse.
Je veux...

(Une flèche vient le frapper; il porte la main au cœur et chancelle; puis, d'une voix faible:)

Miséricorde! O Dieu, sois-moi propice!

RODOLPHE DE HARRAS.

Monseigneur!... Qu'est-ce donc?... Ce trait, qui l'a lancé?

ACTE IV. — SCÈNE III.

HERMENGARDE, se relevant:

Ciel! Au meurtre!... Il chancelle!... Il tombe!... Il est blessé!

RODOLPHE DE HARRAS, sautant à bas de cheval:

O quel événement! Divine Providence!...
Chevalier, du Seigneur invoquez la clémence,
Car c'en est fait de vous.

GESSLER.

C'est la flèche de Tell.

(Il glisse de cheval dans les bras de Rodolphe de Harras, qui le dépose sur le banc de pierre.)

TELL, qui se montre sur le haut du rocher:

Oui, c'est ma main qui t'a porté le coup mortel.
N'impute qu'à moi seul cet acte de vengeance.
Aujourd'hui l'innocent ne craint plus ta présence.
De ton joug désormais nous sommes affranchis,
Et tu ne feras plus le malheur du pays.

(Il disparaît; le peuple se précipite sur la scène.)

STUSSI, en tête:

Qu'est-ce?

HERMENGARDE.

Le gouverneur est percé d'une flèche.

LE PEUPLE, se pressant en foule:

Qui?

(Pendant qu'une partie de la noce s'avance sur la scène, le reste en est encore sur la hauteur et la musique continue.)

RODOLPHE DE HARRAS.

Tout son sang s'épuise, allez! qu'on se dépêche!
Procurez-lui secours! Poursuivez l'assassin!...
Le malheureux! avoir une si triste fin!
Et tous mes bons avis qu'il n'a pas voulu suivre!

STUSSI.

Ah! mon Dieu! qu'il est pâle!... Il a cessé de vivre!

VOIX NOMBREUSES.

Quel est le meurtrier?

RODOLPHE DE HARRAS.

           Ces hommes sont donc fous?
Cette musique auprès de ce mort?... Taisez-vous!...
(La musique cesse tout à coup; la foule augmente toujours.)
Monseigneur, parlez-moi, si vous pouvez le faire:
N'exprimerez-vous pas de volonté dernière?
(Gessler fait de la main quelques signes, qu'il répète avec vivacité quand il s'aperçoit qu'ils ne sont pas compris.)
A Küssnacht, dites-vous?... Je ne vous comprends pas...
Oh! point d'impatience!... Aux choses d'ici-bas
Il ne faut plus penser, mais au souverain maître:
Songez que devant lui vous allez comparaître.
(Toute la noce entoure le mourant avec un sentiment d'horreur, mais sans témoigner aucune pitié.)

STUSSI.

Voyez comme il pâlit!... La mort gagne... Elle atteint
Le cœur... Voilà son œil complétement éteint.

HERMENGARDE, élevant dans ses bras un de ses enfants:

Enfants! voyez comment meurt un scélérat!

ACTE IV. — SCÈNE III.

RODOLPHE DE HARRAS.

          Femmes !
Tout sentiment est-il desséché dans vos âmes ?
Avez-vous donc perdu la raison, que vos yeux
Se repaissent ainsi de ce spectacle affreux ?
Prêtez-moi donc secours... Pas une âme assez bonne
Pour m'aider à sortir cette flèche ?... Personne ?

LES FEMMES, reculant:

Nous ! toucher à celui que Dieu frappe ?

RODOLPHE DE HARRAS.

        Eh bien ! tous,
Soyez maudits, soyez damnés !
    (Il tire son épée.)

STUSSI, lui arrêtant le bras:

        Avisez-vous !
Avec le tyran mort tombe votre puissance.
Nous ne souffrirons plus aucune violence :
Nous sommes, vous savez, hommes libres, seigneur.

TOUS, en tumulte:

La Suisse est libre !

RODOLPHE DE HARRAS.

       Eh quoi, c'est à ce point ? La peur,
L'obéissance peut si vite disparaître ?
   (Aux hommes d'armes qui pénètrent sur la scène:)
Vous voyez le forfait qui vient de se commettre.
Désormais tout secours est inutile. En vain
Nous voudrions poursuivre à présent l'assassin.

Un soin plus important à Küsnacht nous rappelle :
Il faut de l'empereur sauver la citadelle.
Les liens du devoir, de l'ordre, sont rompus,
Et la fidélité, l'on ne la connaît plus.

Pendant qu'il se retire avec les soldats, arrivent SIX FRÈRES
DE LA MISÉRICORDE.

HERMENGARDE.

Place aux religieux qui près du mort se rendent!

STUSSI.

Les corbeaux ont flairé le cadavre et descendent.

LES FRÈRES DE LA MISÉRICORDE.

(*Ils ont formé un demi-cercle autour du mort et chantent à voix basse:*)

La mort sur l'homme étend sa main
Sans avertir et sans attendre.
Elle le frappe en son chemin,
Quand vers un avenir lointain
Sa vie encor semblait s'étendre.
Qu'au voyage il se tienne prêt,
Ou ne songe pas à le faire,
N'importe, il quitte cette terre,
Et devant son juge paraît.

(*Pendant qu'on répète les quatre derniers vers, la toile tombe.*)

FIN DU QUATRIÈME ACTE.

ACTE CINQUIÈME.

GUILLAUME TELL.

ACTE CINQUIÈME.

SCÈNE PREMIÈRE.

Une place publique près d'Altorf.

Dans le fond, à droite, la forteresse d'Uri, encore entourée d'une partie de ses échafaudages, comme dans la troisième scène du premier acte. A gauche, la vue de plusieurs montagnes, sur lesquelles brillent des feux de signaux. Le jour commence. Dans le lointain, les cloches sonnent de différents côtés.

RUODI, KUONI, WERNI, LE MAITRE TAILLEUR DE PIERRES, beaucoup d'autres habitants, des femmes, des enfants.

RUODI.

Voyez-vous ces signaux briller?

LE MAITRE TAILLEUR DE PIERRES.

Entendez-vous
Ces cloches, dont les sons arrivent jusqu'à nous
Par-dessus la forêt?

RUODI.

Ce sont bonnes nouvelles:
Les ennemis chassés!

LE MAITRE TAILLEUR DE PIERRES.

> Prises leurs citadelles!

RUODI.

Et nous, sur notre sol laisserons-nous debout
Ce fort que nos tyrans appelaient notre Joug?
Et le dernier Canton qui libre se proclame,
Voulez-vous que ce soit Uri?

LE MAITRE TAILLEUR DE PIERRES.

> Ce Joug infâme,

Ce château menaçant ne disparaîtrait pas?
Allons, qu'on le renverse!

TOUS.

> A bas! à bas! à bas!

RUODI.

Trompe d'Uri!

LE SONNEUR DE TROMPE.

> Présent! Que faut-il que je fasse?

RUODI.

Montez sur la hauteur et lancez dans l'espace
Des sons retentissants qui s'en aillent chercher
Jusqu'au dernier écho dormant dans le rocher,
Et, répandant partout notre signal d'alarmes,
Appellent l'habitant de la montagne aux armes.

Le sonneur de trompe sort. WALTHER FURST *survient.*

WALTHER FURST.

Mes amis, arrêtez! nous n'avons pas avis

De ce qu'ont fait les gens d'Unterwald et de Schwytz :
Attendons un message.

RUODI.

Attendre ! et pourquoi faire ?
Quand de la liberté le soleil nous éclaire ?
Quand le tyran est mort ?

LE MAITRE TAILLEUR DE PIERRES.

Est-ce donc que ces feux
Ne sont pas un avis suffisant à vos yeux ?

RUODI.

Hommes, femmes, venez ! mettez-vous à l'ouvrage !
Allons ! commencez-moi par cet échafaudage !
Voûtes, murailles, tours, que l'on abatte tout,
Et qu'il n'en reste pas une pierre debout !

LE MAITRE TAILLEUR DE PIERRES.

Compagnons ! nous avons élevé l'édifice ;
Nous saurons le détruire.

TOUS.

Oui, qu'on le démolisse !
(Ils se précipitent de tous côtés vers la forteresse.)

WALTHER FURST.

Voici l'élan donné ; maintenant j'aurais beau
Vouloir les retenir.

MELCHTHAL et BAUMGARTEN arrivent.

MELCHTHAL.

Encore ce château ?
Quand Rossberg est détruit, quand Sarnen est en cendre ?

WALTHER FURST.

Est-ce vous, cher Melchthal? Qu'allez-vous nous ap-
                                      prendre?
Est-ce la liberté que vous nous annoncez?
Des Cantons nos tyrans sont-ils enfin chassés?

MELCHTHAL, l'embrassant:

Oui, tous, noble vieillard! tous! Qu'on se réjouisse!
Il n'est plus un tyran sur le sol de la Suisse,
Au moment où je parle.

WALTHER FURST.

                Oh! dites, dites tout!
Comment des forts vos gens sont-ils venus à bout?

MELCHTHAL.

De celui de Sarnen, Rudenz s'est rendu maître.
Quel courage héroïque il nous a fait connaître!
J'étais de nuit entré dans le Rossberg, ainsi
Que j'avais annoncé. — 'Mais, écoutez ceci :
Nous avions d'ennemis vidé la forteresse;
Nous avions, au milieu de transports d'allégresse,
Allumé l'incendie, et déjà nous voyions
La flamme jusqu'aux cieux monter en tourbillons,
Quand Diethelm, un valet de Gessler, vient nous dire
Que Bertha de Bruneck dans les flammes expire.

WALTHER FURST.

Juste ciel!
              (On entend s'écrouler les échafaudages.)

MELCHTHAL.

        A Sarnen, Gessler, secrètement,

L'avait fait enfermer... De rage, en ce moment,
Rudenz bondit, s'élance... Or, déjà les solives
Allaient croulant partout, et les portes massives.
A travers la fumée, et malgré tous ces bruits,
De la pauvre Bertha l'on distinguait les cris.

WALTHER FURST.

Et vous l'avez sauvée?

MELCHTHAL.

Il fallait, je vous jure,
Courage et promptitude en cette conjoncture.
Qu'Ulric fût seulement notre jeune seigneur,
Nous aurions un peu plus tenu la vie à cœur :
Mais il avait été reçu dans l'alliance;
Elle, honorait le peuple et plaignait sa souffrance;
Dès lors chacun de nous a mis ses jours en jeu
Et s'est précipité bravement dans le feu.

WALTHER FURST.

Mais l'avez-vous sauvée?

MELCHTHAL.

Oui, nous l'avons sauvée;
Nous l'avons du milieu des flammes enlevée,
Rudenz et moi, tandis que, derrière nos pas,
Les poutres s'écroulant tombaient avec fracas.
Et quand elle connut enfin sa délivrance,
Qu'elle rouvrit les yeux, le baron, en silence,
Dans mes bras s'est jeté : tacitement tous deux
Nous nous sommes unis d'indissolubles nœuds;

Ce pacte, consacré par le feu, ne redoute
Aucun des coups du sort.

WALTHER FURST.

      Et sait-on quelle route
A prise Landenberg?

MELCHTHAL.

     Landenberg? il a fui
A travers le Brunig. Si cet homme, aujourd'hui,
Voit encore le jour dont il priva mon père,
C'est qu'une main puissante enchaîna ma colère :
Je l'avais poursuivi, je l'avais ramené,
Je l'avais jusqu'aux pieds de mon père traîné,
Le fer était déjà suspendu sur sa tête ;
Mais cette main, Walther, devinez qui l'arrête?
C'est le vieillard aveugle!... Il l'avait imploré :
Il en reçoit la vie!... Oui, mais, il a juré
Qu'il s'exile et n'aura nul projet de vengeance.
Ce serment solennel il le tiendra, je pense,
Car il sait maintenant ce que peuvent nos bras.

WALTHER FURST.

Et vous avez bien fait, Melchthal, de n'avoir pas,
En répandant le sang, souillé notre conquête.

DES ENFANTS, traversant rapidement la scène avec des débris d'échafaudages:

Liberté! liberté!

(On entend retentir avec force la trompe d'Uri.)

WALTHER FURST.

    Voyez donc quelle fête!

Jusque dans leurs vieux ans nos fils d'un jour si beau
Se souviendront encor.
> (Des jeunes filles apportent le chapeau au bout d'une perche. Toute la scène se remplit de peuple.)

RUODI.

Le voilà ce chapeau
Devant lequel Uri devait courber la tête!

BAUMGARTEN.

Allons! de ce chapeau que justice soit faite:
Walther Fürst, ordonnez!

WALTHER FURST.

Sous ce chapeau, grand Dieu!
Il avait fait placer mon petit-fils!

PLUSIEURS VOIX.

Au feu!
Au feu ce souvenir d'un trop long esclavage!

WALTHER FURST.

Non, il faut le garder! Qu'on dise d'âge en âge :
Si de la tyrannie il fut un instrument,
C'est de la liberté l'éternel monument!

> (Les paysans, hommes, femmes, enfants, sont assis ou debout sur les débris des échafaudages et y forment, en demi-cercle, des groupes pittoresques.)

MELCHTHAL.

Voilà donc les débris de cette forteresse
Et de la tyrannie! Et nous, pleins d'allégresse,
Mes chers confédérés, nous voyons accompli
Ce que nous nous étions juré sur le Rütli.

WALTHER FURST.

Notre œuvre est commencée, elle n'est pas finie.
Il nous faut du courage et beaucoup d'harmonie :
Soyez sûrs que bientôt l'empereur vengera
La mort de son Gessler; que, de force, il voudra
Ramener Landenberg chassé par vous.

MELCHTHAL.

La guerre?
Eh bien! que l'empereur vienne donc nous la faire!
Nous avons du dedans chassé les ennemis :
Contre ceux du dehors nous sommes affermis.

RUODI.

Si quelques défilés leur ouvrent la contrée,
Nos corps, comme un rempart, en défendront l'entrée.

BAUMGARTEN.

Par des nœuds éternels nous nous sentons liés,
Et des soldats du roi nous serions effrayés?

LE CURÉ et STAUFFACHER surviennent.

LE CURÉ, en entrant:

Il faut voir en ceci la justice céleste:
Par de terribles coups elle se manifeste.

LES PAYSANS.

Qu'est-ce donc!

LE CURÉ.

Dans quels temps nous vivons!

WALTHER FURST.

Dites-nous

ACTE V. — SCÈNE I.

Ce qui vient d'arriver... Ah! Stauffacher, c'est vous?
Quelle nouvelle?

LES PAYSANS.
Eh bien?

LE CURÉ.
Horrible, surprenante!

STAUFFACHER.
Nous voilà délivrés d'une grande épouvante.

LE CURÉ.
Albert assassiné.

WALTHER FURST.
Dieu juste!

(Les paysans se lèvent tous à la fois et entourent Stauffacher.)

TOUS.
Assassiné?
L'empereur?... Écoutons!... Lui?

MELCHTHAL.
Qui vous a donné
Cet avis? Le fait est impossible.

STAUFFACHER.
Nul doute:
L'assassin l'a frappé près de Brugg, sur la route.
Jean de Müller[1], à qui l'on peut s'en rapporter,
Arrive de Schaffhouse et vient de tout conter.

1. Jean de Müller, le célèbre historien de la Suisse, né à Schaffhouse en 1752, mort en 1809, assistait à la première représentation de *Guillaume Tell*. — L'hommage que lui rendait Schiller dans ces deux vers, saisi aussitôt par les spectateurs du théâtre de Weimar, provoqua leurs unanimes applaudissements.

WALTHER FURST.

Et qui donc s'est souillé de ce crime effroyable?

STAUFFACHER.

Il l'est bien plus encor par le nom du coupable :
Le meurtrier d'Albert est son propre neveu;
C'est Jean d'Autriche, duc de Souabe.

MELCHTHAL.

         Eh! mon Dieu,
Quel motif a poussé le duc au parricide?

STAUFFACHER.

D'agrandir ses États Albert toujours avide,
Contre toute justice en ses mains retenait
Tout ce qui de sa mère au prince revenait.
Jean réclamait ses biens avec impatience ;
De l'en frustrer Albert conservait l'espérance :
Quelque bon évêché, pensait-il, suffirait
A le dédommager des terres qu'il perdrait.
Des mécontents du prince entouraient la personne;
A leurs mauvais conseils l'imprudent s'abandonne:
Eschenbach, Tœgerfeld, et de Palm, et de Wart [1],
Ourdissent un complot auquel le duc prend part;
Il va jusqu'à vouloir que de sa main périsse
L'oncle qui se refuse à lui rendre justice.

WALTHER FURST.

Dites-nous les détails de cette affreuse mort.

---

1. Les quatre conjurés complices du duc Jean. Les historiens assignent à chacun d'eux, avec quelques variantes, une part dans l'assassinat.

STAUFFACHER.

L'empereur s'en allait de Stein, son château-fort,
Par Baden à Rheinfeld. — C'est cet endroit qu'habite
La cour en ce moment. — Nombreuse était sa suite :
Les princes Léopold[1] et Jean à ses côtés ;
Derrière, les seigneurs que j'ai déjà cités.
Sur les bords de la Reuss lorsque la troupe arrive,
— Vous savez qu'en un bac on passe à l'autre rive, —
Jean et ses quatre amis s'y jettent les premiers,
Séparant l'empereur des autres cavaliers.
Ils débarquent... Albert chevauchait bien tranquille
A l'endroit qui, dit-on, couvre une grande ville
Par les Romains bâtie ; il avait devant lui
Le château des Habsbourg, si puissants aujourd'hui.
Tout à coup le duc Jean sur son oncle s'élance
Et lui plonge en la gorge un poignard. De sa lance
Palm lui perce le corps, et, d'un coup vigoureux,
La hache d'Eschenbach lui fend la tête en deux.
Il tombe, par les siens égorgé, sur les terres
Qui sont de sa maison les fiefs héréditaires,
Séparé de ses gens restés à l'autre bord,
Et, sans pouvoir l'aider, assistant à sa mort.
Il était allé choir près d'une pauvre femme,
Et c'est sur son giron qu'il a rendu son âme.

MELCHTHAL.

Dans la tombe avant l'heure il s'est précipité.
Voilà quel est le fruit de son avidité.

STAUFFACHER.

La terreur a gagné la Suisse tout entière :

---

1. Léopold, le troisième fils d'Albert Ier.

Chaque État fait garder ses gorges, sa frontière ;
L'antique Zurich même a fermé maintenant
Ses murs, depuis trente ans ouverts à tout venant.
On craint les meurtriers, qui, pour sauver leur tête,
Pourraient venir chez nous chercher une retraite ;
On craint encore, et c'est notre plus grande peur,
Ceux qui voudront venger la mort de l'empereur.
Déjà sa fille Agnès[1], cette reine dont l'âme
N'a rien de la douceur attribut de la femme,
L'anathème à la bouche, arrive en ce moment,
Pour punir, pour frapper impitoyablement :
C'est peu des assassins, leurs familles entières,
Leurs petits-fils mourront. Sur les dernières pierres
De leur dernier manoir elle veut se venger.
Sur le tombeau d'un père elle veut égorger
Des générations, et, pour être apaisée,
Se baigner dans leur sang comme en une rosée[2].

MELCHTHAL.
Sait-on dans quel endroit ont fui les assassins ?

STAUFFACHER.
Albert mort, ils ont pris cinq différents chemins
Pour ne plus se revoir ; et le duc, on l'assure,
Serait dans la montagne errant à l'aventure.

WALTHER FURST.
Ce crime restera sans aucun fruit pour eux.

1. Mariée en 1296 à André III, roi de Hongrie, veuve en 1302, morte en 1364. Elle fonda l'abbaye de Kœnigsfelden, à l'endroit même où son père avait été assassiné. Elle est célèbre par la vengeance qu'elle tira des meurtriers.
2. Ce propos de la fille d'Albert est historique.

La vengeance jamais n'en a porté d'heureux.
C'est en elle qu'elle a l'aliment de sa vie ;
Le meurtre fait sa joie ; elle n'est assouvie
Que dans les cruautés.

STAUFFACHER.

     Mais, si cet attentat
Doit pour les assassins rester sans résultat,
Pour nous c'est autre chose, et c'est d'une main pure
Que nous récolterons les fruits qu'il nous assure.
Car de nous quels périls n'a-t-il pas écartés!
L'homme qui menaçait le plus nos libertés,
Le voilà mort : au trône une nouvelle race,
De celle des Habsbourg, dit-on, prendra la place ;
L'Empire maintiendra son droit d'élection.

WALTHER FURST et PLUSIEURS AUTRES.

Vous le savez ? Dit-on quelle est l'intention
Des princes électeurs ?

STAUFFACHER.

     Presque tous les suffrages
Seront pour Luxembourg [1].

WALTHER FURST.

     Les Cantons furent sages
De tenir pour l'Empire : il nous sera permis
D'en attendre justice.

---

1. Henri VII, qui était comte de Luxembourg, succéda à Albert Ier. Il fut élu le 29 novembre 1308.

STAUFFACHER.

Il lui faut des amis;
Et si de nous l'Autriche entend tirer vengeance,
L'empereur sera là.
(Les paysans s'embrassent.)

LE SACRISTAIN, à un messager d'Empire, dont il est accompagné:

Vous êtes en présence
Des chefs de ce pays.

LE CURÉ et PLUSIEURS AUTRES.

Sacristain, qui vient là?

LE SACRISTAIN.

Un messager d'Empire.

TOUS, à Walther Fürst:

Une lettre?... Ouvrez-la!

WALTHER FURST, lisant:

« Aux bons habitants d'Uri, de Schwytz et
« d'Unterwald, la reine Élisabeth, salut et pros-
« périté. »

VOIX NOMBREUSES.

La reine! Mais son règne est passé. Que veut-elle?

WALTHER FURST, continuant de lire:

« Au milieu de sa profonde douleur, dans le
« veuvage où la plonge la mort sanglante de son
« époux, la reine pense encore à la vieille fidélité
« et à l'amour des Cantons suisses. »

ACTE V. — SCÈNE I.

MELCHTHAL.

Heureuse, sa mémoire était bien moins fidèle.

LE CURÉ.

Silence!

WALTHER FURST, achevant de lire:

« Elle attend de ce peuple fidèle,
« qu'il éprouvera un juste sentiment d'horreur
« pour les exécrables auteurs de ce crime. Elle
« espère, en conséquence, que les trois Cantons
« ne donneront point assistance aux meurtriers,
« mais qu'au contraire ils s'emploieront con-
« sciencieusement à les remettre entre les mains
« de ceux qui ont à venger la mort de l'empereur;
« se souvenant de l'amour et de la faveur que
« l'auguste maison de Rodolphe leur a toujours
« accordés. »

(Les paysans manifestent leur mécontentement.)

BEAUCOUP DE VOIX.

Amour? Faveur?

STAUFFACHER.

Nous les eûmes jadis
Du père, mais quel bien nous a donc fait le fils?
Comme ses devanciers l'avait-il confirmée
La Charte de nos droits? L'innocence opprimée,
L'a-t-il donc soutenue? Est-ce qu'il a rendu
Bonne justice? A-t-il seulement entendu
Nos envoyés, alors qu'un excès de souffrances
Nous fit jusqu'à ses pieds porter nos doléances?
Non, de tout cela, rien! A la pitié son cœur

Jamais ne s'est ouvert malgré notre malheur.
Pour conquérir nos droits, pour sortir d'esclavage,
Il a fallu nos bras et tout notre courage.
De la reconnaissance ! est-ce bien, mes amis,
Est-ce bien ce qu'il a semé dans le pays ?
Le ciel l'avait placé dans une haute sphère ;
De ses peuples Albert pouvait être le père ;
Il n'a voulu songer qu'aux intérêts des siens :
Qu'il soit pleuré de ceux qu'il a comblés de biens !

WALTHER FURST.

Sa mort ne nous doit pas être un sujet de joie.
Le mal qu'il nous a fait dans le passé se noie.
Mais, sans en avoir eu le plus léger bienfait,
Le venger ? et des gens qui ne nous ont rien fait,
Les poursuivre ? de nous c'est en vain qu'on l'espère.
Non, non, l'affection doit être volontaire.
De devoirs imposés sa mort doit délier :
Il ne nous reste plus de dette à lui payer.

MELCHTHAL.

Si la reine est en pleurs, et si, dans sa colère,
Elle accuse le ciel de sa douleur amère,
Considérez aussi qu'un peuple tout entier
S'adresse au même ciel pour le remercier :
Ce peuple est libre enfin de cruelles alarmes.
Il faut semer l'amour pour recueillir des larmes.

(Le messager d'Empire sort.)

STAUFFACHER, au peuple:

Mais Tell, le fondateur de notre liberté,
Seul nous manquera-t-il ? Où donc est-il resté ?

Il eut la grande part de notre œuvre immortelle ;
Aucun de nous n'aura souffert autant pour elle.
Allons dans sa maison le trouver, mes amis ;
Allons-y saluer le sauveur du pays !

(Ils sortent tous.)

SCÈNE II.

Le vestibule de la maison de Tell.

Le feu brille dans le foyer ; la porte d'entrée est ouverte sur la campagne.

EDWIGE, WALTHER et GUILLAUME, ses fils.

EDWIGE.

Mes enfants, chers enfants, il revient votre père !
Il vit, libre, et nous tous, et la contrée entière !
Et c'est lui, votre père, enfants, qui nous sauva !

WALTHER.

Et moi, ma mère, et moi, n'étais-je donc pas là ?
Mon nom aussi sera prononcé, je l'espère :
J'ai vu venir sans peur la flèche de mon père.

EDWIGE, l'embrassant :

Oui, mon fils, de nouveau le ciel te donne à moi !
C'est comme si j'avais deux fois souffert pour toi
Les douleurs de la femme au moment d'être mère.
Maintenant je vous ai tous deux, et votre père,
Nous pourrons aujourd'hui le presser dans nos bras !

UN MOINE paraît à la porte.

GUILLAUME.

Regarde, mère : un moine à la porte là-bas.
Assurément il vient demander une aumône.

EDWIGE.

Eh bien ! dis-lui d'entrer, mon fils ; que je lui donne.
Il faut qu'à notre accueil il sente que chez nous
Tous les cœurs sont heureux.
(Elle entre dans une chambre et, bientôt après, revient avec un gobelet.)

GUILLAUME, au moine :
                    Brave homme, approchez-vous :
C'est pour vous rafraîchir ce qu'apporte ma mère.

WALTHER.

Et vous repartirez bien reposé, mon Père.

LE MOINE, regardant autour de lui avec crainte et les traits tout décomposés :

Ce pays... quel est-il ?

WALTHER.
          Êtes-vous égaré,
Mon Père, que son nom soit de vous ignoré ?
C'est le Canton d'Uri ; vous êtes au village
De Bürglen ; la vallée où ce chemin s'engage
Est celle du Schæchen.

LE MOINE, à Edwige, qui revient :
                    Êtes-vous seule ici ?
Votre époux... ?

ACTE V. — SCÈNE II.

EDWIGE.

Je l'attends... Pourquoi trembler ainsi?
Vous me semblez avoir mauvaise conscience;
Mais, qui que vous soyez, il vous faut assistance :
Prenez!
(Elle lui tend le gobelet.)

LE MOINE.

Quoique je sois bien altéré, bien las,
A ce que vous m'offrez je ne toucherai pas
Que vous n'ayez promis...

EDWIGE.

Ne me touchez pas, l'homme!
S'il faut vous écouter, avant tout je vous somme
De rester loin de moi.

LE MOINE.

Par le feu du foyer
Qui réchauffe pour moi ce toit hospitalier,
Par vos enfants si chers que dans mes bras je presse...
(Il prend les enfants dans ses bras.)

EDWIGE.

Allons! à mes enfants, l'homme, pas de caresse!...
Vous n'êtes pas un moine, oh! non, assurément :
D'ordinaire la paix est sous ce vêtement,
Et je ne la vois pas dans vos traits.

LE MOINE.

Sur la terre
Il n'est pas de misère égale à ma misère.

EDWIGE.

On se sent attendrir à la voix du malheur;
Pourquoi donc vos regards me glacent-ils le cœur?

WALTHER, se levant précipitamment:

Mère, voici mon père!

(Il sort en courant.)

EDWIGE.

O mon Dieu!

(Elle veut sortir, se met à trembler et est obligée de se soutenir.)

GUILLAUME, s'élançant dehors après son frère:

Lui!

WALTHER, dehors:

Mon père!

Te voilà!

GUILLAUME, dehors:

Cher père!

TELL, dehors:

Oui, j'arrive... Et votre mère?

(Ils entrent.)

WALTHER.

Elle s'est arrêtée au seuil où tu la vois,
Tremblante de terreur et de joie à la fois.

TELL.

Mère de mes enfants! Edwige! chère Edwige!
Maintenant, il n'est plus de tyran qui m'oblige
A vivre loin de toi. Dieu nous a secourus.

ACTE V. — SCÈNE II.

EDWIGE, à son cou :

Pour toi que j'ai souffert, cher Tell !

(Le moine devient attentif.)

TELL.

N'y pense plus ;
Ne vis que pour la joie... Enfin, Dieu me ramène !
Je suis dans ma maison !... Je suis sur mon domaine !

GUILLAUME.

Qu'as-tu fait de ton arc? Mes yeux cherchent en vain...

TELL.

De ton père cet arc n'armera plus la main :
En un lieu consacré, mon fils, on le conserve ;
Désormais, à chasser il ne faut plus qu'il serve.

EDWIGE.

Tell !

(Elle recule et abandonne sa main.)

TELL.

Pourquoi cette crainte et cet air abattu,
Chère Edwige ?

EDWIGE.

Comment, mon ami, reviens-tu ?
Cette main... puis-je bien...? O ciel !... puis-je la prendre ?

TELL., d'un ton tendre mais résolu :

Elle a sauvé la Suisse, elle a su vous défendre,
Et je la puis lever hardiment vers les cieux,
Cette main.

(Le moine fait un brusque mouvement; Tell l'aperçoit.)

Qu'est-ce donc que ce religieux ?

EDWIGE.

Je l'avais oublié. Tiens, parle-lui, Guillaume ;
J'éprouve du malaise à l'aspect de cet homme.

LE MOINE, s'avançant :

Est-ce que vous seriez ce Tell de qui le bras
A tué le bailli ?

TELL.

Je ne m'en cache pas.

LE MOINE.

C'est vous !... Vous êtes Tell !... Ah ! je bénis cette heure !
C'est Dieu qui m'a conduit jusqu'en votre demeure.

TELL, le mesurant du regard :

Comment ! vous n'êtes pas un moine ? Nommez-vous ?

LE MOINE.

Votre ennemi Gessler est tombé sous vos coups...
Un homme refusa de me rendre justice :
Je l'ai tué... C'était l'ennemi de la Suisse,
Comme le mien... J'en ai délivré le pays.

TELL, reculant :

Vous êtes...? Quelle horreur !... Mes enfants, au logis !
Femme, va-t'en aussi !... Rentre vite, te dis-je !...
Malheureux ! quoi, c'est vous... ?

EDWIGE.

Quel est cet homme ?

TELL.

Edwige,

Va-t'en ! que nos enfants n'entendent pas ce nom.
Ne le demande pas, et sors de la maison :
Tu ne peux sous ce toit rester avec cet homme.
Va-t'en bien loin !

EDWIGE.

O ciel !... Venez !
(Elle sort avec les deux enfants.)

TELL, au moine:

C'est vous qu'on nomme
Jean d'Autriche ?... C'est vous... vous qui de l'empereur
Êtes le meurtrier ?... De votre oncle et seigneur ?

JEAN LE PARRICIDE.

Il m'avait dépouillé de mes biens.

TELL.

Eh ! qu'importe ?
Votre oncle ! l'empereur !... Et la terre vous porte !
Le soleil vous éclaire encore !

JEAN.

Écoutez-moi,
Tell !

TELL.

Et dans ma maison tu te présentes, toi,
Tout dégouttant du sang d'un empereur, d'un père ?
Parricide ! ton pas a souillé ma chaumière.
Tu viens d'un honnête homme affronter le regard ?
A son pain, à son feu tu viens demander part ?

JEAN.

C'est qu'en votre pitié j'ai mis mon espérance :
D'un ennemi vous-même avez tiré vengeance.

TELL.

Malheureux! est-ce bien ta sanglante action,
Le crime qu'a produit ta seule ambition,
Que tu peux comparer à la juste défense
D'un père que l'on a contraint à la vengeance?
Avais-tu de tes fils à défendre les jours?
Ton foyer? tous les tiens? à leur porter secours
Quand s'apprêtaient pour eux la mort ou les tortures?
Je lève au ciel mes mains, elles sont toujours pures.
Je maudis l'assassin et son crime à la fois.
De la nature, au moins, j'ai vengé les saints droits;
Tu les as profanés. Un intervalle immense
Sépare ton forfait et ma juste vengeance:
Tu n'es qu'un assassin quand, moi, j'ai défendu
Ce que j'ai de plus cher au monde, et je l'ai dû!

JEAN.

Vous me chassez? sans même un mot qui me console,
Qui me rende l'espoir?

TELL.

T'adresser la parole
Me donne le frisson... Sors d'ici! va courir
Le terrible chemin que tu viens de t'ouvrir!
Ne souille plus des lieux où règne l'innocence!

JEAN, se retournant pour sortir:

Je ne puis ni ne veux supporter l'existence.

TELL.

Et pourtant j'ai pitié de toi... Dieu tout-puissant!
A cet âge, sorti d'un si glorieux sang,

Le petit-fils d'Habsbourg, au seuil de ma chaumière,
Meurtrier, fugitif, pleure et se désespère!
(Il se cache le visage.)

JEAN.

Ah! si vos yeux encor peuvent avoir des pleurs,
Laissez-vous attendrir à mes affreux malheurs!
Je suis prince... mais non, je l'étais... et ma vie
Sans doute eût été belle, heureuse, si l'envie
Ne m'eût rongé le cœur, si j'avais comprimé
Cette ardeur de jouir dont j'étais animé.
Mon cousin Léopold, — nous étions du même âge, —
Était comblé d'honneurs, avait son apanage,
Quand, moi, je me voyais en esclave traité,
Sous le prétexte vain de ma minorité.

TELL.

Il te connaissait bien, alors qu'à tes prières
Ton oncle refusait tes fiefs héréditaires.
Par ton crime insensé, par ton emportement,
Tu l'as justifié, vite et cruellement...
Où sont-ils ceux qui t'ont prêté leur assistance?

JEAN.

Où les auront conduits les Esprits de vengeance.
Je ne les ai plus vus depuis le jour fatal.

TELL.

Sais-tu que l'on t'a mis au ban impérial?
Même un ami ne peut t'offrir une retraite,
Et l'on veut que chacun en ennemi te traite.

JEAN.

Aussi, des grands chemins j'ai soin de m'écarter;
Aux portes des maisons je n'ose pas heurter.
Cherchant les lieux déserts, errant dans la montagne,
La terreur de moi-même en tous lieux m'accompagne,
Et je me fais horreur alors que j'aperçois
Mon image, que l'eau me reflète parfois.
Ah! de quelque pitié si vous êtes capable...

(Il se jette à ses pieds.)

TELL, se détournant :

Levez-vous!

JEAN.

Pas avant qu'une main secourable
Ne vienne...

TELL.

Est-ce un mortel qui peut vous assister?...
A mes pieds, cependant, vous ne pouvez rester.
Quel que soit le forfait dont vous êtes coupable,
Vous êtes homme, en vous je dois voir mon semblable.
Il ne faut pas d'ici que sorte un malheureux,
Sans être consolé... Faisons ce que je peux!

JEAN, se levant et lui saisissant la main avec force :

Mon cœur, du désespoir sauvé par ce langage...

TELL.

C'est bien... laissez ma main... partez!... Dans ce village
Vous seriez découvert, et sur moi vainement
Vous compteriez alors... Voyons! dans ce moment,
Où voulez-vous aller? Est-il quelque retraite
Où vous pensiez pouvoir abriter votre tête?

ACTE V. — SCÈNE II.

JEAN.

Hélas! puis-je savoir dans quels lieux...?

TELL.

      Écoutez
Ce que Dieu même vient de m'inspirer : partez,
Passez les monts, gagnez la ville de saint Pierre,
Et là, prosternez-vous aux genoux du Saint-Père,
Confessez le forfait : votre âme est à sauver.

JEAN.

S'il allait me livrer?

TELL.

     Quoi qu'il puisse arriver,
L'épreuve, songez-y, sera de Dieu venue.

JEAN.

Et comment aborder cette terre inconnue?
J'en ignore la route, et jamais n'oserai
Me joindre aux voyageurs.

TELL.

     Je vous l'indiquerai.
Écoutez : vous aurez à remonter la rive
De la Reuss, qui du haut des montagnes arrive
En flots impétueux...

JEAN, avec terreur.

    Mais, sur ses bords, ma main...
Oserai-je revoir...?

TELL.

Vous suivrez le chemin

Coupé dans la montagne au-dessus des abîmes.
Des croix vous y diront le nombre des victimes
Qu'a faites l'avalanche en ces terribles lieux.

JEAN.

Je ne m'effraîrais pas, dans ces chemins affreux,
De toutes les horreurs qu'y montre la nature,
Si seulement mon âme, aux tourments qu'elle endure,
Pouvait enfin trouver remède.

TELL.
           Arrêtez-vous
A chacune des croix, et, tombant à genoux,
En expiation arrosez-en la pierre
Des pleurs que fait couler un repentir sincère.
Et si vous parvenez à faire jusqu'au bout
Ce chemin sur lequel le danger est partout,
Sur vous, à votre tour, si, de leurs cimes blanches,
Les glaciers n'ont pas fait tomber leurs avalanches,
Vous trouverez un pont que couvre incessamment
D'un nuage poudreux le torrent écumant.
S'il porte sans crouler le poids de votre crime,
Si vous gagnez enfin l'autre bord de l'abîme,
Vous verrez devant vous, dans le rocher ouvert,
Un sombre souterrain où le chemin se perd,
Et dont le jour, depuis la naissance du monde,
Ne pénétra jamais l'obscurité profonde.
Alors, engagez-vous sous cette obscurité.
Le plus charmant pays est de l'autre côté ;
C'est un riant vallon où le bonheur habite.
Mais, dans ces lieux de paix vous passerez bien vite :
Vous n'avez pas encor mérité le repos.

ACTE V. — SCÈNE II.

JEAN.

O mon royal aïeul! ô Rodolphe! ô héros!
A voir ton petit-fils, là-haut que dois-tu dire?
Comment traverse-t-il le sol de ton Empire?

TELL.

C'est ainsi que, toujours gravissant le chemin,
Au haut du Saint-Gothard vous parviendrez enfin.
Là, vous verrez des lacs anciens comme le monde;
Les seules eaux du ciel renouvellent leur onde.
Là, vous ne serez plus sur le sol allemand,
Et, d'un torrent plus doux, qui descend lentement
En Italie, alors, que le cours vous conduise :
Voyez dans ce pays votre terre promise...

(On entend un concert de trompes des Alpes, sonnant le Ranz-des-vaches.)

On vient, partez!

EDWIGE, entrant précipitamment:

Tell! Tell! où donc es-tu? voici
Mon père et tes amis qui se rendent ici.

JEAN, se cachant le visage:

Hélas! ils sont heureux; il faut que je les quitte :
Je ne dois pas rester où le bonheur habite!

TELL.

Femme, à cet homme-là donne à boire, à manger,
Et de provisions prends soin de le charger;
Il fera longue route, et sans trouver de gîte...
Ils approchent, va donc, ma chère, et reviens vite.

EDWIGE.

Quel est cet homme, Tell?

TELL.

Ne le demande pas !
Et pour ne point voir même où porteront ses pas,
Quand, tout à l'heure, il va reprendre son voyage,
Il faut, Edwige, il faut détourner ton visage.

(Jean, par un mouvement subit, va vers Tell ; celui-ci lui fait un signe de la main et sort. Quand ils ont tous deux quitté la scène par des côtés différents, le théâtre change.)

SCÈNE DERNIÈRE.

Le fond de la vallée devant la maison de Tell. A côté, des hauteurs qui en forment le premier plan et qui sont couvertes de paysans, groupés de manière à former tableau. D'autres descendent des hauteurs par un petit pont jeté sur le Schœchen. WALTHER FURST s'avance avec WALTHER et GUILLAUME, ses deux petits-fils. MELCHTHAL et STAUFFACHER arrivent, suivis de quelques autres. Au moment où GUILLAUME TELL paraît, tout le monde l'entoure avec des démonstrations de joie.

TOUS.

Vive Tell ! l'archer Tell, qui nous a délivrés !

Pendant que ceux qui sont sur le devant de la scène entourent Tell et l'embrassent, surviennent RUDENZ et BERTHA ; le premier embrasse les paysans, la seconde, Edwige. La musique de la montagne accompagne cette scène muette. Un moment après, la musique cesse et Bertha s'avance au milieu du peuple.

BERTHA.

Habitants du pays, amis, confédérés !
Celle qui, la première, a dû sa délivrance
A votre liberté, moi, dans votre alliance

ACTE V. SCÈNE DERNIÈRE.

Veuillez la recevoir : mes jours, je vous les dois ;
Entre vos fortes mains je dépose mes droits.
Voulez-vous accepter, défendre cette femme
Comme concitoyenne ?

LES PAYSANS.

Oui, de toute notre âme !
Notre vie et nos biens désormais sont à vous.

BERTHA.

Eh bien ! dans ce pays je choisis mon époux :
C'est Rudenz ; il est Suisse, homme libre, je l'aime ;
Je suis vôtre, je suis libre à présent moi-même ;
A lui je puis m'unir !

RUDENZ.

Et moi, de ce moment,
J'accorde à tous mes serfs leur affranchissement.

La musique recommence ; la toile tombe.

FIN DE GUILLAUME TELL.

TABLE DES MATIÈRES

DU TROISIÈME ET DERNIER VOLUME.

                                                  Pages.

La Pucelle d'Orléans 1
    Prologue 5
    Acte I 25
    Acte II 71
    Acte III 105
    Acte IV 149
    Acte V 183
La Fiancée de Messine 219
    Acte I 221
    Acte II 273
    Acte III 311
    Acte IV 337
Guillaume Tell 385
    Acte I 369
    Acte II 439
    Acte III 483
    Acte IV 529
    Acte V 575

www.ingramcontent.com/pod-product-compliance
Lightning Source LLC
Chambersburg PA
CBHW060411230426
43663CB00008B/1445